国家社科基金
后期资助项目
GUOJIA SHEKE JIJIN HOUQI ZIZHU XIANGMU

陈文胜 著

中国乡村现代演进

推进脱贫攻坚与乡村振兴有效衔接研究

社会科学文献出版社
SOCIAL SCIENCES ACADEMIC PRESS (CHINA)

图书在版编目（CIP）数据

中国乡村现代演进：推进脱贫攻坚与乡村振兴有效
衔接研究／陈文胜著 . --北京：社会科学文献出版社，
2024. 10. -- ISBN 978-7-5228-3933-2

Ⅰ. F126；F320. 3

中国国家版本馆 CIP 数据核字第 2024MA8891 号

国家社科基金后期资助项目

中国乡村现代演进
——推进脱贫攻坚与乡村振兴有效衔接研究

著　　者／陈文胜

出 版 人／冀祥德
责任编辑／桂　芳
责任印制／王京美

出　　版／社会科学文献出版社·皮书分社（010）59367127
　　　　　地址：北京市北三环中路甲 29 号院华龙大厦　邮编：100029
　　　　　网址：www.ssap.com.cn
发　　行／社会科学文献出版社（010）59367028
印　　装／三河市龙林印务有限公司

规　　格／开　本：787mm×1092mm　1/16
　　　　　印　张：20.25　字　数：322 千字
版　　次／2024 年 10 月第 1 版　2024 年 10 月第 1 次印刷
书　　号／ISBN 978-7-5228-3933-2
定　　价／128.00 元

读者服务电话：4008918866

国家社科基金后期资助项目
出版说明

后期资助项目是国家社科基金设立的一类重要项目，旨在鼓励广大社科研究者潜心治学，支持基础研究多出优秀成果。它是经过严格评审，从接近完成的科研成果中遴选立项的。为扩大后期资助项目的影响，更好地推动学术发展，促进成果转化，全国哲学社会科学工作办公室按照"统一设计、统一标识、统一版式、形成系列"的总体要求，组织出版国家社科基金后期资助项目成果。

全国哲学社会科学工作办公室

前　言

在中国式现代化的进程中，随着脱贫攻坚取得全面胜利，中华民族千百年的绝对贫困问题得到历史性解决，数亿农民摆脱了贫困。脱贫攻坚取得胜利后，要全面推进乡村振兴，这是"三农"工作重心的历史性转移。中国乡村经历了从低水平、不全面、发展很不平衡的"小康"到"全面小康"的历史演进，实现了由贫困到温饱、由温饱到全面小康的历史跨越，从此进入农业农村现代化全面推进的历史新方位。如何推进脱贫攻坚与乡村振兴的有效衔接，不仅决定着能否全面巩固拓展脱贫攻坚成果，更决定着中国全面现代化与民族复兴的成败，是必须回答的时代命题。

脱贫攻坚战是中国式现代化的重大战略决策，其核心在于通过精准扶贫方略，精准识别并帮助贫困群体，从根本上解决绝对贫困问题。在这一战略框架下，党和国家领导人的亲自推动，"五级书记"抓扶贫机制的实施，确保了扶贫工作在各级党委和政府的合力下成为全党全社会的共同行动。而乡村振兴则着眼于推进农业农村现代化，主要以农业农村优先发展为原则，以产业兴旺、生态宜居、乡风文明、治理有效、生活富裕为要求，通过建立健全城乡融合发展体制机制和政策体系，实现农业强、农村美、农民富的乡村全面振兴。

这一过程中，两者虽目标不同，但归根结底都服务于同一个目标，即提升农民的生活水平和质量，并与全面现代化同步，因而存在着内在的必然联系。全面建成小康社会的脱贫攻坚为推动解决绝对贫困向解决相对贫困的农业农村现代化战略转型提供了动力，大国小农的国情是实施乡村振兴战略的现实基础，而乡村振兴为巩固拓展脱贫攻坚成果提供了根本保障。

但是，真正的挑战是从理论到实践的转换，如何结合脱贫攻坚阶段的成就，确保政策的衔接性与实效性。脱贫攻坚政策的执行在短期内会快速产生效益，但有时未能充分考虑长期的可持续性与战略衔接性。实施乡村振兴战略旨在实现由"输血"向"造血"的转变，持续推动农业高质高效、乡村宜居宜业、农民富裕富足。这不仅需要宏观政策的一致性和互补性，还需要微观层面上提升脱贫人口后续生活品质，以及推进传统农业的绿色转型，这既是对政策制定的考验，也是对理论研究的挑战。

脱贫攻坚战略针对性极强，精准发力，解决的是"谁来脱贫"的问题，而乡村振兴战略需要通过内生发展实现乡村的现代化，解答的是"如何持续发展"的问题。这不仅需要深刻把握国家战略的核心逻辑，而且需要面对地区发展的不平衡性、乡村发展的差异性以及政策执行过程中可能出现的短板。在此基础上，构建一个长效机制，确保政策能够根据乡村发展变迁的实际状况做出及时适度调整，推进乡村振兴战略的实施，并最终实现农业农村现代化的战略目标。

鉴于脱贫攻坚与乡村振兴各自承载着不同的历史任务，本书在解构脱贫攻坚与乡村振兴有效衔接的探讨中，把中国特定的历史背景、制度逻辑、社会结构与经济转型所体现的特殊性，作为研究的重要维度，以识别实践中的现实问题，探索建立一个政策框架，在脱贫攻坚与乡村振兴之间建立一座桥梁，为政策制定者和实践者提供参考，服务于乡村具体实践，以回应时代之问。

目　录

绪　论

脱贫攻坚是我国全面建成小康社会的标志性工程，中国推进了人类史上规模空前、力度最大、惠及人口最多的脱贫攻坚战，历史性地解决了困扰中华民族几千年的绝对贫困问题。随着中华民族第一个百年奋斗目标的完成，全面建设社会主义现代化国家的第二个百年奋斗目标新征程随即开启了，由此进入新发展阶段。习近平总书记提出，脱贫攻坚取得胜利后，要全面推进乡村振兴。① 这是主动适应中国经济进入新发展阶段而作出的科学判断，也表明中国社会进入了打赢脱贫攻坚战、全面建成小康社会与实施乡村振兴战略、推进全面现代化的历史交汇期、社会转型叠加期、政策衔接过渡期，这是"三农"工作重心的历史性转移，向着农业农村现代化演进。

第一节　问题的提出

站在全面建成小康社会与推进全面现代化"两个一百年"奋斗目标的历史交汇处，推进脱贫攻坚与乡村振兴有效衔接，不仅决定着脱贫攻坚的成果全面巩固，更决定着中国全面现代化与中华民族伟大复兴的成功，这是全面建成小康社会后中国经济社会发展最大的现实与最大的挑战，是当下中华民族的历史使命。因此，巩固拓展脱贫攻坚成果是前提，脱贫攻坚与乡村振兴的目标路径衔接是关键，而核心是推动乡村全面形成农业高

---

① 《习近平在中央农村工作会议上强调　坚持把解决好"三农"问题作为全党工作重中之重　促进农业高质高效乡村宜居宜业农民富裕富足》，《人民日报》2020 年 12 月 30 日第 1 版。

质高效、乡村宜居宜业、农民富裕富足的农业农村现代化新格局，从根本上巩固拓展脱贫攻坚成果。

一　基本问题

打赢脱贫攻坚这场输不起的"战争"体现了社会主义集中力量办大事的制度优势和共产党凝聚社会共识的政党优势，是阶段性战略目标的实现。但经济社会发展有着必然的客观规律，特别是中国社会仍将长期处于社会主义初级阶段，又存在中国区域发展不平衡、城乡发展不平衡的社会矛盾，全面现代化最繁重的任务依然在农村，推进国内大循环、实现扩大内需最艰巨的任务依然在农村，给巩固拓展脱贫攻坚成果与推进乡村振兴带来多重挑战。

（一）如何把握两大战略有效衔接的实现路径

也就是如何在实现路径上，推进乡村振兴的"共同行动"与"共同富裕"相统一、公平与效率相统一，实现农业农村现代化的高质量发展、高品质生活、高效能治理，构建农业高质高效、乡村宜居宜业、农民富裕富足的新发展格局；如何在动力机制上，推进"党的引领力、政府的推动力、市场的原动力、农民的创造力、社会的协同力"相融合，以改变乡村振兴"干部在干、农民在看"的局面，建立"政府主导、农民主体、社会主力"的"三驾马车"新机制。

（二）如何探索共同富裕的有效实现形式

乡村振兴是中国全社会的共同行动，是社会主义的制度优势，而"共同富裕"是社会主义的制度逻辑，需要改变既有的利益格局。如果从脱贫攻坚到全面建成小康社会的决战来思考问题，会更多地倾向于实现"共同行动"的客观必要性；从乡村振兴以推进实现全面现代化为目标出发，就应更多地思考实现"共同富裕"的客观必然性。因为"共同富裕"不足，所谓多元主体参与的"共同行动"就缺乏实际内容，也就无法形成共同富裕的全社会"共同行动"，这无疑是两大战略有效衔接的时代难题。

（三）如何把握不同区域、不同发展水平的有效衔接，整体推进又尊重区域差异

也就是如何把握好一般性和特殊性的关系问题。党的十九届五中全会

关于中国脱贫攻坚与乡村振兴有效衔接的决策部署,① 既具有发展中人口大国的特殊性，也具有发展中国家、人口大国和人类社会乡村变迁与农业农村现代化发展规律的一般性，其中农业农村现代化是在社会转型的时间维度、社会制度提供的价值目标和中国国情三大情境的制约中演进的，既有特殊性也有一般性。而中国作为人口大国是大国小农，农业农村现代化规律深受国家规模变量、人口大国的粮食安全、不同区域的差异性与不同发展模式的多元性等多重影响，实现两大战略有效衔接的内容、机制是值得关注的重大问题。

（四）　如何为两大战略有效衔接的研究提出适用的理论框架

也就是如何建立两大战略有效衔接的基本理论框架，在"人类社会乡村变迁与农业农村现代化的一般趋势及其在中国的体现，大国小农的中国国情与历史传承、文化基因，以及中国特色社会主义乡村振兴道路的制度框架和价值目标"这三大"情境"中把握有效衔接的大方向，以此为基础，如何为有效衔接的战略目标一致性与实现路径多元性、国家整体制度安排与地方因地制宜探索、基础性制度体系与差异性政策体系的"双重面向"多重复合，提供从局部看总体与从整体看差异的"坐标系"。

二　研究价值与意义

推进巩固拓展脱贫攻坚成果同乡村振兴有效衔接，实现"三农"工作重心的历史性转移，研究的价值与意义由脱贫攻坚与乡村振兴的学术研究前沿、脱贫攻坚与乡村振兴有效衔接的国家政策的新导向和现实问题的新情况这三个层面确定。

（一）　完善中国特色社会主义乡村振兴道路理论的基础研究

中国是一个拥有 14 亿人口的特大型国家，世界上任何一个已经实现现代化的国家其人口规模无法与之相比较。中国地形极为复杂，资源禀赋和文化差异使不同的地区处于不同的发展阶段，这种不同步发展，不仅是

---

① 《中国共产党第十九届中央委员会第五次全体会议公报》，《人民日报》2020 年 10 月 30 日第 1 版。

工业化与城镇化不同步、工农不同步，而且是城乡不同步、区域不同步，这种不同步发展的现代化进程无疑具有巨大的差异性和复杂性，由此带来城乡发展不平衡、乡村发展不充分就更加突出。只有全面巩固拓展脱贫攻坚成果才能为乡村振兴奠定坚实基础，只有实现乡村振兴才能从根本上解决农村的贫困问题，推进巩固拓展脱贫攻坚成果与乡村振兴有效衔接成为中国全面现代化的根本之策。而在国情差别之下，他山之石未必可以攻玉，我们必须自主地探索全球人口大国实现乡村振兴的中国道路，进行中国农业农村现代化的理论创新，以推进巩固拓展脱贫攻坚成果与乡村振兴有效衔接的实践。

这个方向的研究价值和意义在于：第一，全面理解中国特色社会主义乡村振兴道路的目标。第二，在理论上定位中国特色社会主义乡村振兴道路需要建立什么样的"坐标系"以及巩固拓展脱贫攻坚成果与乡村振兴有效衔接需要把握什么样的基本方针。第三，构建大国小农的农业农村现代化分析工具。

（二）完善中国特色社会主义制度下的国家治理体系和治理能力现代化研究

党的十九届四中全会明确提出，要坚决打赢脱贫攻坚战，实施乡村振兴战略，完善农业农村优先发展的制度政策，健全城乡融合发展体制机制，建立治理相对贫困的长效机制。[1] 以全面建成小康社会为新起点，由消除绝对贫困的治理结构向消除相对贫困的治理结构变革，无疑要把工与农、城与乡、市民与农民作为一个整体纳入国家治理体系和治理能力现代化的全过程中，在"五位一体"的总体布局和"四个全面"的战略布局中、在全面建成小康社会的背景下，把实现人的全面发展与社会全面进步这一最具基础性、广泛性的社会发展落实到农民的主体地位上来，也是中国特色社会主义的本质要求。

这个方向的价值和意义在于：按照中国特色社会主义乡村振兴道路的制度框架和价值目标，从马克思主义理论逻辑、中国现代化的历史逻辑、

---

[1] 《中共中央关于坚持和完善中国特色社会主义制度　推进国家治理体系和治理能力现代化若干重大问题的决定》，《光明日报》2019年11月6日第1版。

工农城乡关系发展的现实逻辑、国家治理体系和治理能力现代化的制度逻辑四个维度中，理解脱贫攻坚与乡村振兴有效衔接的治理体系战略目标、战略方向，探讨如何构建中国特色社会主义乡村振兴道路的治理结构，推进乡村治理体系和治理能力现代化，以完善中国特色社会主义制度、推进国家治理体系和治理能力现代化。

（三）　探索通过多元路径实现农业农村现代化研究

尽管社会主要矛盾在不同地方的表现形式、存在的主要问题不尽相同，但最为突出的问题都集中反映在城乡发展不平衡、乡村发展不充分方面。实现由城乡不平衡发展、区域非均衡发展向城乡融合发展、区域一体化发展转变是实现全面现代化的必然要求。中国幅员辽阔，由于地理位置、资源禀赋、历史基础、政策取向等多方面不同，不同区域的乡村处于不同发展阶段与发展状态。这就需要对中国不同地域的巩固拓展脱贫攻坚成果与乡村振兴有效衔接进行科学分类，在整体层面与区域层面把现实、趋势、政策结合起来，研究处于不同区域、不同发展阶段的不同类别与不同阶段的差异性；研究不同地域、不同特质、不同发展水平的发展模式与发展路径的多元性，从而理顺区域发展战略与乡村振兴战略的关系，探索不同区域、不同发展阶段实现有效衔接的集成化方案。

这个方向的研究价值和意义在于：第一，进一步强化对于不同区域、不同发展阶段的区域差异性的认识。第二，进一步强化对于不同区域、不同发展阶段的路径多元性认识。

（四）　建立健全城乡融合发展体制机制和政策体系的研究

在中国现代化的进程中，处理好工农城乡关系是贯穿中国工业化和城镇化进程的主题与主线。从党的十六大提出统筹城乡发展，到党的十六届四中全会作出"两个趋向"的重要论断，推动了"工业反哺农业、城市支持农村"的工农城乡关系初步形成；从党的十七大提出城乡一体化，到党的十九大在乡村振兴战略中首次提出"城乡融合发展"，标志着中国特色社会主义工农城乡关系进入新发展阶段。处于迈向全面现代化的第二个百年奋斗目标历史拐点，如何处理工农城乡关系，决定着脱贫攻坚与乡村振兴有效衔接的成败，决定着中国全面现代化的成败。《中共中央　国务院关于建立健全城乡融合发展体制机制和政策体系的意见》（2019）明确要求，加快形成"工农互促、城乡互补、全面融合、共同繁荣"的新型工农城乡关系，明确提出建立健全城乡融合发展的体制机制和政策体系的时间表、路线图。① 从现阶段来说，推动城乡融合发展既是破解城乡发展不平衡乡村发展不充分的关键所在，又是推进全面现代化的战略路径，也是推动巩固拓展脱贫攻坚成果与乡村振兴有效衔接的根本动力。

这个方向的研究价值和意义在于：第一，总结脱贫攻坚与乡村振兴进程中工农城乡关系体制机制创新的基本经验，探究国内发达地区先行先试，推进从"以工补农、以城带乡"到"以工促农、以城带乡、工农互惠、城乡一体"的体制机制创新实践。第二，有助于建构战略目标一致性与路径多元性相结合、国家整体制度安排与因地制宜地方探索相结合、基础性制度体系与差异性政策体系相结合的城乡融合发展集成化政策方案。第三，在农业农村优先发展的理念下，顺应全面现代化进程中城乡融合发展的大趋势，更加关注城乡二元结构的现实问题。

第二节　研究的主要内容

推进巩固拓展脱贫攻坚成果与乡村振兴有效衔接的研究，主要聚焦两大战略的衔接；研究体制机制如何构建的问题，主要是以两大战略思想、理念的有效衔接为逻辑起点，研究两大战略的目标、路径如何衔接。

一　脱贫攻坚与乡村振兴的内在逻辑

在"三农"工作重心转移的历史拐点，立足于党的十九届五中全会关于进入新发展阶段、确立新发展目标、贯彻新发展理念、构建新发展格局的发展逻辑，用大历史观来审视中国社会主要矛盾新变化和全面现代化需要面对的"三农"发展突出短板，从马克思与恩格斯关于城乡关系的理论逻辑、中国特色社会主义现代化进程中工农城乡关系的历史逻辑、全

---

① 《中共中央　国务院关于建立健全城乡融合发展体制机制和政策体系的意见》，《人民日报》2019 年 5 月 6 日第 1 版。

面建成小康社会背景下城乡融合发展的现实逻辑、国家治理体系和治理能力现代化的制度逻辑四个维度，围绕构建农业高质高效、乡村宜居宜业、农民富裕富足的农业农村现代化新发展格局，以"全面建成小康社会的脱贫攻坚为推动解决绝对贫困向解决相对贫困的农业农村现代化战略转型提供动力，大国小农的国情是实施乡村振兴战略的现实基础，中国特色社会主义乡村振兴道路提供有效衔接的战略目标"为分析框架，从中国乡村发展变迁的总体脉络中研判农业农村现代化的演进规律与趋势，把握巩固拓展脱贫攻坚成果与乡村振兴有效衔接的战略目标、战略方向，围绕两大战略衔接的必然性进行理论研究。

拟解决的主要问题包括：以全面建成小康社会为新起点，在这个过程中，脱贫攻坚与乡村振兴两大战略之间存在什么关系？其内在逻辑是什么？如何从理论上阐述清楚它们二者之间的关系？拟从三个方面有所突破，以揭示中国特色社会主义乡村振兴道路的基本内涵：全面理解中国特色社会主义乡村振兴道路的目标；在理论上定位中国特色社会主义乡村振兴道路需要建立什么样的"坐标系"以及巩固拓展脱贫攻坚成果与乡村振兴有效衔接需要把握什么样的基本方针；构建大国小农的农业农村现代化分析工具。

研究的主要内容包括：脱贫攻坚与乡村振兴的互动机理研究；脱贫攻坚推动乡村变迁的基本经验研究；脱贫攻坚与乡村振兴的多重关系研究；从脱贫攻坚到乡村振兴的战略演进研究。

二　巩固拓展脱贫攻坚成果同乡村振兴有效衔接

党的十九届五中全会提出要实现巩固拓展脱贫攻坚成果同乡村振兴有效衔接，[①] 以推动高质量发展、高品质生活、高效能治理，确保乡村之间、城乡之间协调发展，共同繁荣，符合人民对美好生活的向往。以此为引领，立足于全面巩固拓展脱贫攻坚成果和确保向乡村振兴接续推进，基于两大战略的背景与意义、定位和目标、政策与机制等维度，通过明确两

[①]　《中国共产党第十九届中央委员会第五次全体会议公报》，《人民日报》2020 年 10 月 30 日第 1 版。

大战略的政策着力点，辩证分析二者之间的内在逻辑关系，从政府与市场两个层面着眼，从微观政策转移接续入手，梳理脱贫攻坚的基本经验和后续要求，研判巩固拓展脱贫攻坚成果与乡村振兴在理念、目标及阶段性要求上的差异性与一致性，研究构建一套完整的巩固拓展脱贫攻坚成果与乡村振兴有效衔接机制。

拟解决的主要问题包括如下几个方面。

在发展理念上，探讨把解决相对贫困统筹纳入乡村振兴战略，如何实现两大战略愿景、方向与目标、任务的连续性和阶段性衔接。

在实现路径上，探讨脱贫攻坚的产业扶贫与乡村振兴的产业振兴、脱贫攻坚的人才帮扶与乡村振兴的人才振兴、脱贫攻坚的文化扶贫与乡村振兴的文化振兴、脱贫攻坚的生态扶贫与乡村振兴的生态振兴、脱贫攻坚的党建扶贫与乡村振兴的组织振兴如何衔接；其中主要在要素投入上，推进政府投入与市场投入有效衔接。

在体制机制上，探讨脱贫攻坚形成的领导体制和工作机制，如何与中国特色社会主义乡村振兴的制度框架和价值目标相衔接；其中主要在领导机制上，如何把脱贫攻坚的五级书记抓扶贫，与乡村振兴五级书记共抓的机制有效地衔接起来。

在政策体系上，探讨把脱贫攻坚的特惠性、阶段性、攻坚性的政策体系，如何与乡村振兴的普惠性、长期性、常规性的政策体系相衔接；其中主要以思想和理念衔接作为有效衔接的基础，以实现路径衔接作为有效衔接的重点难点，以体制机制衔接作为有效衔接的关键，以政策体系衔接作为有效衔接的保障，以守牢巩固拓展脱贫攻坚成果的底线、打破巩固拓展脱贫攻坚成果的边线、找准衔接巩固拓展脱贫攻坚成果的主线。

研究的主要内容包括：巩固拓展脱贫攻坚成果与乡村振兴有效衔接经验的比较；巩固拓展脱贫攻坚成果与乡村振兴有效衔接的基本思路；巩固拓展脱贫攻坚成果与乡村振兴有效衔接的重点任务；巩固拓展脱贫攻坚成果与乡村振兴有效衔接的现实路径。

三　从脱贫攻坚到乡村振兴的战略转型

立足于两大战略的有效衔接，基于党的十九届五中全会关于进入新发展阶段、确立新发展目标、贯彻新发展理念、构建新发展格局的"变革"逻辑,① 以新的形势、新的阶段、新的目标为"转型"方向推进"三农"工作重心实现历史性转移,以建立农业高质高效、乡村宜居宜业、农民富裕富足的农业农村现代化新格局为目标,根据两大战略在不同发展阶段的要求和定位,把握变与不变的辩证关系,准确识变、科学应变、主动求变。

拟解决的主要问题包括以下几个方面。

在发展理念上,探讨如何把握乡村振兴战略的综合性、整体性、渐进性和持久性特点,如何把握大国小农的区域差异性与发展模式的多元性,向遵循乡村发展规律的可持续发展推进转变。

在实现路径上,探讨如何推进乡村振兴作为全党全社会的"共同行动"与作为全面现代化的"共同富裕"相统一、社会主义制度的公平与社会主义市场经济的效率相统一,并探讨其有效实现形式,推进乡村振兴的质量变革、效率变革、动力变革,实现由脱贫攻坚的产业扶贫向乡村振兴的产业振兴转变、由脱贫攻坚的人才帮扶向乡村振兴的人才振兴转变、由脱贫攻坚的文化扶贫向乡村振兴的文化振兴转变、由脱贫攻坚的生态扶贫向乡村振兴的生态振兴转变、由脱贫攻坚的党建扶贫向乡村振兴的组织振兴转变,构建农业农村现代化的新发展格局。

在发展动力上,探讨如何激发乡村内生动力,在动力机制上实现"党的引领力、政府的推动力、市场的原动力、农民的创造力、社会的协同力"相融合,建立"政府主导、农民主体、社会主力"的新机制,推动由行政外在推动为主向市场内在推动为主转变,由"依靠帮扶"为主向坚持农民主体地位的"自我发展"为主转变。在体制机制上,探讨如何按照农业农村优先发展的要求重塑城乡关系,着力解决城乡发展不平衡乡村发展不充分的问题,走城乡融合发展之路,实现由解决绝对贫困问题为主的"攻坚体制"向解决相对贫困问题为主的"长效机制"转变。

---

① 《中国共产党第十九届中央委员会第五次全体会议公报》,《人民日报》2020 年 10 月 30 日第 1 版。

在政策体系上，探讨如何推动由行政推动为主到政府引导下的市场驱动为主转变，实现由外部"输血"到内部"造血"的转变，由特惠性、阶段性、攻坚性的政策体系向普惠性、长期性、常规性的政策体系转变。

研究的主要内容包括：从脱贫攻坚到乡村振兴战略转型的必然要求；从脱贫攻坚到乡村振兴转型的战略方向；从脱贫攻坚到乡村振兴转型的战略重点；从脱贫攻坚到乡村振兴转型的动力机制；从脱贫攻坚到乡村振兴转型的战略路径。

四　巩固拓展脱贫攻坚成果与乡村振兴有效衔接的案例研究

湖南是地处中国中部的农业大省和人口大省，有武陵山、罗霄山全国两大曾经的"集中连片特困地区"，曾是全国脱贫攻坚任务最重的省份之一，也是习近平总书记首倡"精准扶贫"之地。因此，作为本研究有效衔接案例研究的对象，立足对湖南的实地调研，总结湖南巩固拓展脱贫攻坚成果同乡村振兴有效衔接的做法与取得的成效，分析在政策衔接、投入衔接、产业衔接、主体衔接、组织衔接层面存在的主要挑战，研究提出湖南巩固拓展脱贫攻坚成果同乡村振兴有效衔接的基本对策。

长沙作为湖南省省会，不仅是长江中游城市群的中心城市和"一带一路"的重要节点城市，而且是湖南省现代农业领航区、生态宜居典范区、城乡融合样板区、共同富裕先行区的"乡村振兴示范市"。因此，本研究将长沙市这一湖南唯一的全面乡村振兴全域示范市和乡村振兴高地作为全面推进乡村振兴的案例研究对象，总结了长沙市全域乡村振兴示范建设的做法与取得的成效，分析了面临的挑战，并有针对性地提出推进长沙市全域乡村振兴示范建设的基本途径。

五　巩固拓展脱贫攻坚成果与乡村振兴有效衔接的政策方案

党的十九届五中全会提出，中国发展不平衡不充分问题仍然突出，城乡区域发展差距较大，要求强化以工补农、以城带乡，推动形成工农互促、城乡互补、协调发展、共同繁荣的新型工农城乡关系，健全区域协调发展体制机制,① 以实现高质量发展、高品质生活、高效能治理。一方面，要运用大国制度创新注重地方创新的特殊规律，从局部看总体：根据不同区域、不同发展水平划分出乡村振兴"先行区"、乡村振兴"推进区"、脱贫攻坚成果"巩固区"三种类型，观察中国城乡关系向城乡融合发展演进的趋势与进程，研判不同区域、不同发展水平地域推进农业农村现代化的战略一致性。另一方面，要根据中国特色社会主义乡村振兴的制度框架和价值目标的要求，从整体看差异：审视不同区域、不同发展水平下推进农业农村现代化的差异性。

拟解决的主要问题包括：（1）按照中国特色社会主义乡村振兴的制度框架和价值目标的要求，研究以实现城乡融合发展为基本要求的基础性制度体系。（2）研究不同地域、不同特质、不同发展水平下的巩固拓展脱贫攻坚成果与乡村振兴有效衔接的政策体系，建立充分发挥不同区域能动性的多元化、差异化政策体系。（3）研究战略目标一致性与实现路径多元性相结合、国家整体制度安排与因地制宜地方探索相结合、基础性制度体系与差异性政策体系的集成化政策方案。

研究的主要内容包括：推进巩固拓展脱贫攻坚成果与乡村振兴有效衔接的现实问题，推进巩固拓展脱贫攻坚成果与乡村振兴有效衔接的基础性制度体系，推进巩固拓展脱贫攻坚成果与乡村振兴有效衔接的差异性政策体系，推进巩固拓展脱贫攻坚成果与乡村振兴有效衔接的保障体系。

第三节　研究思路与方法

主要围绕推进脱贫攻坚与乡村振兴两大现代化战略的有效衔接，站在推进全面现代化的新起点上总结脱贫攻坚与乡村振兴进程中工农城乡关系体制机制创新的基本经验，探究推进从"以工补农、以城带乡"到"以工促农、以城带乡、工农互惠、城乡一体"的体制机制创新实践，在理

---

① 《中国共产党第十九届中央委员会第五次全体会议公报》，《人民日报》2020 年 10 月 30 日第 1 版。

论上进一步准确定位中国特色社会主义乡村振兴道路的"坐标系",构建大国小农的农业农村现代化分析框架。

一　研究框架

主要从三个部分展开:(1)推进两大战略的思想理念有效衔接,研究巩固拓展脱贫攻坚成果与乡村振兴有效衔接的必然性问题。(2)推进两大战略的目标路径有效衔接,研判巩固拓展脱贫攻坚成果与乡村振兴有效衔接的可行性问题。(3)推进两大战略有效衔接的体制机制构建,探讨巩固拓展脱贫攻坚成果与乡村振兴有效衔接的实践性问题。

(一)逻辑起点:围绕两大战略衔接的必然性进行理论研究

对问题的剖析核心是要抓住关键,本研究立足于党的十九届五中全会关于进入新发展阶段、确立新发展目标、贯彻新发展理念、构建新发展格局的发展逻辑,[①] 认为推进巩固拓展脱贫攻坚成果与乡村振兴的有效衔接的关键在理念,具体地说,巩固拓展脱贫攻坚成果与乡村振兴的思想、理念有效衔接是本研究的逻辑起点与前提。第一是如何全面理解中国特色社会主义乡村振兴道路的内涵与目标。第二是在理论上定位中国特色社会主义乡村振兴道路需要建立什么样的"坐标系"以及巩固拓展脱贫攻坚成果与乡村振兴有效衔接需要把握什么样的基本方针。第三是构建大国小农的农业农村现代化分析工具,建立理论分析视野。

(二)实现路径:聚焦两大战略衔接的可行性进行路径研究

党的十九届五中全会提出,深化农村改革,实现巩固拓展脱贫攻坚成果同乡村振兴有效衔接。[②] 习近平总书记进一步明确,脱贫攻坚取得胜利后,要全面推进乡村振兴,实现"三农"工作重心的历史性转移。[③] 本研究的任务是,巩固拓展脱贫攻坚成果是前提,脱贫攻坚与乡村振兴的目标

[①]《中国共产党第十九届中央委员会第五次全体会议公报》,《人民日报》2020 年 10 月 30 日第 1 版。

[②]《中国共产党第十九届中央委员会第五次全体会议公报》,《人民日报》2020 年 10 月 30 日第 1 版。

[③]《习近平在中央农村工作会议上强调　坚持把解决好"三农"问题作为全党工作重中之重　促进农业高质高效乡村宜居宜业农民富裕富足》,《人民日报》2020 年 12 月 30 日第 1 版。

路径衔接是关键，而核心是推进乡村全面振兴，形成农业高质高效、乡村宜居宜业、农民富裕富足的农业农村现代化新格局，从根本上巩固拓展脱贫攻坚成果。也就是守牢巩固拓展脱贫攻坚成果的底线，打破巩固拓展脱贫攻坚成果的限制，找准衔接巩固拓展脱贫攻坚成果的主线。

在理论研究的基础上，本书提出的实现路径是推进乡村振兴的"共同行动"与"共同富裕"相统一、公平与效率相统一的高质量发展、高品质生活、高效能治理，探索共同富裕的有效实现形式，构建农业高质高效、乡村宜居宜业、农民富裕富足的农业农村现代化新发展格局；在动力机制上实现"党的引领力、政府的推动力、市场的原动力、农民的创造力、社会的协同力"相融合，建立"政府主导、农民主体、社会主力"的"三驾马车"新机制。对可行性路径研究，着重研究两个问题，一是研究巩固拓展脱贫攻坚成果同乡村振兴有效衔接，二是研究从脱贫攻坚到乡村振兴的战略转型。

（三）制度建构：紧扣两大战略衔接的实践性进行政策研究

党的十九届五中全会提出，强化以工补农、以城带乡，推动形成工农互促、城乡互补、协调发展、共同繁荣的新型工农城乡关系。[①] 也就是要健全区域协调发展体制机制，推动城乡融合发展。本研究对中国不同地域进行科学分类，一是分析处于不同区域、不同发展阶段的不同类别与不同阶段的差异性；二是分析不同地域、不同特质、不同发展水平的发展模式与发展路径的多元性。在整体层面与区域层面把现实、趋势、政策结合起来，按照中国特色社会主义乡村振兴道路的制度框架和价值目标，以实现城乡融合发展为根本要求，提出制度建构的"三结合"思路：战略目标的一致性与实现路径的多元性相结合；国家整体制度安排与地方因地制宜探索相结合；实现基础性制度体系与差异性政策体系相衔接。

二　研究思路

面临复杂多变的发展外部环境和国内发展变化带来的新问题，针对中

---

① 《中国共产党第十九届中央委员会第五次全体会议公报》，《人民日报》2020年10月30日第1版。

国社会主要矛盾新变化和"三农"发展突出短板，需要着眼中华民族伟大复兴的战略全局、世界百年未有之大变局，以进入新发展阶段、确立新发展目标、贯彻新发展理念、构建新发展格局的变革逻辑为取向，以解决城乡发展不平衡乡村发展不充分的矛盾为主线，以两大战略思想、理念的有效衔接为逻辑起点，在中国特色社会主义乡村振兴道路的制度框架和目标中理解有效衔接的理念内涵，及其与"脱贫攻坚与乡村振兴"的内在统一性，推进两大战略有效衔接的必然性与可行性相统一，形成农业高质高效、乡村宜居宜业、农民富裕富足的农业农村现代化新格局。

（一）理论研究的总体思路

在理论、政策与经验三者的统一中分析问题，在马克思主义理论、社会学、应用经济等多学科的交叉中建立研究起点，在人类社会乡村变迁与农业农村现代化的一般趋势及其在中国的体现，大国小农的中国国情与历史传承、文化基因、人口大国的粮食安全，以及中国特色社会主义乡村振兴道路的制度框架和价值目标这三大情境的引导下，用大历史观来研判巩固拓展脱贫攻坚成果与乡村振兴有效衔接的战略方向与实现路径，努力推进中国特色社会主义农业农村现代化研究的理论自觉。其中，尤其注重在中国特色社会主义乡村振兴道路的制度框架和目标中理解两大战略有效衔接的理念内涵，及其与"脱贫攻坚与乡村振兴"的内在统一性，这种内在统一性建立在社会主义集中力量办大事的制度优势和共产党凝聚社会共识的政党优势的基础上，实现"共同行动"与"共同富裕"相统一。

（二）经验研究的总体思路

实行大国制度创新，注重地方创新的特殊规律，从局部看总体：根据不同区域、不同发展水平分类，观察中国城乡关系向城乡融合发展演进的趋势与进程，研判不同区域、不同发展水平下推进农业农村现代化的战略一致性；从整体看差异：根据中国特色社会主义乡村振兴道路的制度框架和价值目标的要求，审视不同区域、不同发展水平下推进农业农村现代化的差异性。

（三）政策研究的总体思路

以两大战略思想、理念的有效衔接为逻辑起点，在实现路径上推进

"两统一"：实现乡村振兴的"共同行动"与"共同富裕"相统一、公平与效率相统一的高质量发展、高品质生活、高效能治理，探索共同富裕的有效实现形式，构建农业高质高效、乡村宜居宜业、农民富裕富足的农业农村现代化新发展格局。在动力机制上实现"五融合"："党的引领力、政府的推动力、市场的原动力、农民的创造力、社会的协同力"相融合，建立"政府主导、农民主体、社会主力"的"三驾马车"新机制。在体制机制上实现"三结合"：战略目标一致性与路径多元性相结合、国家整体制度安排与因地制宜地方探索相结合、基础性制度体系与差异性政策体系相结合。基于不同区域、不同发展水平的差异性和战略目标一致性经验研究，建构"三结合"的集成化政策方案。在"两统一""五融合""三结合"的现实条件中，发挥社会主义制度优势和共产党的政党优势，制度建构的核心内涵是完善和坚持党的领导核心地位。

三　研究视角

研究视角基于对巩固拓展脱贫攻坚成果与乡村振兴有效衔接的基本逻辑理解，推进巩固拓展脱贫攻坚成果与乡村振兴有效衔接，由三大情境所决定：人类社会乡村变迁与农业农村现代化的一般趋势及其在中国的体现，大国小农的中国国情与历史传承、文化基因、人口大国的粮食安全，以及中国特色社会主义乡村振兴道路的制度框架和价值目标。两大战略有效衔接的目标选择、制度构建的过程也是在这三大情境的引导下推进的。同时，还需要从社会主要矛盾的视角来把握巩固拓展脱贫攻坚成果与乡村振兴有效衔接的目标、方向，需要从城乡关系的视角来把握两大战略有效衔接的路径选择。

（一）中国特色社会主义乡村振兴道路的视角

站在全面建成小康社会的新起点上推进乡村振兴，既是当下中国全社会的共同行动，更是中国全面现代化的战略目标。基于社会主义制度的优势和共产党的政党优势，在中国特色社会主义乡村振兴道路的制度框架和目标中，理解两大战略有效衔接的理念内涵：脱贫攻坚与乡村振兴的内在统一性及其战略目标一致性与实现路径多元性。

立足于人类社会乡村变迁与农业农村现代化的一般趋势及其在中国的

体现，在大国小农的中国国情与历史传承、文化基因，人口大国的粮食安全，以及中国特色社会主义乡村振兴道路的制度框架和价值目标这三大情境中：如何在实现路径上推进乡村振兴"共同行动"与"共同富裕"相统一、公平与效率相统一的高质量发展、高品质生活、高效能治理，探索共同富裕的有效实现形式，构建农业高质高效、乡村宜居宜业、农民富裕富足的农业农村现代化新发展格局。如何在动力机制上实现"党的引领力、政府的推动力、市场的原动力、农民的创造力、社会的协同力"相融合，建立"政府主导、农民主体、社会主力"的"三驾马车"新机制。如何在体制机制上实现战略目标一致性与路径多元性相结合、国家整体制度安排与因地制宜地方探索相结合、基础性制度体系与差异性政策体系相结合，是中国特色社会主义乡村振兴要考虑的基本问题。这也是本书的基本视角。

（二）社会转型的视角

决胜脱贫攻坚、全面建成小康社会，是中国经济社会的重大转型。推进巩固拓展脱贫攻坚成果与乡村振兴的有效衔接，也是全面建成小康社会与全面实现现代化的有效衔接，两大战略的先后接续，实现了向全面现代化推进的社会发展大转型，我国全面进入了新发展阶段，处于由农业中国到工业中国转型、乡村中国向城镇中国转型的历史新方位，形成了中国工业化、城镇化与农业农村现代化的多重转型叠加，无疑形塑着巩固拓展脱贫攻坚成果与乡村振兴有效衔接的路径选择与制度建构。这是本书的重要视角。

（三）城乡关系的视角

基于当下社会主要矛盾变迁，城乡关系由"以工补农、以城带乡"向"以工促农、以城带乡、工农互惠、城乡一体"的城乡融合发展变迁，标志着中国工农城乡关系进入发展新阶段。而破解城乡发展不平衡、乡村发展不充分的时代命题，使巩固拓展脱贫攻坚成果与乡村振兴有效衔接面临更为巨大的挑战。由农业中国向工业中国、乡村中国向城镇中国的现代变迁，构成了当前中国两大战略有效衔接的双重语境。

而城乡关系是人类社会最重要的关系之一，如何协调和处理好它们之间的关系，集中反映出"城市—乡村""工业—农业""政府—市场"

"国家—社会"等多重关系的协调和处理方式。站在全面建成小康社会的新起点上如何破解城乡二元结构，事关巩固拓展脱贫攻坚成果与乡村振兴有效衔接的战略选择，尤其是事关城镇化进程中农民的核心利益如何保护、农业农村现代化何以顺利推进。因此，本书将城乡关系作为一个关键性的切入点。

（四）大国小农的国情视角

全国整体推进，尊重区域差异。一方面，工业化与城镇化在全国发展不平衡，不同区域的差异性与不同发展模式的多元性突出，另一方面，中国是一个人口大国，是大国小农，与历史传承、文化基因、人口大国的粮食安全等多重因素相关联，农业与乡村的发展有着自身独特的规律。本书拟根据不同区域、不同发展水平划分不同类型的乡村，探讨不同区域、不同发展水平下推进农业农村现代化的差异性和一致性，这是本书的一个独特视角。

第一章　脱贫攻坚与乡村振兴的
相关理论探索

随着绝对贫困问题首次得到历史性解决，在"两个一百年"奋斗目标的历史交汇期，以中华民族伟大复兴的战略全局、世界百年未有之大变局的"两个大局"为战略支撑，党的十九届五中全会提出"全面推进乡村振兴"，以优先发展农业农村为要求，实施乡村建设行动，提高农业质量效益和竞争力，深化农村改革，以全面巩固拓展脱贫攻坚的伟大成果，形成农业高质高效、乡村宜居宜业、农民富裕富足的农业农村现代化新格局。① 因此，推进巩固拓展脱贫攻坚成果同乡村振兴有效衔接，无疑是一个重大的时代课题。

第一节　中国特色减贫之路维度：贫困问题与脱贫攻坚

作为人类的共同使命，消除贫困是一个古老而又常新的话题，经历了理论和实践的嬗变。本研究主要从贫困和反贫困的理论与实践、中国扶贫开发的历史进程与经验、新时代的精准扶贫等三个方面进行文献概述。

一　贫困和反贫困的理论与实践研究

贫困问题既是个历史性课题，也是个世界性难题，不仅在广大发展中国家存在，而且在西方发达国家同样存在贫困现象，一直吸引着经济学

---

① 《中国共产党第十九届中央委员会第五次全体会议公报》，《人民日报》2020 年 10 月 30 日第 1 版。

家、社会学家、政治学家、人口学家的目光。

（一）关于贫困内涵及类型的研究

对此，国内外学者均有探讨。国外学者主要探讨了三种。

1. 收入贫困

20世纪初，英国经济学家朗特里进行了开创性研究，认为贫困是包括食品、房租和其他项目等总收入水平不足以维持身体正常功能所需的最低生活必需品，低于生理上最低需要就无法正常生存，又被称作绝对贫困。①

生物学意义上的贫困引起一些学者质疑，加尔布雷斯就认为，是否贫困不仅仅取决于自身的收入水平，还取决于所在社会群体中其他人的收入水平。② 汤森德等提出了对贫困进行新阐释的"相对贫困理论"，在汤森德看来，贫困是由于被剥夺资源而导致享有正常社会生活水平权利和参与正常社会生活权利的缺失。

世界银行认为，根据1990年以来所统计的全球收入贫困数据可以发现，按2011年购买力平价不变价格计算，于2015年估算的贫困线标准是相当于日均生活费用1.9美元。③

2. 能力贫困

阿马蒂亚·森在20世纪七八十年代提出"能力贫困"学说，认为贫困不只是低下的经济收入水平，更是基本可行能力的缺失，表现为寿命过短、营养不良、慢性病流行、文盲为数众多等贫困状况，原因不仅包括收入水平、公共政策、社会制度的安排，而且包括经济的不平等与民主程度低等。④

联合国发展计划署在1996年和1997年的《人类发展报告》中提出能力贫困度量指标（capability poverty measure）和人类贫困指数（human poverty index），强调由能力缺乏导致贫困问题。⑤

---

① 朗特里：《贫困：城镇生活研究》，伦敦，麦克米伦出版社，1901。
② 〔美〕乌德亚·瓦格尔：《贫困再思考：定义和衡量》，刘亚秋译，《国际社会科学杂志》（中文版）2019年第3期。
③ Townsend, Peter. (1979) Poverty in the United Kingdom, University of California Press.
④ 〔印〕阿马蒂亚·森：《贫困与饥荒》，王宇、王文玉译，商务印书馆，2004。
⑤ 郭熙保、罗知：《论贫困概念的演进》，《江西社会科学》2005年第11期。

3. 权利贫困

到 20 世纪八九十年代，经济学家们将脆弱性、无话语权、无权无势以及社会排斥引入贫困概念，从而使贫困的概念扩展到权利贫困。奥本海默从"机会被剥夺"的角度，开展了界定贫困的研究。[1] 罗伯特·坎勃开创性地进行了贫困人口的无助和孤立方面问题研究，拓展了贫困的脆弱性和风险防范等方面的研究空间。[2] 20 世纪 90 年代以来，学界逐渐将社会排斥引入贫困概念，认为如果某些社会群体部分或全部遭到主流经济、政治以及公民、文化等社会排挤，从而得不到应有的正当权利，即使拥有足够的收入和能力，将依然贫困。

因此，从收入贫困、能力贫困和权利贫困三个不同角度来诠释贫困概念，构成相互补充而理解贫困时不可缺少任何一个方面的概念集合。世界银行指出，"贫困不只是指物质匮乏，同时还包括低水平的教育与卫生、面对困难时的脆弱性及需求表达困难和缺乏影响力"，具有一定的代表性和权威性。[3]

国内学者也对贫困是什么及其类型进行了探讨。伴随着中国扶贫实践的不断推进，国内学者在吸收借鉴国外扶贫理论的基础上，结合中国实际，形成了具有中国特色的扶贫理论。

早期对贫困内涵的研究，主要是从经济角度以物质投入水平与收入消费水平为评判标准。如国家统计局课题组认为，贫困就是物质生活困难，未能达到社会公认的最低生活标准。[4] 在汪三贵看来，贫困就是一个人或一个家庭的必要生产生活资料缺乏，劳动力再生产所必需的物质条件缺乏，仅能维持较低生活水平的必要经济收入缺乏。[5]

随着对贫困研究的不断扩展，个人能力、政治权力、人力资本等逐渐被纳入贫困的内涵。董辅礽认为，贫困就是不能满足生理、精神、社会等

---

[1]　参见 Oppenheim, Poverty: the Facts, Lendon, Child Poverty Action Group, 1990。

[2]　Chamber. Poverty and Livelihood: Whose Reality Counts? *Economic Review*, 1995（2）.

[3]　郭熙保、罗知：《论贫困概念的演进》，《江西社会科学》2005 年第 11 期。

[4]　国家统计局《中国城镇居民贫困问题研究》课题组：《中国城镇居民贫困问题研究》，《统计研究》1991 年第 6 期。

[5]　汪三贵：《贫困问题与经济发展政策》，农村读物出版社，1994。

方面基本需要的状况。① 童星、林闽钢认为，贫困的本质，需要从物质缺乏和机会缺乏两方面来认定②。桑志达③、肖桂云等④、付少平⑤进一步提出了"文化贫困"、"精神贫困"的概念，王建民⑥和方清云⑦研究分析了文化扶贫的实践。

在方晨曦等看来，贫困是历史性概念、社会性概念、综合性概念⑧。而黄萍、黄万华则认为，贫困的本质不只是收入贫困，更是能力贫困⑨。还有学者认为，贫困并不仅仅是经济收入低与生活水平低，还包括市场竞争能力与获取社会资源能力的贫困，包括社会与政治层面追求自身利益的能力贫困，而且这些往往是导致经济上贫困的主要原因⑩。郭熙保认为贫困概念有两种理解——区域贫困与个体贫困，学术界常常把它们混为一谈，在政策上产生误导，通常所说的贫困应该指的就是个体意义上的贫困⑪。

（二）关于贫困形成原因的研究

马克思认为资本主义社会的绝对贫困是因为无产阶级者的劳动与财富相分离，即无产阶级"被剥夺了劳动资料和生活资料的劳动能力是绝对贫困本身"，而相对贫困是资本家对剩余价值的无偿占有，即无产阶级必须将自己生产创造的剩余价值无偿地交付给资本家占有⑫。

---

① 董辅礽：《怎样理解贫困》，经济科学出版社，1996，第 128 页。
② 童星、林闽钢：《我国农村贫困标准线研究》，《中国社会科学》1994 年第 3 期。
③ 桑志达：《重新认识贫困问题》，《毛泽东邓小平理论研究》1997 年第 5 期。
④ 肖桂云、程贵铭：《贫困文化与文化扶贫》，《中国农业大学学报》（社会科学版）2000 年第 3 期。
⑤ 付少平：《贫困文化与文化扶贫的战略选择》，《西北农林科技大学学报》（社会科学版）2001 年第 1 期。
⑥ 王建民：《扶贫开发与少数民族文化——以少数民族主体性讨论为核心》，《民族研究》2012 年第 3 期。
⑦ 方清云：《贫困文化理论对文化扶贫的启示及对策建议》，《广西民族研究》2012 年第 4 期。
⑧ 方晨曦、龙运书、吴传一：《再释贫困》，《西南民族学院学报》（哲学社会科学版）2000 年第 5 期。
⑨ 黄萍、黄万华：《能力扶贫：农村财政扶贫政策新视角》，《内蒙古社会科学》（汉文版）2003 年第 6 期。
⑩ 辛金钦、古孜丽努尔·艾尼瓦尔：《贫困问题研究综述》，《新西部》2019 年第 20 期。
⑪ 郭熙保：《论贫困概念的内涵》，《山东社会科学》2005 年第 12 期。
⑫ 《马克思恩格斯文集》（第一卷），人民出版社，2009，第 538 页。

　　就国外研究而言，马尔萨斯提出了"人口剩余致贫论"，在马尔萨斯看来，由于存在土地报酬递减规律的作用，社会人口按几何级数增加，而食物生产只能以算术级数增长，这是"永恒的人口自然规律"，由此把贫困的根源就归结为人口的增长。[①] 普雷维什提出"中心—外围论"，认为处于世界经济发展"中心"的西方发达国家，与处于世界经济发展"外围"的发展中国家成为统一的世界经济体系，但由于两者处于不对等的、不平衡的地位，发展中国家在世界经济体系中处于弱势地位，在世界产业分工链条中处于低端下游，故获得世界经济增长的收益很低，因而产生贫困问题。[②]

　　2019 年诺贝尔经济学奖得主阿比吉特·班纳吉、埃斯特·迪弗洛合著的《贫穷的本质》一书，为了弄清穷人为什么会贫穷，因为贫穷又会导致哪些特定问题，从而使穷人陷入无法逃离的"贫穷陷阱"，调查了世界上贫困人群最集中的 18 个国家和地区，探寻贫困人群的贫穷根源。特别是对贫穷的一些流行观点进行了深刻反思，如对贫困人群援助越多就会造成其依赖性越强，对贫困人群的外部援助不具有多大的作用等，这就是为什么多年来的扶贫政策会以失败而告终的原因，关键是由于对于贫穷的理解不够，扶贫没有抓住关键，并通过大量的实例提出经得起检验的扶贫方案。[③]

　　赋权理论认为贫困的实质源于权利的贫困，代表性的观点如经济学家缪尔达尔提出的"循环积累因果关系"理论，先天禀赋占优的地区不断积攒强势发展动能，不断扩大与落后地区的差距，造成强者恒强、弱者恒弱的局面。[④] 刘易斯提出"二元经济模型"，认为大多数不发达国家的经济体系呈二元特征，一方面是传统农业经济依然占优的广大农村，另一方面是现代工业占优的城市地区，存在城乡之间的二元经济结构性矛盾，从

① 〔英〕马尔萨斯：《人口原理》，朱泱、胡企林、朱和中译，商务印书馆，1992。
② F. 帕索斯、余幼宁：《R. 普雷维什与拉丁美洲的经济发展》，《国外社会科学》1982 年第 1 期。
③ 〔印〕阿比吉特·班纳吉、〔美〕埃斯特·迪弗洛：《贫穷的本质》，景芳译，中信出版社，2013。
④ 〔瑞典〕冈纳·缪尔达尔、〔美〕塞思·金：《亚洲的戏剧：南亚国家贫困问题研究》，方福前译，商务印书馆，2015。

而导致贫困问题①。舒尔茨认为贫困产生的根源，不只是物质资本上的不足，高质量人力资本投入不足也是重要原因②。

奥斯卡·刘易斯提出"贫困文化"的判断，认为囿于贫困的条件，人们在居住方面遵循着特定的生活方式，从而形成了一种独特的贫困文化，这种贫困文化会在贫困地区和贫困家庭中"代际传递"下来，成为一个与主流社会隔离的封闭的文化系统。③

提出"剥夺循环"概念的 K. 约瑟夫认为，在长期充分就业、经济比较繁荣、国家提供的福利大大增加的情况下，之所以还会大量存在剥夺现象，是因为影响着一代人的社会问题往往在他们的下一代身上还会再产生出来，即剥夺往往是世代相传的④。

甘斯提出贫困功能论，认为贫困虽有负面效应，但也有正功能：贫困导致社会产生了一批穷人，使一些地位低下的工作具有了从业人员，社会上保留一定的穷人对社会发展可以起到警示性的反作用，可以促使人们敬业、进取和奋斗。⑤

西方学术界在 20 世纪 70 年代还提出了社会排斥理论。代表性的观点如美国学者托马斯·格莱温，认为穷人的弱势处境，包括被人瞧不起、无法与人竞争、缺乏技术和权利缺失。阿马蒂亚·森用权利方法来看待贫困与饥荒的产生，从权利和能力两个方面建立了对贫困问题的分析框架，认为不同阶层的人对粮食的支配和控制能力表现为决定于法律、经济、政治等的社会权利关系，权利体制的不公平就会导致贫困与饥荒的产生，因此提出了贫困必须被视为基本可行能力的被剥夺而不仅仅是收入低下的基本判断，认为贫穷问题是社会排斥产生的一种社会资源分配不公平现象。⑥

---

① 〔美〕刘易斯：《劳动无限供给条件下的经济发展》，《曼彻斯特学报》，1954。

② 〔美〕西奥多·W. 舒尔茨：《论人力资本投资》，吴珠华等译，北京经济学院出版社，1999。

③ 〔美〕奥斯卡·刘易斯：《贫穷文化：墨西哥五个家庭一日生活的实录》，丘延亮译，巨流图书公司，2004。

④ 张素秋、吕宝海主编《当代经济新术语》，中国财政经济出版社，1990，第363页。

⑤ 〔美〕郝伯特·甘斯：《都市村民》，周赢等译，北京大学出版社，1998。

⑥ 〔印〕阿马蒂亚·森：《以自由看待发展》，任赜、于真译，中国人民大学出版社，2012。

就国内研究而言，学术界同样也对贫困的诱因进行了研究。代表性的观点如康晓光认为，根据影响生活质量的不同因素，贫困可以分为三种类型，就是制度贫困、区域贫困以及阶层贫困，其中区域贫困是制度背景相同但区域自然条件和社会发展的差异性导致，而阶层贫困则是制度环境相同但存在身体素质、文化程度、生产资料、家庭劳动以及社会关系方面的缺失或劣势等导致获取有限资源的能力较低因而贫困。①

在黄承伟看来，农村的贫困问题主要受到三类因素的制约，包括发展基础差、发展能力低、发展权利不足或发展机会少等，并由此提出贫困分为恶劣环境导致的环境约束型贫困、发展能力低下导致的能力约束型贫困和体制问题导致的权利约束型贫困的观点。② 李小云则认为，致贫的第一原因是市场机制。由于自身教育、家庭劳动力、身体健康、有没有社会关系等各种经济和社会原因，导致生活改善程度远远落后于其他群体，抵御风险的能力很低。致贫的第二原因是整体的社会保障制度不健全。由于社会保障整体水平不高，对贫困群体的保障水平还不足以帮助其越过贫困陷阱。③

（三）关于减贫路径的研究

列宁认为反贫困必须促进生产力的发展，促进生产力的发展是"社会进步的最高标准"④。国外比较有代表性的减贫理论，多是从经济学、社会学角度进行的思考。赫希曼提出"不平衡增长理论"⑤，认为发展中国家难以实现经济各部门同步推进与全面发展，应选择主要带动性产业进行重点投资发展，实施经济各部门发展不平衡增长策略，实现国家整体经济综合实力的提升，以有效解决发展中国家普遍存在的贫困问题。罗森斯坦·罗丹提出"大推进理论"⑥，认为发展中国家解决贫困问题的根本途径是实现工业化，必须为了加快经济社会发展而提供强有力的资本推动工业化，为解决社会贫困问题创造经济条件。

① 康晓光：《中国贫困与反贫困理论》，广西人民出版社，1995。
② 黄承伟：《中国农村反贫困的实践与思考》，中国财政经济出版社，2004。
③ 李小云：《构建新制度提高扶贫成效》，《中国老区建设》2014 年第 9 期。
④ 《列宁全集》（第十六卷），人民出版社，2017。
⑤ 〔美〕艾伯特·赫希曼：《经济发展战略》，曹征海、潘照东译，经济科学出版社，1991。
⑥ 何盛明主编《财经大辞典》，中国财政经济出版社，1990。

佩鲁提出"增长极理论"①，认为可以通过经济社会发展水平较高的"增长极"，发挥辐射扩散效应、实现地区联动发展，从而对经济社会发展相对落后地区产生带动作用。霍利斯·钱纳里提出"标准结构"的经济发展理论②，认为经济社会的发展阶段不同，就导致经济结构的标准数值不同，如果要实现不同地区、不同产业之间的协调发展，就需要按照相应的"标准结构"，调整和完善经济结构的产业布局和规模数量。

讷克斯提出"贫困恶性循环理论"③，认为发展中国家的自身经济关系的结构性矛盾是导致贫困问题的根源，打破地区之间经济发展的"恶性循环"，就需要理顺协调国内的经济关系，改变导致贫困的经济结构。刘易斯认为，如果要摆脱贫困，就必须实现城乡二元经济结构向现代经济结构的转型④。阿马蒂亚·森认为，解决贫困和失业的根本途径在于提高个人的能力⑤。舒尔茨认为，贫困的发展中国家要改变落后状况，就必须加大对贫困人口教育投资的力度，来促进新生产要素在生产中的广泛运用，不断提高生产要素的转化率，从而促进经济发展以摆脱贫困⑥。

世界银行研究报告认为，在贫困人口集中的社区增加参与经济、社会和政治的机会应该被作为减贫重点，在参与市场经济的知识技能培训、教育发展、医疗卫生服务、提高地区自主治理能力等关键方面，为脱贫创造条件⑦。而亨利·乔治通过对美国社会的贫困问题的深入调查研究，认为物质的进步不仅不能摆脱贫困，还会产生贫困，因为经济发展并未能从底层对社会结构发生作用，引发对资本主义国家普遍贫困问题和贫富差距问题的广泛关注和研究⑧。

① 〔法〕弗朗索瓦·佩鲁：《新发展观》，张宁、丰子义译，华夏出版社，1987。
② 〔美〕霍利斯·钱纳里：《结构变化与发展政策》，朱东海、黄钟译，经济科学出版社，1991。
③ 〔美〕讷克斯：《不发达国家的资本形成问题》，谨斋译，商务印书馆，1966。
④ 〔美〕刘易斯：《劳动无限供给条件下的经济发展》，《曼彻斯特学报》，1954。
⑤ 〔印〕阿马蒂亚·森：《贫困与饥荒》，王宇、王文玉译，商务印书馆，2001。
⑥ 〔美〕西奥多·W. 舒尔茨：《论人力资本投资》，吴珠华等译，北京经济学院出版社，1999。
⑦ 世界银行：《2009 年世界发展报告：重塑世界经济地理》，胡光宇等译，清华大学出版社，2009。
⑧ 〔美〕亨利·乔治：《进步与贫困》，吴良健、王翼龙译，商务印书馆，2010。

　　国内关于减贫战略的研究有很多，代表性的观点如王小强、白南风对传统依赖"外援"的传统模式和基础设施建设先行的传统观点进行批判，提出落后地区经济振兴首先要调整社会经济关系、改革计划经济体制、给出优先发展"信息含量大"的产业部门新规范等具体政策建议。① 李小云认为，扶贫取得实效，在于扶贫资源分权管理体系与乡村治理结构两个方面的制度构建②。

　　张晓山认为在精准脱贫进程中，政府无疑发挥着主导作用，但要明晰政府与市场的边界，发挥市场对配置扶贫资源的决定性作用。同时，要通过教育脱贫来全面消除贫困，将产业扶贫与医疗扶贫有效结合以增强贫困人口身体素质，从而提升贫困人口的人力资本，实现脱贫并确保不反弹③。汪三贵等认为，根据民族地区贫困人口凸显精神贫困和素质贫困的特征，必须加大培育贫困人口内生动力和提高贫困人口素质的力度，更加注重脱贫与扶志、扶智的结合。④

　　贺雪峰认为，农村反贫困的经济发展、开发扶贫、社会保障"三驾马车"，分别对应着经济发展让多数人摆脱贫困的宏观层面、开发扶贫着眼于重点贫困区域发展的中观层面、社会保障则为重点贫困人群提供最低生活保障的微观层面这样一个反贫困战略。⑤ 邓大才认为，在脱贫攻坚战中不仅存在超过生存需要的教育保障、住房改造、低保政策等社会政策，而且存在超过生存需要的产业政策，还存在超过生存需要的基础设施建设，导致"政策叠加"，形成了"政策高地"甚至"政策悬崖"。⑥ 向德平、黄承伟从贫困与发展的关系着手，梳理国内外减贫理论，总结世界和中国的减贫轨迹与发展过程，分析中国减贫政策的走向⑦。

---

① 王小强、白南风：《富饶的贫困——中国落后地区的经济考察》，四川人民出版社，1986。

② 李小云：《构建新制度提高扶贫成效》，《中国老区建设》2014 年第 9 期。

③ 张晓山：《巩固脱贫攻坚成果应关注的重点》，《中国社会科学文摘》2019 年第 2 期。

④ 汪三贵、胡骏、徐伍达：《民族地区脱贫攻坚"志智双扶"问题研究》，《华南师范大学学报》（社会科学版）2019 年第 6 期。

⑤ 贺雪峰：《中国农村反贫困战略中的扶贫政策与社会保障政策》，《武汉大学学报》（哲学社会科学版）2018 年第 3 期。

⑥ 邓大才：《积极国家：反贫困战略中的政府干预与理论基础——基于国际反贫困战略的比较研究》，《新疆师范大学学报》（哲学社会科学版）2021 年第 2 期。

⑦ 向德平、黄承伟主编《减贫与发展》，社会科学文献出版社，2016。

经济水平作为界定贫困的基本标尺，表明了经济发展在反贫困中的决定性地位。代表性的观点如汪三贵认为，收入线无疑是衡量是否贫困的基本标准，通过经济发展来增加就业机会的直接方式与扩大再分配调节空间的间接方式，无疑是消灭贫困的根本方法。① 李石新认为，通过量化研究发现，正是由于 20 世纪 80 年代以来的经济高速增长，中国农村才可能取得 70% 左右的减贫成就。② 而经济增长导致的收入差距扩大，也对减贫造成了不利影响。在刘一伟看来，社会保障的具体实现方式主要是在提高农民收入和缩小收入差距方面发挥减贫作用，主要体现在经济方面。③

二 中国扶贫开发的历史进程与经验研究

中国扶贫的理论研究经历了从以缓解极端贫困为主的输血救济扶贫理论、以农村制度改革减少贫困的发展扶贫理论、以贫困区域为主要对象的大规模开发式扶贫推进理论、以解决贫困人口温饱问题为目标的"八七扶贫"攻坚理论，到以巩固温饱成果为主要目标的综合扶贫开发理论，最后发展到以"两不愁，三保障"全面小康社会为目标的精准扶贫理论。

（一）关于新中国扶贫开发政策的演进阶段研究

对于新中国扶贫开发道路的起点时间，学界有 1949 年和 1978 年两种主要观点，以范小建、刘娟、朱小玲等为代表，将 1949～1978 年纳入减贫史的研究范围④。如范小建认为，这个时期由于推进了实现基本平等的社会土地改革、公社化运动等社会变革，从而有效地消除了中国历史上极端的贫困现象；同时，前所未有地建立了高覆盖率的基本社会保障以及教育、医疗体系，从而为极端贫困人口提供了最为基本的生存保障。⑤ 刘娟、朱小玲等认为，可以将这个时期称为"小规模的救济式扶贫阶段"，

① 汪三贵：《在发展中战胜贫困：对中国 30 年大规模减贫经验的总结与评价》，《管理世界》2008 年第 11 期。
② 李石新：《中国经济发展对农村贫困的影响研究》，中国经济出版社，2010。
③ 刘一伟：《社会保障支出对居民多维贫困的影响及其机制分析》，《中央财经大学学报》2017 年第 7 期。
④ 黄承伟：《中国扶贫开发道路研究：评述与展望》，《中国农业大学学报》（社会科学版）2016 年第 5 期。
⑤ 范小建：《60 年：扶贫开发的攻坚战》，《求是》2009 年第 20 期。

就是对边远落后的地区、因灾致贫的人口和战争伤残人口，依托自上而下的政府民政系统进行基本生活救济。① 也有学者如左停等认为，以 1986 年贫困地区经济开发领导小组的成立作为开发扶贫的正式起点，才开始有针对性、有目的的扶贫工作，而此前是以经济增长为主、救济为辅的减贫模式。②

对于 1978 年以来中国扶贫开发阶段的划分，黄承伟认为，大多数学者均以政府在不同时期的不同扶贫行动为分期标志：一是体制改革推动扶贫阶段，主要是 1978～1985 年，表现为家庭联产承包责任制、农产品价格、农村商品经济等农村经济体制的深刻变革；二是大规模开发式扶贫阶段，主要是 1986～1993 年，以成立专门扶贫机构"国务院贫困地区经济开发领导小组"（1993 年改为国务院扶贫开发领导小组）为标志；三是扶贫攻坚阶段，主要是 1994～2000 年，以国务院发布《国家八七扶贫攻坚计划》为标志；四是综合扶贫开发阶段，主要是 2001～2010 年，以国务院发布《中国农村扶贫开发纲要（2001—2010 年）》为标志；五是片区开发新举措与精准扶贫新方略融合推进的扶贫脱贫攻坚阶段，主要是 2011～2020 年，以中共中央、国务院发布《中国农村扶贫开发纲要（2011—2020 年）》和 2015 年中共中央、国务院发布《关于打赢脱贫攻坚战的决定》为标志。③

对于新中国成立以来扶贫历程的研究，代表性的观点如汪三贵等认为，根据社会生活水平，可以将新中国成立以来的扶贫历程划分为保障生存、体制改革、解决温饱、巩固温饱、全面小康等五个阶段。④ 程联涛则认为，以宏观经济形势的变化和扶贫战略的调整为依据，中国扶贫开发历程可以划分为六个阶段：计划经济体制下的广义扶贫阶段、农村经济体制

① 刘娟：《我国农村扶贫开发的回顾、成效与创新》，《探索》2009 年第 4 期；朱小玲、陈俊：《建国以来我国农村扶贫开发的历史回顾与现实启示》，《生产力研究》2012 年第 5 期。
② 左停、杨雨鑫、钟玲：《精准扶贫：技术靶向、理论解析和现实挑战》，《贵州社会科学》2015 年第 8 期。
③ 黄承伟：《中国扶贫开发道路研究：评述与展望》，《中国农业大学学报》（社会科学版）2016 年第 5 期。
④ 曾小溪、汪三贵：《中国大规模减贫的经验：基于扶贫战略和政策的历史考察》，《西北师大学报》（社会科学版）2017 年第 6 期。

改革推动的贫困缓解阶段、扶贫开发的正规化阶段、八七扶贫攻坚的计划阶段、综合性的扶贫开发阶段、新时期的集中连片扶贫开发阶段。[①]

黄承伟认为，中国扶贫开发战略可以划分为六个阶段：计划经济体制下的广义扶贫战略（1949~1978年）；农村经济体制改革推动下的减贫战略（1978~1985年）；区域开发式的减贫战略（1986~1993年）；综合性扶贫攻坚的减贫战略（1994~2000年）；瞄准贫困村实施整村推进的参与式减贫战略（2001~2012年）；精准扶贫精准脱贫方略（2013~2020年）。[②]雷明等则认为，中国农村扶贫经历了八个阶段：1949~1979年的救济式扶贫；1979~1985年的改革开放以工代赈式扶贫；1985~1993年的以县为中心区域式扶贫；1993~2000年的八七扶贫攻坚；2001~2010年的整村推进式扶贫；2011~2013年的集中连片特困区式扶贫；2013年开始推进的精准扶贫；2017年开始推进的深度扶贫。[③]

（二）关于中国扶贫开发的经验研究

经过几十年的探索，中国积累了扶贫开发的重要经验。国内学者的成果主要集中在实践与政策层面，代表性的观点如王瑞芳认为，1978年以前的扶贫基本是与社会救济相结合、以地方试点为主；到1978年才正式划定了贫困标准，从而将农村扶贫工作首次从救济工作中分离出来。在改革开放初期主要是依靠以救济为主的"输血"式扶贫，在1986年由"输血"式扶贫向"造血"式扶贫转变，由救济扶贫向开发扶贫转变，逐步形成了集行业政策、区域政策和社会政策于一体的"大扶贫"格局。[④]

陈锡文认为，中国扶贫开发的主要做法，主要是坚持改革创新，坚持政府主导，坚持开发式扶贫，坚持农业优先，实行统筹城乡经济社会发展的方略和工业反哺农业、城市支持农村与"多予少取放活"的方针，坚持大力改善贫困地区的路、水、电、气、房等基础设施条件，坚持动员社

---

① 程联涛：《我国农村扶贫开发制度创新研究》，贵州人民出版社，2017。

② 黄承伟：《中国扶贫开发道路研究：评述与展望》，《中国农业大学学报》（社会科学版）2016年第5期。

③ 雷明、李浩、邹培：《小康路上一个也不能少：新中国扶贫七十年史纲（1949~2019）——基于战略与政策演变分析》，《西北师大学报》（社会科学版）2020年第1期。

④ 王瑞芳：《告别贫困：新中国成立以来的扶贫工作》，《党的文献》2009年第5期。

会参与，坚持普惠政策和特惠政策相结合。① 汪三贵等通过分析中国特困地区农村发展和反贫困的制约因素，确定影响中国特困地区农村扶贫开发效果的主要因素，研究如何更加有效地加大对少数民族地区、革命老区、边境地区发展扶持力度，提高扶贫开发的效率和效果。②

左停等系统阐释了社会保障保护性扶贫和开发式扶贫的不同层次的理论之间的相互关系，社会保障在扶贫减贫过程特别是脱贫攻坚中的作用、制度创新的重点，具体分析了当时如何推进中国脱贫攻坚中社会保障的兜底问题和最低生活保障制度与扶贫开发两项制度的衔接问题。③ 张涛等通过梳理新中国成立 70 年以来中国易地扶贫搬迁的就业发展变迁历程，从搬迁后农户就业安置模式角度分析各阶段易地扶贫搬迁的政策实施及对减贫开发的推动作用。④

李小云等认为中国发展型的政治实践，改革开放之前农业、工业、人力资源的发展及相对公平社会分配格局的建设，改革开放之后变革式的农业发展、工业化和城市化，以及小农式社会关系及其激励式互动分别为中国的大规模减贫提供了政治基础、历史基础、经济动力机制与社会文化机制。⑤

韩喜平等认为，在新中国七十多年的发展进程中，七十多年来的历史也是救济式扶贫的历史，积累了丰富的扶贫经验，一是坚持党对救济式扶贫工作的领导，二是坚持走中国特色救济式扶贫道路，三是坚持把救济式扶贫纳入制度化轨道，四是坚持救济式扶贫维系社会公平正义的作用，从而指出了农村救济式扶贫的根本特征和发展方向、基本保障与独特地位，

---

① 陈锡文：《坚决打赢脱贫攻坚战 如期实现全面小康目标》，《劳动经济研究》2015 年第 6 期。

② 汪三贵、殷浩栋、王瑜：《中国扶贫开发的实践、挑战与政策展望》，《华南师范大学学报》（社会科学版）2017 年第 4 期。

③ 左停、贺莉：《制度衔接与整合：农村最低生活保障与扶贫开发两项制度比较研究》，《公共行政评论》2017 年第 3 期。

④ 张涛、张琦：《新中国 70 年易地扶贫搬迁的就业减贫历程回顾及展望》，《农村经济》2020 年第 1 期。

⑤ 李小云、徐进、于乐荣：《中国减贫的基本经验》，《南京农业大学学报》（社会科学版）2020 年第 4 期。

构成了农村救济式扶贫的基本框架，是救济式扶贫发展的关键支撑。[1]

国外学者分别从经济、政治、文化等方面研究中国的扶贫开发经验，代表性的观点如世界银行首席经济学家郝福满认为，经济的长期稳定增长是中国实现减贫的主要动力[2]。英国学者苏慕亚·查多帕塔耶强调，中国扶贫的优势之一，就是经济保持较快增速，确保了减贫资金充足[3]。南非学者亚兹妮·艾波尔认为，中国减贫战略的成功离不开可持续的经济增长，只有在经济改革和工业化的基础上，大量人口才可能摆脱贫困。[4]

有些国际学者关注了中国经济发展背后的政治动因。波兰学者加恩·罗文斯基侧重强调了中国减贫的成功，归于执政党以民生为导向的执政理念，体现了中国共产党的强大执行力。[5] 美国学者洪源远认为，在中国脱贫实践中，由中央领导层负责规划宏观设想，具体日常发展工作由地方政府实施，通过地方政府与投资者、老百姓的直接互动，根本上保证了由下而上的应变力与创造力，从而摆脱贫困陷阱[6]。

有的国际学者转向从中国优秀文化理念中破译中国扶贫成功的密码。美国学者熊玠认为，中国减贫取得的巨大成功，体现了中华文化在国家治理中的优势[7]。日本学者和中清认为，文化力量对中国脱贫致富的推动，使中国一步步走向共同富裕，这离不开中国追求和平发展的理念。[8]

（三）关于中国扶贫开发的基础理论研究

丰富的扶贫开发实践，形成了中国具有特色的减贫道路。如何总结出中国扶贫开发的独特经验，形成具有中国特色的扶贫开发理论，这是学者们所关注的问题。代表性的观点如黄承伟基于新中国成立 70 年来中国扶

---

① 韩喜平、张梦菲：《新中国救济式扶贫的经验及展望》，《党政研究》2020 年第 3 期。
② 郝福满：《中国扶贫经验的有益启示》，《中国社会科学报》2021 年 10 月 18 日。
③ 周武英：《中国减贫经验给世界的启示》，《经济参考报》2019 年 9 月 30 日。
④ 黄发红：《中国减贫为世界树立典范——国际社会积极评价中国脱贫攻坚成就》，《人民日报》2018 年 3 月 12 日。
⑤ 张雷：《海外学者看"中国减贫"——中国减贫研究的新视野新特点》，《北京日报》2020 年 4 月 27 日。
⑥ 周文华：《中国充满了应变力和创造力——海外高度评价中国扶贫工作》，《北京日报》2019 年 11 月 11 日。
⑦ 《海外学者关于中国国家治理现代化 10 个重要观点》，《国家治理》2019 年第 47 期。
⑧ 薛卉：《海外学者视域下的中国扶贫》，《理论建设》2020 年第 4 期。

贫开发的实践，从战略地位、脱贫力量、扶贫脱贫方法、扶贫价值观四个维度提出了中国扶贫本质论、优势论、带动论、改革论、两动论、扶志论、综合论、精准论、衔接论、合作论十个方面的中国扶贫理论。①

林毅夫认为，根据对贫困人口的教育水平及就业状况的研究，可以发现贫困之所以存在是因为就业机会的缺乏，应从国家层面改变经济发展的模式，在发展技术密集型产业与资本密集型产业的同时应注重发展一些劳动密集型产业，为贫困人口增加就业机会；同时要提高农村贫困人口的受教育水平，增加人力资本的投入，让贫困人口具有把握这个机会的能力。②

王昉等认为，新中国成立以来的反贫困思想，具体可分为三大时期，每一时期的特征都不相同，社会主义建设初期的反贫困思想主要是坚持计划经济与人民公社制度，实现共同富裕目标；改革开放时期的反贫困思想是以开发扶贫模式为主线，并形成了东西协作的反贫困理论；经济新常态下的反贫困思想通过对贫困问题的中西交流和总结反思，探索研究精准扶贫理论。③

（四）关于中国扶贫开发的世界意义研究

中国扶贫开发主要侧重于国内贫困问题的解决，以解决自己的问题为基本价值取向，是全球贫困治理的"中国经验""中国智慧""中国方案"。代表性的观点如程承坪等从高度重视贫困问题、坚持共同富裕的社会主义价值观和政府主导扶贫、提高扶贫精准度、激发贫困人口内生脱贫的动力、注重教育脱贫、创新扶贫理念和方式方法等六个方面论述了新中国特色扶贫的意义④。

凌文豪等认为，中国扶贫的世界意义主要体现在，政府高度重视治理和解决贫困问题，成为取得中国巨大减贫成就的重要前提；在经济社会发展的整体战略布局中实施扶贫开发，从而注重通过经济社会发展实现减贫

①　黄承伟：《中国扶贫理论研究论纲》，《华中农业大学学报》（社会科学版）2020 年第 2 期。
②　林毅夫：《贫困、增长与平等：中国的经验和挑战》，《中国国情国力》2004 年第 8 期。
③　王昉、王晓博：《新中国 70 年反贫困思想的演进路径与逻辑架构——基于政策文件的文本对比研究》，《经济学家》2020 年第 2 期。
④　程承坪、邹迪：《新中国 70 年扶贫历程、特色、意义与挑战》，《当代经济管理》2019 年第 9 期。

脱贫，成为中国扶贫开发的重要理念；不断创新和完善扶贫开发制度，成为中国扶贫开发的重要特征；特别注重避免发展主义及福利陷阱的弊端，成为中国扶贫开发的重要经验。[①]

国外学者多角度研究中国扶贫的世界意义，戴维·蒙亚埃认为，联合国 2015 年《千年发展目标报告》的数据表明，中国通过 40 年的扶贫，减贫人口超过同期世界减贫人口总数的 70%，为全球的减贫事业作出了卓越的贡献。[②] 新西兰商学院院长黄伟雄指出，2020 年如期消除绝对贫困意味着中国要提前 10 年完成联合国设立的目标，将会给全球减贫事业注入巨大的信心[③]。

澳大利亚经济学家郭生祥认为，中国减贫的巨大成就为全球经济发展提供了巨大后劲，成为世界经济能够持续增长的"重要因子"。[④] 俄罗斯学者古谢夫认为，以消费为例，反映了中国扶贫对全球经济所产生的连锁反应，因为脱贫致富、走向小康后的中国将拥有世界最大的消费市场，从而为全球发展贸易、旅游等提供更多的机遇，将给全球经济的发展带来更多的活力[⑤]。

巴基斯坦的中国事务专家米扬·阿布拉尔认为，中国的扶贫经验为南亚、非洲等发展中国家摆脱贫困提供了可借鉴的良好范例[⑥]。波兰学者拉法尔·马特拉认为，中国的减贫经验不仅对发展中的国家有益，而且值得欧洲发达国家借鉴和学习[⑦]。

三　新时代的精准扶贫研究

为解决好"扶持谁、谁来扶、怎么扶、如何退"的问题，2013 年 11

---

①　凌文豪、刘欣：《中国特色扶贫开发的理念、实践及其世界意义》，《社会主义研究》2016 年第 4 期。

②　黄发红等：《"中国减贫经验为发展中国家提供有益借鉴"——国际人士积极评价中国脱贫攻坚和持续改善民生》，《人民日报》2019 年 3 月 10 日。

③　《破解这一世界难题，中国"奇迹"启迪世界》，《人民日报（海外版）》2019 年 10 月 28 日第 10 版。

④　《中国脱贫攻坚共建美好世界》，《湖南日报》2019 年 3 月 5 日第 12 版。

⑤　张梦旭：《中国减贫之路"优质高效"——国际人士积极评价中国脱贫攻坚成就》，《人民日报》2018 年 2 月 1 日。

⑥　薛卉：《海外学者视域下的中国扶贫》，《理论建设》2020 年第 4 期。

⑦　《中国精准扶贫脱贫方略启迪世界》，《新华每日电讯》2017 年 3 月 10 日第 9 版。

月，习近平总书记赴湖南湘西考察时首次提出关于"精准扶贫"的论述，以此作为新的历史时期中国脱贫攻坚的基本方略，它不仅成为指导中国农村扶贫的基本方针，而且成为扶贫实践的主要抓手。国内学界围绕"精准扶贫"展开了多方面研究。

（一）关于习近平扶贫工作重要论述及精准扶贫的总体性研究

对此，宏观上的研究中代表性的观点如汪三贵等专门论述了"六个精准"是精准扶贫的本质要求①。黄承伟从习近平扶贫观点的形成过程、时代背景、理论渊源、丰富内涵、精神实质、思维方法、实践创新、国际价值、历史贡献等方面，全面梳理了习近平总书记关于扶贫开发的一系列重要论述，系统阐述了习近平总书记扶贫论述提出的减贫背景、形成过程及其内容体系，分析了习近平总书记关于扶贫开发重要论述的精神实质，全面论述了以习近平总书记扶贫论述为指导的减贫顶层设计的战略、机制、政策体系，总结出习近平总书记扶贫开发论述的核心要义是科学扶贫、精准扶贫、内源扶贫、社会扶贫、阳光扶贫、坚持党的领导。②

吴国宝提出，要真正实现精准扶贫，就既要加快转变扶贫开发的观念，更要加快改革与精准扶贫不相适应的管理制度和政策，着力处理好精准扶贫中的一些重大关系，构建与完善精准扶贫的组织与工作机制。③ 陈文胜认为必须全面创新扶贫机制顶层设计、全面升级社会保障制度、全面完善生态补偿政策、全面加大产业扶贫投入、全面畅通社会扶贫渠道等，从而构建完善的脱贫攻坚长效机制。④

曾小溪、汪三贵回顾了40年中国扶贫开发历程，认为中国经历了由区域扶贫开发到精准扶贫的政策演变，特别是在精准扶贫方略实施后，脱贫成效显著提升。根据新阶段深度贫困地区和特殊类型贫困人口的特征，通过短期长期的帮扶结合实现短期内重点解决贫困人口的生活问题，而长

---

① 汪三贵、刘未：《"六个精准"是精准扶贫的本质要求——习近平精准扶贫系列论述探析》，《毛泽东邓小平理论研究》2016年第1期。

② 黄承伟：《一诺千金——新时代中国脱贫攻坚的理论思考》，广西人民出版社，2019。

③ 吴国宝：《实现精准扶贫的挑战及应对》，《国家治理》2015年第38期。

④ 陈文胜：《脱贫攻坚的战略机遇与长效机制》，《求索》2017年第6期。

期则需要重点解决发展动力和能力不足的问题，并实施兜底政策。①

左停等认为脱贫攻坚取得卓越成效得益于农村的组织创新，具体包括：利用政府输入的外部治理资源，培育村庄内部治理力量、创新组织结构、丰富组织内涵，提升组织的服务功能。脱贫攻坚在解决农民个体贫困的同时，提升了农村组织综合能力，促进了农村组织的功能化，也在一定程度上解决了农村的群体贫困问题②。

（二）关于精准扶贫概念与特征的分析和探讨

精准扶贫是中国扶贫开发工作中必须坚持的重点工作，也是新时代党和国家扶贫开发工作的精髓和亮点，是实现"两个一百年"奋斗目标的重要保障，学术界围绕精准扶贫的内涵与特征等展开了多方面的研究。代表性的观点如莫光辉认为，精准扶贫坚持了以人为本的理念，从而将人的发展作为扶贫治理的第一要义。③ 汪三贵等认为，精准扶贫就是通过一定的方式，将收入低于贫困线的家庭和人口精准识别出来，同时精准找到导致这些家庭或人口贫困的关键因素，形成精准扶贫的工作基础，而精准识别和精准帮扶贫困户，动态管理扶贫对象以及精准考核扶贫效果，是精准扶贫的主要内容。④

黄承伟等认为，精准识贫是按照申请评议、公示公告、抽检核查、信息录入的规定步骤，有效识别贫困人口和贫困村，并建档立卡。⑤ 左停认为，精准扶贫的"六个精准"可以从宏观、中观和微观三个层面来理解，在宏观层面主要包括认识精准、重心精准，在中观层面主要包括措施精准、管理精准，在微观层面主要包括识别精准、帮扶精准。⑥ 王介勇等认为，精准识别为精准扶贫的基本前提，精准帮扶为精准扶贫的政策核心及

---

① 曾小溪、汪三贵：《论决胜脱贫攻坚的难点和对策》，《河海大学学报》（哲学社会科学版）2019 年第 6 期。

② 左停、苏青松：《农村组织创新：脱贫攻坚的经验与对乡村振兴的启示》，《求索》2020年第 4 期。

③ 莫光辉：《精准扶贫：中国扶贫开发模式的内生变革与治理突破》，《中国特色社会主义研究》2016 年第 2 期。

④ 汪三贵、郭子豪：《论中国的精准扶贫》，《贵州社会科学》2015 年第 5 期。

⑤ 黄承伟、覃志敏：《我国农村贫困治理体系演进与精准扶贫》，《开发研究》2015 年第 2 期。

⑥ 左停：《精准扶贫战略的多层面解读》，《国家治理》2015 年第 36 期。

主要举措，精准管理为精准扶贫的重要保障，精准考核为精准扶贫提升成效的重要手段。①

对于片区、重点县、贫困村、贫困户的多层级划分这一运作流程，左停等认为，基于统计数据而形成的贫困指标及其扶贫政策，对于现实情况难以完全精准地反映，因为指标分配到行政村后，存在民主评议的标准不统一与不公开的情况，特别是存在处于贫困标准上下的人口难以识别的情况，而村庄内部又对于贫困户的认定具有较大自由裁量权，因而在实际工作中就难免会产生轮流享受与平均分配以及精英俘获等脱靶现象②。

（三）关于精准扶贫的具体实践问题研究

伴随着精准扶贫工作的开展，学术界也开始反思实践中存在的具体问题。代表性的观点如韩俊认为要抓好精准识别、建档立卡这个关键环节；要精准配置扶贫资源，对各种不同类型的贫困人口采取有针对性的帮扶措施；要防止出现脱贫上的糊涂账，不能搞"数字脱贫"。③ 黄承伟等认为，精准扶贫的实践困境来源于片区精准和个体精准两个层面的挑战，存在扶贫驻村干部工作方法的非制度化和非持续性现象④。

汪三贵等认为，项目式扶贫存在的最大问题，就是扶贫难以全部覆盖真正的贫困人口，难以与千差万别的致贫原因实现对接，从而导致与贫困户的实际需要相脱节，由于农户的收入无法精确地统计出来，因而通常由专业机构比如统计部门以抽样调查方式进行统计，导致成本高昂，基层政府缺乏足够的财力来统计农户收入，在农户收入不明确的情况下，由于扶贫的名额有限，最后只得通过民主评议的方式来完成识别贫困人口及建档立卡工作。⑤

唐丽霞等认为，精准帮扶在实践中存在的问题是，政策对资金的规定

① 王介勇、陈玉福、严茂超：《我国精准扶贫政策及其创新路径研究》，《中国科学院院刊》2016 年第 3 期。
② 左停、杨雨鑫、钟玲：《精准扶贫：技术靶向、理论解析和现实挑战》，《贵州社会科学》2015 年第 8 期。
③ 韩俊：《关于打赢脱贫攻坚战的若干问题的分析思考》，《行政管理改革》2016 年第 8 期。
④ 黄承伟、覃志敏：《论精准扶贫与国家扶贫治理体系建构》，《中国延安干部学院学报》2015 年第 1 期。
⑤ 汪三贵、郭子豪：《论中国的精准扶贫》，《贵州社会科学》2015 年第 5 期。

主要目的是避免被挪用、滥用，却忽视了农民的自身发展需要，也忽视了村庄的差异性和个人的差异性，这是因为，精准扶贫机制中存在贫困人口识别的技术困境，主要指贫困人口指标的逐级分配方法导致部分贫困人口被排斥，非贫困标准的采纳导致识别精度下降；村庄空心化趋势给实施精准扶贫带来的困难，使贫困人口识别的社区监督机制难以实施；扶贫政策本身的制度缺陷，主要包括政绩考核体系导致扶贫资源瞄准的偏离，专项扶贫政策的规定用途与农户需求之间存在差异，建档立卡的周期性与农户贫困动态性之间的现实矛盾。①

（四）关于精准扶贫的机制与保障制度研究

精准扶贫机制强调了脱贫的针对性，已有文献和资料都是基于实践而得出的经验性总结。代表性的观点如刘永富认为，精准扶贫机制是根据以县为单位、规模控制、分级负责、精准识别、动态管理的工作原则，进行到村到户的贫困状况调查和建档立卡，由国家有关部门负责提出调查方案和技术标准，由各省（区、市）负责制定实施细则，具体是省级政府负责、县为主组织实施②。左停认为，要促进低保与扶贫相结合。③

陆益龙认为，要建立常设性和针对性两种扶贫精准机制④。许汉泽、李小云认为要给基层干部赋权，培育村庄内生社会组织⑤。檀学文提出要从修补现行贫困识别机制、落实和强化以县为主体的脱贫责任制、理顺和完善脱贫机制、保障直接扶贫开发人力投入、补偿相对贫困群体等方面完善精准扶贫体制机制。⑥

陈成文等认为，社会力量参与精准扶贫，不仅有助于实现精准扶贫的重心下移，也有利于促进扶贫资源的供给与贫困人口需求的有效衔接，从而提升扶贫资源配置的契合度，因而社会力量扶贫无疑是扶贫资源配置的

① 唐丽霞、罗江月、李小云：《精准扶贫机制实施的政策和实践困境》，《贵州社会科学》2015 年第 5 期。
② 刘永富：《继续向贫困宣战》，《求是》2014 年第 20 期。
③ 左停：《开发式扶贫与低保之衔接互嵌》，《中国经济报告》2016 年第 10 期。
④ 陆益龙：《农村的个体贫困、连片贫困与精准扶贫》，《甘肃社会科学》2016 年第 4 期。
⑤ 许汉泽、李小云：《"精准扶贫"的地方实践困境及乡土逻辑——以云南玉村实地调查为讨论中心》，《河北学刊》2016 年第 6 期。
⑥ 檀学文：《完善现行精准扶贫体制机制研究》，《中国农业大学学报》（社会科学版）2017 年第 5 期。

一种补充性吸纳机制。① 叶初升、邹欣认为，可以倡导一种自下而上的瞄准模式，使瞄准主体和对象的互动和双向交流，成为提高瞄准效率的治本之策②。徐龙顺等认为，精准扶贫的精准特征需要相应的精准机制创新，不仅要创新精准识别机制和帮扶机制，而且要创新精准管理机制和考核机制。③

　　张琦、黄承伟等在《完善扶贫脱贫机制研究》一书中，基于中国扶贫脱贫机制面临的新形势和新挑战，提出了完善中国扶贫脱贫机制的目标要求，分别从完善贫困县考核机制、社会扶贫机制、精准扶贫机制、连片特困地区区域发展与扶贫开发结合机制、完善专项财政扶贫资金分配使用机制、完善金融扶贫机制等方面，从机制的必要性和迫切性，完善思路和完善的重点任务等提出了设想，提出了完善扶贫脱贫机制的保障体系建设建议。④

　　汪三贵等在《扶贫开发与区域发展——我国特困地区的贫困与扶贫策略研究》一书中，围绕到 2020 年贫困现象基本消除的总体目标，从中国特困地区农村贫困基本情况出发，通过分析中国特困地区农村发展和反贫困的制约因素，确定影响中国特困地区农村扶贫开发效果的主要因素，提出如何更加有效地加大对少数民族地区、革命老区、边境地区发展的扶持力度，提高扶贫开发的效率和效果，特别关注如何提高特困地区贫困人口的自我发展能力，如何完善大扶贫体制，如何增强基层的治理能力；探讨针对不同群体的新的扶持模式等；提出适合特困地区瞄准贫困人口的新机制，使贫困人口从开发式扶贫中更多地受益，以便逐步缩小贫困地区内部收入差距扩大的趋势，促进全体人民共享改革发展成果；提出提高贫困农户收入和抗风险能力的相关扶贫政策建议，以改善中国农村扶贫开发内容、途径、机制。⑤

---

① 陈成文、王祖霖：《"碎片化"困境与社会力量扶贫的机制创新》，《中州学刊》2017 年第 4 期。
② 叶初升、邹欣：《扶贫瞄准的绩效评估与机制设计》，《华南农业大学学报》（社会科学版）2012 年第 1 期。
③ 徐龙顺、李婵、黄森慰：《精准扶贫中的博弈分析与对策研究》，《农村经济》2016 年第 8 期。
④ 张琦、黄承伟等：《完善扶贫脱贫机制研究》，经济科学出版社，2015。
⑤ 汪三贵、杨龙、张伟宾、王瑜等：《扶贫开发与区域发展——我国特困地区的贫困与扶贫策略研究》，经济科学出版社，2017。

左停在《社会保障与减贫发展》一书中，通过理论框架建构、政策梳理和典型案例，系统阐释了社会保障保护性扶贫和开发式扶贫的不同层次的理论相互关系，社会保障在扶贫减贫过程特别是脱贫攻坚中的作用、制度创新的重点，具体分析了当时如何推进中国脱贫攻坚中社会保障的兜底问题和最低生活保障制度与扶贫开发两项制度的衔接问题，并提出了发展型的社会保障制度问题。[①]

（五）精准扶贫的基本经验研究

普遍认为，精准扶贫让中国特色贫困治理体系逐步完善，中国的农民有了更多的获得感、更大的幸福感和安全感。

代表性的观点如陈锡文认为，扶贫开发和经济社会发展相互促进，精准帮扶和集中连片特殊困难地区开发紧密结合，扶贫开发和生态保护并重，扶贫开发和社会保障有效衔接，是中国扶贫经验的总结和发展，而能否加快完成补齐"三农"短板的战略性攻坚任务，是能否如期实现全面建成小康社会的决定性之举[②]。

韩俊认为，发挥政治优势是过去取得扶贫开发巨大成就的基本经验，更是打赢脱贫攻坚战的坚强政治保障[③]。林毅夫认为，党的坚强领导为打赢脱贫攻坚战提供了坚强的组织保证，集中力量办大事形成了专项扶贫、行业扶贫、社会扶贫"三位一体"的大扶贫格局，"有效的市场"与"有为的政府"有效结合为消除贫困奠定了坚实的基础[④]。

李小云认为，这是在中国经济社会结构趋向于不利于减贫的背景下实施促进社会公平的政治行动，尽管很多政策和措施都是立足以往的实践，但精准脱贫把保护式和开发式扶贫进行了有机对接，将减贫与经济社会发展在制度层面进行了有机整合，创新了一系列扶贫方式，从瞄准到施策再到评估被整合为一个系统，构建了迄今为止最为系统的科学减贫战略与政

---

① 左停等：《社会保障与减贫发展》，湖南人民出版社，2018。
② 陈锡文：《我国的农村改革与发展》，《领导科学论坛》2017 年第 6 期。
③ 韩俊：《关于打赢脱贫攻坚战的若干问题的分析思考》，《行政管理改革》2016 年第 8 期。
④ 林毅夫：《充分发挥我国制度优势 坚决打赢脱贫攻坚战》，《中国政协》2017 年第 22 期。

策框架，从而形成了中国扶贫的新实践体系。①

汪三贵等认为，脱贫攻坚成效斐然，离不开党和政府在体制机制、政策落实、成效认定等方面的一系列理论创新和实践，在体制机制上充分发挥了社会主义制度集中力量办大事的重大优势，全面建立了脱贫攻坚责任制；在扶贫政策上因地因人制宜开展精准帮扶；在成效认定上构建了科学的成效考核评估机制，从而确保了脱贫成效经得起检验，也为接续推进乡村振兴提供了良好的借鉴。②

周文认为，精准扶贫直接瞄准目标人群，进行精准识别与精准扶持、精准管理与精准考核，全面提高了扶贫的绩效和力度，之所以成为减贫实践最有成效的理论，主要归功于强有力的政治意愿和政府承诺，这成为实现中国减贫的根本保证；相应的制度和政策保障使综合性的发展政策和专门的减贫计划成为减贫取得成效的根本保障；广泛动员社会力量使政府的意志、社会的关爱与贫困群众意愿相结合，从而确保了减贫项目的脱贫效果。③

2019 年，国务院扶贫办综合司认为，中国取得举世瞩目的减贫成就，发挥了党的领导政治优势和社会主义制度优势是最根本的原因，由于坚持党的领导、强化组织保证，建立了"中央统筹、省负总责、市县抓落实"的扶贫体制机制，全面强化了各级党委统揽全局、协调各方的作用，推行了省、市、县、乡、村五级书记抓扶贫的工作机制，从而为扶贫开发提供了坚强的政治保证。在党的领导下，通过精准方略提高脱贫实效，通过加大投入来强化资金监管，通过社会动员凝聚各方力量，通过从严要求促进真抓实干，通过开发式扶贫激发内生动力，走出了一条中国特色的扶贫之路。④

因此，脱贫攻坚为乡村振兴形成了一些较为完善的领导体制和工作机

---

① 邵海鹏：《脱贫事业的中国经验：高速发展与大规模减贫同步》，《第一财经日报》2019年9月30日。
② 汪三贵、冯紫曦：《脱贫攻坚与乡村振兴有机衔接：逻辑关系、内涵与重点内容》，《南京农业大学学报》（社会科学版）2019年第5期。
③ 周文：《减贫实践的中国样本与中国经验》，《红旗文稿》2020年第3期。
④ 国务院扶贫办综合司：《人类历史上最波澜壮阔的减贫篇章》，《光明日报》2019年9月18日。

制。有学者因此认为，需要将脱贫攻坚中的成功经验运用到乡村振兴中来，尤其是强化领导责任制，从而使政治优势与制度优势充分转化为乡村振兴的强大合力。① 李小云认为，需要把脱贫攻坚期间运用的财政、金融资源等各种资源，以及已经形成的领导机制、组织机制、市场机制等机制，转化为服务于"两个防止"目标的一套推进乡村振兴体系。② 张琦认为，把脱贫攻坚的工作经验和帮扶资源有效转移到乡村振兴中，进一步巩固脱贫攻坚成果，推动乡村全面振兴③。

第二节　乡村现代转型演进维度：乡村变迁与乡村振兴

乡村是人类社会最重要的社会形态，乡村社会变迁是人类文明发展进程中最根本的演变，而乡村振兴战略不仅是国家的重大战略，更是全党全社会的共同行动，乡村变迁与乡村振兴无疑是学术界关注和研究的一个重大主题，现有文献对此作出了诸多理论阐述。

一　乡村发展的基本理论问题研究

农业是人类文明之源，工业化、城镇化本身就产生于农业文明。国内外学者关于乡村发展的理论颇丰、范围广泛，本研究主要从乡村社会变迁与乡村建设两个方面进行概述。

（一）乡村社会变迁研究

乡村变迁一直以来是学术界关注和研究的主题。围绕村庄社会变迁的动力、规律、逻辑及其走向等问题，国内外学者进行了多方面探讨。

1. 国外研究

（1）乡村社会性质及其变迁的研究。主要是多维度探讨了乡村社区的性质、类型、研究理论与方法等问题。

一是对于村庄社会性质的研究。代表性观点如滕尼斯提出了社区这一基本概念，从此这一界定及其分析框架成为后续研究的重要基础；滕尼斯

---

① 张菀航：《普惠民生福祉 共享美好生活》，《中国发展观察》2019 年第 7 期。
② 华南：《"摘帽"不止步，我们的目标是"小康"》，《中华儿女》2019 年第 21 期。
③ 张琦：《有效衔接，做好乡村振兴大文章》，《光明日报》2021 年 3 月 25 日第 2 版。

认为"共同体"是在建立在自然基础之上的群体（家庭、宗族）里实现的，也可能在小的、历史形成的联合体（村庄、城市）里实现，以及在思想的联合体（友谊、师徒关系等）里实现。①

二是对于乡村社区类型的界定。从乡村地域结构角度，较为典型的有罗吉斯和伯德格所作的散居型社区、集居型社区和条状型社区的社区类型划分。②

三是对于乡村社区变迁理论的总结。形成了基于经验研究的诸多乡村社区变迁理论，如滕尼斯的"城乡连续统"③、韦伯的"区位理论"④、刘易斯的"二元经济结构理论"⑤、佩鲁的"极化理论"⑥。

四是对于乡村社区的测度方法研究。围绕如何进行有效测度的主题，对乡村社区性质进行了分析和探讨，如滕尼斯的共同体与社区的二分法，不少乡村地理学者提出了空间结构方法等，从而为准确认识、研究乡村提供了重要的方法论基础。⑦

（2）乡村社会变迁的专题性研究。以社会学、地理学等学科为代表，一直关注乡村社会变迁，主要以社会变迁为整体背景，对乡村社会变迁问题从诸多方面进行了专题性探讨。代表性的研究如罗吉斯、伯德格对于乡村社区变迁的动力及其机制研究、变迁规律及其趋势的探讨、变迁影响因素的分析等⑧。

2. 国内研究

（1）乡村社会结构转型论。主要以郑杭生、曹锦清、折晓叶等为代

---

① 〔德〕斐迪南·滕尼斯：《共同体与社会——纯粹社会学的基本概念》，林荣远译，北京大学出版社，2010。

② 〔美〕埃弗里特·M. 罗吉斯、拉伯尔·J. 伯德格：《乡村社会变迁》，王晓毅、王地宁译，浙江人民出版社，1988。

③ 〔德〕斐迪南·滕尼斯：《共同体与社会——纯粹社会学的基本概念》，林荣远译，北京大学出版社，2010。

④ 〔德〕阿尔弗雷德·韦伯：《工业区位论》，李刚剑、陈志人、张英保译，商务印书馆，1997。

⑤ 〔美〕刘易斯：《劳动无限供给条件下的经济发展》，《曼彻斯特学报》，1954。

⑥ 〔法〕弗朗索瓦·佩鲁：《新发展观》，张宁、丰子义译，华夏出版社，1987。

⑦ 〔德〕斐迪南·滕尼斯：《共同体与社会——纯粹社会学的基本概念》，北京大学出版社，2010。

⑧ 〔美〕埃弗里特·M. 罗吉斯、拉伯尔·J. 伯德格：《乡村社会变迁》，王晓毅、王地宁译，浙江人民出版社，1988。

表，以乡村社会结构变迁作为整体背景与出发点，研究村落社会结构所发生的整体转型，如郑杭生对乡村社会的转型理论进行了系统的阐释，提出了乡村社会转型度、乡村社会转型域和乡村社会转型势等概念，并对三个乡镇进行了实证研究，分析比较了乡村社会转型特征与走向①。曹锦清、张乐天和陈中亚通过对浙北一个自然村落的田野考察，探究了一个传统村落在新中国成立之后所发生的转型过程②。

（2）乡村社会巨变论。主要以费孝通、贺雪峰、吴重庆等为代表，从乡村社会的整体出发，对村庄经济、政治与社会生活的巨变进程进行审视、描述与分析，费孝通在《乡土中国》一书中提出的"熟人社会"概念，是理解中国传统乡村的重要关键词。贺雪峰在《新乡土中国》一书中提出的"半熟人社会"概念，成为理解改革开放后转型期中国乡村社会的重要关键词。吴重庆提出的"无主体熟人社会"概念，成为理解现代化进程中中国乡村社会的重要关键词。

（3）农民主体创造论。主要以陆学艺、徐勇等为代表，对村落社会变迁中农民的角色、地位与作用进行了深入探讨，认为农民是中国乡村社会变迁的推动者，是中国发展奇迹的创造性主体，如陆学艺对行仁庄进行实证研究，对农民的伟大创造活动进行了详细而全面的记录③。徐勇则认为，悠久农业生产方式下长期形成的农民理性与现代工业社会优势相结合的"叠加优势"，释放出超越传统农业社会与现代工商业社会的巨大能量，说明农民理性的快速扩张如何在改革开放进程中造就"中国奇迹"的，必须跳出传统与现代二元对立的思维定式，需要高度重视乡村社会变革中的民性、民情及民意④。

（4）现代都市村庄论。主要以李培林、蓝宇蕴等为代表。李培林以工业化、城市化为整体背景，探讨了城市化进程中的乡村社会变迁形式以及走向，以现代化进程中城中村发生的巨变为经验事实，探讨了村庄终结

---

① 郑杭生主编《当代中国农村社会转型的实证研究》，中国人民大学出版社，1996。
② 曹锦清、张乐天、陈中亚主编《当代浙北乡村的社会文化变迁》，上海远东出版社，2001。
③ 陆学艺主编《内发的村庄》，社会科学文献出版社，2001。
④ 徐勇：《农民理性的扩张："中国奇迹"的创造主体分析——对既有理论的挑战及新的分析进路的提出》，《中国社会科学》2010 年第 1 期。

过程中的社会演进轨迹，提出农民终结并不意味着村落终结的基本判断①。蓝宇蕴提出了"都市村社共同体"的概念，从而为村落研究提出了"走向终结的村社共同体"的新判断。②

（二）乡村建设研究

已经完成现代化的发达国家，大多经历过乡村衰退或乡村危机生发的过程，在从经济发展主导到社会发展主导再到乡村主体发展主导的乡村发展历史演进中，全面推进了乡村复兴。有代表性的如：一是日本、韩国从20世纪70年代开始分别实施的"造村运动"与"新村运动"，主要是建立在农民自主建设基础上的低财政投入，成为低成本推行乡村跨越式发展模式的典范。二是德国20世纪60年代的"村庄更新"，注重生态价值、文化价值、旅游价值、休闲价值与经济价值的结合，在乡村建设中融入了可持续发展的理念。三是荷兰的"农地整理"，主要是统一规划和整治土地与水资源，推进乡村经济的多样化、乡村旅游和休闲服务业的发展，改善乡村生活。

此外，还有以自然环境为基础，以循环经济为动力，以生态技术运用为支撑，以和谐人居、特色文化为抓手为方向的乡村建设，最具代表性的有澳大利亚水晶河生态修复型生态村、美国埃斯俄文生态经济型生态村、丹麦蒙克斯戈德生态人居型生态村及德国 ZEGG 生态文化型生态村。可以说，随着现代化的全面推进，自20世纪80年代以来，乡村建设成为世界发达国家的前沿研究课题。

国外学者基于综合经济学、历史学、地理学等学科知识，从自然景观、人居环境的改善等方面对乡村聚落的保存和保护以及乡村复兴进行了探究。在乡村建设主体方面，认为是农民的积极性和创造性推动了乡村复兴，如美国学者 Gladwin C. H. 等通过对美国北佛罗里达州乡村企业家的调研，认为农民工作态度和敬业精神成为乡村复兴的关键因素③；Kawate

---

① 李培林：《巨变：村落的终结——都市里的村庄研究》，《中国社会科学》2002 年第 1 期。

② 蓝宇蕴：《都市里的村庄——一个"新村社共同体"的实地研究》，生活·读书·新知三联书店，2005。

③ Gladwin C. H., Long B. F., Babb E. M., et al., Rural Entrepreneurship: One Key to Rural Revitalization [J]. *American Journal of Agricultural Economics*, 1989·71 (5): 1305–1314.

T. 认为，乡村复兴和改革组织在日本乡村振兴及当代日本乡村发展中发挥着关键性作用①。Greene M. J. 基于对农业多元化发展倡议的分析，提出政府在乡村振兴中有着不可替代的主体作用的判断②；Ayobami O. K. 等认为旅游志愿者在乡村振兴中具有重要作用③；Johnson T. G. 则提出乡村金融是乡村复兴中不可忽视的重要因素之一④。

在乡村振兴战略提出前，国内学者主要是将中国乡村问题作为"三农"问题进行研究的。李昌平曾上书国务院总理，提出"农民真苦，农村真穷，农业真危险"的观点⑤，"三农"问题这一命题从此成为普遍的社会议题。安徽作家陈桂棣、春桃非常知名的《中国农民调查》⑥，真实地反映了当时的农民负担等诸多"三农"问题。

面对"三农"问题出现后的乡村衰败与出路问题，陆学艺认为，解决"三农"问题的重要路径就是解决中国经济社会"一国两策"的问题，需要尽可能地"消灭"农民，必须从国家制度层面做出整体性战略安排⑦。蔡昉认为，需要走一条以人为核心的城镇化道路⑧。贺雪峰则认为，农村为现代化发挥着蓄水池和稳定器的作用⑨。吕新雨提出"新乡土主义"，以批判新自由主义、美国式农业道路和全球资本主义体系，要跳出西方式的市民社会想象，重新建立乡村共同体和集体经济，重新建立城乡互动、相互哺育的良性关系⑩。

① Kawate T. , Rural Revitalization and Reform of Rural Organizations in Contemporary Rural Japan [J]. *Journal of Rural Problems*，2005·40（4）：393–402.

② Greene M. J. , Agriculture Diversification Initiatives：State Government Roles in Rural Revitalization [J]. *Rural Economic Alternatives*. 1988.

③ Ayobami O. K. , Bin Ismail H. N. , Host's Supports for Voluntourism：A Pragmatic Approach to Rural Revitalization [J]. *Australian Journal of Basic &Applied Sciences*，2013.

④ Johnson T. G. , Entrepreneurship and Development Finance：Keys to Rural Revitalization [J] . *American Journal of Agricultural Economics*，1989，71（5）：1324–1326.

⑤ 李昌平：《我向总理说实话》，陕西人民出版社，2009。

⑥ 陈桂棣、春桃：《中国农民调查》，人民文学出版社，2004。

⑦ 陆学艺：《走出"城乡分治一国两策"的困境》，《读书》2000 年第 5 期。

⑧ 蔡昉：《走出一条以人为核心的城镇化道路》，《求是》2016 年第 23 期。

⑨ 贺雪峰：《农村：中国现代化稳定器与蓄水池》，《中国社会科学报》2011 年 5 月 11 日。

⑩ 吕新雨：《新乡土主义，还是城市贫民窟?》，《开放时代》2010 年第 4 期。

二　社会主义新农村建设的综合性研究

党的十六届五中全会站在全面建设小康社会的现代化战略高度，提出"建设社会主义新农村"的战略构想，是对党的十六届四中全会提出"两个趋向"判断的全面推进，其核心目标就是要建立一个"生产发展、生活富裕、乡风文明、村容整洁、管理民主"的社会主义新农村，开启了城乡基本公共服务均等化的历史进程，缓解了城乡二元结构体制问题导致城乡差距不断扩大的问题，标志着中国工农城乡关系的重大历史性变动。因此，社会主义新农村建设自提出以后，得到了学术界前所未有的广泛关注。本研究主要从以下几个方面进行概述。

（一）　新农村建设战略内涵研究

研究者普遍认为，社会主义新农村建设不仅仅对农村发展本身有意义，它更是国家整体层面的发展战略。代表性的观点如徐勇认为，社会主义新农村建设是国家整合的重要目标和任务，深刻的意义就是通过国家整合从根本上改变乡村状况，在城乡二元差别的基础上重构城乡的有机联系和统一性，其核心就是通过国家整合将资源尽可能地向乡村配置并以此激活乡村内在动力，通过推进工业和城市的发展来支持与引导乡村的发展，促进城乡分离向城乡一体演进，这是社会主义新农村建设与历史上的乡村建设所完全不同之处①。柯炳生认为，国家战略层面全面缩小城乡差别尤其是二次分配差别是推进新农村建设的本质意义②。

陆学艺认为，新农村建设不但是惠及亿万农民的一个战略举措，更是关系到国家长治久安的一个战略举措，不仅是中国一项长期、复杂和巨大的社会系统性工程，而且是中国整个现代化建设的一个重大战略步骤③。林毅夫认为，新农村建设的实施对启动国内市场、提高农民收入、缩小城乡差距、构建和谐社会起到积极的推动作用④。刘奇认为，新农村建设所

---

① 徐勇：《国家整合与社会主义新农村建设》，《社会主义研究》2006 年第 1 期。
② 柯炳生：《对新农村建设的若干思考与认识》，《山东农业大学学报》（社会科学版）2005年第 4 期。
③ 陆学艺：《当前农村形势和社会主义新农村建设》，《江西社会科学》2006 年第 4 期。
④ 林毅夫：《建设中国新农村》，《商务周刊》2005 年第 23 期。

具有的重大意义，就是掀起了中国乡村建设的第三次高潮，而重点和关键是建立新机制、建设新村镇、建构新流通[1]。

（二）新农村建设基本路径研究

主要对社会主义新农村建设的基本方式及其进路进行了探讨，代表性观点如韩俊认为，新农村建设必须坚持工业反哺农业、城市支持农村，主要是在完善"少取"的基础上加大"多予"的力度与加快"放活"步伐[2]。黄祖辉认为，必须推进城市化与新农村建设两大战略互动共进，要突出以农民身份的"三分离"为前提、坚持以农民权益的"四可以"为原则，实现以土地制度、社保制度、产权制度、住房制度改革的"四配套"为突破，加快城乡综合配套改革[3]。

魏后凯认为，要以城乡统筹的理念为引领，实现新型城镇化与新农村建设的有机结合，在城乡一体化发展的框架下联动推进[4]。陈文胜认为，在新的历史转折点上，探索从关注生产到关注消费、从偏重于生产力发展到同时促进上层建筑完善等方面实现根本性转变的途径，也就是在构建公平优先的政治改革机制上探索建设新农村的途径。[5]

吴理财、吴孔凡认为，美丽乡村建设共有的经验是政府主导与社会参与、规划引领与项目推进、产业支撑与乡村经营，根本的标准是增进农民民生福祉，让农民有更多的获得感。[6] 何慧丽认为，出路在于实现农业从单纯产业化到多功能化发展的转变、农民从被现代化消灭的客体到新农村建设主体身份的转变；农村从作为生命空间的地域向城乡共同体的繁荣复兴转变。[7]

（三）新农村建设动力变革研究

主要探讨了推动社会主义新农村的内在动力机制，代表性观点如：陈

---

① 刘奇：《掀起中国乡村建设的第三次高潮》，《中国农村经济》2005 年第 11 期。
② 韩俊：《工业反哺农业 城市支持农村》，《农村农业农民》2006 年第 8 期。
③ 黄祖辉：《论城市化与新农村建设的关系》，《农村经济》2011 年第 6 期。
④ 魏后凯：《坚持以人为核心推进新型城镇化》，《中国农村经济》2016 年第 10 期。
⑤ 陈文胜：《新农村建设从何处破题?》，《湖湘论坛》2007 年第 6 期。
⑥ 吴理财、吴孔凡：《美丽乡村建设四种模式及比较：基于安吉、永嘉、高淳、江宁四地的调查》，《华中农业大学学报》（社会科学版）2014 年第 1 期。
⑦ 何慧丽：《从建设性后现代的视角来看中国三农问题的出路》，《江苏社会科学》2014 年第 6 期。

锡文认为，加快新农村建设是实现城乡一体化和全面小康社会建设的重要举措，必须以新型城镇化与新农村建设的双轮加快推进城乡一体化。① 张红等认为，新农村建设要充分发挥农业在农产品供给、释放与吸纳劳动力、增加农民收入、扩大市场贡献份额以及维护生态环境等方面的多重功能②。

徐勇认为，围绕不断满足日益丰富的社会需要，需要着力推动农村基层社会及其管理体制的重建和变革，把推进农村社区建设作为新农村建设的基点和平台，建设高生活质量的现代社会生活共同体③。温铁军等认为，农村社区能够有效地内部化处理成员合作的交易成本，并在要素配置与社会治理方面具有弱化风险、维护稳定的基础性作用，有利于推进新农村建设④。

朱启臻等认为，新农村建设的动力，主要来自农民非农化的需求，也来自工业化和城镇化的拉力，还来自农业产业化的驱动，而动力的基础在于农民对土地具有支配权利，农村土地制度改革成为新农村建设的重要内容，其改革方向还权利于农民，是符合农民利益、效益最显著而改革成本相对最低的制度变革途径⑤。

（四）　新农村建设体制机制研究

主要探讨了推进社会主义新农村建设的体制机制创新问题，代表性观点如陈锡文认为，新农村建设不能片面地被视为单纯的新村庄建设，必须推进一系列体制创新，全面巩固和发展农村税费改革等已经取得的成果，下决心进一步深化改革，才能保证农村经济社会的持续发展与新农村建设的顺利推进⑥。

---

① 陈锡文：《以新型城镇化与新农村建设双轮推进城乡一体化》，《求索》2017年第11期。
② 张红宇、赵革：《新农村建设要充分释放农业的多重功能》，《农村经济》2006年第5期。
③ 徐勇：《在社会主义新农村建设中推进农村社区建设》，《江汉论坛》2007年第4期。
④ 温铁军、董筱丹：《村社理性：破解"三农"与"三治"困境的一个新视角》，《中共中央党校学报》2010年第4期。
⑤ 朱启臻、刘璐、韩芳：《社会主义新农村建设的动力分析——论农村土地产权制度变革》，《中国农业大学学报》（社会科学版）2006年第1期。
⑥ 陈锡文：《新农村建设必须伴随着一系列的体制创新》，《吉林农业农村经济信息》2006年第2期。

柯炳生认为，要明确推进新农村建设在新设施、新环境、新房舍、新公共服务、新社会保障和新精神风貌六个方面的具体任务，确定政府在规划指导、财政资助和技术服务方面的新农村建设三项主要职能，以及建设新农村所要坚持的因地制宜原则、讲究实效原则、官民结合原则和节约资源等主要原则。①

仇保兴认为，村庄整治是新农村建设长期的任务，也是中国城镇化健康发展的重要条件②。贺雪峰认为，维持农村基本生产生活秩序必须依靠农民自己的力量，乡村建设必须提高农民的组织化程度，这就需要改进国家资源下乡的方法，在充分利用社会主义制度优势的同时，着力挖掘乡村传统组织资源，全面发挥既有组织资源的有效作用。③ 吴理财等认为，新农村建设需要以文化内在张力为基础，外拓乡村文化的承载力，为乡村发展形成可持续的文化动力，并逐步形成为先进文化与支流文化相融合的"一体多元"乡村文化体系④。

（五）新农村建设推进对策研究

主要探讨了社会主义新农村建设的具体政策与对策，主要观点如李周认为，总体上看新农村建设取得了良好的成就和经验，而实践中也存在一些倾向性、苗头性的问题值得重视⑤。

陈文胜认为，农民负担问题上升为发展问题，需要有效应对促进农村全面发展所面临的挑战；农村社会矛盾爆发点由乡村组织转移到县级政府以上，需要将转变政府职能、化解矛盾作为农村基层的工作重点；基层治理从民主选举向以"阳光财政"为核心的民主管理转变，需要着力破解乡村公共决策机制的新难题；农村经济小规模分散经营与大市场集约化之间的矛盾日渐突出，需要全面推进传统农业向现代农业转

---

① 柯炳生：《对新农村建设的若干思考与认识》，《山东农业大学学报》（社会科学版）2005年第4期。
② 仇保兴：《避免四种误区——做到五个先行——建立五种机制 村庄整治是新农村建设长期的任务》，《城乡建设》2005年第12期。
③ 贺雪峰：《乡村建设中提高农民组织化程度的思考》，《探索》2017年第2期。
④ 吴理财、李世敏、张良、夏国锋：《新农村建设中的文化建设研究述评》，《社会主义研究》2009年第3期。
⑤ 李周：《中国新农村建设实践研究》，《东岳论丛》2013年第8期。

型；农村公共产品供给相对农民的现实需求明显不足，需要加快推进城乡一体化进程①。

姚洋认为，新农村建设的核心在于转变农村发展观，以"低度发展，高度和谐"为主要特征，以提高农民福利为最终目标②。张晓山认为，需要在思想与理论上廓清新农村建设与城镇化的关系，在实践中处理好"硬件"建设与"软件"建设的关系，在思想和行动上明确政府主导作用和农民群众主体地位的关系，在战略上认识新农村建设与全面小康社会建设的关系，通过深化改革来促进新农村建设③。

三　乡村振兴战略的整体性研究

从实现"两个一百年"的奋斗目标出发，党的十九大报告中首次提出乡村振兴战略，2018 年中共中央、国务院发出《关于实施乡村振兴战略的意见》这一"一号文件"，明确了"分两个阶段实现第二个百年奋斗目标"的战略安排。因此，实施乡村振兴战略的目标路径与全面建设社会主义现代化的战略节拍紧密契合，使中国乡村发展迎来了又一个重大的历史节点和战略机遇，乡村振兴成为国内学术研究的前沿话题。本研究主要从以下几个方面进行概述。

（一）乡村振兴的战略背景与内涵研究

学界普遍认为，从中国发展的现状而言，城乡发展最不平衡、乡村发展最不充分已经成为中国社会不能满足人民对美好生活需要的主要方面，实施乡村振兴战略可以破解城乡发展不平衡、不充分难题，是中国社会发展的必然要求。代表性的观点如王东京认为，根据国际经验，一个国家城市化率一旦超过 50%，资本与技术、管理等要素就会向农业部门流动；中国的城市化率在 2010 年已接近 50%，到 2016 年底就已达到 57.6%；由此可见，实施乡村振兴战略是顺势而为，适逢其时。④

---

① 陈文胜：《新农村建设进程中的现实困境——基于湖南省万户农户调查》，《中国农村经济》2010 年第 5 期。

② 姚洋：《新农村建设与农村发展观的转变》，《学习与探索》2007 年第 2 期。

③ 张晓山：《社会主义新农村建设中必须准确把握的几个问题》，《红旗文稿》2006 年第 13 期。

④ 王东京：《我看乡村振兴战略》，《学习时报》2017 年 11 月 24 日。

蒋永穆认为，从推动因素维度看，人民美好生活需要日益广泛，城镇居民对乡村发展的要求日益提高，农民对乡村发展的期待日益增加；从制约因素维度看，城乡发展不平衡和乡村发展不充分已成为亟待破解的最为突出的问题；从发展实际维度看，农业仍然是"四化"同步发展的短板，农村仍然是全面建成小康社会的短腿，城乡工农发展差距仍然是亟待破解的问题；从发展阶段维度看，农业在国民经济中的基础地位仍然难以改变，大量人口生活在乡村的特殊国情仍然没有改变。①

叶兴庆认为，从收入和消费、全员劳动生产率、基础设施、基本公共服务来看，城乡二元结构突出、农业农村发展滞后、发展不平衡不充分这种局面不改变，将会阻碍全面建设现代化目标的实现②。陈文胜认为乡村振兴战略是基于国情和经济社会阶段性考虑，是应对社会主要矛盾的必然要求，是破解城镇中国时代难题的战略选择，是推进农业农村现代化的有效突破口。③

对乡村振兴战略的认知，代表性的观点如魏后凯认为，中国能否如期全面建成小康社会，能否如期建成富强民主文明和谐美丽的社会主义现代化强国，重点和难点都在农村；实施乡村振兴战略是党中央根据当前中国国情和发展阶段变化作出的一项重大战略决策；而在人民日益向往美好生活的新时代，乡村振兴不单纯是某一领域、某一方面的振兴，而是包括经济、社会、文化和治理体系、生态文明在内的全面振兴。④

李周认为，乡村振兴与新农村建设是承上启下的关系，以产业兴旺、生态宜居、治理有效、生活富裕和乡风文明为蓝图，具有更高的要求和愿景。⑤ 黄祖辉认为，乡村振兴战略"二十字"方针所体现的五大具体目标任务具有相互联系性，既要准确把握其科学内涵，又要把握好五大目标任务的相互关系；在具体的实施中需要从区域新型城镇化战略和乡村差异化发展的各地实际出发，着力"三条路径"协调推进，即"五个激活"驱

---

①　蒋永穆：《实施乡村振兴战略须关注的三个重点》，《四川日报》2018年5月16日。

②　《叶兴庆：以改革创新促进乡村振兴》，《财经界》2018年第4期。

③　陈文胜：《大国村庄的进路》，湖南师范大学出版社，2020，第149~151页。

④　魏后凯：《如何走好新时代乡村振兴之路》，《人民论坛·学术前沿》2018年第3期。

⑤　李周：《乡村振兴战略的主要含义、实施策略和预期变化》，《求索》2018年第2期。

动、"五位一体"协同和"五对关系"把控的协调推进。①

徐勇认为，乡村振兴是中国现代化进入中后期之后提出来的，具有鲜明的时代特点；要从工农协调、城乡融合、区域平衡的视角理解乡村振兴；在工农协调共进中，不仅要有"世界工厂"，更要通过乡村振兴成为"世界农场"；在城乡融合发展中，不仅要有现代化的城市，更要通过乡村振兴建设现代化的农村；在区域平衡发展中，不仅要有发达的中心城市群，更要通过有针对性的乡村振兴促进边缘区域有特色地发展。②

郭晓鸣等认为，在工业化、城镇化过程中，并不必然会出现乡村衰退现象，关键是需要找准及时调整工农城乡关系与推进乡村振兴的时机；而中国特色社会主义进入新时代并提出实施乡村振兴战略，既顺应了工业化、城镇化与城乡关系的演变规律，又是党中央着眼于"四化同步"发展战略与全面实现现代化战略全局而做出的重大战略部署。③

陈锡文在《走中国特色社会主义乡村振兴道路》一书中，从九个方面系统阐释了习近平总书记关于"三农"的重要论述的核心内容，认为习近平总书记关于"三农"的重要论述是一个基于历史唯物主义和辩证唯物主义立场、观点和方法的深刻的科学理论体系，是走中国特色社会主义乡村振兴道路的指导思想，是习近平新时代中国特色社会主义思想的重要组成部分，乡村振兴战略是基于中国国情和目前所处的发展阶段提出的，是关系中国全面发展并最终建成现代化强国的大事。④

刘奇在《乡村振兴，三农走进新时代》一书中，从问题导向、目标导向、价值导向，以及历史、文化、哲学的视角，认为人类社会已经从物资匮乏时代的生存之争，向物质丰裕时代的利益合作演进，这是大趋势。中国农业正处在爬坡过坎的关键时期，在社会分工日益细化的背景下，伴随着互联网的兴起，每个人所从事的工作越来越需要社会化的协作。因此，乡村振兴需要强大的外力支撑，以"合"培育农业农村发展的新动

① 黄祖辉：《准确把握中国乡村振兴战略》，《中国农村经济》2018年第4期。
② 徐勇：《论现代化中后期的乡村振兴》，《社会科学研究》2019年第2期。
③ 郭晓鸣、张克俊、虞洪、高杰、周小娟、苏艺：《实施乡村振兴战略的系统认识与道路选择》，《农村经济》2018年第1期。
④ 陈锡文主编《走中国特色社会主义乡村振兴道路》，中国社会科学出版社，2018。

能，才能产生像"核聚变"那样的巨大能量。①

贺雪峰在《大国之基：中国乡村振兴诸问题》一书中，以全局视角解读乡村振兴战略，以实地案例审视乡村未来发展，在大量的田野调查基础之上，围绕着中国乡村振兴诸问题，从社会结构、乡村建设、土地制度、乡村治理及组织再造等方面，对当前中国乡村发展中遇到的问题进行深入分析，既肯定了乡村建设所取得的成就，又指出了实践中存在的问题，同时提出了可行性很强的政策建议。②

（二）乡村振兴与新农村建设的比较研究

有不少学者认为乡村振兴战略是新农村建设的升级版，代表性的观点如：张晓山认为，乡村振兴战略的总要求是"五位一体"总体布局在"三农"领域的具体落实，是新农村建设的升级版。与新农村建设的内容相比较，乡村振兴的"产业兴旺"代替了新农村建设的"生产发展"，突出了产业的发展；乡村振兴的"生活富裕"代替了新农村建设的"生活宽裕"，表明农民的生活水平需要有更大的提高；乡村振兴的"生态宜居"替代了新农村建设的"村容整洁"，突出生态文明建设极其重要的位置；乡村振兴的"治理有效"替代了新农村建设的"管理民主"，强调治理的效率，内涵与外延都有很大的提升。③

李周认为，乡村振兴是新农村建设的升级版，因为同新农村建设相比，乡村振兴把生活环境治理拓展到生产、生活、生态环境的综合治理，把村庄土地治理拓展到村域土地治理，把局部推进拓展到全域推进，包含的内容从经济建设、生态建设、文明建设、社会建设到福祉建设，具有更加清晰的逻辑递进关系。④

郭晓鸣、张克俊等认为，乡村振兴是新农村建设的"升级版"，因为乡村振兴提出了更高的目标要求，从"生产发展"升级到"产业兴旺"、从"生活宽裕"升级到"生活富裕"、从"村容整洁"升级到"生态宜居"、从"管理民主"升级到"治理有效"，要求和层次都全面

---

① 刘奇：《乡村振兴，三农走进新时代》，中国发展出版社，2019。
② 贺雪峰：《大国之基：中国乡村振兴诸问题》，东方出版社，2019。
③ 张晓山：《实施乡村振兴战略的几个抓手》，《人民论坛》2017 年第 33 期。
④ 李周：《乡村振兴战略的主要含义、实施策略和预期变化》，《求索》2018 年第 2 期。

提高了。①

但也有学者认为，不能简单地讲乡村振兴战略是新农村建设的升级版，代表性的观点如韩俊认为，党的十九大对乡村振兴战略提出的总要求是一个有机的整体，没有产业的兴旺就无法实现生活富裕，乡风文明离不开治理有效，与党的十六届五中全会提出的新农村建设的总要求五句话相比，内涵更为丰富，是新时代做好"三农"工作的新旗帜和"三农"工作的总抓手，因而不能简单地讲乡村振兴战略是新农村建设的升级版。②

宋洪远认为，从全面建成小康社会决胜期这个时期来看，把乡村振兴作为一个战略提出来，明确乡村发展的要求、内涵与方向，实际上是一个战略转型③。杜志雄认为，乡村振兴战略是以往成功的"三农"发展政策和做法的创新和深化，主要体现在六个方面："三农"发展要求和发展目标的再提升；"三农"工作原则的再坚持；"三农"发展道路的再探索；"三农"发展领域和内容的再拓展；发展策略及实施路径再强调；"三农"发展动能的再转化。④

（三）乡村振兴工作的实施重点研究

主要探讨了乡村振兴的推进重点、战略思路及其要素整合等问题。代表性的观点如陈锡文认为，从国内、国际历史发展的角度来看，一个正常国家的发展和进步一定是城市和乡村两种功能的协调发挥；推进乡村振兴，最主要的是要明确乡村的最基本定位：保障国家粮食安全和重要农产品供给，提供生态屏障和生态产品，传承中华优秀传统文化。也就是说，从长远的现代化目标出发，乡村需要在中国未来经济社会的历史进程中承担三大主要功能。⑤ 韩俊认为，乡村振兴战略必须围绕强化"钱、地、人"等要素的供给，推动城乡要素自由流动、平等交换。⑥

---

① 郭晓鸣、张克俊、虞洪、高杰、苏艺：《乡村振兴的战略内涵与政策建议》，《当代县域经济》2018 年第 2 期。
② 韩俊：《强化乡村振兴的制度性供给》，《北京日报》2018 年 3 月 12 日。
③ 《宋洪远：实施乡村振兴战略的五点思考》，《吉林农业》2018 年第 2 期。
④ 《专家热议乡村振兴战略：不是"重打锣鼓重开台"》，2018 年 4 月 2 日，http://www.ce.cn/xwzx/gnsz/gdxw/201804/02/t20180402_28685496.shtml。
⑤ 陈锡文：《乡村振兴战略背后的历史发展规律》，《理论导报》2018 年第 4 期。
⑥ 韩俊：《关于实施乡村振兴战略的八个关键性问题》，《中国党政干部论坛》2018 年第 4 期。

贺雪峰认为，在中国基本实现现代化之前，乡村振兴的重点是要为绝大多数的弱势农民群体保底，要解决他们在生产生活中存在的各种困难，回应他们的诉求，而绝不能为资本下乡、城市富人下乡提供市场通道；要防止在实践中已普遍蔓延的激进解读，倡导积极稳健的乡村振兴实践；必须以对城乡关系的正确理解为前提，需要有动态的眼光与辩证的思维以及系统的决策，而不能形而上学去静止和片面地看问题，如果片面强调农村的强富美，将大量资源投入不可持久的项目点上，就会浪费国家的支农资源，影响农村作为中国现代化的压舱石和稳定器的功能。①

姜长云认为，按照《乡村振兴战略规划（2018—2022 年）》的要求，建立"四个协同"的产业体系，构建大中小城市和小城镇协调发展的城镇格局，接续推进全面建成小康社会后的减贫战略，都是乡村振兴需要特别关注的重大战略问题。② 张红宇认为，农业企业和企业家精神是推动乡村振兴发展中最具活力和创新力的主体，因此实施乡村振兴战略要弘扬企业家精神。③

还有学者认为，核心是村庄两极分化突出，一部分村庄活起来了，但大部分村庄衰而未亡，也就是如何应对衰和活的问题。④ 杜志雄认为，家庭农场要成为乡村振兴战略中的重要生产经营主体。⑤ 孔祥智、于法稳认为，生态宜居是实现乡村振兴的关键，实施农村绿色发展是乡村振兴战略的必然要求，更是乡村生态文明建设的关键内容。⑥

王曙光等认为，金融尤其是农村普惠金融是乡村振兴战略极为重要和

---

① 贺雪峰：《城乡关系视野下的乡村振兴》，《中南民族大学学报》（人文社会科学版）2020 年第 4 期。

② 姜长云：《关于实施乡村振兴战略的若干重大战略问题探讨》，《经济纵横》2019 年第 1 期。

③ 张红宇：《乡村振兴战略与企业家责任》，《中国农业大学学报》（社会科学版）2018 年第 1 期。

④ 张兰大、汪苏：《以土地权利开放撬动经济转型和城乡关系变革——访中国人民大学经济学院刘守英教授》，《中国改革》2018 年第 2 期。

⑤ 杜志雄：《家庭农场是乡村振兴战略中的重要生产经营主体》，《农村工作通讯》2018 年第 4 期。

⑥ 孔祥智：《生态宜居是实现乡村振兴的关键》，《中国国情国力》2018 年第 11 期；于法稳：《乡村振兴战略下农村人居环境整治》，《中国特色社会主义研究》2019 年第 2 期。

关键的支持要素。① 唐任伍认为，从文化产业发展带动乡村振兴战略实施的视角提出加大对乡村公共文化服务体系的投入，活跃乡村居民的文化生活，进而为乡村持续健康发展提供人才保障。②

张晓山在《乡村振兴战略：城乡融合发展中的乡村振兴》一书中，从城乡融合发展的视角，认为实施乡村振兴战略，要按照产业兴旺、生态宜居、乡风文明、治理有效、生活富裕的总要求，深化农村土地产权制度及集体经营性资产改革、农业供给侧结构性改革，促进农业产业振兴、大力培育农业新型经营主体、促进一二三产业融合，并提出巩固拓展脱贫攻坚成果、促进绿色发展、推动乡村生态振兴、改革与完善乡村治理机制等一系列措施，以助力乡村振兴。③

姜长云等在《乡村振兴战略：理论、政策和规划研究》一书中，从战略定位、中国特色和战略导向方面，提出推进乡村振兴必须立足国情农情、借鉴国际经验、强化中国特色，明确并科学理解坚持高质量发展、农业农村优先发展、城乡融合发展等战略导向。从战略重点、战略难点和战略基点方面，提出推进产业兴旺，提升乡村生态宜居水平、推进乡风文明新发展、创新乡村治理新体系、打造生活富裕新乡村、深入推进乡村振兴的体制机制创新是战略重点，打好精准脱贫攻坚战、强化乡村振兴的人才支撑、强化乡村振兴的投入保障机制是战略难点，加强和改善党对"三农"工作的领导是战略基点。在编制和实施乡村振兴战略规划方面，提出要及时处理发挥国家规划战略导向作用与增强地方规划的指导作用之间的矛盾，要与相关重大规划衔接起来，要提升规划的战略思维水平，科学把握"不忘本来，吸收外来，面向未来"的关系，把编制规划作为撬动体制机制改革的杠杆。④

（四）乡村振兴的动力问题研究

乡村发展内生动力不足已经成为学术界的共识，基本问题是，乡村振

---

①　王曙光、王丹莉：《乡村振兴战略的金融支持》，《中国金融》2018 年第 4 期。

②　唐任伍：《新时代乡村振兴战略的实施路径及策略》，《人民论坛·学术前沿》2018 年第 3 期。

③　张晓山：《乡村振兴战略：城乡融合发展中的乡村振兴》，广东经济出版社，2020。

④　姜长云等：《乡村振兴战略：理论、政策和规划研究》，中国财政经济出版社，2018。

兴的驱动力来源于乡村内生动力的挖潜和外源动力的引入，是强化政府的外在推动力，还是发挥农民的主体作用和挖潜社会活力激发内生动力？代表性的观点如张云华认为，纵览农村改革四十年的历程，有两条最为关键的经验，就是赋权和市场化，加快乡村振兴就应进一步赋权，进一步推进市场化，使之成为乡村振兴的突破口与动力源。[①]

赵秀玲认为，人才向乡村地域的回流是推进乡村振兴的关键，着力培养乡镇干部、青年技术人才和创业人才并提高相应待遇是乡村以人振乡的重要举措[②]。刘合光认为，通过对乡村振兴过程中有关各参与主体的研究发现，农民个体、村干部和乡贤等在乡村振兴中发挥着重要且多样化的作用，各利益主体的协同合作将有利于乡村振兴的顺利推进。[③] 学界基本认为，在注重乡村内部动力挖潜的同时，外源动力对乡村振兴的作用也不容忽视，尤其是政府的作用。

还有其他一些代表性的观点，如张红宇认为，农业新产业新业态，是打造中国强势农业、推动乡村振兴的动力源。[④] 王景新等认为，特色小镇与美丽乡村同建，推进中国乡村振兴进入地域空间重构和综合价值追求的新阶段。[⑤]

（五）乡村振兴的机制建构研究

学界基本认为，导致城乡发展不平衡、乡村发展不充分的根源在于城乡二元结构，必须破除妨碍城乡要素自由流动和平等交换的体制机制壁垒，建立城乡融合发展的体制机制和政策体系。代表性的观点如刘守英等认为，制度供给滞后成为乡村振兴的最大制约，因为乡村问题的存在本身就是城乡关系扭曲与城乡制度不平等的结果，基于实现工业化的赶超和城市化的快速推进，中国对乡村发展建立和强化了一整套歧视性制度框架，

[①]　张云华：《农业农村改革 40 年主要经验及其对乡村振兴的启示》，《改革》2018 年第 12 期。

[②]　赵秀玲：《乡村振兴下的人才发展战略构想》，《江汉论坛》2018 年第 4 期。

[③]　刘合光：《激活参与主体积极性，大力实施乡村振兴战略》，《农业经济问题》2018 年第 1 期。

[④]　张红宇：《走中国特色社会主义乡村振兴道路》，《粮农智库》2018 年第 2 期。

[⑤]　王景新、支晓娟：《中国乡村振兴及其地域空间重构——特色小镇与美丽乡村同建振兴乡村的案例、经验及未来》，《南京农业大学学报》（社会科学版）2018 年第 2 期。

导致城乡空间发展权的不平等，形成从乡村向城市的生产要素单向配置，导致了乡村的衰败，必须切实推行对导致乡村不振的制度变革。①

张红宇认为，实施乡村振兴战略，制度创新十分重要。一要深化农村土地制度改革，坚持农村土地集体所有底线，完善承包权权能，放活土地经营权，落实好二轮承包期到期后再延长 30 年政策，完善"三权"分置制度，提高土地资源配置效率。二要完善现代农业经营体系，通过多元融合、利益共享、规范有序的方式实现小农户与现代农业发展有机衔接，提升农业发展质量和效益。三要稳步推进农村集体产权制度改革，推进乡村治理体系和治理能力现代化，明确改革重点、路径和时间表，发展壮大集体经济，促进城乡要素平等交换，为实现农民共同富裕奠定坚实的产权基础。②

叶兴庆认为，在城乡二元结构仍然比较明显的背景下，要实现农业农村现代化与国家现代化同步发展，就必须始终坚持农业农村优先发展与城乡融合发展这两大原则，以"人、地、钱"为三个关键，使乡村人口与农业从业人员的占比不断下降、结构不断优化，全面建立乡村振兴的用地保障机制，建立促进各类资金向农业农村持续流动的体制机制。③

朱启臻认为，由于长期受重城市轻乡村思维定式的影响，乡村振兴受阻于诸多制度性因素，特别需要破除一系列阻碍乡村振兴的体制机制障碍。要健全城乡融合发展体制机制，清除阻碍要素下乡的各种障碍。破除一切束缚农民手脚的不合理限制和歧视。要转变对新阶段城乡关系的认识，把握乡村发展规律，清除影响乡村振兴的障碍因素。④ 张军认为，为了保障乡村振兴的实施和可持续发展，调动全社会广泛参与乡村振兴，需要在国家层面制定"乡村振兴法"，编制乡村振兴的发展规划，设置乡村振兴的工作机构，采取主要领导负责制，在制度层面以市场经济为基础，

---

① 刘守英、熊雪锋：《我国乡村振兴战略的实施与制度供给》，《政治经济学评论》2018 年第 4 期。
② 张红宇：《乡村振兴与制度创新》，《农村经济》2018 年第 3 期。
③ 叶兴庆：《新时代中国乡村振兴战略论纲》，《改革》2018 年第 1 期。
④ 朱启臻：《当前乡村振兴的障碍因素及对策分析》，《人民论坛·学术前沿》2018 年第 3 期。

以彻底破除城乡二元结构为突破口，创新乡村振兴体制机制。[1]

陈锡文、韩俊在《乡村振兴制度性供给研究》一书中，从总结中国农村改革 40 年、构建农业农村优先发展体制机制和政策体系、新时代农业农村优先发展战略思路、农村集体经济组织、促进小农户和现代农业发展有机衔接、乡村振兴战略中的农村基础设施、耕地占补平衡实施以及跨区调剂、农村新业态发展、质量兴农战略、乡村治理机制、乡村振兴视域下人才下乡、城乡融合与乡村振兴、农民工进城落户政策、农村合作金融国际经验和 2020 年后中国的扶贫问题等角度展开研究，既有总体布局和战略布局，也有对组织、制度以及目的的详细探讨，提出乡村振兴战略的实施与推进的制度与政策构想。[2]

（六）乡村振兴的实施对策研究

乡村振兴自提出以来，伴随着实践和理论研究的不断深入，建设内容和实施对策逐渐清晰。如长期以来早就发现一些问题，而且还一直在强调农业的重要性，财政支农资金也确实是年年增加，为什么资金、土地、人才等各种资源要素还会单向由农村流入城市、为什么没有从城市流向农村？

代表性的观点如张占斌等认为，只有找出其中的多种原因，才能有针对性地加以解决。一是资源要素跨城乡流动仍面临较多障碍。二是资源要素跨城乡流动仍面临成本高、收益低的难题。三是资源要素由农村向城市的单向流动仍具有巨大的惯性力量。[3] 朱启臻认为，长期以来形成的城乡分割体制并没有被打破，受单方向城镇化的影响，一些人对农业和农村的基本特点缺乏常识，崇尚把农民变成农业工人，热衷于"招商引资"搞土地流转的规模经营，使农业变成不断排斥农民的产业；有些地区热衷于模仿城市的住宅小区搞大规模的并村运动，把农民上楼、规模居住美其名曰"新型农村社区"；导致这些现象的其中一个原因就是一些人在实际工作中把趋势与理想混为一谈。[4]

---

① 张军：《乡村价值定位与乡村振兴》，《中国农村经济》2018 年第 1 期。
② 陈锡文、韩俊主编《乡村振兴制度性供给研究》，中国发展出版社，2020。
③ 张占斌、黄锟：《积极推动引导资源要素向农村流动》，《经济日报》2018 年 4 月 3 日。
④ 朱启臻：《当前乡村振兴的障碍因素及对策分析》，《人民论坛·学术前沿》2018 年第 3 期。

　　李周认为，实施乡村振兴战略应采用因地制宜策略、规划引导策略、统筹协同策略、市场主导策略、质量提升策略、增量共享策略、全域服务策略和对外开放策略①。叶敬忠认为，在具体落实乡村振兴战略时应注意坚守"五不"原则，即乡村振兴不是"去小农化"、不是乡村过度产业化、不能盲目推进土地流转、不能消灭农民生活方式差异、不能轻视基层"三农"工作，应在坚持乡村和农民主体地位的基础上实现农业农村与现代化发展的有机结合。②

第三节　体制机制耦合互动维度：脱贫攻坚
与乡村振兴相衔接

　　没有中国农业农村的现代化，就没有中国的全面现代化。着眼于中华民族第二个百年奋斗目标，根据主要矛盾的变化来接续推进全面脱贫与乡村振兴有效衔接，成为近几年来学界关注和研究的一个热点话题，初步取得了不少成果。

一　脱贫攻坚与乡村振兴的内在一致性研究

　　对于两者的关系，习近平总书记在 2018 年中共中央政治局第八次集体学习时就明确指出，"打好脱贫攻坚战是实施乡村振兴战略的优先任务"。③ 从现有的文献来看，基本认为脱贫攻坚和乡村振兴从内在逻辑、政策支撑和内容实质上来说，都是相互衔接；对于解决新时代中国社会的主要矛盾起到的作用，都是辩证统一的，具有战略目标的统一性和战略举措的互补性；前者以解决贫困群体的温饱问题为主要任务，后者通过外部机会激活内生动力来提供双重支撑，有效巩固拓展脱贫攻坚成果。

　　代表性的观点如韩俊认为，乡村振兴与脱贫攻坚这两者是内在统一

---

① 李周：《乡村振兴战略的主要含义、实施策略和预期变化》，《求索》2018 年第 2 期。
② 叶敬忠：《乡村振兴战略：历史沿循、总体布局与路径省思》，《华南师范大学学报》（社会科学版）2018 年第 2 期。
③ 中共中央党史和文献研究院编《习近平关于"三农"工作论述摘编》，中央文献出版社，2019，第 179 页。

的，乡村振兴的前提是摆脱贫困，打好脱贫攻坚战本身就是乡村振兴的重要内容。① 魏后凯认为，只有打好脱贫攻坚战才能为乡村振兴奠定坚实基础，只有实现乡村振兴才能从根本上解决贫困问题。② 汪三贵等认为，脱贫攻坚与乡村振兴是中国实现社会主义现代化必须完成的两大重要战略任务，脱贫攻坚与乡村振兴的衔接关系，体现为战略目标的推进关系、体制机制的统一关系和政策体系的融合关系，内在联系体现在目标相连、接续推进，前者是后者的先决条件，后者是巩固前者的力量保障，二者在体制机制方面具有共同性，在政策体系方面具有互融性。③

豆书龙、叶敬忠认为，乡村振兴与脱贫攻坚衔接的必要性主要体现在基层实践现实需要、制度衔接理论诉求与社会主义本质要求三个层面，以内容共融、作用互构和主体一致为表征的互涵式关系，为二者衔接奠定了理论可行性；实践可行性方面，乡村振兴可以借鉴脱贫攻坚的有效经验实现稳健推进，而脱贫攻坚亦能够利用乡村振兴机遇谋求纵深发展。④

陆汉文等认为，扶贫形势决定扶贫战略与政策选择，形势变化要求战略与制度的适应性创新，从脱贫攻坚到相对贫困治理，是脱贫攻坚与乡村振兴衔接的内在要求。⑤ 陈明星从脱贫攻坚与乡村振兴的内涵特征出发，认为二者有效衔接的逻辑关系表现在战略目标和实施时间上具有互补性，实施内容和体制机制上具有一致性。⑥

二　脱贫攻坚与乡村振兴的差异性研究

作为中国社会的两大战略，必然存在差异性。基本认为，脱贫攻坚与乡村振兴的不同点主要表现在，脱贫攻坚具有明显的特殊性与局部性、紧

---

① 韩俊：《强化乡村振兴的制度性供给》，《北京日报》2018 年 3 月 12 日。
② 魏后凯：《把握乡村振兴战略的丰富内涵》，《人民日报》2019 年 2 月 28 日。
③ 汪三贵、冯紫曦：《脱贫攻坚与乡村振兴有效衔接的逻辑关系》，《贵州社会科学》2020 年第 1 期。
④ 豆书龙、叶敬忠：《乡村振兴与脱贫攻坚的有机衔接及其机制构建》，《改革》2019 年第 1 期。
⑤ 陆汉文、杨永伟：《从脱贫攻坚到相对贫困治理：变化与创新》，《新疆师范大学学报》（哲学社会科学版）2020 年第 5 期。
⑥ 陈明星：《脱贫攻坚与乡村振兴有效衔接的基本逻辑与实现路径》，《贵州社会科学》2020 年第 5 期。

迫性与突击性的特点，而乡村振兴则具有明显的整体性与综合性、渐进性与长期性的特点；脱贫攻坚目标是消灭绝对贫困实现全面小康，而乡村振兴战略则着眼于实现农业强、农村美、农民富的农业农村现代化。因此，必须厘清脱贫攻坚和乡村振兴两大战略的"同"与"不同"，科学确立有效衔接的基本原则，探索有效的衔接手段，有序推进巩固拓展脱贫攻坚成果与乡村振兴的有机衔接。

代表性的观点如汪三贵等认为，脱贫攻坚与乡村振兴在扶持对象、政策范围和顶层设计诸方面也存在各自特点①。张琦认为，脱贫攻坚与乡村振兴的不同点在于，脱贫攻坚目标是确保农村贫困地区人口实现脱贫，而乡村振兴战略则着眼于从根本上解决"三农"问题②。高强认为，二者存在优先任务与顶层设计、特定群体与普惠支持、微观施策与整体谋划、绝对贫困与相对贫困的政策差异。③

还有学者认为，从政策目标来看，脱贫攻坚与乡村振兴是吃饱肚子与过好日子的关系；从目标主体来看，是局部人群与整体农村居民的关系；在二者的衔接上，脱贫攻坚是当时的主要任务，2020 年后仍将继续解决相对贫困问题，但这不是主要的任务；2020 年后，乡村振兴包含扶贫，扶贫与乡村振兴的关系演变为部分与整体的关系。④

雷明认为，脱贫是"雪中送炭"解决吃饭问题，乡村振兴是"锦上添花"的一种提高生活质量举措，从"雪中送炭"到"锦上添花"是一个过程。⑤ 还有学者认为，值得注意的是，脱贫攻坚中的产业扶贫与乡村振兴中的产业兴旺承载着不同的使命。⑥

----

① 汪三贵、冯紫曦：《脱贫攻坚与乡村振兴有效衔接的逻辑关系》，《贵州社会科学》2020年第 1 期。
② 张琦：《稳步推进脱贫攻坚与乡村振兴有效衔接》，《人民论坛》2019 年第 S1 期。
③ 高强：《脱贫攻坚与乡村振兴有机衔接的逻辑关系及政策安排》，《南京农业大学学报》（社会科学版）2019 年第 5 期。
④ 张亚玲、李雪蕾、郭忠兴：《统筹推进后扶贫时代脱贫攻坚与乡村振兴的有机衔接——"脱贫攻坚与乡村振兴"学术研讨会综述》，《南京农业大学学报》（社会科学版）2019年第 6 期。
⑤ 雷明：《把握新发展阶段，构建农业农村新发展格局》，《中国报道》2020 年第 11 期。
⑥ 张亚玲、李雪蕾、郭忠兴：《统筹推进后扶贫时代脱贫攻坚与乡村振兴的有机衔接——"脱贫攻坚与乡村振兴"学术研讨会综述》，《南京农业大学学报》（社会科学版）2019年第 6 期。

三　脱贫攻坚与乡村振兴有机衔接的现实性问题研究

在脱贫攻坚战期间，中国减贫事业取得了突破性进展，减贫人数年均超过 1000 万人，600 多个贫困县实现脱贫摘帽，在体制机制创新、政策落地实施和成效评估认定等方面积累了一定的经验。不仅取得了前所未有的成就，而且面临着一系列风险和挑战。

陈晓华认为，需要抓住关键问题，一是如何提高脱贫地区产业发展的市场化程度的问题，二是如何激发内生动力的问题，三是如何保持脱贫攻坚政策的稳定和连续性问题，做好领导体制的衔接、发展规划的衔接、政策保障的衔接、重点举措的衔接、工作队伍和人才的衔接，以推进脱贫攻坚与乡村振兴衔接。①

宋洪远认为，存在的突出矛盾和问题主要是在财政资金整合衔接方面，其中最突出的是资金投入缺口比较大，贫困村与非贫困村之间、贫困户与非贫困户之间形成的"悬崖效应"导致的"公平性"问题十分明显；在产业发展方面存在规划衔接不畅、三产融合水平低、项目短期化等现实问题。②

汪三贵等认为尽管脱贫攻坚成效显著，但深度贫困地区因为贫困历史悠久，民族、宗教等文化因素影响复杂，攻坚难度巨大，仍然是当时脱贫攻坚的重中之重，难中之难。③ 豆书龙、叶敬忠认为，存在体制机制衔接难、产业发展升级难和内生动力激发难等问题，应该着力在体制机制统筹落实、产业发展多元鼓励和主体意识积极培育等方面精准发力，推动乡村振兴与脱贫攻坚有机衔接。④

左停等认为脱贫攻坚与乡村振兴在政策有效衔接方面存在政策目标难以聚焦、工作任务区域目标不平衡、治理体系转换难、贫困地区脱贫前后

---

① 陈晓华：《如何推进脱贫攻坚与乡村振兴衔接》，《中国乡村发现》2021 年第 2 期。
② 宋洪远：《建立长效机制，做好脱贫攻坚与乡村振兴有机衔接》，《21 世纪经济报道》2019 年第 10 期。
③ 汪三贵、冯紫曦：《脱贫攻坚与乡村振兴有效衔接的逻辑关系》，《贵州社会科学》2020 年第 1 期。
④ 豆书龙、叶敬忠：《乡村振兴与脱贫攻坚的有机衔接及其机制构建》，《改革》2019 年第 1 期。

经济发展政策不平衡、在社会政策的实施中要兼顾不同群体的诉求与需求等现实难题。① 吴国宝认为当前应把打赢脱贫攻坚战、巩固脱贫成果作为贫困地区现阶段最优先的工作任务,不能在没有高质量脱贫的情况下急于全面展开乡村振兴,应设立脱贫攻坚和乡村振兴衔接(过渡)期。②

郭晓鸣认为,推进脱贫攻坚和乡村振兴的衔接,针对性与整体性的矛盾可能使乡村发展面临局部的合作困境,特惠性与普惠性的矛盾或将导致政策实施存在一定的路径依赖,福利性与效率性的矛盾易于引发某些贫困地区的"福利依赖"。③ 陈文胜认为当前阻碍城乡要素流动的体制机制与政策障碍依旧存在,大多数脱贫地区更多地依靠行政配置资源"输血",市场配置资源"造血"功能不足;区域经济发展不均衡,自上而下的国家整体制度安排与自下而上的因地制宜地方探索结合不够等,是脱贫攻坚与乡村振兴有机衔接面临的现实难题。④

四　脱贫攻坚与乡村振兴有效衔接的重点研究

中国发展不平衡不充分的问题仍然突出,巩固拓展脱贫攻坚成果的任务依然艰巨。代表性的观点如蔡昉认为,实现农村贫困人口全部脱贫之后,仍然面临着不断解决相对贫困问题的艰巨任务。蔡昉认为,在实现农村贫困人口全部脱贫之后,政策焦点和机制建设应及时转向解决相对贫困问题,精准扶助重点人群,有针对性地解决困难群体的实际问题,持续培育新成长的中等收入群体。⑤

郭玮认为,保持过渡期内政策稳定,做好脱贫攻坚与乡村振兴的各项政策衔接、工作衔接,持续推动扶贫产业发展壮大,激发贫困地区经济活

① 左停、原贺贺、李世雄:《巩固拓展脱贫攻坚成果同乡村振兴有效衔接的政策维度与框架》,《贵州社会科学》2021 年第 10 期。
② 严碧华:《探索解决相对贫困问题长效机制——专访中国社会科学院贫困问题研究中心主任吴国宝》,《民生周刊》2020 年第 Z1 期。
③ 郭晓鸣:《脱贫攻坚与乡村振兴政策实施如何有效衔接》,《光明日报》2019 年 9 月 16日,第 16 版。
④ 陈文胜:《脱贫攻坚与乡村振兴有效衔接的实现途径》,《贵州社会科学》2020 年第1 期。
⑤ 蔡昉:《实现共同富裕必须努力扩大中等收入群体》,《经济日报》2020 年 12 月 7 日。

力和发展后劲，激发脱贫致富内生动力，增强贫困群众自我发展能力。①
郑文凯认为，绝对贫困问题首次得到历史性解决，继续巩固脱贫成果，努
力实现平稳转型，必须做好工作体系、政策措施、发展机制三个方面的脱
贫攻坚和乡村振兴有机衔接。②

汪三贵等认为，脱贫攻坚与乡村振兴有机衔接，要在深刻理解和把握
衔接内涵的基础上，实现二者在重点目标、体制机制、政策措施、成效认
定等多方面、全方位的有机衔接。③ 张琦认为，要明确脱贫攻坚和乡村振
兴两大战略的历史特点和时段特征，以在产业、生态、组织、文化和人才
等方面取得的成效为基础，推动要素配置、资金投入、公共服务向农业农
村倾斜，激发贫困地区的内生动力和外在活力，实现从“被动扶”到
“主动兴”的转变，使脱贫攻坚向乡村振兴过渡实现从被动式的政府扶持
转为主动自愿式的自发运动。④

叶敬忠等认为，应该着力在体制机制统筹落实、产业发展多元鼓励和
主体意识积极培育等方面精准发力，推动乡村振兴与脱贫攻坚的有机衔
接。⑤ 左停认为，脱贫之后需要建立一个长效稳定的机制来继续巩固提升
脱贫攻坚的成果，而乡村振兴战略正是对于脱贫攻坚成果进行有效巩固的
一个重要战略。⑥

五　脱贫攻坚与乡村振兴有效衔接的实现途径研究

面对中国贫困状况由普遍性的绝对贫困转变为部分人的相对贫困这一
重大变化，如何推进脱贫攻坚与乡村振兴有效衔接，有针对性和时效性地
提出衔接的路径，确保中国减贫战略和工作体系的顺利转型，是学界关注
的焦点，也是该问题研究的“重中之重”。

① 郭玮：《如何做好脱贫攻坚与乡村振兴的有效衔接》，《中国乡村发现》2021 年第 1 期。
② 郑文凯：《决胜脱贫攻坚 接续推进乡村振兴》，《中国乡村发现》2020 年第 2 期。
③ 汪三贵、冯紫曦：《脱贫攻坚与乡村振兴有机衔接：逻辑关系、内涵与重点内容》，《南京农业大学学报》（社会科学版）2019 年第 5 期。
④ 张琦：《稳步推进脱贫攻坚与乡村振兴有效衔接》，《人民论坛》2019 年第 S1 期。
⑤ 豆书龙、叶敬忠：《乡村振兴与脱贫攻坚的有机衔接及其机制构建》，《改革》2019 年第 1 期。
⑥ 左停：《脱贫攻坚与乡村振兴有效衔接的现实难题与应对策略》，《贵州社会科学》2020 年第 1 期。

代表性的观点如有学者认为，需要把脱贫攻坚期间的各种资源和机制，包括财政、金融资源等，以及已经形成的机制，包括领导机制、组织机制、市场机制等，转化成服务于"两个防止"目标的一套乡村振兴体系。① 张琦认为，要促进脱贫攻坚的相关政策向乡村振兴常规性、普惠性和长效性转变，针对不同发展水平、不同类型的地区、村庄梯次推进，加快形成脱贫攻坚和乡村振兴战略相互支撑、相互配合、有机衔接的良性互动格局。②

郭晓鸣等认为，加快完成从应急性政策取向向长期性政策设计的重大转变，推进脱贫攻坚与乡村振兴的有效衔接，必须注重将"精准式"济困帮扶与"普惠式"共享发展有机结合，通过全面强化均衡协调发展实现利益均衡；必须从根本上遏制产业扶贫的短期化倾向，构建可持续的产业发展长效机制；必须因地制宜探索发展路径，将绿水青山变为金山银山；全面提速农村改革步伐，突破深层次体制机制障碍，更大限度地转换发展动能和释放改革红利。③

有学者认为，在政府、市场力量之外，还应注重社会力量，切实考虑社会能够发挥何种作用，如何通过社会建设实现精准脱贫与乡村振兴的目标，通过社会建设来满足居民精神上的需求，给予社会更大的发展空间，进而激发社会的活力。④ 左停等认为做好脱贫攻坚战与乡村振兴战略的有效衔接，既要抓好梯度跟进，又要抓好优化升级，进而提出继续推广脱贫攻坚形成的经验、推进产业扶贫的优化升级、提供高质量的金融供给服务、提高农村治理能力和水平、加大对弱势群体的社会保障力度。⑤

张云华等认为，应全面统筹衔接脱贫攻坚与乡村振兴，做好政策接续，织密社会保障"安全网"，兜住脱贫攻坚"硬骨头"，健全乡村振兴

---

① 张丽敏：《解决"三农"问题须兼顾微观宏观》，《中国经济时报》2019 年 3 月 25 日。
② 张琦：《稳步推进脱贫攻坚与乡村振兴有效衔接》，《人民论坛》2019 年第 S1 期。
③ 郭晓鸣、廖海亚：《建立脱贫攻坚与乡村振兴的衔接机制》，《经济日报》2020 年 6 月 5 日。
④ 张亚玲、李雪蕾、郭忠兴：《统筹推进后扶贫时代脱贫攻坚与乡村振兴的有机衔接——"脱贫攻坚与乡村振兴"学术研讨会综述》，《南京农业大学学报》（社会科学版）2019 年第 6 期。
⑤ 左停、刘文婧、李博：《梯度推进与优化升级：脱贫攻坚与乡村振兴有效衔接研究》，《华中农业大学学报》（社会科学版）2019 年第 5 期。

社会保障机制。① 王晓毅认为，做好精准扶贫三个转变，即减贫的目标从绝对贫困转变为相对贫困，减贫的区域从单纯的农村减贫转向城乡统筹，并在此基础上从精准扶贫转向全面的乡村振兴。②

综上所述，基于党的十九届五中全会关于进入新发展阶段、确立新发展目标、贯彻新发展理念、构建新发展格局的发展逻辑，③ 本研究对脱贫攻坚与乡村振兴有效衔接的战略方向的基本判断是：推进脱贫攻坚与乡村振兴的有效衔接，也是全面建成小康社会与全面实现现代化的有效衔接，这个有效衔接由三大情境所决定：人类社会乡村变迁与农业农村现代化的一般趋势及其在中国的体现，大国小农的中国国情与历史传承、文化基因、人口大国的粮食安全，以及中国特色社会主义乡村振兴道路的制度框架和价值目标（重塑城乡关系、走城乡融合发展之路，巩固和完善农村基本经营制度、走共同富裕之路，深化农业供给侧结构性改革、走质量兴农之路，坚持人与自然和谐共生、走乡村绿色发展之路，传承发展提升农耕文明、走乡村文化兴盛之路，创新乡村治理体系、走乡村善治之路，打好精准脱贫攻坚战、走中国特色减贫之路）。④

推进脱贫攻坚与乡村振兴有效衔接是中国农业农村现代化战略转型、大国小农的国情和中国特色社会主义乡村振兴道路的共同要求，其中全面建成小康社会的脱贫攻坚为推动从解决绝对贫困问题向解决相对贫困问题的农业农村现代化战略转型提供了动力，大国小农的国情是实施乡村振兴战略的现实基础，而中国特色社会主义乡村振兴道路提供了有效衔接的战略目标。

---

① 张云华、伍振军、周群力、殷浩栋：《统筹衔接脱贫攻坚与乡村振兴的调查与启示》，《开放导报》2019 年第 4 期。

② 王晓毅：《2020 精准扶贫的三大任务与三个转变》，《人民论坛》2020 年第 2 期。

③ 《中国共产党第十九届中央委员会第五次全体会议公报》，《人民日报》2020 年 10 月30 日。

④ 《中央农村工作会议在北京举行》，《人民日报》2017 年 12 月 30 日，第 1 版。

第二章　脱贫攻坚与乡村振兴的
互动机理

只有打好脱贫攻坚战才能为乡村振兴奠定坚实基础，只有实现乡村振兴才能从根本上解决贫困问题。[①] 党的十九届五中全会提出"全面推进乡村振兴"，要求"实现巩固拓展脱贫攻坚成果同乡村振兴有效衔接"。[②] 这是着眼于开启社会主义现代化建设新征程这一新发展趋势作出的战略部署。从脱贫攻坚与乡村振兴的内涵特征出发，两者的逻辑关系表现在战略目标和实施时间上具有互补性，实施内容和体制机制上具有一致性。[③] 这就需要立足于进入新发展阶段、确立新发展目标、贯彻新发展理念、构建新发展格局的发展逻辑，来厘清这两大战略的内在逻辑关系和互动机理，从而研判农业农村现代化的演进规律与趋势，把握好脱贫攻坚与乡村振兴有效衔接的战略目标、战略方向。

第一节　脱贫攻坚与乡村振兴互动的多重逻辑

脱贫攻坚的核心在于解决区域性绝对贫困问题，而乡村振兴的目标则是在贫困问题得到根本解决后，全局性地推动"农业强、农村美、农民

---

① 魏后凯：《把握乡村振兴战略的丰富内涵》，《人民日报》2019年2月28日。
② 《中国共产党第十九届中央委员会第五次全体会议公报》，《人民日报》2020年10月30日。
③ 陈明星：《脱贫攻坚与乡村振兴有效衔接的基本逻辑与实现路径》，《贵州社会科学》2020年第5期。

富"。习近平提出,"打好脱贫攻坚战是实施乡村振兴战略的优先任务"。① 打赢脱贫攻坚战并非终点,而是通向乡村振兴道路的起点,两者相互衔接,呈现多重逻辑关系。基于人类社会乡村变迁与农业农村现代化的一般趋势及其在中国的体现、大国小农的中国国情与历史传承、中国特色社会主义乡村振兴道路的制度框架和价值目标,② 需要从理论逻辑、历史逻辑、现实逻辑、制度逻辑四个维度中,厘清脱贫攻坚与乡村振兴的互动机理。

一 中国共产党反贫困的理论逻辑

中国共产党脱贫攻坚与乡村振兴互动的理论逻辑,充分体现了二者内在的统一性。脱贫攻坚战略的基本出发点在于消除农村绝对贫困,为乡村振兴提供良好的社会环境和物质基础。战略安排是在外部支撑和持续推动下逐步实现的,其目的在于激活个体内生动力,进而达成共同富裕。乡村振兴战略则是从更广泛的视角出发,致力于通过推动农业现代化、农村环境改善、农民收入增长来实现乡村全面发展,是一种将短期成果转化为长期发展动能的战略规划。

中国的反贫困道路以马克思主义反贫困理论为指导,经过一代代中国共产党人的努力探索,形成了中国特色反贫困理论。马克思、恩格斯通过对资本主义社会的考察,看到了贫困问题的本质,深刻地指出工人阶级贫困的根源是资本主义制度,由于资本家对劳动者剩余价值的无偿占有,"农业工人的工资被压到最低限度,他总是有一只脚陷在需要救济的赤贫的泥潭里"③,"工人阶级处境悲惨的原因不应该到个别的缺陷中去找,而应该到资本主义制度本身之中去寻找"④。

由此认为摆脱贫困就是要彻底消灭资本主义制度,就是要在社会生产

① 中共中央党史和文献研究院编《习近平关于"三农"工作论述摘编》,中央文献出版社,2019,第179页。
② 陈文胜:《牢牢把住接续推进脱贫攻坚到乡村振兴的关键与核心》,《湖南日报》2020年9月24日第4版。
③ 马克思:《资本论》(第1卷),人民出版社,2004,第740页。
④ 《马克思恩格斯选集》(第1卷),人民出版社,2012,第67页。

力迅速发展的新社会制度中，让劳动群众占有自己的剩余劳动，① 并设想在未来社会，"生产将以所有人的富裕为目的""保证一切社会成员的富足"，以实现人的自由而全面发展。而马克思、恩格斯也注重对农业农村的研究，认为"超过劳动者个人需要的农业劳动生产率，是全部社会的基础"②，正是农业生产力发展促成了社会分工，导致了城乡分离，"物质劳动和精神劳动的最大一次分工，就是城市和乡村的分离"③。恩格斯认为"只有城乡的融合，才能使社会全体成员的才能得到全面发展"④。这不仅是一个经济问题，更是社会公平正义的体现。

以毛泽东为代表的中国共产党人，把马克思主义普遍真理同中国革命具体实际相结合，开辟了农村包围城市、武装夺取政权的道路，带领全国人民建立了新中国。毛泽东认为走社会主义道路，是发展生产力、消除贫困的唯一正确出路，"全国大多数农民，为了摆脱贫困，改善生活，为了抵御灾荒，只有联合起来，向社会主义大道前进，才能达到目的。"⑤ 走这一道路，首先就是要"逐步地实现对于整个农业的社会主义的改造，即实行合作化，在农村中消灭富农经济制度和个体经济制度，使全体农村人民共同富裕起来"⑥。在中国完成三大改造、建立社会主义制度后，毛泽东主张把人民公社作为走农业集体化道路的高级形态，以促进农业生产和农村经济发展。虽然人民公社存在诸多缺点，实践中并未取得预期成效，但毛泽东作为中国反贫困的开拓者与推动农村建设发展的奠基者，为后来的扶贫事业与乡村振兴积累了宝贵的经验。

邓小平继承并发展了毛泽东共同富裕思想，他指出："搞社会主义，一定要使生产力发达，贫穷不是社会主义。我们坚持社会主义，要建设比资本主义具有优越性的社会主义，首先必须摆脱贫穷。"⑦ 他坚持把发展

① 王晓光、方凤玲：《马克思主义反贫困理论中国化的新境界》，《西北大学学报》（哲学社会科学版）2021 年第 5 期。
② 《资本论》（第三卷），人民出版社，2004，第 888 页。
③ 《马克思恩格斯选集》（第一卷），人民出版社，1995，第 104 页。
④ 《马克思恩格斯文集》（第一卷），人民出版社，2009，第 689 页。
⑤ 中共中央文献研究室编《毛泽东文集》（第六卷），人民出版社，1999，第 429 页。
⑥ 中共中央文献研究室编《毛泽东文集》（第六卷），人民出版社，1999，第 437 页。
⑦ 邓小平：《邓小平文选》（第三卷），人民出版社，1993，第 225 页。

生产力作为消除贫困、发挥社会主义优越性的中心任务，提出了"使一部分人、一部分地区先富起来，然后先富带后富"的发展战略，确立了中国现代化三步走的战略目标与方向。基于农村人口多和普遍贫穷的国情，邓小平大力倡导农村改革，主张通过调动农民的积极性、发展农村生产力来促进农民脱贫致富和农村发展。正是在邓小平农村改革思想的引领下，中国的改革率先从农村突破，农村实现了从人民公社到家庭联产承包责任制转变的重大变革，第一次在中国历史上基本解决了占人口绝大多数的农民的温饱问题，反贫困与农村发展取得了前所未有的成就。

江泽民高度重视农业农村对国民经济和全面建设小康社会的重要性，强调"农业上不去，整个国民经济就上不去；农村不安定，整个社会就不会安定；农村经济得不到相应发展，国民生产总值再翻一番、人民生活达到小康水平就不可能实现"[1]，提出"建设现代农业，发展农村经济，增加农民收入，是全面建设小康社会的重大任务"[2]等重要观点。他基于中国农村贫困的现实情况，提出了开发式扶贫的方针，"脱贫致富，改变落后面貌，用救济式的办法很难实现，只有用开发性的办法来脱贫，才有强大的生命力。救济只能救急，而要真正把贫困脱掉，国家固然要给一定的帮助，但基点必须依靠我们自力更生、艰苦奋斗"。[3] 这一思想为中国走上开发式扶贫道路提供了理论指导，丰富了中国反贫困思想。

胡锦涛在 2003 年的中央农村工作会议上首次提出"把解决好农业、农村和农民问题作为全党工作的重中之重"[4]，这一指导思想从此通过每年的"中央一号文件"贯穿于后来整个工业化、城镇化进程。基于中国经济实力显著增强，他作出了两个趋向的重大判断，提出"统筹城乡经济社会发展，实行工业反哺农业、城市支持农村和'多予少取

---

[1]　中共中央文献研究室、国务院发展研究中心编《新时期农业和农村工作重要文献选编》，中央文献出版社，1992，第 788 页。

[2]　中共中央文献研究室编《中共十三届四中全会以来历次全国代表大会中央全会重要文献选编》，中央文献出版社，2002，第 668 页。

[3]　中共中央文献研究室编《江泽民思想编年（1989-2008）》，中央文献出版社，2010，第 6 页。

[4]　中共中央文献研究室编《十六大以来重要文献选编》（上），中央文献出版社，2005，第 113 页。

放活'的方针"①，以及"建设社会主义新农村"的战略，为推动农村发展和建设全面小康提供了理论支撑。胡锦涛主张用科学发展观来应对贫困问题，提出以人为本、全方位扶贫开发的理念，进一步发展了中国反贫困思想。

习近平总书记强调，"消除贫困、改善民生、逐步实现共同富裕，是社会主义的本质要求，是我们党的重要使命"②，"全面建成小康社会，最艰巨最繁重的任务在农村、特别是在贫困地区"③，提出"小康不小康，关键看老乡"的全新判断，来进一步突出农村在全面建成小康社会中的主要地位④。基于新时代社会主要矛盾转换，他在党的十九大报告中提出实施乡村振兴战略，强调实施乡村振兴战略"是决胜全面建成小康社会、全面建设社会主义现代化国家的重大历史任务，是新时代做好'三农'工作的总抓手"⑤。从而把消除贫困作为社会主义的本质要求，提出并系统阐述精准扶贫、精准脱贫方略，成为中国反贫困思想的重大创新。在中国脱贫攻坚取得胜利后，习近平总书记指出"脱贫攻坚取得胜利后，要全面推进乡村振兴，这是'三农'工作重心的历史性转移"，明确提出"做好巩固拓展脱贫攻坚成果同乡村振兴有效衔接"。⑥为新阶段做好"三农"工作提供了根本遵循。

中国治理贫困的过程，实质上也是一个不断发展的过程。新中国的建设发展从一穷二白起步，贫困主要在农村，贫困群体主要是农民，这就注定了反贫困与谋发展具有一致性。一代代的中国共产党人坚持把马克思主义与中国实际相结合，把农村扶贫与乡村发展紧密结合起来，探寻在发展中治贫、在治贫中发展的道路，"走出了一条中国特色减贫道路，形成了中国特色反贫困理论"，构建起了脱贫攻坚与乡村振兴互动的理论逻辑，

① 胡锦涛：《胡锦涛文选》（第二卷），人民出版社，2016，第412页。
② 中共中央党史和文献研究院编《十八大以来重要文献选编》（下），中央文献出版社，2018，第31页。
③ 习近平：《习近平谈治国理政》（第一卷），外文出版社，2018，第189页。
④ 陈文胜：《论中国乡村变迁》，社会科学文献出版社，2021，第60页。
⑤ 习近平：《决胜全面建成小康社会　夺取新时代中国特色社会主义伟大胜利——在中国共产党第十九次全国代表大会上的报告》，《人民日报》2017年10月28日，第1版。
⑥ 《中央农村工作会议在北京举行》，《人民日报》2020年12月30日，第1版。

不仅为中国取得全面消除绝对贫困伟大成就提供了科学指引，也必将为进一步构建起解决相对贫困的长效机制提供理论指导与行动指南。

二　新中国成立以来贫困治理的历史逻辑

历史逻辑与消除贫困、实现民族复兴紧密相连，大同小康之梦就是中华民族延续了两千多年的社会理想和奋斗目标，强国富民的现代化诉求是一条从近代贯穿到现代整个历史进程的主线。因为没有消除贫困就不能实现强国富民、就没有民族的现代化，不改变贫困落后的状况就难以实现民族复兴。消灭贫困，让全国人民同步小康，是中国共产党人向中国人民所作出的庄严承诺、对中华民族所承担的神圣责任。[1]

新中国成立以来的发展历程中，脱贫攻坚与乡村振兴具有连贯性与阶段性。中国共产党成立后，把土地革命、发动农民作为民主革命的基本内容之一，推动实现"耕者有其田"，满足了贫苦农民的根本需求，让广大农民翻身做了主人，得到了占全国人口绝大多数的农民的拥护，为革命的胜利奠定了坚实的基础。

毛泽东在新中国成立前夕于西柏坡召开的七届二中全会上提出"使中国由农业国变为工业国"[2]的现代化目标，在新中国成立后就强调要"使全体农村人民共同富裕起来"，"这个富，是共同的富，这个强，是共同的强，大家都有份。"[3]国家支持大兴水利，组织农民开展了大规模的农田水利建设，并发展农用工业，推动农业机械化，兴办农村教育，开展合作医疗等，农业农村建设发展取得了明显的成就。由于"文化大革命"时期经济体制僵化、农民生产积极性长期未能被有效调动，在20世纪70年代末期，国民经济进入濒临崩溃的边缘，普通百姓尤其是农民的生活处于普遍性的贫困状态，当时的中国成为世界上最贫困的国家之一。

改革开放后，随着经济结构的转型，农村改革逐步深入，脱贫攻坚战略正式上升为国家战略并取得了显著成效。20世纪80年代初，党中央肯定"包产到户、包干到户"的探索，推动实施家庭联产承包责任制，并

---

① 陈文胜等：《大国小村：十八洞村的社会学考察》，湖南人民出版社，2021，第2页。

② 《毛泽东选集》（第三卷），人民出版社，1991，第1081页。

③ 中共中央文献研究室编《毛泽东文集》（第六卷），人民出版社，1999，第495页。

在 90 年代初将其作为一项基本制度长期稳定下来，极大地激发了亿万农民的积极性，迎来农业生产力的飞跃。

与此同时，开展农产品购销体制改革，逐步开放农副产品流通市场，改革农业人口流动管理体制，使农民获得了多方面的自主权，促进了农村经济的快速发展与农民生活的改善。农村一系列改革产生出显著的减贫效应，贫困问题从普遍性贫困向分层、分块演化，区域间发展不均衡问题开始显现。党中央不失时机地制定了开发式扶贫政策，通过设立贫困县、实施开发式扶贫等措施，聚焦于贫困地区的开发，着手解决区域发展不平衡的问题。

进入 21 世纪，党中央提出"工业反哺农业、城市支持农村"的基本方略，确立了"多予、少取、放活"的农村工作方针，2004 年设立农业三项补贴，2006 年全面取消农业税，同时实施建设社会主义新农村的战略，国家加大农村投入力度，开展了大规模的农村电、路、水及教育卫生等基础设施改造，并先后建立了新型农村合作医疗制度、农村最低生活保障制度、新型农村养老保险制度等，实施保障性扶贫措施，推动乡村面貌日新月异、农民生活快速改善、贫困人口大幅度减少，到 2012 年底，农村绝对贫困人口首次下降到 1 亿人以下，为 9899 万（按 2011 年确立的贫困标准线），贫困发生率下降到 10.2%。①

党的十八大以后，以习近平同志为核心的党中央把扶贫工作摆到了治国理政的新高度，全面实施"脱贫攻坚工程"，强调农村贫困人口脱贫是全面建成小康社会最艰巨的任务，必须坚决打赢脱贫攻坚战。② 2013 年，习近平总书记在湖南湘西考察时首次提出"精准扶贫"的基本方略，围绕"扶持谁""谁来扶""怎么扶""如何退"这四大核心问题，实现中国扶贫从"大水漫灌"式"开发扶贫"向"精准滴灌"式"精准扶贫"转轨。③ 习近平明确要求，"对贫困人口而言，要实现'两不愁、三保

①　左停、徐卫周：《改革开放四十年中国反贫困的经验与启示》，《新疆师范大学学报》（哲学社会科学版）2019 年第 3 期。
②　中共中央文献研究室编《十八大以来重要文献选编》（中），中央文献出版社，2016，第 812 页。
③　陈文胜等：《大国小村：十八洞村的社会学考察》，湖南人民出版社，2021，第 12 页。

障'，收入达到脱贫标准"，务必使农民不缺席、乡村不掉队、农业不拖后腿。①

党的十九大提出实施乡村振兴战略，坚持农业农村优先发展的总体工作方针，将"产业兴旺、生态宜居、乡风文明、治理有效、生活富裕"作为发展目标，并强调，"确保到 2020 年我国现行标准下农村贫困人口实现脱贫，贫困县全部摘帽，解决区域性整体贫困，做到脱真贫、真脱贫。"② 也就是在脱贫攻坚的基础上推动乡村全面发展，解决城乡发展不平衡、乡村发展不充分的矛盾。全国各地按照"六个精准"和"五个一批"的统一部署进行"终极决战"，到 2020 年如期跨越全面建成小康社会的"最后一公里"，成为提前 10 年实现联合国 2030 年可持续发展议程确定的减贫目标的国家，创造了世界减贫史上的历史奇迹，③ 为推进乡村振兴提供了坚实的物质基础。

随着脱贫攻坚取得决定性胜利，全面推进乡村振兴战略的提出标志着国家发展重心的再次转移。④ 习近平总书记强调，脱贫攻坚取得胜利后全面推进乡村振兴，是"三农"工作重心的历史性转移。⑤ 这一转移涉及乡村社会多个方面，旨在全方位推动农业农村现代化。因此，顶层设计确保了脱贫攻坚与乡村振兴之间的有机衔接。就政策制度层面而言，通过优化扶贫政策举措，实施长效减贫振兴政策，使脱贫攻坚的成果得到巩固和深化。例如，提升了农村最低保障水平，实现了减贫工作精细化管理。在制度设计上确保了符合条件的特殊群众能被纳入社会安全网之中，使得社会保障体系更加全面、有效。⑥

---

① 中共中央文献研究室编《十八大以来重要文献选编》（中），中央文献出版社，2016，第 824 页。国家确定"十三五"期间脱贫攻坚的目标是"两不愁三保障"：到 2020 年稳定实现农村贫困人口不愁吃、不愁穿，农村贫困人口义务教育、基本医疗、住房安全有保障。

② 习近平：《决胜全面建成小康社会　夺取新时代中国特色社会主义伟大胜利——在中国共产党第十九次全国代表大会上的报告》，《人民日报》2017 年 10 月 28 日，第 1 版。

③ 张远新：《中国贫困治理的世界贡献及世界意义》，《红旗文稿》2020 年第 22 期。

④ 黄承伟：《从脱贫攻坚到乡村振兴的历史性转移——基于理论视野和大历史观的认识与思考》，《华中农业大学学报》（社会科学版）2021 年第 4 期。

⑤ 习近平：《论"三农"工作》，中央文献出版社，2022，第 5 页。

⑥ 高强：《脱贫攻坚与乡村振兴的统筹衔接：形势任务与战略转型》，《中国人民大学学报》2020 年第 6 期。

综观新中国成立以来，每一个历史阶段"三农"政策的制定和实施始终贯穿着对国家战略的响应。从脱贫攻坚战略到乡村的全面振兴，每一项关乎农业、农村、农民的规划与实践，不仅显示了问题导向的逻辑，更彰显了历史的连续性与系统性。这些国家战略和政策的调整和变迁既顺应了时代的要求，又顺应了国家发展的大趋势，共同编织中国乡村发展的独特路径图谱。

三 全面小康后脱贫攻坚与乡村振兴的现实逻辑

乡村振兴的前提是摆脱贫困，打好脱贫攻坚战本身就是乡村振兴的重要内容。[①] 尽管中国的脱贫攻坚取得了伟大胜利，区域性整体贫困问题得到解决，脱贫群众实现了"两不愁三保障"，摆脱了绝对贫困，为乡村振兴打下了坚实的基础。但解决发展不平衡、不充分的问题具有复杂性、长期性、艰巨性的特点，主要体现在基层实践的现实需要方面。

一方面；返贫或新的致贫风险仍然存在。中国的绝对贫困线标准尽管高于世界银行制定的国际贫困标准，但与农村居民人均收入水平相比较，仍然较低，部分收入刚刚超过贫困线的脱贫群众和未纳入建档立卡贫困户的低收入群众，一旦产业发展和就业有波动，或家庭生活因故出现支出增加，都可能导致返贫或新的致贫。尤其是易地搬迁的脱贫群众，很多离开了农业用地，需要通过在非农产业就业获得收入，这些群众往往缺乏劳动技能，且适应新的生存环境有一个过程，就业稳定性较差，要确保他们"稳得住，能致富"，还有大量的工作要做。出于自然、历史等原因，一些脱贫地区尤其是曾经的深度贫困地区基础设施和公共服务欠账较多，区域经济发展能力相对较弱，一些扶贫产业刚刚形成，市场竞争力不强，对农民的带动具有不确定性，稳定脱贫机制尚未形成。

因此，在脱贫攻坚任务完成以后，脱贫地区还需要接续推进区域发展和乡村振兴，必然要以巩固脱贫攻坚成果为基础，着力推进农业农村发展，既要防止出现规模性返贫，又要努力提高农民收入，激发农民内生动力，改善农村人居环境，为乡村全面振兴奠定坚实基础。在实施机制上，

① 韩俊：《强化乡村振兴的制度性供给》，《北京日报》2018 年 3 月 12 日。

既要着眼于当时的脱贫需求，又要预见到乡村振兴的趋势和要求，既要有利于现有扶贫项目的有效转型，也要有利于培育新增长点和新动能。

另一方面，城乡发展不平衡、农业农村发展不充分仍然是建设现代化国家最为突出的问题。尽管近年来国家强化以工补农、以城带乡举措，着力构建新型工农城乡关系，持续加大农业农村投入力度，推动乡村与城市一同迈入了全面小康社会；但中国"城乡区域间、产业间的发展不平衡现象仍然十分突出，城乡居民收入差距长期处于高位，农村长期落后于城市的发展格局没有明显变化"①。

2021 年，中国农村居民人均可支配收入 18931 元，城镇居民人均可支配收入 47412 元，尽管农村居民收入增速快于城镇居民，但城乡居民收入比值仍达到 2.50，这一数值远高于世界发达国家；农村居民人均消费支出 15916 元，城镇居民人均消费支出 30307 元，城乡居民消费支出比值也处于 1.90 的较高位置。② 城乡发展不平衡除了城乡居民收入与消费上的差距外，还表现为在城乡公共基础设施以及教育、医疗、社会保障等公共服务上还存在较大的差距。

基于人多地少的国情，小农户经营占主导地位，它融入现代农业的能力还较弱，农业集约化经营、产业化发展水平不高，农产品仓储物流、农业信息化设施等基础设施仍较薄弱，土地产出率、资源利用率、劳动生产率还较低，农业供给侧结构性改革还任重道远，农业整体效益不高，影响到必要的优质资源要素向农业农村流动。有专家预测，中国作为超级人口大国，到 2035 年中国城镇化率将达到 74%，即便如此，仍将有 3 亿~4 亿人生活在农村。因此，补上农业农村发展这个短板，解决好数亿农村居民生活与发展的问题，将是建设现代化国家的重要任务。

全面建成小康社会后，推动实现共同富裕成为我国的中心任务。习近平总书记在全国脱贫攻坚总结表彰大会上的讲话中指出："脱贫攻坚战的全面胜利，标志着我们党在团结带领人民创造美好生活、实现共同富

---

① 李实、陈基平、滕阳川：《共同富裕路上的乡村振兴：问题、挑战与建议》，《兰州大学学报》（社会科学版）2021 年第 3 期。

② 《方晓丹：居民收入继续稳步增长 居民消费支出持续恢复》，中国经济网，2022 年 1 月 18 日，http://www.ce.cn/xwzx/gnsz/gdxw/202201/18/t20220118_37264989.shtml。

裕的道路上迈出了坚实的一大步。同时，脱贫摘帽不是终点，而是新生活、新奋斗的起点。解决发展不平衡不充分问题、缩小城乡区域发展差距、实现人的全面发展和全体人民共同富裕仍然任重道远。"①

为此，党中央作出了"实现巩固拓展脱贫攻坚成果同乡村振兴有效衔接"的决策部署。显然，只有以巩固拓展脱贫攻坚成果为基础，把帮扶欠发达地区和农村低收入人口纳入乡村振兴战略中一体安排，以全面推进乡村振兴来持续缩小城乡、区域和群体发展差距，才能形成从根本上解决贫困问题的机制，让广阔的农村和广大的农民跟上全面建设社会主义现代化强国的坚实步伐。

四　中国特色社会主义道路的制度逻辑

脱贫攻坚与乡村振兴是中国实现社会主义现代化必须完成的两大重要战略任务，脱贫攻坚与乡村振兴的衔接关系，体现为战略目标的推进关系、体制机制的统一关系和政策体系的融合关系，内在联系体现为目标相连、接续推进，前者是后者的先决条件，后者是巩固前者的力量保障，二者在体制机制方面具有共同性，在政策体系方面具有互融性。② 脱贫攻坚为推动解决绝对贫困向推进解决相对贫困的乡村振兴提供了先决条件，具有战略上的一致性，而中国特色社会主义乡村振兴道路提供了两者互动的战略方向。

（一）脱贫攻坚与乡村振兴都是中国特色社会主义制度的本质要求

带领广大人民摆脱贫困是中国共产党以人民为中心的发展思想的体现，是社会主义本质要求。在中国特色社会主义道路的探索中，党中央坚持把解决"三农"问题作为全党工作重中之重，以持续推进农村改革发展、不断解放和发展农村生产力来解决普遍性贫困问题，以持续加强扶贫工作、瞄准贫困群体精准施策来解决区域性、分散性贫困问题，作出了"走中国特色减贫之路"和"走中国特色社会主义乡村振兴道路"的决策部署，构建起农村治贫与发展互动、脱贫攻坚与乡村振兴互动的制度体

---

① 习近平：《在全国脱贫攻坚总结表彰大会上的讲话》，人民出版社，2021，第20页。
② 汪三贵、冯紫曦：《脱贫攻坚与乡村振兴有效衔接的逻辑关系》，《贵州社会科学》2020年第1期。

系，为全面解决绝对贫困问题、推动农村同步迈入全面小康提供了制度保障。

（二）脱贫攻坚与乡村振兴都是中国特色社会主义乡村振兴道路的价值目标

实施乡村振兴战略是中国特色社会主义制度的重要组成部分。习近平总书记指出，"如果在现代化进程中把农村 4 亿多人落下，到头来'一边是繁荣的城市、一边是凋敝的农村'，这不符合我们党的执政宗旨，也不符合社会主义的本质要求。"① 为此，党的十八届三中全会对新时代农村改革作出了全面部署，党的十九大正式提出实施乡村振兴战略，强调农业农村优先发展，要求建立健全城乡融合发展体制机制和政策体系，历史性地把"三农"工作摆在党和国家工作全局的优先位置，把城乡关系置于平等地位。

乡村振兴是着眼于国家现代化发展的长远战略，首先必须补齐全面建成小康社会时期的贫困地区和贫困人口这一突出短板。为此，党中央把脱贫攻坚作为乡村振兴的先手棋，一方面举全国之力推进精准扶贫、精准脱贫，另一方面加强乡村振兴顶层设计，积极深化农村改革，建立了《乡村振兴促进法》等一系列法规制度，基本构建起实施乡村振兴战略的"四梁八柱"，为走好中国特色社会主义乡村振兴道路提供了制度和政策保障。

（三）脱贫攻坚与乡村振兴都是推进中国农业农村现代化的必然选择

农业农村现代化是中国特色社会主义现代化发展战略的重要组成部分。脱贫攻坚与乡村振兴统一于中国现代化战略之中，在服务于实现农业农村现代化目标任务上具有一致性。在具体实践中，无论是脱贫攻坚还是乡村振兴，都致力于乡村产业发展、乡村基础设施建设、基本公共服务供给、乡村治理体系完善，这些都是农业农村现代化的重要环节。

在实现全面建成小康社会目标后，中国进入全面建设社会主义现代化国家的新征程，党的十九届五中全会作出全面推进乡村振兴的战略部署，其指向是要加快农业农村现代化步伐，通过"促进农业高质高效、乡村

---

① 《习近平谈治国理政》（第三卷），外文出版社，2020，第 257 页。

宜居宜业、农民富裕富足"，实现全体人民的共同富裕。① 可以说，全面推进乡村振兴是在脱贫攻坚基础上实现农业农村现代化的战略设计，但在此过程中，一方面，只有巩固拓展脱贫攻坚成果，才能顺利实现向全面推进乡村振兴的转型；另一方面，反贫困是一个长期的过程，将贫困治理纳入乡村振兴同步推进，构建起解决相对贫困的长效机制，仍然是实现农业农村现代化的题中应有之义。因此，反贫困与乡村振兴的互动，还将是一个长期的过程，这一过程也是推动实现中国农业农村现代化的必由之路。

总之，乡村振兴战略作为与脱贫攻坚相衔接的长期任务，制度逻辑不仅要求在政策设计上能够相互配套，更要求在实际操作中能够互相促进。这不仅折射出对国家整体战略的忠实贯彻与响应，同时也反映出在面对新的国内外发展挑战时，党中央不断完善和创新社会治理的能力与决心。通过相衔接的制度设计与实施，建立巩固拓展脱贫成果和推进乡村振兴的长效机制。

第二节　国外发达国家与发展中大国的反贫困探索

"消除贫困，自古以来就是人类梦寐以求的理想，是各国人民追求幸福生活的基本权利。"② 人类现代化进程呈现一个基本规律，就是通过工业化使人口不断向城市集聚，然后对农业农村加以全面改造，在这一改造过程中诸多国家和地区的减贫战略发挥了极为重要的作用，其中积累的经验无疑对于今天中国的农业农村现代化具有重要的启示意义。

一　发达国家减贫策略与乡村发展

贫困问题在不同国家有着不同的形成原因，也有着不同的表现形式。从历史上看，发达资本主义国家在农业文明时代，贫困的原因与中国一样，都因生产力不发达导致粮食供给难以满足人们需要，普遍性的贫困反复出现。

---

① 《中国共产党第十九届中央委员会第五次全体会议公报》，《人民日报》2020 年 10 月 30 日。
② 习近平：《携手消除贫困　促进共同发展》，《人民日报》2015 年 10 月 17 日。

　　进入工业文明时代后，主要资本主义国家率先完成工业革命后，实现了生产力的飞跃，但无产阶级因受到政治上的压迫与经济上的剥削，成为主要的贫困群体。马克思认为，资本主义社会的绝对贫困是因为无产阶级"被剥夺了劳动资料和生活资料的劳动能力"，而相对贫困是资本家对剩余价值的无偿占有。① 在工人运动的强大压力下，资本主义国家不得不开始重视无产阶级的贫困问题，由此产生了社会保险和社会福利制度，如为工人的就业、教育、养老提供基本保障，以缓解尖锐的阶级矛盾。

　　第二次世界大战以后，世界进入和平时代，新的技术革命推动了经济的快速恢复与发展，发达资本主义国家进入了发展的黄金时代。在社会结构方面，乡村经历了由传统农业社会向后农业社会的过渡，制造业和服务业逐渐成为乡村经济的重要组成部分。在经济活动方面，乡村不再依赖单一的农业生产，而是通过促进旅游业、工艺品制造业等多元化经济活动，推动了经济的可持续发展。② 受历史和社会结构的影响，欧美国家的贫困状况形态多样，与农村社会经济发展状况密切相关。

　　随着财富的积累，发达国家普遍采取了系列减贫措施。不仅注重解决短期内的贫困问题，还积极探索长期的社会经济发展方案。在制定减贫政策的过程中，政府部门通常会首先采集和分析相关地区和人群的贫困数据，以确保策略的精准性和有效性。根据贫困人口的具体情况，制定针对性强的援助计划，包括社会福利支持、教育培训项目，以及就业创造计划等，涵盖了社会保障、劳动力市场政策、教育和卫生等多个领域，体现了综合治理的思路。如美国针对不同类型群体设立了 13 个大型反贫困计划，日本为贫困群体提供补足性救助等。③ 一系列的减贫措施，较好地改变了发达国家的贫困状况，如作为发达国家中贫富差距相对较大的国家，美国近 20 年的相对贫困发生率一直保持在 15% 左右。④

　　教育脱贫与创造就业机会一直是发达国家减少贫困的关键策略。这通

---

① 《马克思恩格斯文集》（第一卷），人民出版社，2009，第 538 页。

② Kamvasinou K., Stringer B., The Politics of Rurality. Routledge, 2019 (7).

③ 叶兴庆、殷浩栋：《发达国家和地区的减贫经验及启示》，《西北师大学报》（社会科学版）2020 年第 4 期。

④ 张琦：《全球减贫历史、现状及其挑战》，《人民论坛》2021 年第 11 期。

常包括加大教育投入，建立起初级教育免费制度，提升教育水平，以及政府直接提供公共就业服务和职业培训项目，通过税收优惠等手段激励私营部门为低技能劳动力创造更多工作岗位，加速贫困群体融入社会和劳动市场，来增强其就业竞争力和自我发展能力，从而实现贫困人口的自我脱贫和社会流动。如美国和加拿大等国在公共教育系统中设立了各种助学金、奖学金和贷款计划，鼓励和支持低收入家庭的学生接受高等教育。还有实施"福利到工作"（WTW）制度的，通过帮助提高失业者的人力资本来促进就业，取得较好成效。[①]

另外，政府直接向低收入群体提供金融援助，以稳定其基本生活，减少由经济困难造成的急性贫困现象。在此类政策的设计和执行当中，国家通常会确定一系列的收入阈值，一旦个人或家庭收入低于此标准，即可获得相应的财政补贴。为了提升这些措施的效率，政府还会利用综合福利管理系统，对受援者的经济状况进行定期评估，及时调整补贴的金额和范围。此外，健康医疗服务的改善对于减贫也有着至关重要的作用。发达国家普遍建立了全民健康保险体系，通过为低收入人群提供免费或低价的医疗服务，减轻由疾病带来的经济负担。如英国，国家医疗服务体系（NHS）为所有公民提供基本的医疗保障，确保了人们在生病时能够得到及时且有效的治疗。

不同于发展中国家的农村向城市的大规模人口迁移，发达国家的乡村展现出中心地区与周边地区间相对平衡的人口流动状态。虽然部分农村也存在年轻劳动力外迁的现象，但通过退休人员返乡、新家庭为寻求高生活质量的迁入，以及外籍居民等群体的增加，乡村保持了一定程度的人口稳定性。美、日、韩城市化率都达到了80%以上，农村人口少，从事农业的人口更少，贫困人口主要集中在城市。如美国2018年贫困人口的总数为3810万人，其中生活在城市中的贫困人口为3190万，占总数的83.7%。[②]因此，发达国家减贫战略在对象上并未以乡村居民为重心，但作为支持落

①　叶兴庆、殷浩栋：《发达国家和地区的减贫经验及启示》，《西北师大学报》（社会科学版）2020年第4期。

②　叶兴庆、殷浩栋：《发达国家和地区的减贫经验及启示》，《西北师大学报》（社会科学版）2020年第4期。

后区域发展的重要措施，诸多发达国家都实施过类似于乡村振兴的战略行动。

如德国的"乡村更新战略"、日本的"造村运动"、韩国的"新村运动"，美国、法国等也实施了促进乡村发展的战略行动，其经验做法包括：一是通过立法强化制度保障。各发达国家都制定了系列的法律法令，日本陆续制定的推动乡村振兴的相关法律法规达 30 多部，韩国则多达100 多部，美国形成了涵盖农业、乡村规划、环境等多层面的较为完整的法规体系，以此确保有效推进。

二是通过培育核心产业提升乡村经济活力。如日本注重培育农业特色产业，发展"一村一品"，近年来又大力推行"六次产业"发展战略，提升农业发展效益；韩国分类推进村庄产业发展，重点支持发展创意农业＋乡村旅游；美国依托地广人稀的优势，大力发展专业化、信息化农业，推进现代农业高效发展等。

三是引导多方投入与发挥村民主体作用并重。发达国家在推行乡村振兴战略时都明确了政府投入的责任，同时注重引导金融、企业、村民增加对农业的资本投入。在乡村建设发展中，日本、韩国、德国等都注重发挥村民的主体作用，比如德国要求让乡村居民广泛参与乡村规划，日本、韩国和欧盟各国都有不同类型的农协。

四是加强乡村生产生活基础设施建设。发达国家均比较重视乡村公共基础设施建设，注重乡村生态保护，乡村大多环境优美，教育医疗等公共服务条件较好。

发达国家之所以重视乡村建设，大多因为在工业化、城市化进程中出现了较为严重的乡村空心化、农业老龄化的情况，城乡发展差距越来越大，乡村日益衰落。作为减贫措施的组成部分，发达国家通过各类推动乡村发展转型的行动，不仅较好地改善了乡村贫困状况，而且使乡村工作环境和居住环境显著改善，实现了生产、生活与生态的动态平衡，农业现代化程度也要远高于发展中国家。尽管部分发达国家乡村仍然面临着空心化、老龄化的问题，但较为均衡或较小差距的城乡居民收入、城乡等值化的公共设施与服务、农业科技化发展、乡村良好的生态环境，为发挥乡村的独特功能与价值提供了较好的基础。

二　发展中人口大国减贫策略与乡村发展

中国作为发展中人口大国，在反贫困与推进乡村振兴的进程中，不仅要用历史的视野审视发达国家的有益经验，还要观察其他发展中国家的经验与教训，从可比较的角度来看，巴西、印度和南非与中国同为金砖国家，且都是人口大国，他们的减贫战略可以为中国提供一定的参考价值。

（一）印度的减贫策略与乡村发展

印度有 13.9 亿人口，农村人口占总人口的 65%。印度曾经是英国的殖民地，在英国的殖民统治下，经济困难、民生凋敝，1947 年获得独立。独立后一度过于注重重工业发展，忽视农业及生活性产业，导致产业结构失衡、经济停滞不前。在经过多次改革后，自 20 世纪 90 年代以来，服务业崛起，经济增长步入快车道，逐步成为全球软件、金融等服务业重要出口国，当前的经济总量已经位居世界前列，2020 年 GDP 达到 2.66 万亿美元，仅比英国少 1000 亿美元。

印度在独立后开展了土地改革，废除了中间人地主制度，并推进保护佃农权益的租佃改革，实施土地持有限额，使部分农民拥有了土地权益。英迪拉·甘地 1966 年上台后，印度政府推行"绿色革命"，通过为贫困农民提供信贷、推广现代农业技术等推进农业发展，逐步实现了粮食自给。1979 年后，印度政府在"六五"计划中推行开发性扶贫计划，包括农村综合发展计划、农村就业计划、最低需要计划等，取得了显著成效。

20 世纪 90 年代后，印度推行自由化改革，经济开始持续增长，在农业上实施农业补贴、优惠贷款、农产品最低收购价等政策，同时继续推行各类反贫困计划、建立公营分配制度，并在经济改善后加大了对农村基础设施的投入，促进了农业发展和减贫。莫迪政府组建后，推行"科技兴农""厕所运动""数字印度""印度创业计划"等一系列反贫困措施，以改变农村的贫困现状，也取得一定成绩。

总体来看，印度历届政府均重视反贫困战略，由于大部分贫困人口在农村，印度在农业农村发展方面倾注了不少心血，为保障粮食安全和缓解贫困提供了有力支撑。印度的减贫经验可以概括为：一是加强农业支持并推动农村非农业部门发展，为农民创业与就业提供了支持。二是政府引导各方参与反贫困，尤其是世界银行为其提供了有力支持。三是政府主导实施了多项直接的反贫困计划。四是立法保障贫困人口就业权利，2006 年实施的《全国农村就业保障法案》为农村劳动力就业提供了法律保障。[①]

但印度在推动经济发展过程中，对工业与服务业的重视要远超过农业，且土地改革不彻底、人口增长过快、教育发展不平衡、医疗保障水平较低、腐败较严重等问题的存在，使得印度的农村贫困问题仍然十分突出。印度拥有全世界 1/3 的贫困人口，32.7% 的人口生活在国际公认的极端贫困线以下，即每天生活费不足 1.25 美元。[②]

（二）巴西的减贫策略与乡村发展

巴西是南美洲发展中国家，经济实力居拉美首位，但贫困问题一直是困扰其发展的重要因素。在 20 世纪 60 年代初，巴西经济发展水平低于拉美国家平均水平，为推动经济增长，巴西开始实行发展极战略，采取一系列支持政策，培植地区"发展极"，从而带动经济发展，这一举措使 1968~1974 年巴西经济增长率保持在 10% 以上，创造了举世瞩目的巴西奇迹。[③] 但在外部石油危机的冲击下，经济增长一度停滞。

进入 21 世纪以来，经济增长逐步恢复。政府采取了多元化的措施，以减少贫困率并促进农村发展。一方面，通过建立多个区域发展极，形成发展极网络，从而辐射带动落后地区发展；通过实施对贫困地区的开发计划，加大对落后地区的财政刺激，吸引企业投资，支持农业发展，开展贫困地区移民计划等缓解贫困问题。另一方面，实施了"最低收入保障计划"，包括对农村贫困家庭的扶助，提供改善居住条件的公共服务设施，对贫困劳动力开展生产技能培训等，并将各种扶贫措施统一整合为"家庭救助金计划"，该计划对贫困家庭直接发放现金补助；又实施了"零饥饿计划""家庭农业强化计划"，实行农村扶持政策直接补贴小规模农户，鼓励生产本土农作物，推动农产品直接供给和食品安全水平的提升，实现了农业增产与农村居民生活水平同步提高，也拉动了地区经济发展。

在基础设施建设方面，巴西政府投入大量资金提升乡村通信、交通和

---

① 李熠煜：《印度农村的反贫困治理》，《理论导报》2018 年第 6 期。

② 郭霁：《各国穷人是如何界定的?》，《华商报》2021 年 10 月 17 日。

③ 张琦：《全球减贫历史、现状及其挑战》，《人民论坛》2021 年第 11 期。

卫生服务体系，从而提高了农村居民的生活质量和获取信息的能力。如通过实施"光明行动"计划，使偏远乡村得以实现电气化，极大地提升了生产力和优化了居住环境。实施"教育扶贫计划"，增加教育的投入，提高农村教育质量与普及率，通过教育赋能为农村经济注入新的动力。

尽管巴西实施了系列反贫计划，但由于在推动经济社会发展中，过于重视工业化、城市化而忽视农村可持续发展，造成贫富差距过大。且土地的高度集中使大量小农失地，大量无地农民"被城市化"。而城市就业容量又不足，社会保障乏力，仍有大量农村居民没有获得足够的社会服务支撑，尤其是在卫生、教育与就业方面，导致出现了大量的城市贫民，使得贫富差距越来越大。根据世界银行设定的新的国际贫困标准（每天 1.9 美元生活标准），巴西贫困人口达到 4550 万人，占巴西总人口的 22%。[1] 这一状况不仅影响了贫困治理长效机制的构建，也限制了乡村可持续发展的潜力。

（三）南非的减贫策略与乡村发展

南非的减贫策略与乡村发展采取的是一种综合性多管齐下的措施体系，结合了社会保障、产业升级和基础设施建设等多个领域的努力。在社会保障方面，南非政府增设了数种社会救助金，包括养老金、残障金及儿童救助金等，旨在直接提升弱势群体的生活水平，并减少因贫困而导致的社会不平等现象。

据统计，在 2008 年以来的 10 年中，超过 1700 万的南非民众，尤其是儿童与老年人从中获益。[2] 此外，在产业升级方面，通过引入外资和技术援助，促进了当地农业机械化和粮食产量的提高，进一步稳固了农村的食品安全，降低了极端天气事件造成的风险。农业的现代化，不仅提高了产量和效率，也拓展了乡村就业机会，缓解了农村居民的贫困状况。[3]

在基础设施建设层面，南非积极改善农村的交通、电力和水利设施，

---

① 《巴西贫富差距越拉越大》，《经济参考报》2017 年 11 月 7 日。
② 孙咏梅：《基于多维视角的我国农村地区减贫成效评价及减贫路径探索》，《社会科学辑刊》2018 年第 4 期。
③ 李盛基、吕康银、朱金霞：《农村最低生活保障制度的减贫效果分析》，《税务与经济》2014 年第 3 期。

缩小了城乡发展差距。提升道路和通信网络的质量，对于营造良好的农村生产环境和促进农产品的市场流通至关重要。此类举措显著改善了农民的生产条件和生活品质，加速了农村向现代化转型的步伐。同时，政府也着力于推广教育与医疗服务，通过建立更多的学校与卫生所，提高农村居民的整体教育水平和健康状况。在这一过程中，南非通过提高人力资本的方法来打破贫困的代际传递，这不仅是在解决当前的贫困问题，更是在为长远的社会经济发展打下坚实的基础。

尽管南非政府在减贫方面作出了种种努力，并取得一定成效，但依然有着不少挑战需要应对。如资源分配不均和政策执行层面的不足仍旧存在，这些问题在很大程度上制约着减贫战略的进一步推广与深化。而城市化进程加速了土地资源的流失，城乡差距问题在新形势下变得更加突出。因此，农业扶贫和乡村发展不仅要关注收入的直接增长，还需要关注如何构建可持续性的发展模式，保障城乡居民的平等权益，以及如何在保护环境的前提下充分利用资源。①

第三节　脱贫攻坚与乡村振兴的多重关系

乡村振兴与脱贫攻坚是内在统一的，乡村振兴的前提是摆脱贫困，打好脱贫攻坚战本身就是乡村振兴的重要内容，② 两者是中国现代化进程中相互联系、相互衔接、辩证统一的两大战略。把握两者的内在逻辑需要立足于两大战略的奋斗目标、价值追求、实践形式的分析，从趋势、目标、动力、政策等层面厘清其多重关系，从而把握这两大战略的历史特点和时段特征。③

一　脱贫攻坚与乡村振兴相衔接的必然性与现实性

实现中国的社会主义现代化，必须完成脱贫攻坚与乡村振兴的两大战

---

① 孙咏梅：《基于多维视角的我国农村地区减贫成效评价及减贫路径探索》，《社会科学辑刊》2018 年第 4 期。

② 韩俊：《强化乡村振兴的制度性供给》，《北京日报》2018 年 3 月 12 日。

③ 张琦：《稳步推进脱贫攻坚与乡村振兴有效衔接》，《人民论坛》2019 年第 S1 期。

略任务，演进趋势体现在战略目标相连、战略任务接续推进，成为中国农业农村现代化的内在要求。脱贫攻坚是解决区域贫困的基础工作，而乡村振兴则是在此基础上的必然拓展。在脱贫攻坚完成后，为防止贫困反弹、实现乡村稳定与长远发展，乡村振兴战略的提出不仅是现实需要，也是战略选择。

（一）脱贫攻坚与乡村振兴相衔接是实现"两个一百年"奋斗目标顺利过渡的必然要求

脱贫攻坚与乡村振兴两大战略任务统一于全面建成社会主义现代化强国、实现共同富裕的目标之中。脱贫攻坚瞄准农村贫困人口的"两不愁三保障"，着力改善贫困地区、贫困家庭的生产生活条件，满足贫困人口基本需求，并为贫困人口脱贫致富消除障碍。乡村振兴瞄准全体农民群众的生活富裕，在脱贫攻坚的基础上，发展乡村现代产业，推动乡村治理现代化，促进城乡融合，最终实现共同富裕。

通过脱贫攻坚解决绝对贫困问题，是实现第一个百年奋斗目标的底线任务，通过全面推进乡村振兴实现农业农村现代化，是实现第二个百年奋斗目标的战略举措，推进脱贫攻坚与乡村振兴相衔接则是"两个一百年"奋斗目标交汇过渡期的重要任务，是实现包括脱贫群众在内的广大人民共同过上更加美好生活的重要保障，是在全面建成小康社会基础上，顺利推进全面建设现代国家新征程的必然要求。

（二）脱贫攻坚与乡村振兴相衔接是巩固拓展脱贫攻坚成果、构建解决相对贫困问题长效机制的迫切需要

脱贫攻坚解决了绝对贫困问题，但并不是反贫困的终结，解决相对贫困问题将是一项长期的任务。特别是相对贫困不仅仅是收入层面的贫困，还包括享受权益、发展机会等方面的不平等，这是贫困治理的新挑战。

从解决绝对贫困转向解决相对贫困，是建设社会主义现代化国家的必然要求，实际上就是从脱贫攻坚转向全面推进乡村振兴，其中巩固拓展脱贫攻坚成果是基础，构建解决相对贫困问题长效机制是题中应有之义。推进脱贫攻坚与乡村振兴相衔接，既是巩固拓展脱贫攻坚成果、确保脱贫群众彻底稳定摆脱绝对贫困的需要，也是构建解决相对贫困问题长效机制的迫切需要。

（三）脱贫攻坚与乡村振兴相衔接是解决突出短板与难题、促进农业农村高质量发展的现实选择

习近平总书记指出："全面建设社会主义现代化国家，实现中华民族伟大复兴，最艰巨最繁重的任务依然在农村，最广泛最深厚的基础依然在农村。"① 脱贫攻坚取得胜利后，城乡发展不平衡、农业农村发展不充分的矛盾仍然存在，农业农村仍然是现代化中的短板，要实现农业高质高效、乡村宜居宜业、农民富裕富足仍然面临着诸多难题。

进入新发展阶段，高质量发展成为主题。中国经济发展正面临需求收缩、供给冲击、预期转弱三重压力，外部环境复杂严峻。经济形势越复杂，越要稳住"三农"这个基本盘，越是需要通过补短板来促进区域协调发展。农业农村高质量发展是应对各种风险挑战的重要基础，是构建以国内大循环为主体、国内国际双循环相互促进的新发展格局的重要力量。而推进农业农村高质量发展的基础则是逐步实现局部的脱贫攻坚向全面推进乡村振兴平稳过渡，激发乡村的消费潜力、投资潜力、发展潜力。

从这一意义来看，推进脱贫攻坚与乡村振兴有效衔接，是农业农村高质量发展的现实选择与有力支撑。

二　脱贫攻坚与乡村振兴相衔接的可能性与可行性

乡村振兴与脱贫攻坚的战略方向同向、战略任务共融，两者衔接具有理论上的可行性。实践可行性方面，乡村振兴可以借鉴脱贫攻坚的有效经验实现稳健推进，而解决相对贫困亦能够利用乡村振兴机遇谋求纵深发展。②

（一）脱贫攻坚的卓越成就为与乡村振兴相衔接奠定了坚实基础

党的十八大以来，党中央把脱贫攻坚作为全面建成小康社会的底线任务，创新扶贫机制，广泛汇集政府、社会、群众的力量，着力推动贫困地区发展，提升贫困群众收入水平，在全面建成小康社会收官之年，打赢了

---

① 《习近平在中央农村工作会议上强调　坚持把解决好"三农"问题作为全党工作重中之重　促进农业高质高效乡村宜居宜业农民富裕富足》，《人民日报》2020年12月30日。

② 豆书龙、叶敬忠：《乡村振兴与脱贫攻坚的有机衔接及其机制构建》，《改革》2019年第1期。

脱贫攻坚战。其中覆盖广泛的扶贫项目、有效社会动员方式、利益协调机制，将转化为乡村振兴治理能力的重要组成部分，成为推进乡村振兴的宝贵资产。

习近平总书记在全国脱贫攻坚总结表彰大会上对脱贫攻坚取得的成就分五个方面进行了系统全面的总结，从中可以看出，脱贫攻坚的成就不仅在于实现了全部贫困人口的"两不愁三保障"，而且在于脱贫地区的发展取得了长足进步，乡村的路、水、电、信等基础设施全面改善，农村教育、医疗、社会保障等公共服务水平全面提升，基层治理能力明显增强，脱贫群众的精神风貌焕然一新。

显然，脱贫攻坚缩小了居民的收入差距、地区经济社会发展差距、城乡基础设施与公共服务差距，使得脱贫县与非贫困县、脱贫乡村与非贫困乡村的发展逐步走向协调发展，使得脱贫群众的后续发展有了坚实的支撑，这为脱贫攻坚与乡村振兴衔接奠定了坚实的基础。

（二）脱贫攻坚的有效经验为与乡村振兴相衔接提供了有益借鉴

中国这样的人口大国开展史无前例的脱贫攻坚，并无现成的经验可以遵循，发挥社会主义制度集中力量办大事的优势，把握减贫规律，边探索边创新，形成了一整套行之有效的政策体系、工作体系、制度体系，走出了一条中国特色减贫道路，形成了以"七个坚持"为主要内容的中国特色反贫困理论："坚持党的领导，坚持以人民为中心的发展思想，坚持发挥我国社会主义制度能够集中力量办大事的政治优势，坚持精准扶贫方略，坚持调动广大贫困群众积极性、主动性、创造性，坚持弘扬和衷共济、团结互助美德，坚持求真务实、较真碰硬。"[①]

这"七个坚持"也是中国在脱贫攻坚的壮阔实践中积累的宝贵经验，最根本的就是发挥了党的领导政治优势和社会主义制度优势，提供了各级党委总揽全局、协调各方的省、市、县、乡、村五级书记抓扶贫的坚强政治保证，建立了"中央统筹、省负总责、市县抓落实"的扶贫体制机制，凝聚了全社会各方力量，激发了乡村内生动力。脱贫攻坚以乡村为主战场，是乡村振兴的先决条件，与乡村振兴一脉相承，脱贫攻坚的成功经验

---

① 习近平：《在全国脱贫攻坚总结表彰大会上的讲话》，《光明日报》2021年2月26日，第2版。

来自乡村实践，经受了乡村实践的检验，无疑是巩固拓展脱贫攻坚成果、接续推进乡村振兴的有益借鉴，为脱贫攻坚与乡村振兴相衔接提供了有力保障。

（三）推进巩固拓展脱贫攻坚成果与乡村振兴相衔接具有明确的战略目标

贫困具有动态性，贫困的成因复杂多变，集中时间、集中资源打赢脱贫攻坚战后，并不意味着贫困不再出现。为此，习近平总书记在 2020 年中央农村工作会议上强调，"要坚决守住脱贫攻坚成果，做好巩固拓展脱贫攻坚成果同乡村振兴有效衔接，工作不留空当，政策不留空白"。①《中共中央国务院关于实现巩固拓展脱贫攻坚成果同乡村振兴有效衔接的意见》明确，在脱贫攻坚目标任务完成后，设立五年过渡期。并提出了到 2025 年和到 2035 年两个阶段有效衔接的目标，这为巩固拓展脱贫攻坚成果与乡村振兴相衔接指明了方向。②

巩固拓展脱贫攻坚成果与乡村振兴相衔接的目标可以理解为两个方面：一方面是确保脱贫质量，实现巩固拓展脱贫攻坚成果与乡村振兴的衔接，即维护提升脱贫攻坚的成就，确保 9899 万农村脱贫人口不返贫，832 个脱贫县、12.8 万个脱贫村经济社会发展有后劲，顺利实现向全面推进乡村振兴的过渡与转型。另一方面是确保相对贫困得到有效治理，实现乡村振兴与拓展脱贫攻坚成果互动融合，即在全面推进乡村振兴中实现农村低收入人口生活水平不断提高，城乡差距不断缩小，推动乡村振兴取得重大进展。

（四）巩固拓展脱贫攻坚成果与乡村振兴相衔接具有明确的实现路径

习近平总书记在全国脱贫攻坚总结表彰大会上，总结脱贫攻坚经验和阐述全面实施乡村振兴战略时都提到了政策体系、工作体系、制度体系。③巩固拓展脱贫攻坚成果与乡村振兴相衔接就是要实现两者在政策体系、工作体系、制度体系上的有效衔接，这无疑是衔接的基本路径。

---

① 《习近平在中央农村工作会议上强调　坚持把解决好"三农"问题作为全党工作重中之重　促进农业高质高效乡村宜居宜业农民富裕富足》，《人民日报》2020 年 12 月 30 日。

② 《中共中央　国务院关于实现巩固拓展脱贫攻坚成果同乡村振兴有效衔接的意见》，《人民日报》2021 年 3 月 23 日。

③ 习近平：《在全国脱贫攻坚总结表彰大会上的讲话》，《光明日报》2021 年 2 月 26 日，第 2 版。

推进政策体系相衔接。政策体系的衔接就是要实现财政、金融、土地、人才等政策上的衔接，在过渡期总体稳定的基础上，经分类优化调整，逐步将其纳入全面推进乡村振兴的政策框架之中。

推进工作体系相衔接。工作体系的衔接就是要推动规划、建设、组织、工作力量的衔接，在脱贫地区的乡村产业发展、基础设施建设、公共服务供给上持续发力，做好防止返贫、推动脱贫地区整体发展、农村低收入人口常态化帮扶等工作。

推进制度体系相衔接。制度体系的衔接就是要推动领导体制、组织管理体制、责任体系、考核体系等的衔接，核心是构建五级书记抓有效衔接的组织体系，健全中央统筹、省负总责、市县乡抓落实的管理机制，为巩固拓展脱贫攻坚成果与乡村振兴相衔接提供制度保障。

三 巩固拓展脱贫攻坚成果与乡村振兴相衔接的阶段性与长期性

脱贫攻坚的任务时限通常设定为阶段性的目标，集中时间集中力量解决区域性整体贫困与贫困人口绝对贫困问题。而乡村振兴是致力于实现农业农村现代化，确保全面建成社会主义现代化强国，实现共同富裕的长远目标。两者的指向不同，决定了其实施时间、施策方式的不同，决定了脱贫攻坚具有阶段性，而乡村振兴具有长期性。

基于脱贫攻坚与乡村振兴的目标具有统一性，两者的动力源泉也具有一致性，即都是走中国特色社会主义道路的本质要求，是中国共产党以人民为中心思想的具体体现，是人民群众对美好生活的不懈追求。但在动力的释放形式上具有不同的特征，脱贫攻坚作为全面建成小康社会的底线任务，要求在短期内解决绝对贫困问题，必然需要超常规的举措，必然要发挥政府的优势，通过强大的行政力量集中资源投入，其优点是可以快速提升贫困地区的发展水平，其缺点是缺乏可持续性。

乡村振兴则是一项长期的全局性的战略任务，需要形成可持续的乡村内生动力，这更多地需要发挥市场的推动作用。推动巩固拓展脱贫攻坚成果与乡村振兴相衔接，就是要实现行政推动与市场推动的有机衔接，即推动行政配置资源与市场配置资源相衔接，逐步实现从脱贫攻坚的阶段性向乡村振兴的长期性转变。

在行政力量主导的脱贫攻坚中，各级政府组织动员各方面力量以"输血式"支持为主要方式，推动脱贫攻坚取得了显著成效。但也面临着不少亟须解决的问题，尤其是脱贫地区基础设施和公共服务还有不少欠账，区域经济活力不足，部分脱贫群众"三保障"尚不稳固，内生动力未得到有效激发，稳定脱贫机制尚未形成。在推动巩固拓展脱贫攻坚成果与乡村振兴相衔接中，政府作为公共资源配置的主导者与政策的制定者，仍然需要发挥重要作用。从短期来看，需要保持政策的延续性。从长期来看，需要增强政策的有效性，将脱贫地区与脱贫群众"扶上马，送一程"。

对教育、医疗、住房、饮水、社会保障等涉及民生领域、实践证明行之有效的扶贫政策，要作为常量政策实行下去，确保巩固脱贫成果。对于乡村基础设施建设、农村人居环境治理、生态建设保护等方面的支持政策，要随着经济社会发展水平的提高而优化，加大政策的执行力度，及时满足贫困地区人民群众的需要。对产业扶贫以及涉及基础性工作的扶贫政策，要作为变量政策，根据形势的变化进行适时调整，增强政策的针对性、科学性。[1]

推进巩固拓展脱贫攻坚成果与乡村振兴相衔接，逐步构建起解决相对贫困的长效机制，必然要求形成乡村振兴的"造血"机制，增强脱贫地区经济发展活力与群众发展的内生动力，这有赖于发挥市场配置资源的决定性作用。主要是在创新发展活力上，由产业扶贫向产业兴旺推进；在破解增收压力上，由单一种养向创业就业推进；在提升主体能力上，由依靠帮扶向自我发展推进；在激活内生动力上，由阶段性攻坚向可持续发展推进；充分发挥好市场机制的"造血"功能，使区域要素在市场经济中得到激活，让区域经济发展顺应市场规律。[2]

而要发挥好市场的作用，则需要处理好政府与市场的关系。一方面，政府要在具体的生产和经营行为中退出，减少对乡村产业发展、农户生产经营的直接干预，转向支持适应市场需求的特色产业。另一方面，政府需

---

[1]　陈文胜：《脱贫攻坚与乡村振兴有效衔接的实现途径》，《贵州社会科学》2020年第1期。

[2]　陈文胜：《脱贫攻坚与乡村振兴有效衔接的实现途径》，《贵州社会科学》2020年第1期。

要在构建统一、开放、有序竞争的市场体系中发挥作用，推进乡村经济发展相关的产权、要素市场化改革，以市场机制引导资源要素向乡村产业、基础设施建设、社会事业发展流动，完善相关制度，以此形成从行政推动为主逐步走向政府引导下市场驱动为主的脱贫地区良性发展机制。

四　巩固拓展脱贫攻坚成果与乡村振兴相衔接的特惠性与普惠性

脱贫攻坚旨在通过对贫困地区的特定支持和对贫困人口的特殊帮扶，帮助贫困人口摆脱绝对贫困，脱贫攻坚政策具有明显福利保障的阶段性与特惠性。乡村振兴则是以农业农村现代化为目标，着眼于农业强、农村美、农民富的发展全局，必然要兼顾不同群体和区域，政策取向则更加重视可持续发展的长期性与普惠性。推进巩固拓展脱贫攻坚成果与乡村振兴衔接，就是要实现由脱贫攻坚的特惠性政策向乡村振兴的普惠性政策平稳过渡、顺利转型，并逐步由城乡二元向城乡融合发展的一体化推进。如何处理好巩固拓展脱贫攻坚成果的特惠性与兼顾不同群体利益诉求的普惠性关系，无疑是一个十分现实的挑战。

完成脱贫攻坚任务并不意味着一劳永逸，需要以稳定特惠性帮扶政策守住不发生规模性返贫的底线。要清醒地认识到贫困的反复性和脱贫群众的差异性，现实中仍然还有一些发展基础较脆弱的脱贫户和边缘户具有返贫致贫风险，一些原深度贫困县经济社会发展基础较薄弱，容易出现返贫致贫现象。为此，中央设立五年过渡期，明确"过渡期内保持现有主要帮扶政策总体稳定"，做到摘帽不摘责任、摘帽不摘政策、摘帽不摘帮扶、摘帽不摘监管，① 对脱贫县、脱贫村、脱贫人口扶上马送一程，确保脱贫群众不返贫。

贯彻这一精神，一方面，以建立防止返贫动态监测机制为基础，以有返贫风险的脱贫群众为对象，开展精准帮扶，继续实施产业帮扶、就业帮扶、消费帮扶、健康帮扶、教育帮扶、住房安全保障、饮水安全保障、兜底保障等针对性特惠政策，巩固拓展"两不愁三保障"成果。另一方面，

---

① 《中共中央　国务院关于实现巩固拓展脱贫攻坚成果同乡村振兴有效衔接的意见》，《人民日报》2021 年 3 月 23 日。

对农村低收入人口建立常态化帮扶机制，以分层分类社会救助为手段，对基本生活出现困难的群众实施针对性的医疗、教育、住房、就业等帮助措施，确保不出现新的致贫现象。同时，对发展基础较薄弱的脱贫村、脱贫县继续实施针对性帮扶和倾斜性支持政策，在人、财、物上予以特惠性支持，以支持其提升整体发展水平。

将特惠性扶贫政策逐渐转变为普惠性的民生政策，促进集中资源支持脱贫攻坚向全面推进乡村振兴平稳过渡。推进脱贫攻坚与乡村振兴相衔接，应当将单纯针对贫困户的扶持政策，由短期的制度设计逐步向长期对乡村低收入群体的常态化扶持政策的制度安排转变①，形成全面推进乡村振兴的整体性政策保障体系。曾经的脱贫攻坚特惠政策不断加大对农村基础设施与基本公共服务、基本社会保障的财政投入，推动脱贫地区的生产生活条件发生了天翻地覆的变化，而不少非贫困农村却存在基础设施、就医、就学、养老、饮水等薄弱环节。

进入全面推进乡村振兴的新发展阶段，推进巩固拓展脱贫攻坚成果与乡村振兴有效衔接，就必然要逐步加大普惠性政策的供给力度，使基本性的政策全面覆盖，既是广大农民对全面推进乡村振兴的期待，也是为乡村全面补短板、强弱项、促发展提供支撑的客观要求。一方面，从公共资源供给的角度来看，需要不断完善对农村公共基础设施、基本公共服务、基本社会保障的普惠性财政投入政策，有效推进乡村建设行动，全面改善乡村生产生活条件，提升普惠性民生保障水平。另一方面，从促进乡村充分发展的角度来看，需要积极谋划促进城乡要素平等交换、双向流动的政策，引导更多的优质要素向乡村流动，加强对县域经济发展的政策支持，促进脱贫地区自我"造血"，提升对农业农村发展的带动能力，为拓展脱贫攻坚成果、全面转向乡村振兴提供有力支撑。

总之，推进巩固拓展脱贫攻坚成果与乡村振兴相衔接，实质上就是要逐步将减贫战略纳入全面实施乡村振兴战略中去。在这一过程中，在政策层面需要考虑如何处理好特惠与普惠的关系，把脱贫攻坚的特惠性、阶段

---

① 郭晓鸣、高杰：《脱贫攻坚与乡村振兴政策实施如何有效衔接》，《光明日报》2019 年 9 月 16 日第 16 版。

性、攻坚性政策体系与乡村振兴的普惠性、长期性、常规性政策体系相衔接，[①] 把握好脱贫群众与非脱贫群众的关系，守住不发生规模性返贫的底线与促进乡村建设发展的关系，过渡期内政策与过渡期后政策的关系。

显然，从时间上看，特惠性政策主要在过渡期内，普惠性政策则贯穿整个衔接的过程，且有一个逐步加强的过程。从供给方式来看，应坚持精准施策的原则，将特惠性政策锚定在确需帮扶的群体与区域上，以确保有限财力用在"刀刃"上，并在过渡期通过分类优化调整和逐步转型，实现与普惠性政策的衔接和平稳过渡，从而为脱贫攻坚向乡村振兴的顺利转型提供有力保障。

第四节 脱贫攻坚向乡村振兴的战略演进

中国脱贫攻坚与乡村振兴的实践既具有发展中人口大国的特殊性，也具有发展中国家、人口大国和人类社会乡村变迁与农业农村现代化发展规律的一般性。从脱贫攻坚到乡村振兴的战略演进，是从脱贫攻坚到相对贫困治理，这就要求战略与制度的适应性创新。[②] 实践层面则需要从长期目标和短期目标的关系维度更加注重可持续性，遵循乡村发展规律的综合性、整体性、渐进性和持久性特点，把握演进方向、目标、行动策略。

一 从脱贫攻坚向乡村振兴演进的必然趋势

随着贫困问题的阶段性解决，中国乡村发展处在转型升级的关键节点。习近平总书记指出："从中华民族伟大复兴战略全局看，民族要复兴，乡村必振兴。"[③] 脱贫攻坚作为全面建成小康社会的标志性工程，历史性地解决了困扰中华民族几千年的绝对贫困问题。但传统农业的弱势地位和农村的发展滞后格局急需根本性的改变，而脱贫攻坚的制度设计与目

---

① 陈文胜：《把解决相对贫困纳入乡村振兴战略》，《经济日报》2020 年 11 月 11 日第 9 版。
② 陆汉文、杨永伟：《从脱贫攻坚到相对贫困治理：变化与创新》，《新疆师范大学学报》（哲学社会科学版）2020 年第 5 期。
③ 《习近平在中央农村工作会议上强调 坚持把解决好"三农"问题作为全党工作重中之重 促进农业高质高效乡村宜居宜业农民富裕富足》，《人民日报》2020 年 12 月 30 日。

标具有明显的阶段性特征，作为乡村振兴的前期任务，在既定目标任务完成后，必然要向乡村振兴转型，这是两大战略互动的题中应有之义。

（一）从脱贫攻坚到乡村振兴战略演进是实现共同富裕的必由之路

习近平总书记强调，"共同富裕是社会主义的本质要求，是中国式现代化的重要特征"。① 共同富裕是消除两极分化和贫穷基础上的普遍富裕。中国仍然处于社会主义初级阶段，实现共同富裕还有一个长期的过程，需要久久为功、分阶段推进。打赢脱贫攻坚战是实现共同富裕不可缺少的阶段，它解决了区域整体性贫困问题和绝对贫困群众的基本生存问题，为共同富裕奠定了良好的基础。但脱贫攻坚战只是全面建成小康社会中局部的、短期战略，只是缩小了贫困区域与全国乡村平均发展水平的差距、贫困群众与全国农民平均生活水平的差距，无法从根本上解决农民农村尚不富裕的问题，促进共同富裕，最艰巨最繁重的任务仍然在农村。

这就要求采取更为主动、系统的战略，实现政策接力的无缝衔接，全面巩固脱贫攻坚取得的成果，以避免受制于短期内部和外部风险因素而导致的成果逆转。因此，实施乡村振兴战略，以"产业兴旺、生态宜居、乡风文明、治理有效、生活富裕"为总要求，以消除贫困为基础，以实现农业农村现代化为目标，追求农民农村的共同富裕是其题中应有之义，只有在巩固拓展脱贫攻坚成果的基础上，着力推进乡村产业振兴、人才振兴、生态振兴、文化振兴、组织振兴，实现农业农村的全局性振兴，才能使城乡区域、居民间的发展差距得到合理控制，扎实有效地迈出农民农村共同富裕的步伐。在实现共同富裕的道路上，从脱贫攻坚到乡村振兴的战略演进是两大战略目标任务的差异性所决定的，是必然的趋势。

（二）从脱贫攻坚到乡村振兴战略演进是解决好"三农"问题的根本途径

习近平总书记指出："历史和现实都告诉我们，农为邦本，本固邦宁。我们要坚持用大历史观来看待农业、农村、农民问题，只有深刻理解了'三农'问题，才能更好地理解我们这个党、这个国家、这个民族。"② 中

---

① 习近平：《扎实推动共同富裕》，《求是》2021年第20期。
② 《习近平在中央农村工作会议上强调　坚持把解决好"三农"问题作为全党工作重中之重　促进农业高质高效乡村宜居宜业农民富裕富足》，《人民日报》2020年12月30日。

国"三农"问题的产生既具有历史的原因，也具有现实的必然性，是中国作为人口大国、农业大国在现代化过程中不可避免的问题。

作为一个农业大国，如果不解决好"三农"问题，国家现代化就无法实现。脱贫攻坚在本质上是改善农村内部发展不平衡的问题，虽然为解决好"三农"问题提供了有力支撑，但远远无法达到治本的效果。解决好"三农"问题，需要从"三农"问题产生的根源，即城乡二元结构上入手。实施乡村振兴战略，要求建立健全城乡融合发展体制机制与政策体系，着力构建新型工农城乡关系，"使农村不再附属于城市，农业也不再从属于工业，为解决'三农'问题创造了基本的制度背景"①。因此，由脱贫攻坚向全面推进乡村振兴的演进，是国家整体现代化的必然选择，是解决好"三农"问题的根本途径。

（三）从脱贫攻坚到乡村振兴战略演进是满足人民对美好生活向往的内在要求

中国共产党始终把人民对美好生活的向往作为奋斗目标。改革开放以来，中国坚持在发展中改善民生，着力提高人民生活水平，不断增进人民福祉，尤其是党的十八大以来，中国全面深化改革，推进脱贫攻坚，不仅历史性地解决了绝对贫困问题，也推动乡村基础设施显著改善、公共服务向城乡均等化迈进、社会保障向全民覆盖。进入新发展阶段，解决人民日益增长的美好生活需要和不平衡不充分的发展之间的矛盾成为发展的核心任务。

时代在前进，人民对美好生活的要求也在不断提高。要满足人民日益增长的美好生活需要，就是要实现民生福祉不断达到新的水平。一方面，美好生活离不开农业农村的基础支撑，无论是人民生活质量的提升，还是食物消费的升级，都离不开乡村提供优质产品、文化传承、生态涵养等支撑，美好生活需要农业强、农村美来保障，这需要通过乡村振兴来实现。

另一方面，美好生活是全体人民的美好生活，只有通过实施乡村振兴战略，不断提升农民的获得感、幸福感、安全感，才能保障农民享有美好

① 张海鹏、郜亮亮、闫坤：《乡村振兴战略思想的理论渊源、主要创新和实现路径》，《中国农村经济》2018 年第 11 期。

生活。显然，如果说脱贫攻坚是让贫困群众离美好生活更近一些，乡村振兴则是满足全体人民对美好生活向往的战略支撑，推动脱贫攻坚向乡村振兴战略演进是中国共产党宗旨所决定的，是人民的期盼，是时代发展的必然趋势。

二　演进的条件、时序与阶段性要求

从脱贫攻坚到乡村振兴演进，实质上是相互关联的一个战略向另一个战略转型。不仅要求明确政策的连续性和路径的一致性，还需注重策略的时序性和条件的适应性。在推进脱贫攻坚战略中积累的经验与机制需要被系统评估，保障在乡村振兴阶段发挥更大的效力。

（一）从脱贫攻坚向乡村振兴演进的条件

首先是党的领导进一步加强。"办好农村的事，实现乡村振兴，关键在党。"[1] 历史与实践一再证明，中国共产党是团结带领人民攻坚克难、开拓前进最可靠的领导力量，党领导下五级书记抓扶贫、全党动员促攻坚，为打赢脱贫攻坚提供了坚强的政治保障。乡村振兴的深度广度难度都不亚于脱贫攻坚，需要动员和凝聚全社会的力量，这仍然需要坚持并加强党的领导。为此，党中央已经作出五级书记抓乡村振兴的部署，这将为从脱贫攻坚到乡村振兴演进提供坚强的政治与组织保证。

其次是脱贫攻坚成果得到巩固。脱贫攻坚是乡村振兴的前期任务，若脱贫攻坚成果得不到巩固，则绝对贫困问题还会反复，乡村振兴就缺乏基础，因此，巩固拓展脱贫攻坚成果是从脱贫攻坚到乡村振兴演进的前提。

最后是基本制度框架得到确立。乡村振兴是一项复杂的系统工程，需要统筹谋划，做好顶层设计、构建制度框架是扎实推进乡村振兴的基础与保障，为此，党中央在提出乡村振兴战略后就推动一系列的制度设计，而打赢脱贫攻坚战的精准扶贫方略与相关的政策安排又为乡村振兴提供了有益的制度借鉴，在推进脱贫攻坚与乡村振兴相衔接的过渡期，进一步推进政策的衔接、制度的完善，是从脱贫攻坚到乡村振兴战略演进的必要条件。

---

[1]　《中央农村工作会议在北京举行 习近平作重要讲话》，《人民日报》2017 年 12 月 30 日，第 1 版。

（二）　从脱贫攻坚向乡村振兴演进的时间序列

从脱贫攻坚到乡村振兴战略演进，实质上就是从脱贫攻坚向全面推进乡村振兴的转型，这也不是说需要转型就能够转型的，只有注重抓好"转"这个过程，才能形成"型"这个结果。从脱贫攻坚到乡村振兴战略演进的三个条件来看，必然要经过从过渡到衔接到转型的系列过程，按相应时序稳定推进。为实现巩固拓展脱贫攻坚成果同乡村振兴有效衔接，党中央已经作出了明确部署，脱贫攻坚目标任务完成后，设立 5 年过渡期，到 2025 年，脱贫攻坚成果巩固拓展，到 2035 年，乡村振兴取得重大进展。

从这一思路来理解，从脱贫攻坚到乡村振兴战略演进需要经历三个阶段：一是巩固拓展脱贫攻坚成果阶段，二是实现有效衔接阶段，三是实现全面转型阶段。尽管中央明确了 2025 年、2035 年两个时间节点的目标，但很显然，这三个阶段并没有严格的时间段区分，而是互为关联、相互交叉的过程。

（三）　从脱贫攻坚向乡村振兴演进的阶段性要求

在脱贫攻坚战略实现绝对贫困的消除后，乡村振兴战略则需解决相对贫困问题，将焦点转向农业强、农村美、农民富的乡村振兴全面性，即在巩固拓展脱贫攻坚成果阶段，乡村振兴同步全面推进，既确保不出现规模性返贫，又确保脱贫地区乡村建设发展取得新成效。在实现有效衔接阶段，脱贫攻坚成果继续拓展并实现与乡村振兴的衔接，脱贫区域全面推进乡村振兴取得重大突破，全国农业农村现代化取得重大进展。在实现全面转型阶段，脱贫区域与其他区域同步迈入农业强、农村美、农民富的轨道，推动农业农村现代化全面实现。

尽管从脱贫攻坚到乡村振兴战略演进的三个阶段在时间上既有交汇又有延伸，但不同阶段的指向与要求非常明确。在巩固拓展脱贫攻坚成果阶段，就是要通过帮扶政策的总体稳定与逐步优化调整，持续巩固拓展脱贫攻坚成果，防止出现返贫，并接续推进脱贫地区乡村振兴，逐步构建起农村低收入人口常态化帮扶机制，推动乡村产业发展质量提升、乡村建设取得新成效，实现整体层面的农业农村现代化取得重要进展。

在实现有效衔接阶段，就是要实现脱贫攻坚的政策在调整优化后完全并入乡村振兴战略，建立持续稳定的防止返贫长效机制，推动脱贫地区步入全面推进乡村振兴的轨道，推动城乡基础设施、公共服务与居民收入的差距显著缩小，在整体层面上基本实现农业农村现代化。

在实现全面转型的阶段，就是要推动形成工农互促、城乡互补、全面融合、共同繁荣的新型工农城乡关系，推动形成城乡、区域之间协调发展的良好局面，使相对贫困得到有效治理，全面实现乡村产业、人才、文化、生态和组织振兴，全面实现农业农村现代化。

三　演进的目标、总体要求与基本任务

巩固拓展脱贫攻坚成果进而接续全面推进乡村振兴，本质上是围绕破解城乡发展不平衡、乡村发展不充分的时代难题由量变向质变的演进，是质量变革、效率变革、动力变革推进农业农村不断向现代化转型。[①]

（一）从脱贫攻坚到乡村振兴战略演进的目标

脱贫攻坚向乡村振兴演进过程中，目标的设定与达成，不仅关系到脱贫攻坚成果的巩固，更承载着推进全面现代化的历史使命。党的十九大提出实施乡村振兴战略后，进一步提出"农业农村现代化是实施乡村振兴战略的总目标"，[②] 并在 2017 年召开的中央农村工作会议上明确了乡村振兴战略的目标，即到 2025 年，乡村振兴取得重要进展，制度框架和政策体系基本形成；到 2035 年，乡村振兴取得决定性进展，农业农村现代化基本实现；到 2050 年，乡村全面振兴，农业强、农村美、农民富全面实现。[③] 这一目标是按照新时代决胜全面建成小康社会、分两个阶段实现第二个百年奋斗目标的战略安排而作出的部署。此后，党中央的"三农"工作决策部署都是按照这一目标展开的。

从设定的乡村振兴战略目标可以看出，乡村振兴是与国家现代化建设同步推进的重大战略，实施乡村振兴战略不是一项短期的运动，而是需要

---

①　陈文胜、李珊珊：《论新发展阶段全面推进乡村振兴》，《贵州社会科学》2022 年第 1 期。

②　中共中央党史和文献研究院编《习近平关于"三农"工作论述摘编》，中央文献出版社，2019，第 194 页。

③　《中央农村工作会议在北京举行 习近平作重要讲话》，《人民日报》2017 年 12 月 30 日，第 1 版。

分阶段稳步推进、久久为功完成的一项长期战略。从当前来看，脱贫攻坚任务已经完成，第一个百年奋斗目标如期实现，中国进入全面建设社会主义现代化国家的新征程，从脱贫攻坚到乡村振兴战略演进的目标就是要遵循到 2035 年农业农村现代化基本实现、到 2050 年农业农村现代化全面实现的两个阶段目标。

这两个阶段的目标与实现巩固拓展脱贫攻坚成果同乡村振兴有效衔接的目标同样具有一致性，即在 2035 年基本实现农业农村现代化的过程中，需要经历一个由脱贫攻坚到乡村振兴演进的过程，这一过程既要巩固拓展脱贫攻坚成果，又要全面推进乡村振兴，这一过程也是乡村振兴战略目标的分解落实，是实现乡村振兴长期目标必经的过程。

（二）从脱贫攻坚到乡村振兴战略演进的总体要求

党的十九大报告提出实施乡村振兴战略的总要求是"产业兴旺、生态宜居、乡风文明、治理有效、生活富裕"，[1] 显然，这也是从脱贫攻坚到乡村振兴战略演进的总体方向。

乡村振兴以产业兴旺为重点，这是对提升乡村经济社会发展水平的物质基础的要求。从脱贫攻坚到乡村振兴战略演进就是要推动乡村产业由保基本向促兴旺演进，实现农业高质高效发展，使农业成为一个具有无限生机的美好产业。

乡村振兴以生态宜居为关键，这是建设生态美好家园、实现农民安居乐业的要求。从脱贫攻坚向乡村振兴战略演进就是要推动乡村建设由基础设施补短板向宜居宜业演进，通过乡村基础设施建设、生态建设保护、人居环境整治，让乡村"看得见山，望得见水，留得住乡愁"，实现人与自然和谐相处。

乡村振兴以乡风文明为保障，这是建设乡村精神文明、激发农民内生动力的要求。从脱贫攻坚到乡村振兴战略演进就是要推动乡村社会由精神引导向自我展现精神风貌演进，推动社会主义核心价值观在乡村落地生根，使文明乡风、良好家风、淳朴民风蔚然成风。

---

① 习近平：《决胜全面建成小康社会　夺取新时代中国特色社会主义伟大胜利——在中国共产党第十九次全国代表大会上的报告》，《人民日报》2017 年 10 月 28 日，第 1 版。

乡村振兴以治理有效为基础，这是促进乡村治理体系与治理能力现代化的要求。从脱贫攻坚向乡村振兴战略演进就是要推动乡村治理由民主管理向自治、法治、德治相结合转变，形成党委领导、政府负责、社会协同、公众参与、法治保障的现代治理体制。

乡村振兴以生活富裕为根本，这是促进农民农村共同富裕的要求。从脱贫攻坚向乡村振兴战略演进就是要推动农民生活由实现基本生活保障向全面共享各方面发展成果转变，让广大农民群众具有持续发展的能力，过上更加美好幸福的生活。

（三）　从脱贫攻坚到乡村振兴战略演进的主要任务

习近平在 2018 年 3 月参加十三届全国人大一次会议山东代表团审议时提出了乡村振兴"五个振兴"的任务要求①，即要推动实现乡村产业、人才、文化、生态、组织的振兴，这"五个振兴"与乡村振兴的总要求相对应，是实施乡村振兴战略的主要任务。从脱贫攻坚向乡村振兴战略演进，就是要推动从解决贫困群众"两不愁三保障"的主要任务，向"五位一体"全面推进"五个振兴"转变。

在产业振兴方面，就是要以推动扶贫产业可持续发展为基础，深入推进农业供给侧结构性改革，坚持以市场需求为导向，加快产业转型升级，以发展区域特色产业为引领，延长产业链，提升价值链，促进农村一二三产业融合发展。

在人才振兴方面，就是要推动从人才帮扶乡村为主，向培育乡村自身人才力量为主转变，加强本土人才培养，构建促进城乡人才资源合理流动的激励与引导机制，打造一支扎根乡村的懂农业、爱农村、爱农民的农村人才队伍。

在生态振兴方面，就是要推动乡村绿色发展，以规划为先导，全面优化乡村生产、生活、生态空间，推行绿色生产生活方式，推进城乡基础设施互联互通，推动农村人居环境不断提质。

在文化振兴方面，就是要健全乡村公共文化服务体系，加强农村思想道德建设，保护、传承、提升农村优秀传统文化，着力培养农村良好风

---

①　习近平：《论"三农"工作》，中央文献出版社，2022，第 268~270 页。

尚，丰富农民群众精神文化生活。

在组织振兴方面，就是要借鉴脱贫攻坚经验，完善以党建促乡村振兴的机制，着力完善村民自治制度，建立健全道德激励约束机制，建设法治乡村、平安乡村，不断增强乡村活力，确保乡村和谐有序。

四　演进的行动策略与支撑体系

从脱贫攻坚到乡村振兴战略演进是一个有序推进的过程，也是一个不断凝聚力量的过程，需要在行动策略上守好底线、抓住重点，持续推进，在支撑体系上加强组织引导、优化资源要素配置，有效保障。

（一）以守牢不返贫的底线为前提，建立相对贫困人口常态化帮扶机制

从脱贫攻坚到乡村振兴战略演进的基础是巩固拓展脱贫攻坚成果，既要在过渡期内保持对脱贫群众与脱贫地区的帮扶政策稳定，建立监测帮扶机制，又要通过对扶贫产业的改造提升，促进其可持续发展，为脱贫人口持续增收提供保障。

同时，根据经济社会发展情况，将已脱贫的绝对贫困人口的脆弱性，相对贫困所涉及的多层面问题的复杂性结合起来，研究制定科学的相对贫困标准，并据此建立农村相对贫困人口动态监测机制，制定分层分类帮扶措施。除帮助农村相对贫困群体提高发展能力外，重点是建立强有力的民生保障机制，推进城乡、区域教育资源均衡配置，提升农村医疗卫生服务水平，健全民生兜底保障机制，确保相对贫困人口有公平的发展机会、有生活保障、有阻断贫困代际传递的能力。

（二）以发展为第一要务，推进乡村产业高质量发展

从脱贫攻坚到乡村振兴战略演进的关键是要解决乡村发展不充分的问题，重点是构建现代农业产业体系、生产体系、经营体系，培育新产业新业态，打造各具特色的农业全产业链，大力发展农业社会化服务，不断提高农业组织化水平，推动小农经营对接大市场，实现小农户与现代农业的有机衔接。

以县域为单元，推进产业融合发展，大力发展县域带农能力强、就业容量大的产业，将对贫困地区的定向支持政策，转为以促进县域协调发展

为取向的欠发达县整体发展支持政策，建设特色产业聚集区、园区，促进三次产业融合发展，提升县域经济发展后劲，为农民就业增收提供有力支撑。

（三）以乡村建设为抓手，打造宜居宜业美丽乡村

从脱贫攻坚到乡村振兴战略演进需要进一步改善农业农村基础设施条件，让农村更加美好。要以规划为引领，完善县、乡、村相衔接的规划体系，充分发挥农民的主体作用编制好"多规合一"实用性村庄规划，确保乡村建设为农民而建。

分类推进乡村公共基础设施建设，以对薄弱地区的进一步补短板为基础，不断完善乡村路、水、电、气、通信、物流等基础设施，建立农业农村大数据体系，完善乡村综合服务设施，提升乡镇政务、经济、文化等综合服务能力。进一步改善农村人居环境，加强村庄风貌引导，提高农房建设质量，保护好传统村落与传统民居，因地制宜推进农村改厕、生活垃圾处理和污水治理，加强乡村生态建设保护，加强河湖水系综合整治，推进乡村生态振兴，建好农民宜居宜业的美丽家园。

（四）以乡村善治为方向，全面夯实乡村基层基础

从脱贫攻坚到乡村振兴战略演进，既要塑形，更要塑魂，要将乡村文化建设与治理体系建设结合起来，构建起自治、法治、德治相结合的乡村治理体系。要完善村党组织领导乡村治理的体制机制，建强基层党组织这个堡垒，发挥党员这支先锋队的示范带动作用。健全党组织领导下的村民自治机制，完善村民（代表）会议、村级议事协商、村级事务公开制度。

加强乡村基层文化产品供给和文化阵地建设，传承发展提升农村优秀传统文化，弘扬乡村传统美德与道德新风，培育淳朴民风和良好家风。着力建设法治乡村、平安乡村，加强农村法治宣传教育，强化农村法治人才培养，健全乡村矛盾纠纷调处化解机制，构建农村治安防控体系和安全生产、防灾减灾救灾等公共安全体系，不断提升乡村治理精细化、现代化水平。

（五）以完善体制机制为动力，健全乡村振兴的支撑体系

从脱贫攻坚到乡村振兴战略演进必须坚持发挥市场配置资源的决定性作用和更好地发挥政府的作用，健全组织体系，优化资源要素配置，广泛聚集各方面力量。一方面，要坚持农业农村优先发展方针，着力加大投入力度，构建财政、金融、社会、农民共同参与的资金投入体系，优先选配"三农"工作干部，大力培育乡村各方面本土人才，健全促进城市人才下乡服务乡村的激励机制，形成城乡人才流动的良性循环，进一步深化农村集体产权制度、宅基地制度、集体经营性建设用地制度改革，健全农村产权交易流转市场，确保农村产权有序流动、农村资源高效利用。

另一方面，要建立健全全面推进乡村振兴的责任体系，强化五级书记抓乡村振兴的责任，健全中央统筹、省负总责、市县乡抓落实的农村工作领导体制，完善考核制度、奖惩制度，为落实乡村振兴的各项任务、顺利实现乡村振兴的目标提供强有力的组织保障。

第三章　脱贫攻坚同乡村振兴有效衔接

随着全面小康社会的顺利建成，党的十九届五中全会将"实现巩固拓展脱贫攻坚成果同乡村振兴有效衔接"作为"全面推进乡村振兴"的重要内容进行部署，逐步实现由集中资源支持脱贫攻坚向全面推进乡村振兴平稳过渡。① 因此，脱贫之后需要建立一个长效稳定的机制来继续巩固提升脱贫攻坚的成果，而乡村振兴战略正是对于脱贫攻坚成果进行有效巩固的一个重要战略。② 其中巩固拓展脱贫攻坚成果是前提，脱贫攻坚与乡村振兴的目标路径衔接是关键，而核心是推进乡村全面振兴，从根本上巩固拓展脱贫攻坚成果。

第一节　脱贫攻坚与乡村振兴有效衔接的经验借鉴

世界进入近代以来，农业社会向工业社会的转变，使乡村遭遇了亘古未有之大变局。工业革命的发生，工商业劳动和农业劳动的分离，引起城乡的分离与对立，乡村逐渐落后于城市的发展速度，不少乡村沦为相对贫困地区。进入后工业时代，城市化深入发展，城市辐射乡村与反哺乡村，乡村对城市产生逆向辐射，城乡又逐渐走向融合和一体化。从全球范围而言，最先经历这种城乡对立到城乡融合的发展过程的是一些发达国家，如美国、德国、韩国、日本等；而正在为此努力的许多发展中国家，也在消

---

① 《中国共产党第十九届中央委员会第五次全体会议公报》，《人民日报》2020年10月30日，第1版。

② 左停：《脱贫攻坚与乡村振兴有效衔接的现实难题与应对策略》，《贵州社会科学》2020年第1期。

除乡村贫困、推动乡村发展方面，作出了许多卓有成效的探索，如俄罗斯、印度、巴西、南非等国。虽然这些国家和中国的体制有别、发展阶段有别、发展条件有别，但从发展的共性而言，认真考察这些国家在解决贫困与发展乡村问题上的主要做法、实践经验、基本成效等，可以为中国乡村由脱贫走向振兴提供一定程度的借鉴和启示。

一　欧美西方国家的做法及经验

欧美等国家在现代化发展过程中，经过一段时间的资源转移，城市实现高速发展，而乡村则日益面临环境污染、生态破坏、资源枯竭、交通落后、劳动力短缺等问题，反过来对于城市的支撑弱化，又制约着城市的进一步发展。为了突破发展的瓶颈，就内在要求乡村在更高程度上实现新的积累。也就是说，"乡村农业人口的分散和大城市工业人口的集中，仅仅适应于工农业发展水平还不够高的阶段，这种状态是一切进一步发展的障碍，这一点现在人们就已经深深地感觉到了。"① 为了解决乡村衰败的问题，欧美发达国家结合各自实际情况，采取了许多针对性的政策措施，取得了不少成功的经验，形成了既有共性又各具特色的乡村发展模式。

（一）世界上比较典型的是美国

美国乡村因为地理、人口和历史等因素，逐步形成以"大型家庭农场+小城镇建设"为主的乡村发展模式。在沿海地区高度城市化发展后，人口拥挤、环境恶化，导致许多中产和富裕阶层纷纷向郊区迁移，推动着小城镇的大量涌现和快速发展。在中西部地区，因为地广人稀、地势平坦，则是以大型农场为主，实行规模性经营，带动乡村经济发展。

美国推动乡村发展的主要做法是，建设联通城乡的交通运输体系。政府通过修建大量铁路、公路，以及开通五大湖区至东海岸的运河航路，从而构建了城乡一体化的交通运输网络，畅通了城乡各类生产要素的渠道，有效发挥了乡村土地和自然资源的优势。

注重立法保护生态环境。美国政府注重政策法规的约束力，颁布

① 《马克思恩格斯文集》（第一卷），人民出版社，2009，第308页。

《清洁水法案》《安全饮水法案》等法律遏制污染，制定《美国环保局公共参与政策》对农民环境保护进行基本指导①。

通过政府的大额补贴提升农产品竞争力。美国政府的农业补贴主要支持本土农业发展、刺激就业、提高农民收入，有效地推动了农业现代化进程。② 补贴向部分出口农产品的品种集中，向大规模的农业生产者集中；其中主要出口农产品为小麦、玉米、棉花等，集中了美国农业补贴的90%左右，而补贴数额与种植面积和产量挂钩，大规模生产就能获得更多的补贴。

以大量的财政投入提升农业产业化水平。包括支持农村教育与技能培训，通过提升人力资本，促进农村居民的就业能力与生活质量提升；支持农业龙头企业发展，大力推动农业机械化、企业化和服务社会化，以及以发达的农业科技服务助力农业产业化发展。③

（二）欧洲比较典型的是德国

欧洲国家则更加注重乡村可持续发展和环境保护，在欧洲共同农业政策（CAP）的框架下，强化生态农业和可持续发展，重视农业生产方式对环境的影响。政府通过农业环境补贴和绿色发展项目，促进了农业生产的环保转型，并通过改善农村基础设施，提高了农村的吸引力。④ 其中以德国为典型，主要以等值化理念为指导，推动村庄复兴取得不错的成效。所谓的等值化，就是指在充分利用好村庄原有的地方特色和独特优势基础上，通过土地整理、村庄重构等措施，促进农业生产效率与村民生活水平的提高，使乡村与城市的生活不同类却是等值的，使在乡村生活和以农民为职业成为一种自然选择。⑤

其具体做法是，强化村庄规划指导。德国出台《建筑法典》《联邦土

---

① 朱红根、宋成校：《乡村振兴的国际经验及其启示》，《世界农业》2020 年第 3 期。
② 冯丹萌：《国际视角下脱贫攻坚与乡村振兴相融合的探索》，《当代经济管理》2019 年第 9 期。
③ 中国农业银行三农政策与业务创新部课题组、李润平：《发达国家推动乡村发展的经验借鉴》，《宏观经济管理》2018 年第 9 期。
④ 王志刚、封启帆：《巩固贫困治理策略：从精准脱贫到乡村振兴》，《财经问题研究》2021 年第 10 期。
⑤ 中国农业银行三农政策与业务创新部课题组、李润平：《发达国家推动乡村发展的经验借鉴》，《宏观经济管理》2018 年第 9 期。

地整理法》《联邦国土规划法》等，以法律的形式对城乡土地规划作出具体规定，包括土地的利用类型、土地建设规划等，对绿地、景观用地、历史文化遗产保护用地、工业用地等土地功能进行严格划分。

注重乡村公共服务与基础设施建设。根据村庄发展规划，采取公私合营的方式，由地方政府负责主导开展房屋更新、道路更新、水电气设施建设、教育卫生公共服务机构建设等项目建设，一些项目由政府负责出资完成，一些私人负责推进的项目由政府给予一定资助。

通过土地整治提升农村产业收益率。大规模地推进农用地整理工作，鼓励和推动合并零星小块农用地，对农地土壤进行改良，推动农业规模化发展，注重通过发展农业科技、农业机械来提高土地利用率与农业生产率。

突出生态环境与文化遗产保护。特别注重农业生态环境的维护，倡导发展生态农业，通过土地整理有力地推动生态农场的发展。特别是注重乡村历史文化与小镇老街小巷的维护修复，形成各地独特的乡村历史文化风貌。

采用补贴、信贷等经济手段。通过农民出售转让土地就能获得奖金或贷款的政策，加快农业劳动力向非农产业转移；通过农地金融政策，使农民以抵押土地的方式而获得发展资金，[①] 从而推进农村土地结构和农民就业结构的不断优化。

欧美国家乡村发展的经验，对于中国巩固拓展脱贫攻坚成果与乡村振兴的重要启示在于：一要加强基础设施建设，不断改善农村居民生产生活环境；二要加强乡村具有针对性的法律制度建设，完善法律服务体系；三要对乡村土地资源进行合理规划，统筹农业用地的合理分布和规模；四要注意生态环境保护，不能走先污染后治理的老路子；五要推进产业融合，将特色农业产业与旅游、康养、体育等方面相结合，吸引城市人口到乡村消费；六要协调推进乡村历史文化保护与现代化建设，注重当地传统文化的现代化转换。

---

① 中国农业银行三农政策与业务创新部课题组、李润平：《发达国家推动乡村发展的经验借鉴》，《宏观经济管理》2018 年第 9 期。

二 日韩东亚国家的做法及经验

东亚国家在乡村发展方面同样具有许多成功的经验，比如日本的造村运动、韩国的新村运动等，都有力地推动乡村与城市缩小了发展差距。这些国家的乡村与欧美存在很大的不同，其地形地貌以丘陵山地为主，特点是人地矛盾突出、耕地资源短缺、实行小规模的精耕细作。因此，发展模式主要重视农业基础设施的完善与现代化，注重农产品的品牌建设以及市场的国际化。

（一）日本以"一村一品"为主要内容的造村运动

二战后，日本为了恢复国民经济，把城市、工业作为发展的重心，推动国家整体经济快速发展取得成效。但这种发展选择必然导致城乡不均衡发展，城市发展较快，而乡村陷入停滞，以致社会矛盾加剧，严重制约国民经济的进一步发展。为有效应对这一社会问题，日本相继在全国推行了3次新农村建设，在1955年推行了"新农村建设构想"，在1967年推行了"经济社会发展计划"中的"新农村建设"，在1979年推行了以"一村一品"为主要内容的"造村运动"[①]。

其具体做法是，按照"一村一品"的要求重点发展特色农业。日本根据各地条件建立起独具特色的农产品生产基地和品牌，推行第六次产业化策略，将农业生产、加工与销售结合，提高附加值，通过建设地理标志保护制度，加快农产品品牌国际化进程。

提高组织化水平，发挥农协的作用。不同层次、不同类别农协组织，提供农业发展所需金融、资金、信息等方面服务，使分散小农户与大市场实现有机联系。并以此为依托，加强农业各环节的统筹，打通生产、加工、流通、销售链条，促进产品销售交易。

加大政府对农业生产的补贴和投入，对农产品基地建设、农业生产、农产品加工流通等给予支持，并在关税、税收、融资等方面采取优惠政策。

---

① 万怀韬、蔡承智、朱四元：《中外农（乡）村建设模式研究评述》，《世界农业》2011年第4期。

注重培训农民，激发乡村可持续发展的动力。由政府负责在乡村无偿举办各类培训班，开办与农民学习培训特点相符合的补习中心，主要传授农业专业技术和文化知识，促进农民综合素质不断提高，为乡村经济的可持续发展提供保障。①

（二）韩国以"勤勉、自助、协同"为思想指导的新村运动

东亚国家如韩国等走上工业化的道路比欧美发达国家晚，基本上都是通过优先发展工业、城市以加速实现现代化，由此导致城乡两极分化、贫富悬殊，已经危及经济社会的可持续发展。为了解决乡村发展落后问题，韩国在20世纪70年代，正式在全国实行"勤勉、自助、协同"的新村运动，着力改善农村基础设施，提升农村居民的生活质量，并将文化、旅游与农业发展相结合，拓展农业多功能性，促进农村经济多样化发展。

其主要做法是，构建垂直的组织架构，通过自上而下的领导和部署，促进新村各项事业发展。针对农村基础设施破旧现状，以政府投入和村民自筹的方式成立新村建设基金。政府实行有针对性的分级支援，激发村庄参与和相互竞争。同时注意引导村庄自主讨论，解决公共设施占地、资金和劳力等问题。积极兴建公共道路、地下水管道、乡村交通、河道桥梁，以此整顿农村生活环境，改善农村基础设施。②

转变农业生产方式，倡导种植新品种水稻，发展经济类作物，推行专业化农产品生产基地建设，促进村民的经济收入不断提升。为了优化乡村产业结构，政府大力实施"农户副业企业"计划、"新村工厂"计划以及"农村工业园区"计划，这成为增加农民收入的重要举措。

把培育发展互助合作型的农协作为突破口，强化对乡村的专业服务和生产指导，并提供销售和资金的相应支持。在各个乡镇和农村建立村民会馆，用于开展各类文化活动。持续开展教育活动，开办农业技术培训机构，让农民自己管理乡村和建设农村，不断提高农民思想文化水平。20世纪80年代以后，政府逐步从中退出，新村运动完全由民间主导，乡村

---

① 中国农业银行三农政策与业务创新部课题组、李润平：《发达国家推动乡村发展的经验借鉴》，《宏观经济管理》2018年第9期。

② 何山：《全球10个国家地区乡村振兴新模式案例》，《今日国土》2022年第12期。

焕发新的生机与活力。[1]

日韩等东亚国家乡村发展的经验，对于中国巩固拓展脱贫攻坚成果与乡村振兴的重要启示在于：一要注重因地制宜发展特色农业，打造特色农业产业链，生产高质量农产品，形成品牌效应；二要进一步挖掘内生动力，充分调动村民以及相关力量参与乡村建设的积极性、主动性、创造性；三要开展多元化教育培训，提升农民文化素质和现代化农业生产水平；四是探索典型的发展模式，形成可复制、可推广的经验；五要稳定农产品价格，适当加大政府对农业生产的补贴和投入。

三　新兴经济体的做法及经验

俄罗斯、印度、巴西、南非作为新兴经济体，虽然各国情况不一样，但都是处于城市化、现代化发展的关键时期，大量乡村资源要素不断向城市集中，导致乡村发展面临许多问题，城乡结构失衡的矛盾日益显现，且大多面临传统农业产能过剩以及农业生产率低下的共性问题。在此背景下，这些新兴经济体采取了多种多样的措施，取得了一些成效，提供了一些经验。

（一）通过土地改革，调整生产关系，解放生产力

如俄罗斯政府对集体土地和国有土地实行股份制改革，让集体和国有农场的普通职工持有农场的股份，并享受相应的利益。同时，出台土地自由流转的措施，使农业生产者的积极性得以激发，促进农业的现代化。印度政府通过废除中间人制度、租佃制度，并对土地持有规模明确上限，全面推行农村土地改革，极大地解放了乡村生产力、提高了生产效率。

巴西政府出台《土地法》，让农民分得地主的土地，重构了乡村生产关系，土地改革的成效显著。南非政府在 20 世纪 90 年代推行了一系列的农村土地改革，也同样促进了乡村经济社会的发展。[2]

（二）政府有效参与乡村发展，以政策支持或者法律为保障

新兴经济体都是后发国家，政府的作用比市场经济成熟的发达国家更

---

[1]　沈费伟、刘祖云：《发达国家乡村治理的典型模式与经验借鉴》，《农业经济问题》2016年第 9 期。

[2]　朱红根、宋成校：《乡村振兴的国际经验及其启示》，《世界农业》2020 年第 3 期。

加突出。各国政府只有通过法律法规、政策条例等方式，才能较好保障对乡村发展的持续支持与投入，不但使内外部环境得到不断改善，还为乡村发展奠定了良好的基础。

如俄罗斯政府发布《2013—2020农业发展和农产品商品市场发展规划》，为乡村企业、农业银行进行资金支持、财政补贴，推动了乡村快速发展，农民收入水平得以快速提高。巴西政府同样在农业信贷政策、农产品价格支持政策等方面以国家法律的形式为乡村发展提供制度保障，如《巴西联邦共和国宪法》（1988年颁布）与《城市法》（2001年颁布），明确规划了农民生活以及乡村发展，推进了乡村治理的现代化。①

（三）建立不同类型的合作社，提供技术、资金、人力与服务等方面的支持

新兴经济体的乡村原先普遍处于比较落后的状态，在技术、资金、人力与服务方面相对于发达国家更是极度匮乏。为了提高竞争力，新兴经济体的做法是通过成立农业合作社，为农户提供农业生产经营所需的各方面支持，在促进农业生产发展、提高农民的组织化程度的同时，使农民的收入与生活质量相应提升。

在实现农业产业化、供销一体化方面，巴西农业合作社就发挥了重要作用，为了与农业合作社相协调，因此成立了农场工人联合会、小农场主协会等社会组织，有力地推动了乡村经济转型与发展。印度以自愿加入、民主管理为原则，以政府财力支持其生产、加工、销售等方式，构建了世界上规模最大的农业合作社体系，并延伸到了工业合作社领域。②

新兴经济体乡村发展的经验，对于中国巩固拓展脱贫攻坚成果与乡村振兴的重要启示在于：一要加大制度改革力度，尤其是土地制度改革，进一步释放生产力，维护农民的基本利益；二要做好顶层设计，发挥后发优势，制定符合本国实际的乡村发展战略；三要发挥政府重要的推动作用，在财力、政策、人才等方面为乡村发展提供有力支持；四要借助合作社等生产经营主体，解决单个农户在土地、人力、资金等方面

---

① 朱红根、宋成校：《乡村振兴的国际经验及其启示》，《世界农业》2020年第3期。
② 朱红根、宋成校：《乡村振兴的国际经验及其启示》，《世界农业》2020年第3期。

的不足，强化国际市场竞争力；五要加强环境保护的监测机制，谨防工业转移给乡村生态环境带来不良后果；六要注意提前在农村布局 5G、智慧物流、人工智能等设施和产业，推动农业农村农民在信息化方面实现对发达国家的弯道超车。

四　国内发达地区浙江省的做法与经验

浙江省人均耕地面积 0.54 亩，仅为全国人均耕地面积的 36%。这样一个农业资源并不富足的省份，在中国改革开放进程中，不仅成为全国的经济强省，而且取得了反贫困与农业农村发展的巨大成就，为全国的脱贫攻坚与乡村振兴树立了榜样，积累了宝贵经验。

（一）坚持推进工业化，率先形成多种所有制经济共同发展格局

新中国成立之初，浙江省与全国各地一样，经济濒临崩溃边缘，农业产出低，农民普遍贫困。在改革开放前的三十年里，浙江工农业发展均取得了一定的成就，但经济社会发展波动起伏，农村贫困状况仍然突出。改革开放后，浙江利用沿海优势与较为活跃的市场优势，着力推进农村工业化，乡镇企业异军突起，工业经济迅速发展，大量农村剩余劳动力向非农产业转移，加上家庭联产承包责任制的全面推行，农民收入水平不断提高。随着社会主义市场经济体制改革的推进，浙江个体私营经济快速发展，国企改革有力推进，在全国率先形成了多种所有制经济共同发展的格局。

在农村则随着农产品市场调节机制的确立，农业劳动生产率不断提升，农业劳动力进一步向非农产业转移，农民收入快速增长。据国家统计局制定的农村小康标准，2001 年，浙江农村居民物质生活水平提前基本实现小康。在此期间，1998 年，浙江便摘掉了 8 个县的"贫困帽"，成为全国第一个消除贫困县的省份；2002 年又在全国率先消除贫困乡镇。2012 年，确立省级扶贫标准为 4600 元，比国家标准 2300 元高出一倍。

党的十八大以来，浙江践行习近平关于"三农"工作的重要思想，大力推进美丽乡村建设，全面深化农村改革，推动农村一二三产业融合，实施一系列专项扶贫计划。2020 年，浙江实现了人均可支配收入 8000 元以下农户全面清零，农业农村现代化各项指标居全国前列，农村常住居民

人均可支配收入达 31930 元，居全国各省份首位，浙江成为全国实施乡村振兴战略的典范。①

（二）坚持城乡区域统筹，促进资源要素与公共资源的优化配置

针对城乡融合发展，浙江省以数字化转型为切入点，利用互联网和大数据技术优化土地、劳动力、资本等生产要素配置，提高农业产业的全链条效率。启动"互联网+现代农业"项目，推动农产品在线交易、物流配送和信息服务的普及，这在一定程度上缓解了城乡发展不平衡、信息不对称的难题。农户通过参与电子商务，实现产品远销内外，不仅增加了收入，也助力当地农产品品牌建设和农业产业升级。② 同时通过非农产业吸纳农村剩余劳动力就业，实现了要素的优化配置，并对农村经济形成了带动。

而在经济快速发展中，浙江持续加强乡村基础设施建设，推进城乡公共服务同标同质，为改善农村生产生活条件提供了有力保障。同时，浙江大力推进区域扶贫开发，率先消除贫困县，实施"百乡扶贫攻坚计划""欠发达乡镇奔小康工程""千企结千村、消灭薄弱村工程"等，推动了贫困乡村发展，为区域协调发展与解决贫困问题奠定了坚实基础。

（三）坚持文化振兴和生态保护，推动绿水青山变金山银山

习近平总书记在浙江工作期间高度重视生态环境保护与农村人居环境建设，坚持绿水青山就是金山银山的理念，通过整合文化资源和生态资源，推动实施了"千村示范、万村整治"工程。③ 在这一进程中，坚持规

---

① 浙江省统计局：《"三农"发展新篇章 乡村振兴新征程——中国共产党成立 100 周年浙江经济社会发展系列报告》《奋力推进乡村全面振兴 打造现代版"富春山居图"——中国共产党成立 100 周年浙江经济社会发展系列报告》《决战决胜脱贫攻坚 共同富裕再立新功——中国共产党成立 100 周年浙江经济社会发展系列报告》，浙江省统计局网，2021 年 6 月 16 日发布。

② 刘升：《精准扶贫对乡村振兴的促进机制研究》，《河北北方学院学报》（社会科学版）2019 年第 4 期。

③ "千村示范、万村整治"工程，简称"千万工程"，是浙江"绿水青山就是金山银山"理念在基层农村的成功实践。2003 年 6 月，在时任浙江省委书记习近平同志的倡导和主持下，以农村生产、生活、生态的"三生"环境改善为重点，浙江在全省启动"千万工程"，目标是花 5 年时间，从全省 4 万个村庄中选择 1 万个左右的行政村进行全面整治，把其中 1000 个左右的中心村建成全面小康示范村，开启了以改善农村生态环境、提高农民生活质量为核心的村庄整治建设大行动。

划先行，一张蓝图绘到底，多年持续推进，全面改善了农村人居环境。在此基础上又实施"千村精品、万村景区"工程，发展乡村旅游和休闲农业，有效提升了乡村的文化吸引力和经济活力，促进了旅游相关产业的发展。不仅在农村一二三产业融合上取得了显著成就，为农民增收提供了有力支撑，也推动了乡村传统文化的复兴与传承，[①] 使浙江乡村成为全国美丽乡村的典范。

（四）坚持改革创新，激发内生动力

浙江在应对贫困与推进乡村振兴中，把有为政府与有效市场结合起来，大胆改革创新，不仅在农村土地制度、经营制度、产权制度改革上取得重要突破，在乡村治理上也推动形成了"枫桥经验""后陈经验""村民说事"等创新经验，较好地激发了乡村建设发展的内生动力。

（五）坚持助农增收，不断增强农村居民的获得感、幸福感

浙江注重不断拓展农民增收渠道，推动构建乡村产业链、利益链，并通过实施千万农民素质提升工程，增强农民就业创业增收能力，引导乡贤回乡支持家乡建设发展，同时实施消除集体经济薄弱村三年行动计划和"千企结千村、消灭薄弱村"专项行动，带动农民增收致富，在减贫方面，持续加大对低收入农户的帮困力度，完善农村社会保障体系，不断提高低保标准和最低工资标准，促进了低收入农民的增收致富。

可以说，浙江应对贫困与推进乡村振兴的行动举措，是新发展理念在推动乡村建设发展中的成功范例。浙江属于较早消除了绝对贫困的省份，其脱贫攻坚与推动乡村振兴的经验，实际上也是解决相对贫困的经验，是反贫困与乡村振兴互动的经验，为中国从整体上推进脱贫攻坚与乡村振兴有效衔接提供了有益参考。

第二节　脱贫攻坚与乡村振兴有效衔接的基本思路

为了做好两个战略的衔接，中共中央、国务院明确提出了推进脱贫

---

① 田毅鹏：《脱贫攻坚与乡村振兴有效衔接的社会基础》，《山东大学学报》（哲学社会科学版）2022 年第 1 期。

攻坚成果与乡村振兴有效衔接的基本思路，即要求脱贫攻坚目标任务完成后，做好过渡期内领导体制、工作体系、发展规划、政策举措、考核机制等有效衔接，从集中资源支持脱贫攻坚转向巩固拓展脱贫攻坚成果和全面推进乡村振兴。① 关键是如何提高产业发展的市场化程度，如何激发乡村振兴的内生动力，如何做好领导体制、发展规划、政策保障、重点举措、工作队伍和人才的有效衔接，② 以确保由脱贫攻坚向乡村振兴推进的稳定性和连续性。

一 发挥社会主义制度的优越性

社会主义的本质是解放生产力，发展生产力，消灭剥削，消除两极分化，最终达到共同富裕。③ 在脱贫攻坚的进程中，社会主义制度的优越性体现为汇聚全社会资源、集中力量办大事的能力，形成了大扶贫格局，为消除贫困奠定了坚实的基础④。因此，中国的制度优势，就是打赢脱贫攻坚战的坚强政治保障⑤。实施乡村振兴战略就必须延续并升华这种优势，集中优势力量推进农业农村现代化。可以认为，党的领导政治优势和社会主义制度的优越性，既是打赢脱贫攻坚战最根本的原因和根本保证，也是实施乡村振兴战略的根本保证。

发挥社会主义制度优越性、实施乡村振兴战略，是一项系统工程。首先要强化"中央统筹、省负总责、市县乡抓落实"的省、市、县、乡、村五级书记负责制。⑥ 通过坚持党的领导、强化组织保证，从而全面发挥党委总揽全局、协调各方的作用，形成县委书记为"一线总指挥"，省、市、县、乡、村五级书记一起抓，上下贯通、一抓到底的战斗阵型，为脱贫攻坚与乡村振兴有效衔接提供坚强政治保证。

---

① 《中共中央 国务院关于实现巩固拓展脱贫攻坚成果同乡村振兴有效衔接的意见》，《人民日报》2021年3月23日。
② 陈晓华：《如何推进脱贫攻坚与乡村振兴衔接》，《中国乡村发现》2021年第2期。
③ 《邓小平文选》（第三卷），人民出版社，1993，第377页。
④ 林毅夫：《充分发挥我国制度优势 坚决打赢脱贫攻坚战》，《中国政协》2017年第22期。
⑤ 韩俊：《关于打赢脱贫攻坚战的若干问题的分析思考》，《行政管理改革》2016年第8期。
⑥ 中共中央办公厅、国务院办公厅印发《乡村振兴责任制实施办法》，《国务院公报》2023年第1号。

其次要强化共同行动的全社会共识。党和政府要充分利用社会主义制度集中力量办大事的重大优势，通过社会动员凝聚各方力量，把政治优势和制度优势充分转化为脱贫攻坚与乡村振兴有效衔接的强大合力。不仅要发挥集中力量办大事的优势，而且要发挥市场优化配置资源的优势。① 推进政府主导下的市场参与政府资源配置，包括政府与社会资本合作模式、政府购买服务等方式，建立助力乡村振兴的财政投入、主体动员、监督考评等一系列保障体系，构建"政府—市场"双导向的乡村振兴要素投入机制。

二 下好多方面衔接的先手棋

中国正处于从脱贫攻坚到乡村振兴的历史交汇期、社会转型叠加期、政策衔接过渡期②，需要立足于全面巩固拓展脱贫攻坚的成果，以确保向乡村振兴接续推进。这就要把握好两大战略的背景与意义、两大战略的定位和目标、两大战略的政策与机制以及政策着力点，着眼于政府与市场两个层面，全面把握脱贫攻坚的基本经验与后续要求，准确认识脱贫攻坚与乡村振兴在理念、目标及阶段性要求上的差异性与一致性，下好多方面衔接的先手棋。

在发展理念上，需要把解决相对贫困统筹纳入乡村振兴战略，实现脱贫攻坚与乡村振兴的两大战略愿景、方向与目标、任务的连续性和阶段性的有效衔接。在实现路径上，需要把脱贫攻坚的产业扶贫、脱贫攻坚的人才帮扶、脱贫攻坚的文化扶贫、脱贫攻坚的生态扶贫、脱贫攻坚的党建扶贫，与乡村振兴的产业振兴、乡村振兴的人才振兴、乡村振兴的文化振兴、乡村振兴的生态振兴、乡村振兴的组织振兴有效衔接。

在体制机制上，需要把脱贫攻坚形成的领导体制和工作机制，与乡村振兴的制度框架和价值目标有效衔接。在政策体系上，需要把脱贫攻坚的

---

① 《中共中央 国务院关于实现巩固拓展脱贫攻坚成果同乡村振兴有效衔接的意见》，《人民日报》2021 年 3 月 23 日。

② 陈文胜、李珊珊：《论新发展阶段全面推进乡村振兴》，《贵州社会科学》2022 年第 1 期。

特惠性、阶段性、攻坚性的政策体系，与乡村振兴的普惠性、长期性、常规性的政策体系有效衔接。[①]

三　踩实高质量转型的落脚点

实施乡村振兴战略是新时代做好"三农"工作的新旗帜和"三农"工作的总抓手，不能认为乡村振兴是脱贫攻坚的升级版，要以全面建成小康社会为新起点，实现农业高质高效、乡村宜居宜业、农民富裕富足的高质量发展战略转型。因此，两大战略的"衔接与转型"不只是简单的先后接续，而是破解城乡发展不平衡、乡村发展不充分的时代难题由量变向质变的转型，是以城乡融合发展为方向的质量变革、效率变革、动力变革这样一个高质量的发展转轨。

在发展理念上，需要把握乡村振兴战略的综合性与整体性、渐进性与持久性的特点，尤其需要把握大国小农的区域差异性与发展模式的多元性，加快向遵循乡村发展规律的可持续发展转变。在实现路径上，需要推进乡村振兴高质量发展的"共同行动"与"共同富裕"相统一、公平与效率相统一，加快实现由脱贫攻坚的产业扶贫向乡村振兴的产业振兴转变、脱贫攻坚的人才帮扶向乡村振兴的人才振兴转变、脱贫攻坚的文化扶贫向乡村振兴的文化振兴转变、脱贫攻坚的生态扶贫向乡村振兴的生态振兴转变、脱贫攻坚的党建扶贫向乡村振兴的组织振兴转变。

在动力机制上，需要激发乡村内生动力，实现"党的引领力、政府的推动力、市场的原动力、农民的创造力、社会的协同力"相融合，着力改变"干部在干、农民在看"的状况，加快建立"政府主导、农民主体、社会主力"的"三驾马车"的新机制，加快实现由行政外在推动为主向市场内在推动为主的转变，加快实现由"依靠帮扶"为主向坚持农民主体地位的"自我发展"为主的转变。

在体制机制上，需要按照农业农村优先发展的原则重塑城乡关系，有效解决城乡发展不平衡与乡村发展不充分的现实问题，走城乡融合发展之

---

① 陈文胜：《牢牢把住接续推进脱贫攻坚到乡村振兴的关键与核心》，《湖南日报》2020年9月24日，第4版。

路，加快实现由脱贫攻坚的"攻坚体制"向乡村振兴的"长效机制"转变。在政策体系上，需要将行政推动转变为政府引导下的市场驱动，实现高质量发展，加快实现由乡村外部"输血"向乡村内部"造血"的转变。①

四　抓好创新性发展的驱动器

创新发展是党的十八届五中全会提出五大发展理念之一，作为破除思维定式和思维惯性的发展理念，被放在指导中国式现代化全局的位置，贯穿于党和国家的一切工作，成为推动农业现代化和全面建设社会主义现代化国家的根本驱动力，当然也贯穿于推进脱贫攻坚与乡村振兴有效衔接的全过程。中国作为全球特大型国家，在巩固拓展脱贫攻坚成果与乡村振兴有效衔接的过程中，推进创新发展需要准确把握好一般性与特殊性的关系。

所谓一般性，一方面就是人类社会乡村变迁与世界农业农村现代化的一般趋势及其在中国的体现，另一方面就是大国小农的中国国情与历史传承、文化基因、人口大国的粮食安全，尤其是中国特色社会主义乡村振兴道路的制度框架和价值目标的普遍性要求。其中的核心是坚持农业农村优先发展的原则以重塑城乡关系，着力解决城乡发展不平衡、乡村发展不充分的问题，使工农互促、城乡互补、全面融合、共同繁荣的新型工农城乡关系加快形成，使农业农村现代化的进程不再为了服从工业和城市的需要而延缓。而所谓特殊性，就是中国幅员辽阔，地区间地理位置与历史基础、资源禀赋与政策取向等多方面不同导致了非常复杂的差异性，导致东西南北不同的地方呈现不同发展水平、不同发展阶段这样一个不平衡发展的特征。②

在顶层设计与基层探索的关系层面，很难以一个目标、一个模式实现同步发展，必须实现大国制度创新，注重地方创新的特殊规律。在体制机制创新上，需要实现战略目标一致性与路径多元性的有效结合，需要实现国家整

---

① 陈文胜：《牢牢把住接续推进脱贫攻坚到乡村振兴的关键与核心》，《湖南日报》2020 年 9 月 24 日，第 4 版。

② 陈文胜、李珺：《全面推进乡村振兴中的乡村教育研究》，《湘潭大学学报》（哲学社会科学版）2021 年第 5 期。

体层面的自上而下制度安排与发挥亿万农民主体作用的自下而上首创精神有效结合，需要实现城乡融合发展的基础性制度体系与发挥不同区域能动性的多元化、差异化政策体系有效结合，确保农业农村现代化的顺利推进。①

具体而言，在推进制度创新中，要保障脱贫攻坚与乡村振兴有效衔接的政策接续性与务实性，巩固拓展脱贫攻坚成果，推动乡村振兴策略具体化、常态化，为农民提供多层次、全方位的支持。在保障和改善民生方面，精准施策，根据各个地区的具体情况，实施差异化的支持策略，确保每一项政策都能精准落实到位②。在治理方面，要运用大数据、云计算等现代信息技术，提升乡村治理水平，加强农村市场监管。通过信息技术赋能，构建智慧农业、智慧村镇等新型治理模式，促进信息在农村的畅通流动，提升农村经济活动的透明度和效率，提升农民在乡村振兴过程中的话语权和影响力，使之成为乡村发展的中坚力量。③

第三节　脱贫攻坚与乡村振兴有效衔接的重点任务

脱贫攻坚战取得全面胜利，使得中国区域性整体贫困得到解决，完成了消除绝对贫困的艰巨任务，但是，脱贫地区和脱贫人口返贫的风险还没有彻底消除，必须继续巩固脱贫攻坚成效，不断筑牢不发生规模性返贫的底线。习近平总书记指出，"解决发展不平衡不充分问题、缩小城乡区域发展差距、实现人的全面发展和全体人民共同富裕仍然任重道远"，"要切实做好巩固拓展脱贫攻坚成果同乡村振兴有效衔接各项工作，让脱贫基础更加稳固、成效更可持续"④。因此，延续、优化、调整现有帮扶政策，确保政策的连续性，以巩固拓展脱贫攻坚成果，实现脱贫攻坚与乡村振兴目标路径的衔接。

---

① 陈文胜：《牢牢把住接续推进脱贫攻坚到乡村振兴的关键与核心》，《湖南日报》2020 年 9 月 24 日，第 4 版。
② 左停：《脱贫攻坚与乡村振兴有效衔接的现实难题与应对策略》，《贵州社会科学》2020 年第 1 期。
③ 赵普兵、吴晓燕：《脱贫攻坚与乡村振兴有效衔接：基于农民可行能力的分析》，《理论探讨》2022 年第 6 期。
④ 习近平：《在全国脱贫攻坚总结表彰大会上的讲话》，《光明日报》2021 年 2 月 26 日，第 2 版。

一　推进规划衔接：明确振兴路径

规划在经济社会发展中的重要作用日益被高度重视，习近平总书记就明确指出，规划科学是最大的效益，规划失误是最大的浪费，规划折腾是最大的忌讳①。脱贫攻坚是一项复杂的系统工程，正是由于坚持规划先行，以顶层设计优化政策结构和资源配置，才有效破解扶持谁、谁来扶、怎么扶、如何退的现实难题。

面向中国全面现代化进程，全面推进脱贫攻坚与乡村振兴有效衔接，规划的连续性和明确性是实现策略顺畅转换的关键。必须以破解城乡发展不平衡乡村发展不充分问题为主线，以城乡融合发展为路径，遵循乡村发展规律，进行分阶段、分步骤逐步实施的统筹安排规划，以更有力的举措、汇聚更强大的力量来推进。

规划衔接作为"第一道工序"，不仅要注重经济发展的持续性，还要防范潜在的返贫风险。无疑要围绕如何解决相对贫困问题进行顶层设计，把巩固脱贫攻坚成效的主要任务、目标体系等纳入乡村振兴规划中，把防范系统性返贫纳入乡村产业发展、基础设施建设、乡村治理的乡村振兴战略中，及时完善治理相对贫困的指标体系，及时更新相对贫困的评价体系，构建地区特色鲜明的乡村发展蓝图，确保脱贫攻坚与乡村振兴规划有机衔接的系统性、连贯性和融合性，推进乡村经济、生态、文化等多方面的协同发展。

这些需要建立在深入的实地调研和细致的需求分析基础之上，加强与当地政府、社区、企业等多方的沟通与协作，精准识别及评估当地资源禀赋和发展潜力，确保规划方案紧密结合实际情况，以解决"一哄而上"和"千村一面"的问题，打造差异化的发展模式。通过这种方式，以确保规划方案的针对性和可操作性，实现乡村发展规划从脱贫攻坚向乡村振兴平稳过渡。

---

①　《习近平北京考察工作：在建设首善之区上不断取得新成绩》，《人民日报》2014年2月27日第1版。

二 推进人才衔接：培育振兴队伍

在推进脱贫攻坚与乡村振兴人才衔接的过程中，最大的瓶颈就是人才，关键在于将人才培养与乡村振兴需求紧密相连，通过持续的人力资源开发与政策环境优化，形成从教育到就业的闭环，实现人才的有效衔接与长期稳定发展，以期达到乡村振兴的美好愿景。

随着现代化的深入推进，乡村人才流失严重。许多村庄成为空心村，以老人、小孩、妇女为主，却往往存在一个怪圈，一方面人才极缺，普遍存在后继乏人的现象；另一方面又设了身份、年龄、学历等很多条条框框，加剧了人才的匮乏和经济落后。① 能够打赢脱贫攻坚战的关键就在于人，由于精准扶贫方略突出解决"谁来扶"的问题，整合了各项人才智力扶贫政策，建立了引导各类人才的扶贫机制，充分发挥了乡村干部队伍和乡土人才以及离乡人才的作用，并选派了第一书记、驻村工作队，以及大学生村官，强化了扶贫工作队伍。

而从脱贫攻坚转入乡村振兴之后，要推进人才衔接，需要制定差异化的人才政策，做到灵活性与激励相结合。进一步优化乡村振兴人才的政策环境，把脱贫攻坚工作中有想法、有经验、有办法的优秀人才充分利用起来。着力产业发展与人才培养之间的内在联系，不断提升农业科技人才及乡村管理人才的专业能力及实务操作技能，加大对绿色能源、数字经济等新兴产业相关专业人才的培养力度。特别是要依托地方特色产业，开展针对性的技能提升项目，构建与乡村实际需求相结合的职业技能认证体系，使人才发展与乡村产业振兴同步推进。

人才向乡村回流是推进乡村振兴的关键，② 要加大城乡人才交流力度。促进乡村人才的提升、交流、引进，鼓励和吸引新乡贤、返乡大学生、退伍军人等回乡。落实县域内人才统筹培养使用制度，探索"县管乡用、下沉到村"的新机制，有组织地动员专业人才下乡服务，推行城市人才晋升职称、提拔前具有农村基层工作服务经历制度，形成人才城乡交流制度支

---

① 陈文胜：《中国乡村何以兴》，中国农业出版社，2023，第14~15页。
② 赵秀玲：《乡村振兴下的人才发展战略构想》，《江汉论坛》2018年第4期。

撑，推动人才下乡服务。优化脱贫攻坚时的人才下乡政策支持，把乡村教师、医卫人才定向招生、免费培养、定向就业的人才政策，扩大到农村基层各类专业人才，壮大乡土人才队伍，为乡村利用人才探索途径。

三　推进组织衔接：健全领导体系

脱贫攻坚取得卓越成效得益于农村的组织创新，在解决农民个体贫困的同时，提升了乡村组织综合能力，促进了乡村组织的功能化。[①] 乡村振兴战略的核心在于加快乡村现代转型，而改进和健全领导体系、推进脱贫攻坚与乡村振兴的组织衔接，是实现这一目标的重要支撑。根据乡村社会治理的多样化和复杂性需求，必须对乡村组织架构进行系统性重组和优化。

在领导体系衔接上，必须落实《中国共产党农村工作条例》关于"五级书记"抓乡村振兴的基本要求，把脱贫攻坚的"五级书记"抓扶贫与乡村振兴"五级书记"负责的机制有效地衔接起来，建立健全各级党委统一领导、政府负责、党委农村工作部门统筹协调的领导体制，强化"五级书记"抓乡村振兴的工作责任与制度保障。在此基础上，巩固和衔接精准识别、精准管理和精准考核的基本经验，因地因人制宜，直接瞄准目标人群，建立基础性制度体系与差异性政策体系，实现工作力量、组织保障、规划实施、项目建设、要素保障的工作机制与工作任务有效衔接、接续推进。

从推进组织衔接的角度出发，首要任务是强化党支部的领导核心作用，更好地服务乡村振兴大局。基于基层党组织在脱贫攻坚中的重要地位，需要扎实推进村党支部建设，从而发挥在乡村振兴中的关键作用，确保在推进组织衔接中能在乡村社会形成有效工作链条。以脱贫攻坚中取得的成功经验为基础，对驻村工作队和第一书记的构成、任职与功能等方面进行细节上的设计优化，探索建立常态化的驻村工作队和第一书记机制，形成强有力的组织执行系统，提高政策的落地效率和乡村振兴政策的执行力。

---

① 左停、苏青松：《农村组织创新：脱贫攻坚的经验与对乡村振兴的启示》，《求索》2020年第 4 期。

四 推进产业衔接：实现产业兴旺

在脱贫攻坚阶段，产业扶贫是稳定脱贫的根本之策，产业增收是脱贫攻坚的主要途径。习近平指出，"建档立卡贫困人口中，90%以上得到了产业扶贫和就业扶贫支持，2/3 以上主要靠外出务工和产业脱贫，工资性收入和生产经营性收入占比上升，转移性收入占比逐年下降，自主脱贫能力稳步提高。"[①] 转入乡村振兴之后，产业扶贫与产业兴旺承载着不同的使命，前者是确保农村贫困地区人口实现脱贫，而后者则着眼于解决"三农"问题。

推进脱贫攻坚与乡村振兴有效衔接，推进产业衔接是核心。但现实中存在产业发展升级难和内生动力激发难等问题，必须从根本上遏制产业扶贫的短期化倾向，构建可持续的产业发展长效机制。[②] 这就需要保持过渡期内政策稳定，持续推动扶贫产业发展壮大，激发乡村经济活力和发展后劲，激发脱贫致富内生动力，增强脱贫群众的自我发展能力。[③]

为实现产业兴旺目标，要结合各地实际，尤其是现有经济条件和产业基础，发展有特色、可持续的产业，进而增强脱贫产业的可持续性，以巩固脱贫成果、实现农民富裕。而脱贫地区最核心的产业是农业，最突出的问题是综合效益和竞争力偏低，关键是如何以农业供给侧结构性改革为主线，在要素投入上推进政府投入与市场投入有效地衔接起来，加快乡村资源优势和生态优势转化为经济优势，形成乡村产业发展的长效机制。

一方面，要牢牢把握市场导向这个关键切入点，牢牢把握提高质量和效益这个根本着眼点，立足各区域特色，建立产业与品种的区域布局正面清单与负面清单，突出扶持有市场前景的企业和专业大户发展生产、加工和营销，培育脱贫地区迈向乡村振兴的主导产业和特色产业，形成"一乡一品""一村一品"的特色差异化发展格局，以有效破解长期以来存在

---

① 《习近平：在决战决胜脱贫攻坚座谈会上的讲话》，《人民日报》2020 年 3 月 7 日。
② 郭晓鸣、廖海亚：《建立脱贫攻坚与乡村振兴的衔接机制》，《经济日报》2020 年 6 月 5 日。
③ 郭玮：《如何做好脱贫攻坚与乡村振兴的有效衔接》，《中国乡村发现》2021 年第 1 期。

的同质竞争和增产不增收的农业发展难题①。另一方面，要依托乡村各自独特的自然风光和人文底蕴，以"卖产品"与"卖风景"相结合的方式，推进集现代农业、休闲旅游、田园社区于一体的产业链、价值链建设，加快一二三产业融合发展，形成从田间到餐桌的现代农业全产业链格局。②

五　推进政策衔接：形成长效机制

在推进脱贫攻坚与乡村振兴衔接的过程中，形成具有长期效应和可持续性的政策机制是实现政策衔接的关键。脱贫地区基础条件相对较差，经济发展能力相对较弱，要巩固拓展脱贫攻坚成果、为推进乡村振兴奠定坚实基础，需要加强对脱贫攻坚政策的全面梳理，确保政策的连贯性、系统性和预见性。

政策衔接的首要步骤是确保政策设计的连续性，即新政策的制定不仅要考虑当前乡村振兴的需要，而且要预见到未来可能出现的挑战和需求。政策制定需具有较强的灵活性和适应性，允许在新出现的变量和预料之外的情况下进行调整，同时确保策略能够互为补充、相互增强。还需要考虑到区域差异、资源禀赋的多样性以及地方文化的独特性，构建能够兼容不同乡村特点的策略体系，避免"一刀切"的解决方案。

为稳固脱贫成效，应重视对易地扶贫搬迁后脱贫群体的支持政策，建立精准的追踪服务系统和动态监测机制。通过科学的数据收集与分析，对搬迁户的产业发展、社会融入、经济活动等进行长期跟踪研究，确保其生产生活状态持续稳定。同时，要注意防范和解决新出现的边缘贫困问题，逐步实现从"输血式"帮扶到"造血式"发展的转变，保障脱贫群众的长远利益。

在促进乡村产业振兴方面，政策衔接应聚焦于产业链整合与优化，鼓励和引导资源向有竞争力的农村产业集聚，如通过税收优惠、金融支持、技术培训等方式激励农村创业创新，以形成带动乡村经济整体提升的引

---

① 陈文胜：《乡村振兴战略目标下农业供给侧结构性改革研究》，《江西社会科学》2019年第12期。

② 陈文胜：《大国村庄的进路》，湖南师范大学出版社，2020，第191~192页。

擎。考虑到现有农村产业或许存在的环境问题，政策也需引导产业绿色发展，倡导循环经济和低碳技术的应用，实现经济效益与生态效益的双重提升。

在政策执行层面，必须强化对政策实施力的监管和考评机制，保证政策执行的有效性和精准性。通过建立专门的评估部门，定期评价政策实施的效果，并及时进行政策反馈，形成闭环管理，使政策能够在实践中不断修正与完善。长效机制的构建，还需要在信息共享、技术支撑等方面下功夫。利用现代信息技术建立乡村管理信息平台，增进政府部门与乡村之间的沟通与互动，实现信息的互联互通和资源共享。

第四节　脱贫攻坚与乡村振兴有效衔接的现实路径

面对普遍性的绝对贫困转变为部分人的相对贫困这一重大变化，需要有针对性和时效性地提出脱贫攻坚与乡村振兴有效衔接的路径。与脱贫攻坚相比，乡村振兴的目标人群范围更大，从而差异也更大，任务目标在区域之间也存在更大的不平衡，需要治理体系与政策体系的有效衔接[①]。从具体操作层面而言，有效衔接路径要根据各地实际分类别、分阶段、分梯次加以确定和推进，从总体要求上而言，要特别注意处理好短期与长期、政府与市场、共性与个性的关系。[②]

一　阶段性脱贫攻坚与解决长期性相对贫困问题相衔接

打赢脱贫攻坚战后，要建立解决相对贫困问题的长效机制。当前的战略重点已由解决绝对贫困问题为主逐步向解决相对贫困问题为主转变。为坚决打赢脱贫攻坚这场输不起的"战争"，集中全社会的力量出战，让贫困农民同步进入全面建成小康社会，是社会主义集中力量办大事的优势，是阶段性战略目标的实现。

---

① 左停：《脱贫攻坚与乡村振兴有效衔接的现实难题与应对策略》，《贵州社会科学》2020年第1期。

② 陈文胜：《脱贫攻坚与乡村振兴有效衔接的实现途径》，《贵州社会科学》2020年第1期。

但经济社会发展有着必然的客观规律，特别是中国区域发展不平衡、城乡发展不平衡，各个地方甚至处于不同的经济社会发展阶段，就不可能有同步的经济社会发展水平，具体到单个人的时候，就更是千差万别。尽管中国已经发展成为世界工厂，经济总量位居全球第二，但人均水平远落后于发达国家水平，还无法支撑 14 亿人口高水平共同富裕的生活。因此，党的十九大明确中国社会仍将长期处于社会主义初级阶段，① "解决相对贫困"问题不仅是未来乡村振兴的重要核心内容，更是乡村振兴的一项具有长期性的战略任务。

按照习近平总书记在党的十八届三中全会的判断，城乡发展不平衡不协调，是中国经济社会发展存在的突出矛盾，是全面建成小康社会、加快推进社会主义现代化必须解决的重大问题，城乡二元结构是制约城乡发展一体化的主要障碍。② 面对现实，农业发展质量效益依然不高，农民增收后劲依然不足，农村自我发展能力依然太弱。特别是城乡差距依然较大，最突出表现在基础设施建设、基本公共服务、基本社会保障的差距上。因此，全面建成小康社会后，既要补齐发展短板以全面巩固拓展脱贫攻坚成果，又要完善发展机制、不断"解决相对贫困"问题。

首先就必须在体制机制上实现社会公平，坚持农业农村优先发展，补齐乡村社会基本公共服务、基础设施建设、基本社会保障的短板，以缩小城乡差距，确保社会发展成果城乡共享。其次是必须以"以工补农、以城带乡"为主线，推进城乡融合发展来破解城乡二元结构，确保中国经济社会可持续发展和高质量发展，在实现乡村振兴中有效"解决相对贫困"问题。③

所谓"以工补农、以城带乡"，一方面就是要把工业发展带来的财富回报给农业、农村、农民，主要是解决社会基本公共服务、基础设施建设、基本社会保障的"三基"问题；另一方面要不断提高农产品价格，

---

① 习近平：《在中国共产党第十九次全国代表大会上的讲话》，《人民日报》2017 年 10 月 28 日，第 1 版。

② 《中共中央关于全面深化改革若干重大问题的决定》，《人民日报》2013 年 11 月 16 日第 1 版。

③ 陈文胜：《脱贫攻坚与乡村振兴有效衔接的实现途径》，《贵州社会科学》2020 年第 1 期。

让农业获得社会的平均利润，让从事农业的农民能够不断提高收入，共享工业化、城镇化的红利。

最关键的就是要加快城市基础设施、生活和生产的现代化信息平台、公共服务不断向农村延伸和覆盖，推动农民市民化，推进城乡产业对接，以破除资源要素单向流向城市的城乡二元结构，特别是要破除阻碍城乡要素流动的体制机制与政策障碍，促进城市发展的辐射力进入乡村，使城市的经济社会发展体系和乡村的经济社会发展体系由二元分割融合为一体化的发展体系。

一方面，必须加快工业化、城镇化的进程，形成包括乡村在内的整个中国社会的发动机。另一方面，不仅不能以牺牲乡村为代价来获得城市的孤独繁荣，而且还要依靠城市发展的动力引领乡村的现代转型，实现城乡融合发展、共同繁荣。①

这就客观要求创新体制机制，激活经济社会发展的活力，以进一步推动中国工业化、城镇化进程。核心是破除城乡二元结构，建立城乡一体化的土地制度、户籍制度，城乡平等的基本公共服务、基础设施建设、基本社会保障，推进特惠性帮扶与普惠性民生相衔接。因此，要在着力补齐短板中，把特惠性帮扶工作与普惠性民生工程有机结合起来，既立足全面巩固脱贫攻坚的成果，又面向"解决相对贫困"问题，将提高脱贫人口生活水平纳入补齐区域民生短板的进程中，推进教育、医疗、就业、养老、饮水安全、基础设施建设、公共服务等民生领域的城乡一体化改革创新，建立巩固拓展脱贫攻坚成果与推进乡村振兴相衔接的新格局。

要特别提出的是，在"解决相对贫困"问题上无疑会自觉不自觉地更多关注乡村，因为城市像欧洲、农村像非洲，优先发展农业农村是毫无疑义的。但不能不看到一个重大的社会现实，就是中国有近3亿农民工，相当于美国全国人口规模的农民在城市就业，城市既有市民也有农民，既有本地人也有外地人，说明城乡二元结构问题还没有解决。如果近3亿农民工长期不能市民化，导致成千上万的农民工返乡难又留城无望，就不仅

---

① 陈文胜：《脱贫攻坚与乡村振兴有效衔接的实现途径》，《贵州社会科学》2020年第1期。

仅会导致大规模返贫的问题，更可能影响中国现代化进程，使全面脱贫与巩固全面小康社会成果失去巨大支撑，这是必须高度警惕的。[①]

二　配置资源行政"输血"与市场"造血"相衔接

脱贫攻坚战，必然要求政府以行政力量在短期内集聚大量资源投入贫困地区，进行必要的"输血"。尽管脱贫攻坚工作取得了显著成效，但在实践中仍然面临不少亟须解决的现实问题，尤其是脱贫地区基础设施和公共服务还存在一些薄弱环节，解决长期性相对贫困问题的长效机制尚未形成，脱贫群众内生动力未能有效激发，村庄经济的持续发展能力有待提升。如何确保政策的有效性、经济社会发展的连续性，成为各地关心的问题。

当下中国经济社会发展的主题是推进高质量发展，而国民有效财富与有效制度的积累是高质量发展的客观要求。这就需要在全面梳理脱贫攻坚政策的基础上，把握好常量政策与增量政策以及变量政策的关系，即对实践证明行之有效的教育、医疗、住房、饮水、社会保障等涉及民生领域的扶贫政策，要将其作为常量政策坚持下去，确保脱贫成果得到巩固。对于乡村的基础设施建设与人居环境整治以及生态建设保护等方面的公共政策，应将其作为增量政策，随着经济社会发展水平的提高而优化，不断满足脱贫地区人民群众的现实需要。

对于产业扶贫政策和涉及基础性工作的扶贫政策，应将其作为变量政策，根据经济社会发展的变化适时调整，确保政策的针对性、科学性。此外，加强对各地区推进脱贫攻坚与乡村振兴衔接的经验总结，将成效明显、具有普遍性的改革创新经验上升为制度，为推进脱贫攻坚与乡村振兴有机衔接提供制度支撑。[②]

发展的阶段性变化，也必然要求增强推进乡村振兴的内在动力，充分发挥市场配置资源的决定性作用，加快政府职能归位，以破解脱贫地区与脱贫群众内生动力不足、扶贫产业持续性差等问题。因此，脱贫地区要稳

---

① 陈文胜：《脱贫攻坚与乡村振兴有效衔接的实现途径》，《贵州社会科学》2020年第1期。

② 班娟娟：《脱贫攻坚倒计时"决战"重拳频出》，《经济参考报》2020年5月20日。

定脱贫、建设高质量全面小康社会，必须向改革要动力，向创新要活力。主要是在创新发展活力上，由产业扶贫向产业兴旺推进；在破解增收压力上，由单一种养向创业就业推进；在提升主体能力上，由依靠帮扶向自我发展推进；在激活内生动力上，由阶段性攻坚向可持续发展推进；充分发挥好市场机制的"造血"功能，使区域要素在市场经济中得到激活，让区域经济发展顺应市场规律。

因此，不是大包大揽去干预农民具体的经营行为和生产行为，而是找准有为政府与有效市场的黄金结合点，优化制度供给、政策供给、服务供给，把不该管的"放"给市场，推动有效市场的形成与完善。首先，需要把农民经营行为和生产行为"放"给市场。主要是政府要减少在产业选择上的直接介入，从引导与激活要素上着力，[①] 在要素集聚平台打造、科技创新推广、品牌创建、标准化监管等层面优化制度供给、政策供给、服务供给，推动有效市场的形成与完善，为脱贫地区撬动和引进外部资源提供支撑，激发乡村发展的内在动力。

其次，需要建立规范乡村产业发展的正面清单与负面清单。按照党中央提出的供给侧结构性改革要求，明确扶持有市场前景的企业和专业大户发展生产、加工和营销，培育脱贫地区迈向乡村振兴的主导产业和特色产业，形成产业扶贫的长效机制，而不扶持缺乏市场前景的企业和专业大户，避免质量效益和竞争力偏低的低端产业、低端产品继续扩大生产。以此推动发展方式实现从生产导向向市场导向的根本性转变，形成从行政推动为主逐步走向政府引导下市场驱动为主的良性发展机制。

同时，随着脱贫攻坚战的胜利，必须实现由点到面的战略转移，推动到村到户为主的支持政策与区域经济发展战略目标相衔接。对脱贫地区的支持应逐步由对一村一户的帮扶为主导，转向对脱贫区域整体发展的支持为主导。从扶贫攻坚阶段的行政外在推动为主，转向乡村振兴阶段的市场内在推动为主。要把发展县域经济作为巩固拓展脱贫攻坚成果与推进乡村振兴的根本保障，尤其是要全面提升区域工业化质量，发展战略性新兴产

---

① 奉清清：《疫情之下全面小康与乡村振兴的方向及重点——访湖南师范大学中国乡村振兴研究院院长、省委农村工作领导小组三农工作专家组组长陈文胜》，《湖南日报》2020年2月15日。

业，增强工业反哺农业、城镇带动乡村的动能，突出区域特色产业发展，激活乡村产业振兴的内生动力，以推动全域乡村振兴。①

三　基础性制度体系与差异性政策体系相衔接

党的十九届四中全会要求，实施乡村振兴战略，完善农业农村优先发展的制度政策，健全城乡融合发展体制机制。② 而中国幅员辽阔，地区间出于地理位置、资源禀赋、历史基础、政策取向等多方面原因，经济社会发展不均衡，发展呈现多元形态，不可能一个目标、一个模式同步发展，迫切需要有自上而下的国家整体制度安排与自下而上的因地制宜地方探索相结合。

这就要求超越碎片化的问题意识，建立既尊重历史，又立足现在，更面向未来的新型城乡关系，探索破除中国城乡二元体制的基本路径，形成充分发挥不同区域能动性的多元化、差异化制度，把整体层面与区域层面的现实、趋势、政策结合起来，建构不同区域、不同发展形态和不同发展模式的城乡融合发展基础性制度体系和差异性政策体系。③

从整体看趋势，工业化使人口不断向城市集聚，然后对整个农村农业按照城市的要求加以全面改造，这个过程一直就是人类现代化的历史进程。改革开放推进的中国城镇化难以逆转，人口向城市集中难以逆转，这是中国现代化进程中对经济社会发展的阶段性必然要求与发展趋势。马克思在资本主义早期就发现，城乡关系以对抗的形式发生而不是以和谐的形式发生成为普遍现象，而且随着工业化、城市化的推进，城市对农村、工业对农业不断提出新的要求。

不可否认，随着改革开放的深入推进，在工业化起始阶段这个过程中无疑存在一定程度上的对抗，其中区域分化、城乡分化和贫富分化是突出表现。中央采取了较多的和谐措施，比如"三农"工作重中之重，农业

---

① 陈文胜：《脱贫攻坚与乡村振兴有效衔接的实现途径》，《贵州社会科学》2020 年第1 期。

② 《中共中央关于坚持和完善中国特色社会主义制度 推进国家治理体系和治理能力现代化若干重大问题的决定》，《光明日报》2019 年 11 月 6 日，第 1 版。

③ 陈文胜：《脱贫攻坚与乡村振兴有效衔接的实现途径》，《贵州社会科学》2020 年第1 期。

农村优先发展、新农村建设，扶贫攻坚、乡村振兴，等等，包括从中央对地方财政转移支付，到对口援建、财政投入向农村倾斜，从取消农业税、粮食补贴、农机补贴，到农村医保与低保、乡村公路建设、农电改造、危房改造、农村信息化等等，极大地缓解了城乡矛盾，但只要全面现代化还未完成，推进工业化、城市化就必然是全社会的战略任务，就必定会在每一个新的阶段对整个农业、农村的发展提出新的要求。

就全国发展状况而言，东部发达地区已经高度现代化或高度城市化了，走过了西方发达国家 20 世纪二三十年代的发展阶段，如上海、浙江、江苏等地区就特别突出，具有高水平"以工补农、以城带乡"的能力，基本上补齐了乡村短板，开始进入城乡融合发展阶段。因此，补齐城乡发展不平衡、乡村发展不充分的短板，主要是初步城市化和尚未城市化的中西部地区，要在这样一个历史背景下来推进全面建成小康社会的城乡融合发展。也就是说，东部地区、中部地区、西部地区以及城市与乡村、工业与农业处于不同的经济社会发展阶段，乡村振兴也好，城乡融合发展也好，不可能同步推进。① 因为一个地方的经济社会发展是一个自然的历史进程，这也是马克思主义的基本观点，不能单靠运动式发展来完成历史使命，单靠运动式发展也有过深刻的历史教训。

从区域看差异，各个地方存在的主要问题不尽相同，经济社会发展水平不一、在现代化进程中的发展阶段不一，发展的目标和历史任务、发展形态和发展方式就必然不同。那么，全面建成小康社会后的乡村振兴、城乡融合发展就要按照不同的经济社会发展水平分类推进。

那些工业化水平、城镇化程度较高的区域，可作为"先行区"，引导其以城乡融合发展为取向，构建高质量发展的现代产业体系，全面实现基础设施一体化与公共服务均等化。那些经济发展水平一般的区域，尤其是传统农业区域，可作为"推进区"，引导支持其加快新型工业化进程，打造带动力强的工业支柱产业、农业特色优势产业，推进产城融合，加强基础设施建设，加快农业农村现代化步伐。那些原来属于贫困地区特别是深

---

① 陈文胜：《脱贫攻坚与乡村振兴有效衔接的实现途径》，《贵州社会科学》2020 年第 1 期。

度贫困区域现已脱贫摘帽的地区，可作为"巩固区"，加强巩固提升脱贫攻坚成果的后续扶持，补齐乡村基础设施与公共服务短板，推进巩固拓展脱贫攻坚成果与乡村振兴、新型城镇化有机结合，增强自我发展能力。

　　应该看到，巩固拓展全面脱贫攻坚的成果，是全面建成小康社会后中国经济社会发展面临的最大的现实与最大的挑战，其成功与否不仅决定着中国高质量发展的成败，更决定着中国全面现代化与民族复兴的成败。①

---

① 陈文胜：《脱贫攻坚与乡村振兴有效衔接的实现途径》，《贵州社会科学》2020 年第 1 期。

第四章　脱贫攻坚向乡村振兴的战略转型

随着困扰中华民族几千年的绝对贫困问题的解决，中国乡村从解决温饱、实现全面小康进入全面推进现代化的新发展阶段。习近平总书记提出，脱贫攻坚取得胜利后，要全面推进乡村振兴，这是"三农"工作重心的历史性转移。[①] 其战略要义就是在对中国经济社会发展所处新历史方位和农业农村发展新特点的准确把握基础上，将巩固拓展脱贫攻坚成果统筹纳入乡村振兴战略，实现"三农"工作重心从脱贫攻坚向全面推进乡村振兴的战略转轨。因此，需要立足于两大战略的有效衔接，基于变革的发展逻辑，以新的形势、新的阶段、新的目标为转型方向，根据两大战略在不同发展阶段的要求和定位，着重解决"为什么转""向何处转""如何转"的问题。

第一节　脱贫攻坚向乡村振兴战略转型的必然要求

从脱贫攻坚到乡村振兴战略转型，是中国实现全面现代化必须回应和解决的时代问题。这一战略转型是中国农业农村发展到现阶段后继续高质量发展的内在要求，也是开启全面建设社会主义现代化国家新征程的必然选择，更是中国共产党践行初心使命为亿万农民谋幸福的必然要求。这体现了党中央从党和国家事业全局出发、着眼于实现第二个百年奋斗目标、顺应亿万农民对美好生活的向往而对农业农村发展进行的长远谋划，深刻回答了新时代中国农业农村发展从哪里来、

[①] 《中央农村工作会议在北京举行》，《人民日报》2020 年 12 月 30 日，第 1 版。

到哪里去的重大战略问题，是中国乡村发展的历史必然，因而是历史与现实的统一。

一 中国城乡进入新发展阶段的时代要求

随着城镇化的加快推进，中国以城镇为主的人口分布与空间格局基本形成，标志着中国农业农村发展进入了一个历史拐点。根据有关研究，中国在 2010 年的城镇化率已接近 50%，到 2016 年就已达到 57.6%，而观察世界其他国家的现代化发展进程，一个国家城镇化率一旦超过 50%，资本与技术、管理等要素就会向农业农村流动，城乡矛盾逐步得到解决。[1] 中国城乡格局发生的历史性变革，从根本上改变了中国乡村的基本面貌、改变了城乡关系，深刻影响农业农村现代化进程。

在信息化的大背景下，新技术、新产业、新业态等新动能不断从城市向乡村传导，城市与乡村之间的发展机会和生活条件的差异正在减少。乡村已经不是只具有粮食生产功能，已经从传统的以农业为主逐渐向以工业和服务业为支撑的多元化产业结构转型，逐渐形成了涉及生态、休闲、文化等多重功能的复合体系。这不仅促进了城乡融合发展，更是成为推动农业农村现代化的关键因素。

为顺应城乡融合发展的时代趋势，实现乡村经济、社会、文化和治理体系、生态文明的全面振兴，[2] 就成为新发展阶段农业农村发展的时代要求。而以脱贫攻坚为主的政策和战略已经不能满足中国"三农"发展的时代需要，必然要求从解决阶段性问题的战略向解决长期性问题的战略转变。因此，推进脱贫攻坚向乡村振兴转型，加快乡村经济结构调整和产业升级，提升农村公共服务和生态文明水平，对原有农业农村发展模式进行深度变革与现代转轨，成为推进中国式现代化的战略选择。

二 破解社会主要矛盾的关键所在

进入新时代，党的十九大报告指出，中国社会主要矛盾已经转化为人

---

[1] 王东京：《我看乡村振兴战略》，《学习时报》2017 年 11 月 24 日。

[2] 魏后凯：《如何走好新时代乡村振兴之路》，《人民论坛·学术前沿》2018 年第 3 期。

民日益增长的美好生活需要和不平衡不充分的发展之间的矛盾。[1] 尽管打赢脱贫攻坚战顺利实现了全面建成小康社会第一个百年奋斗目标，但城乡二元结构没有根本改变，城乡发展差距不断拉大的趋势没有根本扭转。习近平总书记明确指出，同快速推进的工业化、城镇化相比，我国农业农村发展步伐还跟不上，"一条腿长、一条腿短"问题比较突出。我国发展最大的不平衡是城乡发展不平衡，最大的不充分是农村发展不充分。[2] 毋庸置疑，矛盾主要集中在农业农村，是不能满足人民对美好生活需要矛盾的最主要方面，[3] 是中国经济社会发展必须解决的重大问题。

根据有关资料，中国农村居民收入水平依然总体偏低，其中 2020 年全国农村人均可支配收入为 17131.5 元，仅为同期城市居民人均可支配收入的 39.1%；农村居民内部的发展不平衡问题比较突出，2020 年农村 20%低收入家庭组人均可支配收入仅为 20%高收入家庭组人均可支配收入的 12.2%[4]。农业发展水平与发达国家差距依然较大，农业规模质量效益总体偏低，农业发展区域差距明显，发达地区农业效益明显高于欠发达地区。农村基础设施水平区域差异大，现代化美丽乡村与刚脱贫的落后乡村普遍共存，特别是农村环境污染管治、信息化基础设施等区域差距巨大。

乡村社会公共服务依然滞后，劳动就业、文化教育、医疗卫生、社会保障等方面的短板明显，城乡之间在教育、养老、医疗、社会保障等方面的差距仍然是社会民生最大的痛点之一。农村社会治理效能、乡风文明水平等区域差异明显，现代化的治理体系、精神文明生活高度发达的情况与落后的乡村文化生活并存。这些普遍存在的问题，是中国农业农村现代化发展必须突破的瓶颈和短板，是中国社会必须破解不平衡不充分矛盾的关键所在。

在现代化进程中，城的比重上升与乡的比重下降是客观规律，但乡村不会消亡而城乡将长期共生并存也是客观规律。如果城乡发展不平衡不充

① 习近平：《决胜全面建成小康社会 夺取新时代中国特色社会主义伟大胜利——在中国共产党第十九次全国代表大会上的报告》，《人民日报》2017 年 10 月 28 日，第 1 版。
② 习近平：《论"三农"工作》，中央文献出版社，2022，第 275 页。
③ 陈文胜：《大国村庄的进路》，湖南师范大学出版社，2020，第 149~150 页。
④ 国家统计局编《中国统计年鉴 2021》，中国统计出版社，2021。

分这种局面不改变，将会阻碍全面建设现代化目标的实现。[①] 习近平总书记指出，如果只顾一头、不顾另一头，一边是越来越现代化的城市，另一边却是越来越萧条的乡村，那也不能算是实现了中华民族伟大复兴。[②] 这就必须以坚持农业农村优先发展为原则，将巩固拓展脱贫攻坚成果统筹纳入全面推进乡村振兴的战略之中，实现"三农"工作重心战略转变。

核心是按照农业农村优先发展的要求重塑城乡关系，将工业与农业、城市与乡村、城镇居民与农村居民平等地纳入现代化的全过程，从根本上改变乡村长期从属于城市的现状，从根本上改变以工统农、以城统乡、以扩张城市减少农村减少农民的发展路径，[③] 从而实现农业强、农村美、农民富的乡村振兴战略目标，以顺应社会主要矛盾变迁的客观要求，[④] 确保中国经济社会高质量发展。

三　全面社会主义现代化建设的必然选择

农为邦本，本固邦宁。正是因为始终把解决好"三农"问题作为全党工作的重中之重，才能历史性地解决困扰中华民族几千年的绝对贫困问题，为全面建成小康社会作出重大贡献，为开启全面建设社会主义现代化国家新征程奠定坚实基础。但打赢脱贫攻坚战是阶段性战略目标的实现，经济社会发展有着必然的客观规律，党的十九大报告就明确指出，中国社会仍将长期处于社会主义初级阶段。[⑤] 因而解决相对贫困问题就不仅是乡村振兴的核心内容，更是乡村振兴的一项长期性战略任务。[⑥]

在向第二个百年奋斗目标迈进的历史关口，必须看到，全面建设社会主义现代化国家，实现中华民族伟大复兴，最艰巨最繁重的任务依然在农村，最广泛最深厚的基础依然在农村。习近平总书记强调，"从中华民族伟大复兴战略全局看，民族要复兴，乡村必振兴"。从世界百年未有之大

---

① 《叶兴庆：以改革创新促进乡村振兴》，《财经界》2018 年第 4 期。

② 《中央农村工作会议在北京举行》，《人民日报》2017 年 12 月 30 日，第 1 版。

③ 陈文胜：《大国村庄的进路》，湖南师范大学出版社，2020，第 174 页。

④ 陈文胜：《乡村振兴的历史逻辑与现实进路》，《书屋》2021 年第 6 期。

⑤ 习近平：《决胜全面建成小康社会　夺取新时代中国特色社会主义伟大胜利——在中国共产党第十九次全国代表大会上的报告》，《人民日报》2017 年 10 月 28 日，第 1 版。

⑥ 陈文胜编著《论道大国"三农"：对话前沿问题》，中国农业出版社，2021，第 218 页。

变局看，稳住农业基本盘、守好"三农"基础是应变局、开新局的"压舱石"。①"三农"是中国全面现代化战略后院，只有全面推进乡村振兴，它才能成为有效应对各种风险挑战的压舱石和稳定器，我国才能把握住中华民族伟大复兴战略全局的历史主动。

全面推进乡村振兴就成为实现中华民族伟大复兴的一项重大战略任务，成为新发展阶段"三农"工作的总抓手。农业强不强、农村美不美、农民富不富，决定着全面小康社会的成色和社会主义现代化的质量。② 从根本上说，没有农业农村现代化，就没有整个国家的现代化。因此，以全面建成小康社会为新起点，以解决绝对贫困问题为目标转向以全面推进乡村振兴为目标，加快农业全面升级、农村全面进步、农民全面发展，就成为全面建设社会主义现代化的必然选择。

第二节　脱贫攻坚向乡村振兴转型的战略方向

从脱贫攻坚到乡村振兴转型，是在巩固拓展脱贫攻坚成果前提下的战略转型，也是在深刻总结和吸取脱贫攻坚经验基础上的战略转型，更是向着农业农村现代化目标奋进的战略转型。习近平总书记明确提出，实施乡村振兴战略的总目标是农业农村现代化，总方针是坚持农业农村优先发展，总要求是产业兴旺、生态宜居、乡风文明、治理有效、生活富裕，制度保障是建立健全城乡融合发展的体制机制和政策体系。③ 这为脱贫攻坚向乡村振兴转型明确了重点、指明了方向。

一　产业兴旺是乡村振兴的主攻方向

乡村振兴，产业兴旺是重点，也是主攻方向。产业兴旺是农业农村经济高质量发展的根本要求，是实现农业强、农村美、农民富的关键所在。实现乡村振兴，产业兴旺是重要内容，也是基本前提。习近平总书记指

---

① 习近平：《论"三农"工作》，中央文献出版社，2022，第2~4页。
② 习近平：《论"三农"工作》，中央文献出版社，2022，第268页。
③ 习近平：《把乡村振兴战略作为新时代"三农"工作总抓手》，《求是》2019年第11期。

出，产业兴旺，是解决农村一切问题的前提，从"生产发展"到"产业兴旺"，反映了农业农村经济适应市场需求变化、加快优化升级、促进产业融合的新要求。[1] 只有产业兴旺了，农村各项事业发展才会有坚实的物质基础条件，农村物质文明建设和精神文明建设才能实现有机统一；只有产业兴旺了，亿万农民才能有稳定的就业和稳定的增收来源，广大农民才能实现安居乐业，才能更有获得感、幸福感和安全感。[2]

中国农业正处在转变发展方式、优化经济结构、转换增长动力的攻关期，农业现代化水平有了显著提升，农村产业兴旺具有前所未有的基础条件。但是，乡村产业也面临着区域特色和整体优势不足、产业布局科学规划不够、产业大而不强及结构较为单一等一系列问题，乡村产业转型任务艰巨。

实施乡村振兴战略必须把产业兴旺作为主攻方向，以农业供给侧结构性改革为主线，顺应城乡居民食物结构变化趋势与产业发展规律，立足区域特色资源推进农业由增产导向转向绿色化、优质化、特色化、品牌化的提质导向，拓展乡村多种功能以不断培育新产业新业态，打造各具特色的农业全产业链，促进小农户融入农业产业链以及完善农业支持保护体系，构建农产品有效供给与人口大国粮食安全的保障机制，走质量兴农之路。

二　生态宜居是乡村振兴的攻坚方向

生态宜居的内涵涉及生态环境质量、人居环境改善以及乡村生态恢复三个维度，是实现乡村可持续发展和构建人与自然和谐共生的重要路径，是实施乡村振兴战略的关键环节。习近平总书记在参加十三届全国人大一次会议山东代表团审议时，就明确把"生态振兴"列为乡村振兴的五大"振兴"之一。[3] 可以说，生态资源是乡村最丰富的资源，生态优势是乡村最突出的发展优势，保护好乡村生态环境就是发展生产力，建设好乡村生态环境就是培养竞争力。[4] 在乡村振兴中，必须把生态文明建设放在突

出地位，毫不动摇地以生态环境友好和资源永续利用为导向，实现生态保护与生态开发的动态均衡，①使乡村成为宜居宜业的美好乡村。

尽管美丽乡村建设得到全面推进，很多乡村从生态困境中华丽转身，乡村面貌焕然一新。但也有不少乡村生态环境存在垃圾围村、污水横流、畜禽养殖污染严重等现象，甚至有些地方还突出存在土壤退化、面源污染加重、自然资源利用率低等问题，不仅严重影响乡村经济社会可持续发展，而且形成危及农民群众健康的民生问题，是全面推进乡村振兴的突出短板。

习近平总书记强调："建设什么样的乡村、怎样建设乡村，是摆在我们面前的一个重要课题"②，并进一步指出，一定要走符合农村实际的路子，遵循乡村自身发展规律，充分体现农村特点，注意乡土味道，保留乡村风貌，留得住青山绿水，记得住乡愁。③按照党中央关于乡村建设要为农民而建的要求，就必须把农村人居环境整治攻坚作为先手棋和突破口，强化传统村落和乡村特色风貌的保护，分类实施"乡村建设行动"④，推进乡村生态振兴要为农民而兴，让乡村建设成为让农民安居乐业的美丽家园，是实施乡村振兴战略的重点任务，也是乡村振兴久久为功的攻坚方向。

三　乡风文明是乡村振兴的铸魂方向

乡风是人们在乡村物质生活和精神生活过程中形成的风尚和习俗或是价值观念、生活方式、风土人情，是包括乡村经济文明、乡村政治文明、乡村生态文明在内的一个系统，是乡村物质文明、精神文明、政治文明、社会文明和生态文明的综合反映，体现了乡村居民对精神和物质生活的追求，自古以来是维系中华民族文化基因的重要纽带。

---

① 陈文胜：《大国村庄的进路》，湖南师范大学出版社，2020，第192页。

② 习近平：《坚持把解决好"三农"问题作为全党工作重中之重　举全党全社会之力推动乡村振兴》，《求是》2022年第7期。

③ 《习近平在云南考察工作时强调：坚决打好扶贫开发攻坚战　加快民族地区经济社会发展》，《人民日报》2015年1月22日第1版。

④ 《中共中央　国务院关于全面推进乡村振兴加快农业农村现代化的意见》，《人民日报》2021年2月22日，第1版。

习近平总书记明确指出，乡村文明是中华民族文明的主体，耕读文明是我们的软实力。① 这就强调了要增强文化自信，传承中华优秀传统文化，推动乡村文化的创造性转化与创新性发展。因此，对广大农民那些世世代代传承的乡村民俗习惯，需要有最起码的敬畏之心，绝不能在移风易俗的名义下以所谓的现代文化为取向，去改造甚至取代它，这在认识上是愚蠢的，在做法上也许是灾难性的。②

随着社会主要矛盾的变迁，城乡发展不平衡、乡村发展不充分表现在乡村文化方面，主要是乡村物质文明与精神文明发展不平衡，乡风文明建设不充分。③ 推进乡村振兴不仅需要物质保障，更需要文化支撑，而乡村文化振兴既是事关有效应对社会主要矛盾的重大问题，更是全面推进乡村振兴的题中应有之义。习近平总书记强调，"乡村不仅要塑形，更要铸魂"。④ 文明风尚是农村精神文明建设的根本所在，只有用文明乡风为乡村振兴聚力，才能留得住乡情乡韵，让乡村振兴在广袤的农村落地生根。

习近平总书记进一步提出，乡风文明，是乡村振兴的紧迫任务，重点是弘扬社会主义核心价值观，保护和传承农村优秀传统文化，加强农村公共文化建设，推动移风易俗，改善农民精神风貌，提高乡村社会文明程度。⑤ 从而明确了乡村文化"振兴什么"与"怎么振兴"的重大问题，强调了要保护乡村传统文化，挖掘其内在社会价值，通过创新传承模式实现乡村文化的活化与发展。⑥

这就要顺应乡村传统文化的演进规律，不仅要让现代文明融入乡村社会的日常生活以发挥引领作用，而且要包容乡土文化的地域差异性和多元性而发挥农民的主观能动性，让最广大的农民群众成为乡村文化振兴的参与者、创造者、受益者，实现乡村文化由农民所创造又为农民所需要，从

---

① 中共中央文献研究室编《十八大以来重要文献选编（上）》，中央文献出版社，2014，第605页。
② 陈文胜：《大国村庄的进路》，湖南师范大学出版社，2020，第200页。
③ 陈文胜、李珺：《论新时代乡村文化兴盛之路》，《江淮论坛》2021年第4期。
④ 习近平：《论"三农"工作》，中央文献出版社，2022，第231页。
⑤ 习近平：《论"三农"工作》，中央文献出版社，2022，第278页。
⑥ 赵兴平：《脱贫攻坚同乡村振兴有效衔接的现实分析与路径展望》，《成都大学学报》（社会科学版）2023年第1期。

而增强农民的文化主体意识，让农民真正自信起来，有尊严、有自信的农民才有可能建立一个幸福与富强的乡村，才有可能真正实现农业农村现代化，才有可能建立幸福与富强的中国。①

四　治理有效是乡村振兴的强基方向

基层不牢，地动山摇。社会治理的根基在基层，重点在基层，难点也在基层。乡村作为国家最基本的治理单元，既是产生利益冲突和引发社会矛盾的重要源头，也是协调利益关系和化解社会矛盾的关键环节，乡村治理的好坏不仅决定着乡村社会能否繁荣和稳定发展，也体现国家治理的整体水平。② 乡村治理有效，百姓才能安居乐业，国家才能稳定安全。

习近平总书记提出，从"管理民主"到"治理有效"，是要推进乡村治理能力和治理水平现代化。③ 作为在乡村振兴系统工程中最基础的一环，治理有效是乡村振兴最重要的基础和保障。乡村治理能力的强弱、治理效能的高低，直接关系到农业能不能强、农村能不能美、农民能不能富的根本问题，直接关系到党在广大农村执政基础的关键问题。

改革开放以来，伴随中国新型工业化、信息化、城镇化、农业现代化的快速发展，城乡人口大规模流动，乡村社会已经由"熟人社会"加快向"陌生人社会"演进，乡村社会正在经历前所未有的历史性变革，而乡村治理体系和治理能力的现代化水平滞后于经济社会发展进程。

这突出表现在，提供乡村公共服务和公共产品的决定权，要么集中在上级政府，要么集中在乡村组织少数负责人手中，农民群众缺乏公共决策的参与机制、表达渠道，更谈不上对与自己利益息息相关事项的决定权，④ 存在农民最需要的无法提供与提供的却不是农民最需要的这样一个供给结构性矛盾，也就是有些是农民所不需要的却供大于求，有些是农民所需要的却供不应求。长此以往，在乡村振兴中将会形成政府主

---

① 陈文胜：《中国乡村何以兴》，中国农业出版社，2023，第98页。
② 陈文胜：《以"三治"完善乡村治理》，《人民日报》2018年3月2日。
③ 习近平：《把乡村振兴战略作为新时代"三农"工作总抓手》，《求是》2019年第11期。
④ 陈文胜编著《论道大国"三农"：对话前沿问题》，中国农业出版社，2021，第162页。

体、农民客体的局面，就会导致农民的依赖性越来越强，从而丧失自主能力和创造能力。

2018 年中央一号文件明确提出，"乡村振兴，治理有效是基础"，要求必须把夯实基层基础作为固本之策，建立健全党委领导、政府负责、社会协同、公众参与、法治保障的现代乡村社会治理体制，坚持自治、法治、德治相结合，确保乡村社会充满活力、和谐有序。① 为了进一步实施乡村振兴战略，中共中央办公厅、国务院办公厅印发的《关于加强和改进乡村治理的指导意见》明确指出，乡村治理体系和治理能力现代化的战略方向和战略重点，是健全党组织领导的自治、法治、德治相结合的乡村治理体系，构建共建共治共享的社会治理格局，走中国特色社会主义乡村善治之路。② 这就把推进乡村治理体系和治理能力现代化的治理有效，摆到治国理政的关键位置，从而为全面推进乡村振兴强基赋能。

习近平总书记进一步强调，加强和改进乡村治理，要以保障和改善农村民生为优先方向，围绕让农民得到更好的组织引领、社会服务、民主参与，加快构建党组织领导的乡村治理体系；③ 并明确要求，要围绕农民群众最关心最直接最现实的利益问题，加快补齐农村发展和民生短板，让亿万农民有更多实实在在的获得感、幸福感、安全感。④ 因此，需要牢记党"我是谁、为了谁、依靠谁"的初心使命，按照党中央关于坚持农民主体地位的要求，⑤ 站稳"以人民为中心"的政治立场，领导和组织农民在乡村社会当家作主。

那么，就必须以农民群众答应不答应、高兴不高兴、满意不满意作为推进乡村有效治理的前提条件，对农民的法定权利始终保持敬畏之心，把推进以农民需求为导向的公共产品供给侧结构性改革作为有效治理的着力

---

① 《中共中央 国务院关于实施乡村振兴战略的意见》，《人民日报》2018 年 2 月 5 日。
② 《中共中央办公厅、国务院办公厅印发〈关于加强和改进乡村治理的指导意见〉》，《中华人民共和国国务院公报》2019 年第 19 号。
③ 习近平：《坚持把解决好"三农"问题作为全党工作重中之重 举全党全社会之力推动乡村振兴》，《求是》2022 年第 7 期。
④ 习近平：《把乡村振兴战略作为新时代"三农"工作总抓手》，《求是》2019 年第 11 期。
⑤ 《中共中央 国务院关于实施乡村振兴战略的意见》，《人民日报》2018 年 2 月 5 日。

点，确保公共产品与公共服务的供给符合农民需要、交由农民决定，使"江山就是人民，人民就是江山"直接体现到农村基层政治生活和社会生活之中，全面解放农村生产力中"人"这个最具有决定性的力量和最活跃的因素，激活乡村振兴的内生动力。①

五 生活富裕是乡村振兴的奋斗方向

习近平总书记提出，生活富裕是乡村振兴的主要目的，从"生活宽裕"到"生活富裕"，反映了广大农民群众日益增长的美好生活需要。②而人民对美好生活的向往就是我们的奋斗目标，逐步实现共同富裕是社会主义的本质要求。由于城乡二元结构矛盾依然存在，城乡发展不协调的问题仍未得到根本解决，农民增收的渠道不多，农民收入稳定性不强，城乡收入差距明显较大，农民生活富裕成色明显不足，实现共同富裕是奋进全面现代化新征程中最关键、最紧迫、最艰巨的任务，也是实现全民共同富裕的关键所在。

生活富裕既是实施乡村振兴战略的一个根本目标，又是检验乡村振兴工作实效的一个根本标准。农业农村政策好不好，关键是看农民的钱袋子，如果农民没有富裕起来，乡村振兴战略就会成为一句空话。习近平在山东考察时强调，农业农村工作，说一千、道一万，增加农民收入是关键，要加快构建促进农民持续较快增收的长效政策机制，让广大农民都尽快富裕起来。③推进乡村振兴，生活富裕无疑是奋斗方向，要把增加农民收入作为乡村振兴的首要工程和中心任务。习近平总书记在安徽调研时也明确提出，"要构建促进农民持续较快增收的长效政策机制，通过发展农村经济、组织农民外出务工经商、增加农民财产性收入等多种途径增加农民收入，不断缩小城乡居民收入差距，让广大农民尽快富裕

---

① 陈文胜：《中国乡村何以兴》，中国农业出版社，2023，第164~165页。
② 习近平：《把乡村振兴战略作为新时代"三农"工作总抓手》，《求是》2019年第11期。
③ 《习近平：切实把新发展理念落到实处 不断增强经济社会发展创新力》，《人民日报》2018年6月15日，第1版。

起来。"①

如何千方百计保持农民增收好势头，让亿万农民走上共同富裕的道路？一方面，在支撑农民增收的传统动能正在走弱的背景下，需要从农业产业链价值链上寻找增加农民收入的突破口，从乡村新产业新业态发展中探索增加农民收入的新模式，从农村产权制度改革中找到激活农民资产以增加农民收入的新方式，从促进县域经济发展中拓展农民就业创业以增加农民收入的新空间，实现由依赖传统路径向激发新动能转变。②

另一方面，在全面推进乡村振兴的进程中，需要着力破解城乡各类主体发展不平衡、小农户分享农业现代化成果不充分，城乡居民收入不平衡、农民增收渠道拓展不充分，城乡资源配置不平衡、农民权益享受不充分等现实难点与堵点，③ 以县域城乡融合发展为取向，重塑城乡关系，建立健全最广泛公正的城乡权益共享机制，推进发展动力变革，形成城市、乡镇、村庄三者的功能分工与互补，优化城乡空间的区域布局，④ 使县域工业化、城镇化成为农业农村现代化的发动机，不断拓宽农民的增收渠道，推动城乡命运共同体加快形成。

第三节　脱贫攻坚向乡村振兴转型的战略重点

脱贫攻坚向乡村振兴转型是中国经济社会发展战略的重大转型，本质上是要从经济社会发展的短板入手，围绕破解城乡发展不平衡乡村发展不充分的时代难题，推动经济社会从量变向质变的转型，促进经济社会向质量变革、效率变革、动力变革的高质量发展、高品质生活、高效能治理转轨。因此，从脱贫攻坚向乡村振兴转型，战略重点主要是立足于两大战略的有效衔接，基于变革的发展逻辑，以新的形势、新的阶段、新的目标为转型方向，加快由产业扶贫向产业振兴转变、人才帮扶向人才振兴转变、

---

① 《习近平主持农村改革座谈会：加大推进新形势下农村改革力度 促进农业基础稳固农民安居乐业》，《人民日报》2016年4月29日，第1版。
② 陈文胜：《积极应对乡村发展新阶段的五个挑战》，《农民日报》2021年6月2日，第3版。
③ 陈文胜：《大国村庄的进路》，湖南师范大学出版社，2020，第203页。
④ 陈文胜：《中国迎来了城乡融合发展的新时代》，《红旗文稿》2018年第8期。

文化扶贫向文化振兴转变、生态扶贫向生态振兴转变、党建扶贫向组织振兴转变，构建农业高质高效、乡村宜居宜业、农民富裕富足的农业农村现代化新发展格局。①

一　由产业扶贫向产业振兴转变

精准扶贫的核心内容是产业扶贫，对于脱贫户的稳定收入和地区经济的复苏具有不可忽视的作用。然而，在扶贫产业发展过程中，存在过度依赖国家政策的现象，习惯于接受政府的直接帮扶而缺乏市场化的经营意识和技能，这最终导致了扶贫项目完成后的可持续发展困境。产业结构单一、同质化突出，市场竞争力不足，易受宏观经济波动和市场变化的冲击，后续发展空间受限，削弱了内生发展动力和自我造血功能。乡村振兴的根本在于产业振兴，亟须以高质量发展为主线实现产业兴旺，为农业强、农村美、农民富提供持续有力的保障。

（一）加强科技赋能，构建现代化农业体系

坚持科技兴农，用科技和现代化、机械化、信息化装备引领农业高质量发展，是现代农业发展的重要趋势。随着农业科技的迅速发展，农业技术创新能力不断提升，为乡村振兴和农业高质量发展注入了强劲动能、提供了有力支撑。

推进乡村产业兴旺，必须大力推进科技强农，一方面要深化农业科技成果转化和推广应用的体制机制改革，使高新农业技术、高端农业设备、现代管理经验能够得到更好的综合利用，不断提升先进农业技术装备、现代生物技术、精准化信息技术对农业规模化、良种化、信息化的支撑水平。另一方面要大力推进农业生产的数字化改造，通过"互联网+"和智慧农业，推进数字田园、智慧养殖、智能农机的快速发展，加强智慧农业技术与装备研发，推动形成以科技创新为核心的现代化农业生产体系、产业体系和经营体系。

（二）推进特色赋能，提升乡村产业竞争力

要立足区域资源禀赋与市场需求，发展具有地域特色的产业，让独特

---

① 陈文胜：《牢牢把住接续推进脱贫攻坚到乡村振兴的关键与核心》，《湖南日报》2020 年 9 月 24 日，第 4 版。

的地域资源得到有效利用。特色产业涵盖特色种养、特色食品、特色手工业和特色文化等乡村发展潜力巨大的高附加值产业，是有效激发乡村产业内生力的主攻方向，是实现乡村产业振兴的重要途径。

重点要加强区域地方品种种质资源保护和开发，发挥各地资源禀赋和独特历史文化的优势，加快小种类、多样性特色种养的优势特色产业的发展。把创建特色鲜明、优势集聚、市场竞争力强的特色农产品优势区作为提升乡村产业竞争力的攻坚方向，通过建立利益联结紧密的运行机制，推动各区域特色乡村产业集群的建立。大力实施产业兴村强县行动，促进农产品生产精细化管理与品质控制体系的逐渐建立，培育各具地域特色的农产品品牌，形成"一乡一业、一村一品"的发展格局。①

（三）促进产业融合赋能，拓展乡村产业发展空间

乡村产业振兴不仅要特色赋能，更要在产业链上下游形成紧密联结，确保产业可持续发展与乡村经济体系的稳定性。随着乡村的多功能拓展、农业多元价值的不断提升，乡村不再只是从事单一农业生产的空间，产业融合发展就成为乡村产业振兴的必由之路。

面对城乡格局的重大变迁，需要深入发掘乡村在生态涵养、休闲观光、文化体验、健康养老等方面的多元功能和多元价值，发展乡村新业态与新产业，形成乡村产业融合发展的新载体与新模式。加快要素的跨界优化配置与产业有机融合，使乡村一二三产业在融合发展中实现同步升级与同步增值以及同步受益，建立多要素聚集与多业态发展、产业深度交叉融合的乡村产业融合格局。②

（四）强化生态绿色赋能，增强农业可持续发展能力

绿色是农业的底色，生态是农业的基础。加快绿色发展，保障农产品的质量安全，实现农业的可持续发展，是乡村产业振兴的基本要求。针对中国农业普遍存在的面源污染、耕地质量下降、农产品品质下降等突出问题，坚持以生态环境友好和资源永续利用为导向，优化农业生产布局。坚

---

① 中共中央、国务院：《乡村振兴战略规划（2018—2022年）》，《中华人民共和国国务院公报》2018年第29号。

② 中共中央、国务院：《乡村振兴战略规划（2018—2022年）》，《中华人民共和国国务院公报》2018年第29号。

持宜农则农、宜牧则牧、宜渔则渔、宜林则林，强化对资源的保护与节约利用。

把发展节地节能节水等资源节约型农业产业作为关键之举，推动向投入品减量化、生产清洁化、废弃物资源化、产业模式生态化的农业绿色生产方式转变。以生态效应和低碳效应建立健全生态产品价值实现机制，逐步建立起农业生产力与资源环境承载力相匹配的生态农业新格局，提高农业可持续发展能力。[①]

二　由人才帮扶向人才振兴转变

精准扶贫的人才帮扶以短期输入为主，重点在于满足基础服务需求。而乡村振兴的人才振兴则要求形成自我循环稳定的人才体系，着重解决农村人才断层问题，构建长效激励机制，提升人才的质量和效能。习近平总书记指出，推动乡村人才振兴，要把人力资本开发放在首要位置，强化乡村振兴的人才支撑。[②] 实施乡村振兴战略，必须破解人才瓶颈制约，畅通智力、技术、管理下乡通道，大力培养本土人才，引导城市人才下乡，推动专业人才服务乡村，培养造就一支懂农业、爱农村、爱农民的"三农"工作队伍。

（一）立足本土育人才

不断优化乡村人才培育机制，立足本土优势和特点积极培育人才，提升农村人力资源存量，是实现乡村人才振兴的首要命题。必须顺应农业农村现代化要求，着力培育新型职业农民，实施新型职业农民培育工程，全面建立职业农民制度，完善配套政策体系，加快培育爱农业、懂技术、善经营的新型职业农民，促进农民实现由身份向职业的现代变迁。

积极培育乡村"能人"，推选新型经营主体领头人担任村"两委"成员，培养村"两委"成员逐渐发展成为新型经营主体领头人，创新多种培养方式以提高乡村干部队伍的整体素质，把能人培养成乡村干部、把乡村干部培养成能人。培育优秀专业人才，建立与各个地方实际需要相适应

---

① 陈文胜：《中国农业何以强》，中国农业出版社，2023，第90页。
② 习近平：《论"三农"工作》，中央文献出版社，2022，第269页。

的乡村人才师资体系和多元化人才培育体系，尤其是要加大乡土工匠等乡村实用型人才培养力度，支持社会各方面力量参与乡村人才培养，引导建立乡村人才的实训基地、孵化基地、创新创业平台，不断壮大推进乡村振兴的专业人才队伍。

（二）畅通渠道引人才

乡村振兴不仅要依靠本土人才，还要畅通渠道、创新机制，多举措引进产业发展、经营管理、技术创新等各个领域的优秀人才，聚天下英才而用之。多措并举引进优秀人才，通过设立乡村创新项目，建立乡村专家服务基地，以及鼓励能人返乡创业和政府购买服务等方式，创新乡村人才引进的多方面渠道，集聚各类优秀人才投身到推进乡村振兴进程之中，补齐乡村专业技术人才短板。

吸引返乡创业就业人才，建立离乡在外人才信息库及其联络服务机制，以乡情作为感情纽带，开通优化营商环境政策的"直通车"，激发在外成功人士、"新乡贤"等各类人才返乡创业就业积极性，面向高校毕业生引进人才。打通高校毕业生服务乡村振兴职业发展通道，制定鼓励高校毕业生到乡村基层岗位参与支农、支教的相关政策，引导高校毕业生向乡村发展。[①]

（三）不拘一格用人才

推进农业农村现代化，需要不拘一格选人用人，不断提升乡村人才的数量和质量，以有效应对专业人才短缺问题。畅通社会各界人士服务乡村渠道，既要挖掘内部潜力，敢于打破身份、年龄、学历等条条框框，推进以选人用人唯才是举为关键的人事制度改革。又要创新人才下乡机制，探索离退休干部、知识分子和工商界人士"告老还乡"担任或兼任乡村组织职务的志愿任职机制。[②]

发挥"五老人员"与"新乡贤"的作用，要通过政策平台和产业平台，调动"五老人员"与"新乡贤"参与乡村振兴积极性，吸引在外打工能人返乡，加快乡村产业发展的步伐，优化乡村治理的成员结构。发挥

---

① 曹立：《推进精准扶贫与乡村振兴有效衔接》，《中国党政干部论坛》2020 年第 5 期。
② 陈文胜：《决胜全面小康的主攻方向与途径》，《农村工作通讯》2020 年第 4 期。

科技人才支撑作用，全面建立社会各类专业人员到乡村及其企业挂职、兼职和离岗创新创业制度，创立到乡村服务的志愿者项目，推动形成支撑有力的乡村专业人才队伍。

三　由文化扶贫向文化振兴转变

精准扶贫的文化扶贫主要是解决好扶智与扶志的问题，而乡村振兴的文化振兴主要是解决好铸魂的问题。习近平总书记指出，从中国特色的农事节气，到大道自然、天人合一的生态伦理；从各具特色的宅院村落，到巧夺天工的农业景观；从乡土气息的节庆活动，到丰富多彩的民间艺术；从耕读传家、父慈子孝的祖传家训，到邻里守望、诚信重礼的乡风民俗，等等，都是中华文化的鲜明标签，都承载着华夏文明生生不息的基因密码，彰显着中华民族的思想智慧和精神追求。[①] 在世界百年未有之大变局下，需要用大历史观来审视乡土文化的传承与发展问题，只有深刻地理解中华民族的根在乡村，才能更好地在全面推进乡村振兴进程中把握乡村文化振兴的目标与方向。

（一）深入挖掘、继承创新优秀传统乡土文化

乡村文明是中华民族文明的主体，村庄是乡村文明的载体，耕读文明是中华民族的软实力。农耕文化是中华文化的重要组成部分，要十分珍惜和爱护农耕文化这个中国农业的宝贵财富，不断继承创新、发扬光大。

一方面要保护和传承有形、活态的乡村文化。对古镇、古村落、古建筑、民族村寨、文物古迹、农业遗迹要加大保护力度，要充分挖掘乡村那些具有农耕特质、民族特色、地域特点的民间艺术、戏曲曲艺、手工技艺、民族服饰、民俗活动等文化遗产，确保有形的乡村文化与活态的乡土文化能够生生不息。

另一方面要在传承中不断创新和发展。要处理好保护传承与开发利用的关系，处理好中国农耕文明优秀遗产与现代文明要素的关系，赋予乡土文化以新的时代内涵，让优秀的农耕文明在新时代展现其魅力与风采。

（二）推动乡村文化转化为经济发展的文化产业

文化振兴不再局限于解决文化贫困的问题，更要通过文化发展带动经

①　习近平：《论坚持全面深化改革》，中央文献出版社，2018，第406页。

济提质增效，形成可持续的文化生产力。而发展乡村文化产业是促进乡村文化与经济融合发展的重要途径，是助推乡村振兴的重要引擎，也是传承和发展乡村文化的内在要求。

以文化产业发展带动乡村振兴，活跃乡村的文化生活。① 坚持把社会效益放在首位、社会效益和经济效益相统一，推动乡村文化转化为文化产业，以文化振兴赋能乡村振兴，为乡村振兴提供产业发展动能，实现以文兴业、以文富民。充分利用好各具特色的乡土文化资源，整合乡村文化资源，加强对乡村独特文化资源的开发和市场运作。

通过文化传承、文化开发、文化利用、文化展示、文化再现、文化再造等方式，推进文化与农业、旅游业等产业的深度融合对接，赋予乡土文化全新的文化价值和内涵，提高农耕文化时代品位，重塑现代乡村文化空间，形成独具特色的乡村文化产业，推动乡村文化转化为促进乡村经济发展的文化生产力。

（三）推进社会主义文化与优秀农耕文化紧密结合

坚持以社会主义先进文化引领乡村文化发展，推进社会主义文化与优秀农耕文化紧密结合，推动形成文明乡风、良好家风、淳朴民风，焕发乡村文明新气象。坚持以社会主义核心价值观引导乡村文化发展，加强教育引导、实践养成、制度保障，弘扬民族精神和时代精神，为乡村文化不断注入爱国主义、集体主义、社会主义的灵魂。

要促进以文化人，深入挖掘乡村熟人社会蕴含的道德规范，结合时代要求融合社会主义核心价值观与优秀传统农耕文化中共同蕴含的思想观念、人文精神、道德规范，拓展农民的精神文化生活，改善农民的精神风貌，焕发乡风文明新气象。②

四　由生态扶贫向生态振兴转变

精准扶贫的生态扶贫主要是通过生态建设、生态补偿、生态产业发展等扶贫方式，来解决好扶贫开发与生态保护相协调、脱贫致富与可持续发

---

① 唐任伍：《新时代乡村振兴战略的实施路径及策略》，《人民论坛·学术前沿》2018 年第3 期。

② 《中共中央　国务院关于实施乡村振兴战略的意见》，《人民日报》2018 年 2 月 5 日。

展相促进的问题。而乡村振兴的生态振兴，是要以绿水青山就是金山银山的理念为引领，以生态环境友好和资源永续利用为导向。习近平总书记指出，良好生态环境是农村最大优势和宝贵财富，推动乡村自然资本加快增值，让良好生态成为乡村振兴的支撑点。① 推进生态振兴，关键是以优化农村人居环境和完善农村公共基础设施为重点，全面实施乡村建设行动，把乡村建设成为农民安居乐业的美丽家园，让良好生态成为乡村最丰富的资源、最突出的优势、最核心的竞争力。

（一）着力构建乡村绿色生产空间

将生态资源优势转化为经济发展的新优势，建立绿色发展的产业体系，推动形成绿色发展方式，加快构建起乡村绿色生产格局。

一方面是大力推动乡村产业生态化。严格乡村产业环境准入，建立乡村产业环境准入负面清单和绿色发展分类综合评价制度。支持农产品加工园区循环化改造，推进清洁生产和节能减排。加快现有乡村产业绿色改造升级，完善环境基础设施。调整优化农业结构，推进农产品向最适宜、最有生态优势的区域集中，错位发展具有鲜明地域特色的生态农产品，形成地域特色鲜明、区域分工合理、高质高效发展的绿色农业发展布局。②

另一方面是有序推进乡村生态产业化。鼓励发掘生态涵养、休闲观光、文化体验、健康养老等生态功能，利用"生态+"等模式，推进生态资源与旅游、文化、康养等产业融合。依托乡村独特的生态资源、农业、人文优势，探索乡村"两山"转化路径模式，促进乡村旅游业向资源节约型和环境友好型生态旅游转变。

（二）着力提升乡村自然生态空间

坚持全民共治、源头防治，全面加强乡村生态建设和环境保护，巩固提升乡村生态环境优势。加强对乡村生态保护红线、环境质量底线、资源利用上限和生态环境准入清单的宏观管控，全面开展区域空间生态环境评价，坚决防止污染下乡、垃圾下乡，从源头上防范新增乡村污染源。

推进农村生态环境系统治理与修复，深入推进土壤污染防治，加强农

---

① 习近平：《论坚持全面深化改革》，中央文献出版社，2018，第403~405页。

② 陈文胜：《中国农业何以强》，中国农业出版社，2023，第101页。

业面源污染综合防治，统筹推进退耕还林还草、湿地保护与恢复、水生态治理等生态工程建设，保护好林草、溪流、山丘等生态细胞，恢复田间生物群落和生态链，建设健康稳定田园生态系统。加强乡村生态环境全域管控，全面落实河长制、湖长制、山长制、林长制，做到从流域到区域、从大江到小河、从山林到草地，全覆盖、无死角的生态链和责任网，全面筑牢乡村重要生态屏障。①

（三）着力优化乡村人居生活空间

以建设美丽宜居村庄为导向，以农民群众答应不答应、高兴不高兴、满意不满意作为实施乡村建设行动的前提条件，以农村垃圾、污水治理和村容村貌提升为主攻方向，推进乡村人居环境整治，全面改善乡村人居环境，为老百姓留住鸟语花香田园风光，真正使乡村建设是为农民而建，符合农民群众的深切期盼和美好需要。

加强村庄规划建设和管控。保护村容村貌、乡情乡韵，杜绝大拆大建、千村一面，坚持保留乡土历史文化遗存，彰显乡村自然特色，与当地文化和风土人情相协调，努力留住绿水青山，留住美丽乡愁，打造各具特色的现代版"富春山居图"。

全面推进乡村环境提质。大力推进农村垃圾、污水、厕所专项整治"三大革命"，实施"蓝天、碧水、宁静、绿地、田园"环保行动，努力补齐影响农民群众生活品质的短板，确保村庄环境干净、整洁、有序，推进山水田园绿化美化净化，建设生产高效、生态宜居、生活美好的美丽宜居新农村。

持续强化乡村环境污染治理。聚焦农村生产生活生态环境"脏乱差"问题，持续开展农村人居环境整治行动，全面推进农村生活垃圾治理，推进畜禽粪污资源化利用和农膜污染治理，强化秸秆综合利用，努力为乡村居民创造一个干净整洁的生活环境。

五　由党建扶贫向组织振兴转变

精准扶贫的党建扶贫主要是通过加强党的建设，凝聚各方力量的组织

---

① 中共中央、国务院：《乡村振兴战略规划（2018—2022年）》，《中华人民共和国国务院公报》2018年第29号。

优势和密切联系群众的社会动员优势，为扶贫攻坚提供坚强的政治保证。而乡村振兴的组织振兴是以乡村治理体系和治理能力现代化为核心要求，通过农村党建工作与乡村振兴的深度融合，把党的全面领导落实到乡村振兴战略实施全过程，使乡村振兴成为全党全社会的共同行动。习近平总书记明确提出，推动乡村组织振兴，建立健全党委领导、政府负责、社会协同、公众参与、法治保障的现代乡村社会治理体制，确保乡村社会充满活力、安定有序。① 因此，组织振兴是乡村振兴的重要目标也是重要保障，无疑是乡村振兴的"第一工程"。

（一）不断夯实农村基层党组织根基

农村基层党组织与基层群众距离最近、联系最广、接触最多，是党在农村全部工作和战斗力的基础。习近平总书记指出，党的基层组织是党的肌体的"神经末梢"，要发挥好战斗堡垒作用②，要重点加强基层党组织建设，全面提高基层党组织凝聚力和战斗力③。

要加强党对农村工作的全面领导，着力健全基本组织、建强基本队伍、执行基本活动、完善基本制度。持续整治软弱涣散基层党组织，不断建强基层党组织，夯实基层战斗堡垒，增强农村基层党组织的战斗力、凝聚力。增强基层党组织在农村事业发展中的领导核心作用，使党组织的战斗堡垒作用和党员的先锋模范作用得到充分发挥，把基层党组织的政治优势、组织优势转化为推动党员群众创业致富、推动乡村产业振兴的发展优势。

（二）加快发展新型农村集体经济组织

发展壮大新型农村集体经济，有利于巩固夯实党在农村的执政基础、乡村全面振兴的物质基础和乡村治理体系的组织基础，对巩固拓展脱贫攻坚成果与推进乡村振兴具有重要的实践意义。

坚持把党的全面领导贯穿于发展壮大新型农村集体经济全过程，立足区位条件和资源禀赋，因地制宜、因村施策，在巩固提升传统发展路径基

---

① 习近平：《论"三农"工作》，中央文献出版社，2022，第269页。
② 习近平：《在全国组织工作会议上的讲话》，人民出版社，2018，第7页。
③ 《习近平在贵州调研时强调：看清形势适应趋势发挥优势 善于运用辩证思维谋划发展》，《人民日报》2015年6月19日，第1版。

础上，不断拓展农村集体经济发展领域。在巩固拓展资源发包、物业租赁、资产经营等传统发展路径的基础上，创新新型农村集体经济发展路径，持续激发农村集体经济发展新动能。健全完善新型农村集体经济运营机制，实现新型农村集体经济高质量发展，带领广大农民群众实现共同富裕。

（三）　健全充满活力的基层群众自治制度

以村民自治为重要内容的基层群众自治制度，是推进乡村振兴战略有效落实到具体乡村组织活动中的根本保障。以中共中央办公厅、国务院办公厅印发的《关于加强和改进乡村治理的指导意见》为指引，[①] 适应新时代农村社会治理新趋势，积极推进基层群众自治的制度化、规范化、程序化。

关键是要划清政府管理权和群众自治权的边界，探索创新基层群众自治实现途径，搭建便捷的议事平台，做到民事民议、民事民办、民事民管。要在各环节持续发力，不断优化党对乡村自治的领导机制，强化农民群众在乡村治理中的主体地位，健全乡村组织的民主管理制度，切实维护农民的合法权益，把党的领导、人民当家作主、依法治国有机统一于乡村治理体系与治理能力的现代化。

第四节　脱贫攻坚向乡村振兴转型的路径选择

全面脱贫后，构建全面推进乡村振兴的新发展格局，不仅要从脱贫攻坚到全面推进乡村振兴转型的历史脉络和现实状况来看，还要从全面现代化的发展趋势来看。全面建成小康社会后的新发展阶段，需要从共同追求和发展趋势两个方面探究向更高一级社会发展的全面现代化生成状态和具体形态及实践路径，这个过程要从历史逻辑和社会共识的视角来思考中国的全面现代化，最关键的战略目标是把社会主义国家的本质要求，落实到人的全面发展和社会的全面进步上，走出一条具有中国特色的农业农村现代化新路。

---

① 《中共中央办公厅、国务院办公厅印发〈关于加强和改进乡村治理的指导意见〉》，《中华人民共和国国务院公报》2019 年第 19 号。

一　发展理念上注重可持续性

从脱贫攻坚到全面推进乡村振兴的转型绝不仅是一个政策性问题，不能偏重于现实层面和实践经验层面关注实践的运作逻辑，而需要更多地探讨全面现代化进程中发展理念等深层次理论问题与制度逻辑。因此，脱贫攻坚向乡村振兴转型的战略目标和战略任务是重点和难点，其思想和理念是战略目标、战略任务转型的基础和前提。

推进脱贫攻坚向乡村振兴的转型，需要以历史的眼光和全球化的视野，将大国小农的国情与新型工业化、新型城镇化、信息化、农业现代化与粮食安全等一系列问题联系在一起，放在马克思与恩格斯关于城乡关系的理论逻辑、中国特色社会主义现代化进程中工农城乡关系的历史逻辑、全面推进乡村振兴背景下城乡融合发展的现实逻辑、国家治理体系和治理能力现代化的制度逻辑中去考察，从中国乡村发展变迁的总体脉络中研判农业农村现代化规律与趋势，回应新时代中国特色社会主义乡村振兴道路的新要求。

从脱贫攻坚向乡村振兴转型，也就是由"攻坚体制"解决绝对贫困问题为主的战略重点逐步向"长效机制"实现乡村振兴为主的战略重点转变，需要从长期战略和短期目标的关系维度，把握全面推进乡村振兴的综合性、整体性、渐进性和持久性特点，由短期目标的阶段性攻坚向长期战略的可持续发展推进。而乡村发展有着独特的自身规律，不仅要顺应经济规律，更要顺应自然规律和社会发展规律，还要确保全球人口大国的粮食安全。而这次暴发的全球性疫情对全世界经济社会和乡村发展而言，都构成了一个分水岭，都面临着发展理念的反思和发展体系的重构。

二　要素配置上注重高质量导向

从脱贫攻坚向乡村振兴转型，是围绕破解城乡发展不平衡、乡村发展不充分的时代难题，加快构建新发展格局，向质量变革、效率变革、动力变革的高质量发展转轨。因此，脱贫攻坚与乡村振兴的目标路径衔接是关键，转型是核心。以全面现代化为新起点，不只是巩固拓展脱贫攻坚成果与全面推进乡村振兴的有效衔接，更是推动全面小康向全面现代化发展的转型，也就是以解决绝对贫困问题为目标的"攻坚体制"向以全面推进乡村振兴为目标的"长效机制"全面转型，是从量变向质变的转型。

而城乡要素交换不平等与公共资源配置不均衡是导致乡村利益流失、形成城市对乡村资源的"吸附效应"、严重制约城乡融合发展的最基础、最重要的原因。坚持农业农村优先发展、推进乡村振兴，必然要求政府优先投入，关键在于处理好政府与市场的关系，既发挥市场优化要素配置的优势，又发挥社会主义制度集中力量办大事的优势，全面推进乡村振兴。党的十八届三中全会提出要更好地发挥政府作用的同时，发挥市场配置资源的决定性作用，① 推动经济发展质量变革、效率变革、动力变革，加快高质量发展，为接续推进从脱贫攻坚到全面推进乡村振兴的转型提供了根本遵循、指明了前进方向。

这就需要进一步分析市场与政府在乡村振兴要素配置上的职能边界与相互关系，把握好如何发挥市场有效配置要素的功能以及政府服务公众、协调利益、纠正市场失灵的作用，使乡村要素在市场经济中得到激活，让乡村经济发展顺应市场规律，形成从行政推动为主逐步转变为政府引导下市场驱动为主的高质量发展机制。

三　发展动力上注重农民主体地位

在全面建成小康社会的历史拐点，从脱贫攻坚战向全面推进乡村振兴战略转型，主要矛盾和任务逐步转移到建立乡村振兴的长效机制上来，需要实现从外部"输血"到内部"造血"的战略转型，关键是激发乡村的内生动力。如何按照"产业兴旺、生态宜居、乡风文明、治理有效、生活富裕"的总要求，② 实现"农业强、农村美、农民富"战略目标，从增强广大农民获得感和适应发展阶段的关系看，必须坚持农民的主体地位，合理设定阶段性目标任务和工作重点，着力解决农民群众最关心最直

---

① 《中共中央关于全面深化改革若干重大问题的决定》，《人民日报》2013 年 11 月 16 日，第 1 版。

② 习近平：《决胜全面建成小康社会　夺取新时代中国特色社会主义伟大胜利——在中国共产党第十九次全国代表大会上的报告》，《人民日报》2017 年 10 月 28 日，第 1 版。

接最现实的利益问题，以充分调动农民的积极性、主动性、创造性。①

最大多数人的利益是最紧要和最具有决定性的因素，这是马克思主义的基本观点，坚持以人民为中心的发展思想，是马克思主义政治经济学的根本立场。农民是乡村振兴的建设者，也是乡村振兴的受益者，还是乡村振兴效果的衡量者，如果农民没有积极性，乡村振兴就必然难以实现。②只有把"以人民为中心"这一最具基础性、广泛性的社会发展落实到乡村振兴的农民主体地位上来，广大农民群众才能真正成为中国乡村振兴的主体，才能全面激发农民的主体积极性、乡村的内生动力，去创造真正属于农民自己的生活。

因此，农民作为乡村发展的直接参与者与受益主体，其创造性劳动是提升乡村内生动力的源泉。在乡村振兴中，如何在不同地区、不同产业背景下增进农民的可行能力，促进农民由"能脱贫"向"可持续发展"转变，③应在坚持乡村和农民主体地位的基础上推动农业农村与现代化发展的有机结合。④在发展动力上，基于增进农民的福祉，"保障农民的物质利益、尊重农民的民主权利"，必须以农民的动力为基础，在动力机制上实现"党的引领力、政府的推动力、市场的原动力、农民的创造力、社会的协同力"相融合，⑤建立"以政府力量为主导、以农民力量为主体、以社会力量为主力"的新机制，推进实现"以人为中心"的乡村振兴。

四　实现路径上注重公平与效率相统一

习近平总书记提出，要把乡村振兴作为全党全社会的共同行动。⑥发挥社会主义集中力量办大事的制度优势和共产党凝聚社会共识的政党优势，以公平与效率相统一为原则调动和动员全社会的力量与资源推进乡村

---

① 陈文胜：《乡村振兴的历史逻辑与现实进路》，《书屋》2021年第7期。
② 陈文胜：《中国乡村何以兴》，中国农业出版社，2023，第147页。
③ 赵普兵、吴晓燕：《脱贫攻坚与乡村振兴有效衔接：基于农民可行能力的分析》，《理论探讨》2022年第6期。
④ 叶敬忠：《乡村振兴战略：历史沿循、总体布局与路径省思》，《华南师范大学学报》（社会科学版）2018年第2期。
⑤ 陈文胜、李珊珊：《论新发展阶段全面推进乡村振兴》，《贵州社会科学》2022年第1期。
⑥ 中共中央党史和文献研究院编《习近平关于"三农"工作论述摘编》，中央文献出版社，2019，第19页。

振兴，会更多地倾向于全面推进乡村振兴"共同行动"的客观必要性；从中国特色社会主义农业农村现代化的目标出发，就应更多地思考全面推进乡村振兴、实现"共同富裕"的客观必然性。"共同行动"基于社会主义制度优势，不只是通过全面小康以解决基本生存问题以及相对贫困问题，更是解放生产力、发展生产力以缩小贫富差距、实现"共同富裕"的全面现代化问题。社会主义的制度逻辑是"共同富裕"，如果"共同富裕"不足，那全面推进乡村振兴的"共同行动"就必然缺乏实际内容，也就无法形成公平与效率相统一的"共同行动"。"共同行动"与"共同富裕"必须统一起来，在"共同行动"中"共同富裕"，在"共同富裕"中"共同行动"，用"共同行动"促"共同富裕"和用"共同富裕"保障"共同行动"。

"共同行动"与"共同富裕"相统一是需要条件的，在发展中国家尤其困难。这就需要发挥社会主义的制度优势和共产党的政党优势，突出超越利益群体的引领作用，把加强党的领导贯穿于推进乡村振兴的全过程，平衡国家权力相对于社会的自主性和嵌入性，不断提高新时代党全面领导"三农"工作的能力和水平。因此，"共同行动"与"共同富裕"的统一性就落在社会主义制度上。同时也要看到，中国本身就具有"共同行动"与"共同富裕"的大同社会历史传统与价值追求。所以，"共同行动"与"共同富裕"既统一在社会主义制度中，也统一在中国的历史与国情中。

推进公平与效率相统一的高质量发展，探索"共同行动"与"共同富裕"相统一的有效实现形式，既要发挥优化要素配置的市场决定性作用，又要发挥社会主义制度优势和党超越利益群体的引领作用，着力破除城乡发展不平衡、乡村发展不充分的问题。在不断破除城乡二元结构、推进城乡融合发展中，为广大农民构建城乡权益共享更加广泛更加公正的命运共同体，让全社会在共同推进乡村振兴的"共同行动"中共享全面推进乡村振兴的发展成果，使"共同行动"与"共同富裕"相统一的有效实现形式成为优化资源要素与集聚社会力量的转换器，不断推进农业农村现代化进程。

五 体制机制上注重区域差异性

从推进脱贫攻坚到全面推进乡村振兴的转型，需要把握好一般性和特殊性的关系，充分考虑不同地区的自然条件、经济基础、文化传统、资源禀赋的差异性，从根本上避免"一刀切"的官僚主义、形式主义行政推进方式。一般性就是人类社会乡村变迁与农业农村现代化的一般趋势及其在中国的体现，核心是坚持农业农村优先发展的原则重塑城乡关系，加快形成工农互促、城乡互补、全面融合、共同繁荣的新型工农城乡关系，着力解决城乡二元结构的问题，使农业农村的发展进程不再服从工业化、城镇化的战略需要而延缓。

特殊性就是中国幅员辽阔，地区间由地理位置、资源禀赋、文化基因、政策取向等多方面原因导致不同区域不同发展历史进程之间非常复杂的差异性，呈现区域不平衡发展的现实特征。从顶层设计与基层探索的关系看，必须充分考虑到不同区域不可能一个目标、一个模式同步发展，最大的挑战就是如何把它们统一起来，就迫切需要自上而下的国家整体制度安排与自下而上地发挥亿万农民的主体作用和基层首创精神相结合，实现战略目标的一致性与实现路径的多元性相统一。

这就要具有超越碎片化的问题意识，遵循大国制度创新、注重地方创新的特殊规律。从全局看趋势：工业化使乡村人口不断向城市集聚，这个过程一直就是人类现代化的历史进程；而实现中国的农业农村现代化，就必须根据中国特色社会主义乡村振兴道路的制度框架和价值目标的要求，把从脱贫攻坚到全面推进乡村振兴转型的体制机制与制度构建，落实到重塑城乡关系、走城乡融合发展之路上来，这是中国现代化进程中对乡村经济社会发展的必然要求与发展趋势。

从区域看差异：要实现全面推进乡村振兴的共同目标，需要研判不同区域、不同经济社会发展水平的战略一致性，审视不同发展类别、不同发展阶段的差异性，把整体层面与区域层面的现实、趋势、政策结合起来，构建全面推进乡村振兴战略目标一致性与路径多元性相结合、国家整体制度安排与地方因地制宜探索相结合、基础性制度体系与差异性政策体系相结合的集成化政策方案。①

---

① 陈文胜：《脱贫攻坚与乡村振兴有效衔接的实现途径》，《贵州社会科学》2020年第1期。

第五章　巩固拓展脱贫攻坚成果与乡村振兴有效衔接的湖南案例

湖南是地处中国中部的农业大省和人口大省，有武陵山、罗霄山全国两大"集中连片特困地区"①，是全国脱贫攻坚任务最重的省份之一，也是习近平总书记提出"精准扶贫"的首倡之地。② 为了总结湖南巩固拓展脱贫攻坚成果同乡村振兴有效衔接取得的成效，分析在政策衔接、投入衔接、产业衔接、主体衔接、组织衔接层面存在的主要挑战，以实地调查与书面调研相结合的方式对常宁市、麻阳县、新晃县、靖州县、武陵源区、吉首市、保靖县、花垣县、永顺县、江华县等典型县（区）进行了调研。

第一节　坚持把有效衔接工作摆在头等位置

习近平总书记指出："要切实做好巩固拓展脱贫攻坚成果同乡村振兴有效衔接各项工作，让脱贫基础更加稳固、成效更可持续。"③ 湖南省按照习近平总书记提出的关于巩固拓展脱贫攻坚成果与乡村振兴有机衔接的要求，坚持把有效衔接工作摆在头等位置来抓，各市州坚决守住巩固脱贫

---

① 集中连片特困地区指的是特别贫穷的地区。中国 14 个集中连片特困地区中农民人均纯收入 2676 元，仅相当于全国平均水平的一半；在全国综合排名最低的 600 个县中，有 521 个在片区内，占 86.8%。

② 2013 年 11 月，习近平总书记到湖南湘西十八洞村考察时，首次提出"精准扶贫"的重要思想："实事求是、因地制宜、分类指导、精准扶贫。"

③ 习近平：《在全国脱贫攻坚总结表彰大会上的讲话》，《光明日报》2021 年 2 月 26 日，第 2 版。

攻坚成果的底线，努力做好"三大衔接"，着力推进"三大转型"，不断探索农业大省全面推进乡村振兴的实践路径，取得了较好成效。

一　强化问题整改与动态清零

坚持把巩固拓展脱贫攻坚成果作为全面推进乡村振兴的首要任务，严格按照"四个不摘"总体要求，及时延续、优化、调整帮扶政策，确保政策连续稳定，对抽查、普查和考核发现的问题及时整改，查缺补漏、动态清零，坚决守住不发生规模性返贫的底线，坚决把来之不易的脱贫攻坚成果巩固好、拓展好，不断筑牢乡村振兴基础。

（一）织密社会兜底保障网，确保脱贫人口保障一户不"漏"

"兜"住最困难群众，"保"住最基本生活，是关系脱贫攻坚成果持续有效的大问题。在巩固拓展脱贫攻坚成果与乡村振兴有效衔接的关键节点，湖南各地把巩固"两不愁三保障"成果作为巩固拓展脱贫攻坚成果的底线任务，立足实际，聚焦脱贫人口基本生活、义务教育、基本医疗、住房安全和饮水安全有保障等方面，通过常态化排查、及时性整改、责任化保障，采取有力措施织密社会兜底保障网，不断提升"两不愁三保障"水平，确保脱贫攻坚成果更加稳固、更可持续。

1. 强化基本生活保障

把保障困难群众基本生活摆在重要位置，对困难群众生活保障做到水平不降低、力度不减弱、工作不放松，着力巩固提升脱贫攻坚兜底保障成果。如湘西自治州保靖县将农村居民最低生活保障标准提升到 370 元/月，农村特困人员供养标准提升到 485 元/月。未纳入低保或特困供养范围的低收入家庭中的重病、重残人员参照"单人户"纳入低保范围；符合教育、医疗、住房、就业等专项救助条件的按程序纳入救助范围。对急难型困难群众实行"先行救助"。规范"一门受理、协同办理"机制，完善部门协调、信息共享等机制。到 2021 年，已临时救助 275 户，发放救助金 33.4 万元。对在医保报销范围外的残疾人辅助器具、特定的康复训练按相关政策给予帮扶，全县享受残疾人两项补贴共计 10544 人。①

---

① 《保靖县巩固拓展脱贫攻坚成果同乡村振兴有效衔接工作开展情况汇报》，打印稿。

永州市农村低保标准提高至 4500 元/年，残疾人"两项补贴"提高至 70 元/人·月，月人均救助水平达到 250 元，超出省定标准 12 元；全市新增纳入低保 235 人、特困 17 人、临时救助 1046 人，认定低保边缘人口 5270 人，临时救助 5.66 万人次。① 张家界市将低保标准提高至每人每年 4000 元以上，按月发放残疾人"两项补贴"，2020 年累计发放 30 多万人次。②

2. 守住义务教育底线

健全义务教育控辍保学工作机制，深化"三帮一"劝返复学行动，确保除身体原因不具备学习条件外的脱贫家庭义务教育阶段适龄学生不失学辍学。如湘西自治州加强城乡教师合理流动和对口支援，继续实施农村义务教育阶段教师特岗计划、中小学幼儿园教师国家培训计划、乡村教师生活补助等政策，优先满足乡村对高素质教师的需求。③ 其中花垣县落实教育帮扶政策，共发放学生资助金 2143.16 万元，惠及学生 32033 人次，建档立卡的义务教育对象 100% 入学。④

怀化市持续改善义务教育办学条件，加强乡村寄宿制学校和乡村小规模学校建设，加强职业院校（含技工院校）基础能力建设，进一步实施家庭经济困难学生资助政策和农村义务教育学生营养改善计划。其中靖州县 2020 年春季学期继续发放建档立卡贫困学生资助 487.9 万元，惠及脱贫学生 7654 人次；雨露计划补助 189.5 万元，惠及脱贫学生 1263 人次。通过特殊教育学校、普通学校随班就读及送教上门等措施，三类残疾儿童少年入学率 100%。全县义务教育阶段无一人因贫辍学。⑤

3. 扩大基本医疗覆盖面

落实分类资助参保政策，确保脱贫人口、边缘易致贫人口参保率达100%，稳妥推进新老医保等政策衔接，有效防范因病返贫致贫风险。如湘西自治州不断完善大病专项救治政策，优化高血压等主要慢病签约服

---

① 永州市乡村振兴局：《全市实施乡村振兴战略工作情况通报》，打印稿。
② 张家界市扶贫办：《张家界市 2020 年脱贫攻坚工作总结》，打印稿。
③ 《湘西州巩固拓展脱贫攻坚成果同乡村振兴有效衔接工作情况调研材料》，打印稿。
④ 《花垣县巩固拓展脱贫攻坚成果同乡村振兴有效衔接工作开展情况汇报》，打印稿。
⑤ 靖州县扶贫办：《靖州县扶贫办 2020 年工作总结》，打印稿。

务，调整完善县域内先诊疗后付费政策。实施全科医生特岗和农村订单定向医学生免费培养计划，继续开展医院对口帮扶并建立长效机制，支持医疗卫生机构完善医疗设备等基础设施建设，不断提升县级、乡镇卫生院的诊疗和疾病防控能力。[①] 其中花垣县落实医疗救助政策，建档立卡人口100%参加城乡居民基本医疗保险和大病保险。[②]

怀化市麻阳县对脱贫人口医保资助、家庭医生签约服务管理实现全覆盖；全面落实大病专项救治、"先诊疗后付费"、"一站式"结算和扶贫特惠保等医保政策，综合保障后实际报销比例达到了88.44%；乡镇卫生院全科医生全部配备到位；村级卫生室建设全部达标，空白村正常开展执业。[③] 张家界市稳步推进"六重医疗"向"三重医疗"保障过渡，实现脱贫人口和监测对象参保率100%，脱贫人口四类慢性病患者签约服务全覆盖。[④]

4. 确保住房安全稳定

建立农村住房安全动态监测清零机制，及时将脱贫人口、边缘易致贫人口动态新增危房和因灾致危农房纳入改造范围，确保农户住房安全有保障。如张家界市健全住房安全动态监测机制，及时解决因灾住房安全问题，改造资金全部拨付到位，949户四类重点对象的住房已全部竣工入住。[⑤] 到2020年底，怀化市完成农村危房改造11.75万户。[⑥] 永州市2021年新增危房改造年度任务1156户，2021年上半年开工率达87.89%、竣工率60.73%。[⑦]

张家界武陵源区实施"阳光住房"工程，全面落实危房改造、易地扶贫搬迁等政策，建成易地扶贫搬迁安置用房20套，拆旧复垦率达100%；完成危房改造87户，发放资金149.5万元，确保了危房户"住有

---

① 《湘西州巩固拓展脱贫攻坚成果同乡村振兴有效衔接工作情况调研材料》，打印稿。

② 《花垣县巩固拓展脱贫攻坚成果同乡村振兴有效衔接工作开展情况汇报》，打印稿。

③ 麻阳县扶贫办：《2020年度脱贫攻坚工作总结》，打印稿。

④ 中共张家界市委、张家界市人民政府：《张家界市巩固拓展脱贫攻坚成果同乡村振兴有效衔接工作情况汇报》，打印稿。

⑤ 张家界市扶贫办：《张家界市2020年脱贫攻坚工作总结》，打印稿。

⑥ 怀化市乡村振兴局：《关于市〈政府工作报告〉的相关材料》，打印稿。

⑦ 永州市乡村振兴局：《全市实施乡村振兴战略工作情况通报》，打印稿。

所居"。①

5. 清零饮水安全隐患

建立长效运行管护机制，着力巩固已建农村供水工程成果，同时补齐短板，着力消除农村饮水安全隐患，不断提升农村供水保障水平。如张家界市开展常态化"回头看"动态清零，469 个到村到户农村饮水安全问题全部清零，脱贫地区饮水安全得到全面保障。② 怀化市 2020 年实施农村饮水安全巩固提升工程 541 处，累计建成各类农村供水工程 8568 处，87.07 万人饮水不安全问题得到有效解决，420 万农村人口实现安全饮水全覆盖。③ 永州市 2021 年农村供水工程建设完成投资达 1.12 亿元。④

（二）扭住产业发展"牛鼻子"，稳定脱贫人口就业一人不"失"

乡村要振兴，产业是基础。产业振兴是乡村振兴的重中之重。产业发展的强弱，直接影响农民就业和增收致富。抓住产业就业就抓住了巩固脱贫攻坚成果的"牛鼻子"。湖南省因地制宜，积极探索发展特色农业产业，带动和保障脱贫人口稳定就业创业，加大易地搬迁后续帮扶支持力度，继续做好企业到村、产业到户、就业到人，以稳定的、不断增长的、可持续的产业确保脱贫人口就业稳中提质。

1. 大力发展农业特色产业

因地制宜，变传统为特色，化特色为优势，积极发展特色优势农业产业，依托农产品全产业链增大就业容量，持续巩固产业就业成果。如湘西自治州狠抓产业就业帮扶，通过发展茶叶种植、烟叶种植、油茶种植、生猪养殖等特色产业转移劳动就业。持续推进消费扶贫，湘西州获国家发布的消费扶贫供应商达 616 家，扶贫产品达 3591 个。⑤ 其中保靖县立足实际，增加"两茶一果"（即保靖黄金茶、油茶、柑橘）种植规模，发展壮大特色农业产业，保靖黄金茶被纳入中欧地理标志协定保护产品，吕洞山镇成为国家农业强镇，韵莱农业鲜脐橙首次进入东南亚菲律宾市场。⑥

---

① 武陵源区扶贫开发办公室：《武陵源区脱贫攻坚工作总结》，打印稿。
② 张家界市扶贫办：《张家界市 2020 年脱贫攻坚工作总结》，打印稿。
③ 怀化市扶贫开发办：《怀化市 2020 年脱贫攻坚工作总结》，打印稿。
④ 永州市乡村振兴局：《全市实施乡村振兴战略工作情况通报》，打印稿。
⑤ 《湘西州巩固拓展脱贫攻坚成果同乡村振兴有效衔接工作情况调研材料》，打印稿。
⑥ 《保靖县巩固拓展脱贫攻坚成果同乡村振兴有效衔接工作开展情况汇报》，打印稿。

怀化市以县市区为单位,因地制宜科学制定乡村产业发展规划,推动乡村产业规模化、组织化、产业化、品牌化发展,着力推进一二三产业融合发展,将更多农业产业就业岗位与增值收益留在当地、留给农民。① 其中靖州县按照"政府搭建园区平台、园区培育龙头企业、企业链接基地农户"的方式大力推进产业扶贫,突出抓好"一县一特""一乡一业""一村一品",聚焦杨梅、茯苓、山核桃、楠竹、生猪、制种、中药材等特色产业,通过"龙头企业+脱贫户""合作社+脱贫户"模式,使所有符合条件的脱贫户和监测户与企业建立利益联结。②

新晃县围绕新晃黄牛、优质稻(侗藏红米)、优质果蔬等特色产业,引导、扶持新型主体建基地、扩规模,肉牛养殖场、一级优质稻种植基地、侗藏红米种植基地、设施蔬菜基地等建设正持续推进。用活用足各类补贴政策及"农担贷"政策,调动新型经营主体发展产业的积极性。2021年全县已发展市级以上龙头企业13家、农民专业合作社421家。积极开展"两品一标"认证,新增1个绿色食品认证。③

张家界市加快发展现代农业产业,持续推进五大优势农产品发展"3+2+N"三年行动,2021年新增莓茶2万亩、"桑植白茶"0.42万亩、"慈利杜仲"0.55万亩,"张家界大鲵"稳定在220万尾左右。各类农业新型经营主体不断壮大,市级以上龙头企业达到190家,农产品加工企业达到968家,休闲农业经营主体达到885个。④

永州市致力于打造"永州之野"特色品牌,2020年在外省设立"永州之野"农产品连锁店128家,授权使用"永州之野""湘江源"品牌企业111家。⑤ 为确保粤港澳"菜篮子"产品产销两旺,2021年上半年新增粤港澳大湾区认定基地16个,累计达到133个,居全省第一位,果蔬

① 周振宇:《在全市巩固拓展脱贫攻坚成果工作推进会议上的讲话》(2021年7月15日),打印稿。
② 《靖州县巩固拓展脱贫攻坚成果同乡村振兴有效衔接工作调研材料》,打印稿。
③ 新晃侗族自治县农业农村局:《2021年上半年农业农村工作总结》,打印稿。
④ 中共张家界市委、张家界市人民政府:《张家界市巩固拓展脱贫攻坚成果同乡村振兴有效衔接工作情况汇报》,打印稿。
⑤ 永州市委实施乡村振兴战略领导小组办公室:《2020年推进实施乡村振兴战略情况报告》,打印稿。

产业发展强劲，蔬菜菌菇出口量稳步增长。①

2. 力保脱贫人口稳岗就业

稳住就业就稳住了农民收入，也就稳住了巩固脱贫成果的大头。各地聚焦脱贫户劳动力和边缘户劳动力，落实稳岗责任，全力稳住脱贫户劳动力外出务工就业基本盘，促进未就业及返乡脱贫户劳动力稳就业、稳收入。如湘西自治州 2021 年农村劳动力转移就业 87.83 万人，比上年增长3.3%，其中转移脱贫户劳动力 23.24 万人，增长 16.14%。② 湘西自治州保靖县以县内企业为重点推进就近就业，稳定就业 220 人、灵活就业 300余人。开展订单式技能培训，引导异地劳务输出 3000 余人。③

怀化市深入开展东西部劳务协作，发挥省外劳务对接机制和省内就业帮扶基地的作用，持续加大脱贫人口劳务输出力度。大力开展"311"就业服务，积极开展"送政策、送岗位、送服务"进乡镇（街道）、进村（社区）、进家庭等专项服务活动，多渠道发布就业岗位信息并"一对一"进行推送，实现求职者与用人单位"点对点"对接，帮助有就业能力、有就业意愿的脱贫群众和退捕禁捕转产渔民等实现充分就业。④ 同时，坚持以创业带动就业，大力扶持龙头企业、专业合作社、家庭农场、种养大户，发展特色产业基地、就业帮扶车间、乡村工厂，打造农民就近就业圈。⑤ 怀化市靖州县全年新增转移就业农村劳动力 1949 人。2021 年外出务工脱贫人口及边缘易致贫人口总数 21493 人，超过上年度外出务工人数（21470 人），稳定开发扶贫特岗 1389 个。⑥

永州市建立帮扶车间 926 个，吸纳就业人员 3.69 万人，其中吸纳脱贫劳动力就业 1.21 万人。通过公益性岗位安置脱贫人口 1.385 万人。2021 年上半年，脱贫人口务工 27.1 万人，较上年底增加 0.53 万人。⑦ 张

① 永州市乡村振兴局：《全市实施乡村振兴战略工作情况通报》，打印稿。

② 《湘西州巩固拓展脱贫攻坚成果同乡村振兴有效衔接工作情况调研材料》，打印稿。

③ 《保靖县巩固拓展脱贫攻坚成果同乡村振兴有效衔接工作开展情况汇报》，打印稿。

④ 周振宇：《在全市巩固拓展脱贫攻坚成果工作推进会议上的讲话》（2021 年 7 月 15 日），打印稿。

⑤ 怀化市人民政府：《乡村振兴工作情况汇报》（2021 年 10 月），打印稿。

⑥ 《靖州县巩固拓展脱贫攻坚成果同乡村振兴有效衔接工作调研材料》，打印稿。

⑦ 永州市乡村振兴局：《全市实施乡村振兴战略工作情况通报》，打印稿。

家界市出台《关于应对新冠肺炎疫情影响支持企业复工复产稳定扩大就业的十条措施》，鼓励合作社、车间、基地积极吸纳脱贫人口就近就业和鼓励乡村两级新增开发公益性岗位，全市开发公益性岗位 5338 个，农村劳动力转移就业培训 6048 人，脱贫人口务工总人数达 10.45 万人。①

3. 强化易地搬迁就业帮扶

易地搬迁脱贫的后续帮扶，最关键的是实现稳定就业。湖南把就业帮扶作为帮助易地搬迁群众搬得出、稳得住、有就业、能致富的重要举措，不断完善后续扶持政策，分类落实帮扶措施。湘西自治州 2021 年易地搬迁户劳动力总人数 41932 人，实现就业 40553 人，有就业意愿的劳动力人口基本实现一户一人有就业。② 其中保靖县为搬迁群众设置公益性岗位 167 个，安置区搬迁群众就业 500 余人。将集中安置点的 61 个扶贫门面出租给搬迁户并实行 3 年租金减半，促成 23 户易地扶贫搬迁户创业，提供就业岗位 109 个。③

怀化市立足作为"十三五"期间全省搬迁人口最多地区的实际，科学编制易地扶贫搬迁后续帮扶"十四五"规划，将以工代赈项目向易地扶贫搬迁领域倾斜，促进搬迁群众就近就业。明确 2021 年创建集中安置综合示范区 4 个，集中安置后续管理示范区、就业帮扶示范区、产业发展示范区 34 个，易地扶贫搬迁自主创业示范户 156 户，分散安置示范户 146 户。④ 其中靖州县以"十四五"易地扶贫搬迁后续帮扶工作规划为"领引"，坚持规划先行、坚持"20 条措施"、坚持"志""智"双扶、坚持融合发展、坚持就业固本、坚持管理提质，先后转移就业 1388 人，有能力和意愿就业者就业率达 100%。⑤

张家界市集中安置点设立管理机构 195 个，成立基层党组织 12 个，实现了管理机构、人员、场所、制度到位。累计建设帮扶工厂（车间）

① 中共张家界市委、张家界市人民政府：《张家界市巩固拓展脱贫攻坚成果同乡村振兴有效衔接工作情况汇报》，打印稿。
② 《湘西州巩固拓展脱贫攻坚成果同乡村振兴有效衔接工作情况调研材料》，打印稿。
③ 《保靖县巩固拓展脱贫攻坚成果同乡村振兴有效衔接工作开展情况汇报》，打印稿。
④ 周振宇：《在全市巩固拓展脱贫攻坚成果工作推进会议上的讲话》（2021 年 7 月 15 日），打印稿。
⑤ 《靖州县巩固拓展脱贫攻坚成果同乡村振兴有效衔接工作调研材料》，打印稿。

50 个，吸纳有就业意愿的搬迁群众 590 人就业，依托 141 个安置区周边经营主体，吸纳搬迁群众 3224 人，有劳动能力且有就业意愿的搬迁家庭基本实现每户至少 1 人就业。①

（三）健全返贫动态监测责任机制，实现脱贫人口管理一环不"松"

坚持精准扶贫理念，将对贫困对象的精准识别和精准施策转向对易返贫人口的精准监测，着力建章立制、压实责任，全面实现脱贫人口管理每一个环节都严防死守、落实到位。

1. 精准识别监测对象

按照要求，聚焦"两不愁三保障"及饮水安全、收入支出状况，采取集中排查、自主申报、日常摸排、部门预警、关联监测等方式，全面收集农户风险信息，对存在疑似返贫致贫风险的进行重点核查，确保不漏一户一人。湘西自治州围绕"建机制、强指导、抓落实、守底线"，开展了全州"省防贫监测和帮扶平台"操作培训，② 建立具体台账，分解工作责任。怀化市抓细抓实防止返贫监测与帮扶，截至 2021 年 9 月，全市精准监测 12113 户 30718 人，消除风险户 8793 户 23720 人，风险消除率为 77.22%。③

永州市制定出台了教育助学、健康扶贫、住房保障等 13 个子方案。④张家界市充分利用防返贫大数据平台，进一步健全行业部门信息数据比对共享制度。定期全面摸排返贫致贫对象，按程序纳入监测，并按照"缺什么补什么"的原则，分类落实产业、就业、"三保障"、低保兜底、社会帮扶等措施，及时开展有针对性的帮扶。⑤

2. 全面开展动态监测

对纳入监测的贫困对象，及时对接全国、全省防止返贫监测信息系

---

① 中共张家界市委、张家界市人民政府：《张家界市巩固拓展脱贫攻坚成果同乡村振兴有效衔接工作情况汇报》，打印稿。

② 《湘西州巩固拓展脱贫攻坚成果同乡村振兴有效衔接工作情况调研材料》，打印稿。

③ 怀化市乡村振兴局：《关于市〈政府工作报告〉的相关材料》，打印稿。

④ 永州市行政审批服务局：《永州市分色预警精准帮扶——"五个突出"健全防止返贫致贫监测帮扶机制》，2021 年 4 月 22 日，http://www.yzcity.gov.cn/cnyz/yzyw/202104/e01a8a7e047a45fdae2060 a2b649d863.shtml。

⑤ 张家界市乡村振兴局：《关于 2021 年上半年工作情况的报告》，打印稿。

统，将对监测户的帮扶措施落实、风险消除情况及时录入系统，适时动态清零。湘西自治州强化返贫风险点动态清零及全面复核，截至 2021 年 5 月底，下发两批次共计 250782 名返贫风险预警对象，经入户核查后规范纳入监测帮扶台账管理 268 户 938 人（含全国防贫监测系统内未消除风险的边缘易致贫对象 46 户 188 人、脱贫不稳定对象 50 户 157 人），并进行针对性帮扶。①

永州市突出数据比对"全覆盖"，建立牵头行业部门会商制，每月 10 日由各级扶贫部门组织牵头行业部门开展数据比对，对易返贫致贫人口实时进行数据更新和监测；开展动态监测以来，扶贫部门与教育、医保、住建、发改、水利、民政、残联等 13 个部门的信息核实比对 67 万余条。通过数据比对，划出防止返贫致贫"监测线"，及时将产业发展失败、就业不稳、教育支出增加、医疗费用增加、家庭遭遇自然灾害、突发意外事故以及家庭成员突发重大疾病等困难家庭列为重点监测帮扶对象。②

怀化市依托贫困建档立卡系统，建立市、县两级防返贫动态监测预警大数据平台，对边缘易致贫户、脱贫不稳定户进行了全面的摸底，并实时监测预警"两类户"家庭收入及支出、就业、住房、医疗、教育等情况，对症下药制定科学的防返贫干预措施。2021 年上半年，全市共摸排"两类户" 9645 户 25889 人，已完成全省防返贫监测与帮扶管理平台的数据归集。③

张家界市创新开展防返贫监测与动态帮扶网格化管理，在全市建立起以村（居）为全网格、各村（居）民小组为微网格的监测网格体系，明确网格长、微网格长、监测员、信息员工作责任，每月定期对农户收支变化、"两不愁三保障"情况等进行排查，将存在返贫致贫风险户及时纳入监测对象。截至 2021 年 10 月底，全市共纳入监测对象 5476 户 11619 人，

---

①　《湘西州巩固拓展脱贫攻坚成果同乡村振兴有效衔接工作情况调研材料》，打印稿。

②　永州市行政审批服务局：《永州市分色预警精准帮扶——"五个突出"健全防止返贫致贫监测帮扶机制》，2021 年 4 月 22 日，http://www.yzcity.gov.cn/cnyz/yzyw/202104/e01a8a7e047a45fdae2060a2b649d863.shtml。

③　怀化市乡村振兴局：《做好有效衔接大文章，焕发乡村振兴新气象——在全省乡村振兴重点帮扶县和示范创建县工作推进会上的发言》（2021 年 6 月），打印稿。

全部落实针对性帮扶措施，做到应纳尽纳、应帮尽帮。①

3. 压实监测帮扶责任

建立防止返贫致贫动态监测对象监测联系人制度，对纳入的监测对象做到监测联系人全覆盖。同时，因户施策制定帮扶方案、落实帮扶措施。湘西自治州永顺县对全县 286 户 588 名监测对象，明确县级领导及县直单位"一把手"进行结对帮扶。对全县 8289 名结对监测帮扶及结对监测联系党员干部按照"六看六查"等工作要求，每月开展 1 次以上结对帮扶和结对联系。对全县所有农户实现全覆盖走访，实现"应纳尽纳"。② 湘西自治州花垣县实行县级领导结对帮扶未消除风险的监测户、科级干部结对联系监测户、后盾单位党员干部结对联系已脱贫户"三结对"和"问题直报+清单销号"的制度，做好及时跟踪帮扶。全县 230 个村（社区）全部选派第一书记，对乡村振兴示范村、重点村选派乡村振兴工作队66 支。③

怀化市继续发挥"四支队伍集村部"作用，持续开展脱贫攻坚领域"十看十排查"专项行动，坚持"地毯式"排查，做到村村"过筛"、户户"走访"、项项"过关"。明确要求五年过渡期内，结对帮扶后盾单位每月至少要到联系村开展 1 次以上的集中走访排查，逐户逐项过关。实行问题清单、台账制、交办制、销号制、通报制"一单四制"管理，切实做到问题动态摸底排查到位、整改落实到位、清零销号到位。④

永州市设立了具有 3347 名成员的乡镇、村监测员队伍，开展入户摸排和部门数据筛查预警工作。全市共有防止返贫致贫动态监测对象 3485户 6293 人，其中脱贫不稳定户 2297 户 3813 人，边缘易致贫户 730 户1042 人，突发严重困难户 458 户 1438 人，均按要求明确了结对帮扶责任

---

① 中共张家界市委、张家界市人民政府：《张家界市巩固拓展脱贫攻坚成果同乡村振兴有效衔接工作情况汇报》，打印稿。

② 《永顺县巩固拓展脱贫攻坚成果同乡村振兴有效衔接工作进展情况》（2021 年 10 月 13日），打印稿。

③ 花垣县乡村振兴局：《巩固脱贫攻坚成果同乡村振兴有效衔接工作情况汇报》，打印稿。

④ 周振宇：《在全市巩固拓展脱贫攻坚成果工作推进会议上的讲话》（2021 年 7 月 15 日），打印稿。

人。① 明确县区、乡镇党委和政府防止返贫致贫的主体责任，党政主要负责人为第一责任人。将防止返贫致贫工作成效纳入市、县、乡、村四级乡村振兴考核重要内容，定期开展巩固拓展脱贫攻坚成果同乡村振兴有效衔接督导暗访，对开展防止返贫致贫动态监测和帮扶工作不力、出现返贫致贫的，严肃追责问责。②

张家界市各区县、乡镇完善防止返贫监测与帮扶工作突出问题集中排查整改行动工作方案，明确排查责任，落实整改措施，党政主要领导亲自抓部署、抓调度、抓落实，分管领导要具体抓，盯住具体事、一件一件解决好。村两委和驻村工作队按照"网格化"管理要求，迅速进村入户，对照重点逐户逐项开展排查，及时收集问题，研究整改措施，真正打通问题整改落实"最后一公里"。对工作滞后的区县、乡镇和行业部门，市委实施乡村振兴战略领导小组将进行约谈，并将约谈结论纳入乡村振兴实绩考核。③

二　聚焦破解有效衔接的难点与堵点

习近平总书记在决战决胜脱贫攻坚座谈会上指出：接续推进全面脱贫与乡村振兴有效衔接。要针对主要矛盾的变化，理清工作思路，推动减贫战略和工作体系平稳转型，统筹纳入乡村振兴战略，建立长短结合、标本兼治的体制机制。④ 湖南在具体实践中，始终聚焦巩固拓展脱贫攻坚成果与乡村振兴有机衔接的关键环节、重点领域，通过动态调整帮扶对象，提出更高的帮扶标准，调整完善帮扶政策，推动政策"悬崖效应"变为"缓坡效应"，将脱贫攻坚期形成的体制成果、政策成果逐渐融入乡村振兴战略的体制和政策体系之中。

---

① 永州市乡村振兴局：《全市实施乡村振兴战略工作情况通报》，打印稿。
② 永州市行政审批服务局：《永州市分色预警精准帮扶——"五个突出"健全防止返贫致贫监测帮扶机制》，2021 年 4 月 22 日，http://www.yzcity.gov.cn/cnyz/yzyw/202104/e01a8a7e047a45fdae2060 a2b649d863. shtml。
③ 舒行钢：《在全市防止返贫监测与帮扶工作推进视频会议上的讲话》（2021 年 9 月 2 日），打印稿。
④ 《习近平：在决战决胜脱贫攻坚座谈会上的讲话》，《人民日报》2020 年 3 月 7 日，第 2 版。

（一）突出领导机制衔接，实现五级书记抓扶贫向五级书记抓乡村振兴转变

为推进全面脱贫与乡村振兴的组织衔接，健全省负总责、市县乡抓落实的工作机制，落实中国共产党农村工作条例关于五级书记抓乡村振兴的基本要求，把脱贫攻坚的五级书记抓扶贫与乡村振兴五级书记共抓的机制有效地衔接起来，构建责任清晰、各负其责、执行有力的乡村振兴领导体制，形成党委统一领导、党政齐抓共管、部门各负其责的组织体制，做到一盘棋、一体推进。

1. 建立指挥体系，实现逐级负责、高位推进

省级主要负责统筹协调、政策设计、目标确定、组织动员、督促检查、监督考核；市州党委和政府重点做好上下衔接、域内统筹协调、督促检查工作；县级党委和政府做好县域内分类推进、资金使用、项目落地、人力调配、推进实施、跟踪问效等工作；乡镇党委和政府承担本行政区域内巩固拓展脱贫攻坚成果、全面推进乡村振兴的直接责任，强化村"两委"、驻村第一书记和工作队具体落实责任，共同做好发动群众、村庄规划、资金使用、项目监管、政策落地等工作。

调研发现，靖州县成立了实施乡村振兴战略指挥部，由县委书记任总指挥长，县委副书记、县长任第一副总指挥长，县委专职副书记任常务副总指挥长兼办公室主任，有关县领导任副总指挥长，下设16大片区和6个专项工作组。16大片区指挥长由联乡县领导担任，乡镇党委书记担任执行副指挥长，负责片区内乡村振兴所有工作。6个专项工作组组长均由县委常委担任，分管副县长为副组长，负责研究、细化、调整、督导各专项工作，形成目标明确、方案周全、步调一致的指挥体系。由县委实施乡村振兴战略领导小组牵头，15名县领导分工协作，带领全县20余个部门，结合工作实际制定了"1+6"系列文件。①

2. 明确责任体系，实现责任细化，层层压实

压紧压实县级党委和政府巩固拓展脱贫攻坚成果责任，强化领导帮扶责任，完善各级领导联点帮扶体系，推动防止返贫帮扶工作层层落实；强

---

① 《靖州县巩固拓展脱贫攻坚成果同乡村振兴有效衔接工作调研材料》，打印稿。

化行业部门帮扶责任，行业部门特别是"三保障"和饮水安全保障部门根据职责做好信息预警、数据比对和行业帮扶，推动政策落实，切实巩固"两不愁三保障"和饮水安全成果；强化结对帮扶责任，对识别的防止返贫监测对象，实行干部结对帮扶、跟踪服务，确保脱贫的稳定性、长效性。

调研发现，祁阳市按照每个示范村"1 名联村市级领导、1 个市直联村后盾单位、1 名驻村镇班子成员"建立起帮扶责任体系。联村市直后盾单位实行一把手负主责，明确 1 名副职专抓，联村市级领导靠前指挥、加强调度，职能部门主动担当、加强监管。从市直后盾单位选优乡村振兴驻村工作队 131 个、队员 300 人深入示范村，沉下心、扎下根，推动各项工作措施落地见效。①

新晃侗族自治县实行"县委常委、县人大常委会主任、县政协主席包乡，县领导和县直单位包村，驻村工作队和村支两委包组，干部包户"四级联动帮扶责任制。出台《新晃侗族自治县乡村振兴驻村帮扶全覆盖工作实施方案》《新晃侗族自治县乡村振兴"党建+微网格"结对帮扶全覆盖工作实施方案》《新晃侗族自治县乡村振兴驻村第一书记、工作队和帮扶责任人管理考核办法（暂行）》，确保驻村帮扶、结对帮扶体系健全，责任明确。②

3. 完善考核体系，实现科学监督、有效激励

把巩固拓展脱贫攻坚成果纳入脱贫地区市县党政领导班子和领导干部推进乡村振兴战略实绩考核范围，推动市县乡党委书记任期内分别做到乡、村、户（防止返贫监测户）"三个走遍"，县级领导班子成员包乡走村入户，乡镇领导班子成员包村联户。强化考核结果运用，将考核结果作为干部选拔任用、评先奖优、问责追责的重要参考。

调研发现，张家界市 2021 年召开两次市、县、乡、村四级"万人"视频调度会，开展 5~6 月和 9~10 月两轮突出问题排查整改行动，建立对区县整改工作常态化督导制度。同时，对标中央巩固脱贫成果后评估和省实绩考核要求，组织开展对 76 个乡镇（街道）的乡村振兴交叉考核，对

---

① 《2021 年上半年祁阳市乡村振兴工作情况汇报》，打印稿。
② 中共新晃侗族自治县委员会、新晃侗族自治县人民政府：《2021 年工作情况汇报》，打印稿。

发现的突出问题在全市进行通报，真正推动整改落实。① 新晃侗族自治县实行大督查机制。县委成立大督查工作领导小组，坚持重点工作与面上工作相结合、日常工作与中心工作相结合的原则，以乡村振兴工作为重点开展综合性督查。

（二）深化产业发展衔接，实现深化农业供给侧结构性改革与农业赋能增收相协同

主要是以脱贫县为单位制定"十四五"乡村特色产业发展规划，实施特色种养业提升行动，融入全省千亿产业发展，完善"四跟四走""四带四推"产业发展工作机制，完善全产业链支持措施，为巩固拓展脱贫攻坚成果同乡村振兴有效衔接奠定坚实基础。

1. 注重产业后续长期培养，增强产业市场竞争力和抗风险能力

立足各地气候、生态、生物、文化等资源禀赋，尊重市场规律和产业发展规律，发掘农业农村多种功能和价值，着力培育新产业、新业态、新模式，优先支持脱贫地区产业基础设施建设，补上技术、设施、营销等短板。

调研发现，怀化市积极探索"生产基地+中央厨房+餐饮门店""生产基地+加工企业+销售商超"等新模式。积极组织参与国家级、省级农产品品牌评选和各种农产品专业会展活动，精心组织"麻阳柑橘节""靖州杨梅节""中方葡萄节""沅陵采茶节"等特色农业节会，加大品牌创建、推介和营销力度，推动怀化农产品"走出去"。完善国际贸易服务体系，实施"怀品出怀"工程，积极组织企业参加中国国际进口博览会、东盟博览会等重要活动。

祁阳市构建"一路一带一廊、一核两区八景十园"空间布局，发展优质稻、油茶两大产业，实施路网畅通、农田建设、科技创新三大工程。优化营商环境、着力招大引强，2021 年 1~8 月集中签约 4 个农业产业项目，引进荣杰舜生态循环农业、航天凯天环保、耀福油脂等涉农企业 6个，总投资 8.1 亿元。成功争取到中国农科院科技助力乡村振兴示范市县

---

① 《张家界市巩固拓展脱贫攻坚成果同乡村振兴有效衔接工作情况汇报》，打印稿。

建设，入选国家第三批农村产业融合发展示范园。①

2. 实施特色种养业提升行动，完善全产业链支持措施

主要是以脱贫县为载体规划发展乡村特色产业，支持联农带农主体、"一特两辅"② 特色主导产业融入全省千亿产业发展，做活"接二连三"，推进产业融合强农。通过股权投资、订单采购等方式引导流通主体与生产主体建立稳定利益联结关系，打造产销共同体，优化提升特色产业链供应链。调研发现，怀化市培育壮大"一特两辅"，推动"一县一特"向"一特一片集聚"，引导脱贫帮扶产业向主导产业集聚发展，集中力量建设麻阳县柑橘产业集群、沅陵县茶叶产业集群、洪江市和鹤城区中药材产业集群。

永州市冷水滩区实施"培优倍增"计划，筛选培育 6 家重点企业，打造一批产业链龙头企业，新培育省级龙头企业 2 家。2021 年上半年该区农产品精深加工产业链开工市重点项目 6 个，项目总投资 18.2 亿元，农产品加工业完成销售收入 119.29 亿元，同比增长 17%，休闲农业共接待游客 68 万人次，实现营业收入 9695 万元，同比增长 36%、24%，全产业链产值增速大于省平均增速 3 个百分点。③

3. 积极建设现代农业产业园、科技园、产业融合发展示范园，打造区域公用品牌

推动农业优势特色产业集群发展，分类打造产业核心区、辐射区和加工物流集散区。加快推动脱贫县农业产业强镇建设，支持因地制宜打造省级特色小镇，加快推进脱贫县"一村一品"示范村建设，促进产村、产镇联动发展和深度融合。重点培育省级区域公用品牌，鼓励各市州、县市区培育片区公用品牌，培育一批地理标志、气候品质认证等品牌，形成"一县一特、一特一片、一村一品"发展模式。

调研发现，靖州县全县农业产业化省、市级龙头企业达到 21 家。④

---

① 祁阳市政府：《2021 年上半年祁阳市乡村振兴工作情况汇报》，打印稿。

② "一特"指"一县一特"主导特色产业，"二辅"指从扶贫产业中筛选两个优势产业作为重点发展的扶贫产业。

③ 《冷水滩区 2021 年乡村振兴工作情况汇报》，打印稿。

④ 《靖州县农业农村局 2020 年度工作总结》，打印稿。

成功创建"国家现代农业产业园""国家农村产业融合发展示范园"，获批国家级"杨梅、茯苓、山核桃"生态原产地保护产品及其示范区、国家级出口茯苓质量安全示范区，靖州杨梅获评"湖南省十大农业区域公用品牌"，茯苓产业获批"省湘西地区特色优势产业链项目"，茯苓小镇入围"省级特色产业小镇"，杨梅小镇获批"全省首批十大农业特色小镇"。注册国家追溯平台18家、省"身份证"平台18家29个产品，将"两品一标"、农业区域公用品牌、地方特色农产品和农业产业化龙头企业全部纳入管理。①

（三）强化要素投入衔接，实现政府引导与市场主体有机结合、相互促进

加强顶层设计，统筹推进相关配套改革，在完善政府投入的基础上，积极引导社会资本参与，找准有为政府与有效市场的黄金结合点，充分尊重农民主体地位，动员社会力量广泛参与乡村振兴。

1. 推进财政投入政策衔接

过渡期内在保持财政支持政策总体稳定的前提下，根据巩固拓展脱贫攻坚成果同乡村振兴有效衔接的需要和财力状况，合理安排财政投入规模，优化支出结构，调整支持重点。② 调研发现，祁阳市创新乡村振兴投入体系，变靠财政"苦撑"为"多条腿"走路。财政整合投入，舍得拿出真金白银，从"投、整、融、管"四个方面做足文章，采取财政预算安排、统筹整合资金、盘活存量资金、用活债券资金和融资等措施，2021年投入乡村振兴重点项目资金4.88亿元，同口径比上年增加4%。市本级预算安排乡村振兴专项资金1.8亿元，重点投入乡村振兴"1+20"示范区建设和农村人居环境整治。积极争取高标准农田建设、美丽乡村建设、农产品产地冷藏保鲜设施建设、绿色循环农业、稻油水旱轮作、农村厕所革命等专项债券及奖补资金近1.5亿元。完善用地绿色审批通道、设施前期运营补贴、税收支持政策等，引进中国能建自然韵光伏发电、荣杰舜循环农业示范园、耀福油茶渣深加工等项目及社会资本参与基础设施建设和

---

① 靖州县农业农村局：《2021年上半年工作总结》，打印稿。

② 《中共湖南省委　湖南省人民政府：关于实现巩固拓展脱贫攻坚成果同乡村振兴有效衔接的实施意见》，《湖南日报》2021年6月3日。

产业基地建设，实现引资近 6 亿元。①

2. 推进金融服务政策衔接

健全有关涉农信贷的管理制度，支持脱贫地区用好企业上市"绿色通道"政策。探索农产品期货期权和农业保险联动。支持政府性融资担保公司为脱贫地区乡村振兴提供增信服务。② 调研发现，怀化市积极搭建融资服务平台，特别是全面启动"政银担"合作模式，形成政府、银行、担保"三位一体"协同支农机制，帮助解决融资难问题。建立村级集体经济发展专项引导资金，开展"1+2+3+N"的乡村振兴金融服务试点，积极搭建融资服务平台，搭建"银企合作"绿色通道，形成政府、银行、担保"三位一体"协同支农机制，帮助解决融资难问题。

3. 推进土地支持政策衔接

通过村庄整治、土地整理等方式节余出来的农村集体建设用地指标，优先用于满足农村建设和产业发展用地需要。对脱贫地区继续实施城乡建设用地增减挂钩节余指标省内交易政策。稳步探索脱贫地区宅基地所有权、资格权、使用权"三权"分置，适度放活宅基地和农户房屋使用权。

调研发现，张家界市 2021 年全市新增的土地流转面积 1.1 万亩，累计流转面积 50.5 万亩，占承包耕地总面积的比例达 58.3%。加快集体经济制度改革，继续开展农村集体资产清查，截至 2021 年 3 月底全市 4 个区县、79 个乡镇（街道）、983 个任务村的农村集体资产清查工作已全面完成，完成率 100%。通过开展农村集体资产清查，将集体资产进行分类登记，实行台账管理，切实摸清了集体家底，为盘活用好集体资产打下坚实基础。全力推进农村宅基地管理和改革试点工作，不断健全市、区县、乡镇联办工作机制，截至 2021 年 5 月底，全市涉及农村宅基地管理的 77 个乡镇全部建立联审联办机制，共办理农民建房 965 宗，面积 12.81 万平方米。③

---

① 《2021 年上半年祁阳市乡村振兴工作情况汇报》，打印稿。

② 《中共湖南省委　湖南省人民政府关于实现巩固拓展脱贫攻坚成果同乡村振兴有效衔接的实施意见》，《湖南日报》2021 年 6 月 3 日。

③ 中共张家界市农业农村局党组：《2021 年全市农业农村半年工作总结》，打印稿。

4. 推进人才智力支持政策衔接

延续脱贫攻坚期间各项人才智力支持政策，引导农业生产经营、农村二三产业发展、乡村公共服务、乡村治理、农业农村科技等各类人才服务于乡村振兴，突出乡村本土人才培育。① 调研发现，怀化市实施乡村人才培养、引进和聚集工程，落实乡村柔性引才"九种模式"，引导鼓励农村在外经商务工人员返乡创业，着力培育新时代职业农民，组建村集体经济专家服务团，为发展村级集体经济提供强有力的人才支撑。构建"党支部+合作社+农户"的村集体经济利益联结机制，加强农村集体经济组织带头人的引进和培养，培育造就一批熟悉市场经济规则、有专业经营管理能力的村集体经济组织的管理人才队伍。

花垣县培育新型职业农民，开展城乡劳动者技能培训158期，培训城乡劳动力4915人。整合200万元资金，重点培养茶叶、烟叶、桑叶、苗绣"三叶一绣"专业人才，壮大一批"田秀才""土专家""乡创客""能工巧匠"等人才队伍。加强与湖南农业大学等校地合作，推进国家级省级重点实验室、院士工作站、企业技术中心建设，湘西州湘农大茶产业研究院在农业园区挂牌，园区高新技术企业增加到4家。②

三 探索向乡村振兴转型的战略路径

脱贫攻坚实践中的基本经验之一就是坚持群众主体、激发内生动力，充分调动脱贫群众积极性、主动性、创造性，用人民群众的内生动力支持脱贫攻坚。立足于从脱贫攻坚向乡村振兴战略的有效衔接转型，湖南作为精准扶贫首倡地，注重以激发内生动力为导向，以新的发展理念、新的目标、新的体制机制为方向，推动向农业高质高效、乡村宜居宜业、农民富裕富足的农业农村现代化新格局转型。

（一）在发展理念上，逐步向构建农业农村现代化新发展格局转型

进入新发展阶段是谋划"三农"工作的大背景，没有农业农村现代化就没有全面现代化。为了推进"三农"工作重心实现历史性转移，在

---

① 《中共湖南省委 湖南省人民政府关于实现巩固拓展脱贫攻坚成果同乡村振兴有效衔接的实施意见》，《湖南日报》2021年6月3日。

② 《花垣县巩固拓展脱贫攻坚成果同乡村振兴有效衔接工作情况汇报》，打印稿。

发展理念上，把握湖南作为人均几分地的小农大省区域差异性与发展模式的多元性，向遵循乡村发展规律的可持续发展转变。① 湖南各级各部门迅速转变角色、跟上节奏、进入状态，在抓好巩固拓展脱贫攻坚成果工作的同时，全面对接乡村振兴相关工作，推动减贫战略和工作体系平稳转型，将其统筹纳入乡村振兴战略，做好向乡村振兴转型的顶层设计与政策框架，精心谋划乡村振兴的战略路线图。

中共湖南省委、省政府出台《关于全面推进乡村振兴 加快农业农村现代化的实施意见》，作出由脱贫攻坚向全面推进乡村振兴转型的明确部署，要求全面坚持农业农村优先发展，全面推进乡村产业振兴、人才振兴、文化振兴、生态振兴、组织振兴，加快农业农村现代化，努力构建农业高质高效、乡村宜居宜业、农民富裕富足的发展新格局。② 为实现有效衔接、稳定转型，省委、省政府出台了《关于实现巩固拓展脱贫攻坚成果同乡村振兴有效衔接的实施意见》，对推动脱贫地区乡村特色产业提质发展、促进脱贫人口稳定就业、持续改善脱贫地区基础设施条件、进一步提升脱贫地区公共服务水平、建设乡村振兴示范区等重要工作进行全面部署③。

湖南由此形成了统筹谋划巩固拓展脱贫攻坚成果与全面推进乡村振兴，稳步实现向构建农业农村现代化新发展格局转型的"三农"工作理念与制度框架。各地全面落实省委、省政府的决策部署，加大政策执行力度，推进"三农"工作重心的转移。张家界市制定并实施了乡村振兴战略实绩考核，从目标任务、具体路径、考核评估等方面完善制度框架，构建一级抓一级、层层抓落实的工作格局。④ 其中武陵源区组建专门班子，制订五年行动计划，实施六大行动26项工程100项重点任务。按照"一

① 陈文胜：《牢牢把住接续推进脱贫攻坚到乡村振兴的关键与核心》，《湖南日报》2020年9月24日第4版。

② 《中共湖南省委 湖南省人民政府关于全面推进乡村振兴 加快农业农村现代化的实施意见》，《湖南日报》2021年3月29日。

③ 《中共湖南省委 湖南省人民政府关于实现巩固拓展脱贫攻坚成果同乡村振兴有效衔接的实施意见》，《湖南日报》2021年6月3日。

④ 张家界市农业农村局：《守底线 补短板 促提升 抓衔接 巩固脱贫攻坚成果 全面推进乡村振兴——关于张家界市推进脱贫攻坚和乡村振兴有效衔接工作调研》，打印稿。

村一景、一村一品、一村一韵"要求，因地制宜做好乡、村规划，探索乡村振兴有效路径。①

实现从脱贫攻坚到乡村振兴的转型，使命任务不是变轻了，而是更重了。在工作对象上，从农村贫困人口扩展到了所有的农村居民。在工作地域上，从部分地区农村扩展到了所有地区的农村。在工作内容上，从解决"两不愁三保障"扩展到了推进乡村产业、人才、文化、生态、组织五大振兴。乡村振兴不仅指经济方面，还包括乡村文化、乡村治理等各方面内容，是一个系统工程，需要整体谋划、一体推进。

各县域也按照实施乡村振兴战略的总体要求与主要任务进行全面部署，如怀化市靖州县围绕成果巩固、产业兴旺、生态宜居、乡风文明、治理有效、生活富裕 6 个方面，结合工作实际制定了"1+6"系列文件（"1"即《靖州县关于实现巩固拓展脱贫攻坚成果同乡村振兴有效衔接的实施方案》，"6"即《靖州县巩固拓展脱贫攻坚成果工作方案》《靖州县推进乡村振兴战略加快实施乡村产业振兴工作方案》《靖州县推进乡村振兴战略加快实施乡村文化振兴工作方案》《靖州县推进乡村振兴战略加快实施生态宜居美丽乡村建设工作方案》《靖州县推进乡村振兴战略加快实现治理有效工作方案》《靖州县推进乡村振兴战略加快实施农村改革创新工作方案》），②为构建农业农村现代化新发展格局提供了制度保障。

（二）在实现目标上，逐步向农民富裕富足目标转型

治国之道，富民为始。习近平总书记多次指出，农业农村工作，说一千、道一万，增加农民收入是关键。对湖南而言，自 20 世纪 80 年代末以来，农民收入就一直低于全国平均水平，只有全面巩固拓展脱贫攻坚成果才能为乡村振兴奠定坚实基础，而只有实现乡村振兴才能从根本上解决农村的贫困问题，让广大农民的钱袋子都尽快鼓起来。

将农民富裕富足作为全面推进乡村振兴的目标，以巩固拓展脱贫攻坚成果为基础，湖南在促进农民增收、提高农民生活水平上推动实施了一系列的重大举措。除推动建立农村低收入人口常态化帮扶机制外，实施农产

---

① 《武陵源助力脱贫攻坚与乡村振兴有效衔接》，打印稿。
② 《靖州县巩固拓展脱贫攻坚成果同乡村振兴有效衔接工作调研材料》，打印稿。

品加工提升行动，支持各地打造特色农业产业链，着力培育新型农业经营主体。促进小农户与现代农业发展有机衔接，增加农民在产业链增值上的收益。统筹实施减税降费、援企稳岗、就业优先、创设公益性岗位等政策举措，化解新冠疫情影响，促进农民工稳定就业。出台《关于进一步加快发展壮大农村集体经济的意见》，创新涉农项目扶持方式，加大财税金融扶持力度，加强资源要素配套支持，增加农民集体经济收益。

2021年前三季度，全省农村居民人均可支配收入达到12917元，较上年同期增长11.3%。大力实施乡村建设行动，加大财政民生支出力度，部署了加强乡村公共基础设施建设、实施农村人居环境整治提升五年行动、推进县乡村公共服务一体化发展等系列行动与具体措施，着力推动农民生产生活环境持续改善，不断提升农民的幸福感、获得感、安全感。

向农民富裕富足目标的转型不是简单的"输血"，而是借力改造和提升自身的"造血"功能，"授人以鱼，不如授之以渔"，要吸引更多农民主动投身加入，注重培育自我发展能力，最大限度地调动农民的积极性、主动性和创造性，增强自身经济发展的内生动力和活力，变"要我富"为"我要富"。

调研发现，各地在推动农民收入由保脱贫向谋致富转变上开展了卓有成效的探索。如怀化市通过培育100个村集体经济发展"联合体"、建设100个农产品产地初加工（仓储保鲜冷库）重点村、创建100个集体经济新业态特色村、打造100个集体经济示范村、帮扶100个集体经济薄弱村，示范带动全市村级集体经济整体发展，推动实现薄弱村提升、一般村壮大、富裕村做强，带动农民增收。[①]

张家界市把增加脱贫人口收入作为2021年核心任务，采取就业、产业、消费帮扶、兜底保障等措施，因户施策，推动脱贫人口稳定增收，确保到年底脱贫人口年人均纯收入稳定超过4300元。[②] 永州市通过全力推进对接粤港澳大湾区"菜篮子"工程，狠抓农产品精深加工产业链建设，

---

① 怀化市乡村振兴局：《在全市乡村振兴暨农村人居环境整治、村级集体经济发展推进会议上的讲话》，打印稿。

② 张家界市乡村振兴局：《关于2021年上半年工作情况的报告》，打印稿。

打造"永州之野"特色品牌，聚焦乡村特色产业，确保农民收入持续增长。①

（三）在体制机制上，逐步向"长效机制"转型

针对脱贫收官后主要矛盾的变化，湖南主要围绕激发发展内生动力、促进逐步实现共同富裕总体目标，厘清工作思路，全面建立健全城乡收入分配体系、乡村服务体系、城乡人居分布体系、乡村社会保障体系，探索建立长短结合、标本兼治的体制机制，逐步由解决绝对贫困问题为主的"攻坚体制"向解决相对贫困问题为主的"长效机制"转变。

在产业方面，着力区域产业整体良性发展与县域经济做强做大，形成对乡村产业可持续发展的有效支撑。如江永县建设湘南开放合作先行区，深化与湘南湘西承接产业转移示范区、粤港澳大湾区、湖南自贸试验区、东盟合作，不断推进"永品出境"，实施工业集中区高质量发展"提质攻坚"三年行动，做大做强以"江永五香"为主的特色农业，打好"女书牌""生态牌""瑶族牌"，积极融入永州旅游圈、大湘南旅游圈、大桂林旅游圈，推动乡村产业融入区域整体产业协调发展。

在要素方面，以城乡融合发展为取向，把特色小镇与县城作为城乡要素交换的重要节点，促进城乡要素自由流动、平等交换，形成城乡要素合理配置的长效机制。如长沙县发挥作为大城市近郊的区位优势与交通优势，培育各具特色、富有活力的特色小镇，打造乡村式的城镇、城镇化的乡村，成功创建了茶乡小镇、水乡小镇、板仓小镇、田汉艺术小镇、温泉小镇、农科小镇、绿色水乡古镇等一批示范带动力较强的特色小镇，为促进城乡资源要素流动，辐射带动区域镇村发展，推动乡村全面振兴奠定了坚实基础。

在乡村建设方面，致力于规划引领，发挥农民的主体作用，建立常态化工作制度，形成持续提升宜居水平的长效机制。全省对统筹县域城镇和村庄规划建设，科学布局乡村生产生活生态空间，分类推进村庄规划的编制与实施作出全面部署，推动实现村庄规划全覆盖。各地加强乡村基础设

---

① 永州市委实施乡村振兴战略领导小组办公室：《2020 年永州市推进实施乡村振兴战略情况报告》，打印稿。

施建设，优化村庄风貌，着力构建农村人居环境整治长效机制。

如永州市冷水滩区将农村人居环境整治纳入了村规民约，并实现"五有"常态化管理长效机制全覆盖，配备了758名村级保洁员负责村内公共区域日常保洁，5.3万户农村居民落实了"门前三包"责任制，并切实开展文明户（卫生户）评比，由镇对村、村对组、组对户分级细化考评，56个村开展了卫生缴费制度，初步建立起农村人居环境整治长效机制。[①]

在解决相对贫困问题方面，致力于不断提升社会保障水平，加强对农民的教育培训，形成阻断贫困代际传递的长效机制。湖南持续完善统一的城乡居民基本医疗保险制度，不断加大对困难群众参保的资助，推动实现基本医疗保险全覆盖。推进县域紧密型医共体建设，加强农村重点人群健康服务。

大力实施义务教育薄弱环节改善与能力提升计划，推进农村网络联校全覆盖攻坚行动，完善助学政策，确保每个家庭的小孩都能上学、上得起学。加强对农民的教育培训，制定高素质农民教育培训规范与工作方案，实施有针对性的教育培训计划，着力提升农民就业创业能力水平，为解决相对贫困提供长效支撑。各地也纷纷调整优化体制机制，结合全面推进乡村振兴，逐步推动建立解决相对贫困问题的长效机制。

如湘西自治州提出，从2022年开始，对县市制定的医疗保障、教育资助、产业奖补、公益性岗位等帮扶政策，分类别分阶段延续、优化或调整，确保政策衔接不留空白，逐步将脱贫攻坚特惠性政策转向常规性、普惠性、长期性政策。

第二节 推进脱贫攻坚与乡村振兴有效衔接的多重挑战

湖南作为脱贫人口大省，把巩固拓展脱贫攻坚成果与乡村振兴有效衔接作为首要任务，高标准推动衔接工作，取得了明显成效。但作为多民族省份，区域资源禀赋和历史文化传统的差异，导致经济社会不平衡发展现

---

① 中共冷水滩区委、冷水滩区人民政府：《冷水滩区乡村振兴工作情况汇报》，打印稿。

象突出，增加了衔接的复杂性。同时，脱贫攻坚与乡村振兴两大不同的发展战略，存在优先任务与顶层设计、特定群体与普惠支持、微观施策与整体谋划、绝对贫困与相对贫困的政策差异，① 在实际推进转型过程中存在诸多挑战。

一 从特定帮扶对象转向普遍性乡村群体的挑战

湖南脱贫攻坚集中在武陵山、罗霄山的"集中连片特困地区"，主要解决全省 682 万农村建档立卡贫困人口、6920 个贫困村、51 个贫困县②的贫困问题，而乡村振兴则需面向包括非贫困户在内更广泛的乡村居民群体。这一过渡需要量化从绝对贫困标准到相对贫困标准的转变，实现从短期帮扶到长期持续发展支持的战略调整。这一转型不仅体现在政策覆盖的广度上，更深刻地反映了社会治理理念和战略的变化。

在脱贫攻坚阶段，帮扶政策、资源分配及监督机制都是基于如何帮助这一特定群体脱离贫困的现实需求而设计的。③ 依据国家扶贫标准和相关政策，湖南针对贫困户实施了一系列精准扶贫措施，有效地解决了绝对贫困问题。这些措施以政府为主导，通过财政补贴、产业带动、基础设施建设等方式，成功实现了战略目标。④ 随着乡村振兴战略的提出，这种以特定群体为主要帮扶对象的政策，在乡村振兴中显然已不足以涵盖更广泛的群体和更多维度对美好生活向往的发展需求。

乡村振兴战略以农业农村现代化为目标，旨在提升乡村发展的综合实力和竞争力。政策制定就必须正视乡村社会结构和经济活动的多元性，不能简单地将脱贫攻坚的政策和模式复制应用到乡村振兴中。如非贫困户也面临着土地流转、农产品销售等问题，当然需要乡村振兴政策给予支持。城市回流的青年、乡村旅游创业者等新生经济主体也是乡村振兴的重要参

---

① 高强：《脱贫攻坚与乡村振兴有机衔接的逻辑关系及政策安排》，《南京农业大学学报》（社会科学版）2019 年第 5 期。

② 《这五年，湖南民生答卷温暖厚重》，《湖南日报》2023 年 1 月 13 日，第 4 版。

③ 王文彬：《由点及面：脱贫攻坚转向乡村振兴的战略思考》，《西北农林科技大学学报》（社会科学版）2021 年第 1 期。

④ 姜正君：《脱贫攻坚与乡村振兴的衔接贯通：逻辑、难题与路径》，《西南民族大学学报》（人文社会科学版）2020 年第 12 期。

与者，对知识、技术、市场的需求同样必须被纳入政策考量之中。①

那么，有效衔接就要求通过利益共享机制、政策连贯性保障和产业结构调整等方式，扩大政策覆盖的社会群体，为所有农民提供全面性发展机会。因而需要对原有的资源分配方案进行重新评估，并考虑到内部的异质性和农民的差异性需求，以及因城镇化带来的人力资源流动。这就涉及产业结构调优、生态环境保护、教育医疗等公共服务均等化等多个层面，应在政策内容上实现由局部优化向整体推进的转变，确保教育、医疗、社会保障等基础公共服务的公平性和可获得性，同时联动土地、资本、技术等多方面资源，形成包容性增长模式。

因此，如何基于不同群体在经济和社会需求上的差异，将脱贫攻坚成果与乡村振兴的持续性发展紧密结合，实现从特定的帮扶对象到全民共享的发展目标转变，推进湖南整个乡村社会经济结构的优化和社会治理能力的提升，成为有效衔接的一大挑战。

二　从集中于特定区域转向全域国土空间的挑战

在脱贫攻坚的过程中，湖南通过精细化的政策设计与实施，成功地实现了对绝对贫困人口的精准识别和分类，从而量身定制了有效的扶持措施。依托于专项扶贫、行业扶贫和社会扶贫"三位一体"的扶贫模式，确保了绝对贫困人口基本生活得到保障并逐步提高，为后续乡村振兴打下了坚实的基础。

随着乡村振兴战略的实施，其空间范围由原来集中于特定的区域性，覆盖到湖南全省的国土范围，体现在行政范围上的全域性推进。以往的干预措施更多地侧重于贫困地区，致力于建成全面小康社会。而乡村振兴则着眼于整体乡村系统的发展需求，致力于通过处理好城乡关系的一系列政策配套和资源整合，推进全面现代化进程。这不仅要有现代化的城镇，更要通过乡村振兴建设现代化的农村，不仅要有发达的中心城市群，更要通过有针对性的乡村振兴促进边缘区域有特色地发展，② 实现城市与乡村的

---

① 章艳涛、王景新：《脱贫攻坚、乡村振兴和新型城镇化衔接的策略、经验与问题——顺昌县洋墩乡响应国家"三大战略"案例研究》，《农村经济》2020 年第 8 期。

② 徐勇：《论现代化中后期的乡村振兴》，《社会科学研究》2019 年第 2 期。

共同繁荣。

在空间治理策略上，涉及对农业生产布局的优化、交通网络的完善建设、乡村旅游的规划开发与生态环境的保护协调等多个方面。对于生产布局的优化来说，不再是单纯以贫困地区为主的特色产业开发，而是推动包括非贫困地区在内的广泛区域发展多元化、高质量的现代农业，同时鼓励农业产业链的延伸和品牌化发展。交通网络建设则注重实现乡村全覆盖，打通制约城乡互联互通的瓶颈，加快信息、人才、资本等要素的流动与交换，推进城乡融合发展。乡村旅游规划则遵循生态优先与可持续发展原则，保护并合理开发乡村自身文化及自然的资源优势，以旅游业的发展带动乡村产业振兴。

在资源整合方面，侧重于将原有的扶贫资源与乡村振兴发展资金、项目和技术资源进行有效衔接。脱贫攻坚阶段累积的经验和成果，如扶贫产业发展、人才培养等将被有效利用，为乡村振兴提供持续的动力和支持。与此同时，通过形成多部门的协同机制，实现政府、社会、企业三者在乡村振兴过程中的资源共享、互惠互利。同样不容忽视的是党建对乡村治理全域化的推动作用，乡村基层党组织将在脱贫攻坚向乡村振兴转变期间承担更加关键的角色，形成治理有效的有力保障。

全域性在乡村治理中也意味着要面向更加广泛的治理主体，发挥地方政府、村民自治组织、社会组织以及市场主体的作用。在凝聚多方力量的同时，还需要调动村民的积极性，发挥其在乡村振兴中的主体性作用，以提升其参与度和对乡村振兴的认同感。

空间治理的全域化不仅仅是覆盖范围的拓展，还包含由外在干预向内生动力的转换。过去对贫困地区的帮扶在促进区域发展的同时，也面临着外部依赖性强化的问题，客观上需要建立自我增强机制以实现内生增长，发挥技术进步和人力资本的核心动力作用，而非仅仅依赖外部资源的注入。乡村振兴战略就是主要通过内生发展，尤其是在加强资本建设、提升人力资本、改善生态环境等方面助推内生动力增强，增强乡村自身的抗风险能力和持续发展能力。这不仅是覆盖面的扩大，更重要的是质量的提升，实现治理的高效与可持续。

关键还在于如何处理脱贫地区特有的问题，比如脱贫人口的生计改善与全面发展、扶贫搬迁社区治理现代化、绿色减贫长效机制构建等，以确保脱贫后的家庭能够融入全域的乡村振兴进程中。尤其需要关注的是，脱贫户的特殊性，在乡村振兴过程中必须考虑其易受外部经济变动和自然灾害影响的脆弱性。另一个核心问题就是村庄两极分化突出，一部分村庄"活起来"了，但大部分村庄衰而未亡，也就是如何应对衰和活的问题。①

因此，如何将局部地区和特定人群的扶贫成功经验有效地扩展到更广阔的乡村，实现湖南乡村发展从区域性到全域性的转型升级，是有效衔接中的一大现实挑战。

三 从局部性工作任务转向全局性长效机制的挑战

脱贫攻坚的工作任务往往具体化、针对性强，湖南主要聚焦于全省682万农村建档立卡贫困人口的收入增加与生活水平的提升，确保6920个贫困村、51个贫困县实现脱贫。② 而乡村振兴战略则着眼于从根本上解决"三农"问题，工作任务从单一局部性解决绝对贫困问题，转向全局性地解决相对贫困问题。这就涉及更为广泛的社会、经济、文化及生态等多维度领域，③ 须纳入"五位一体"总体布局和"四个全面"战略布局之中，推进中国现代化由不平衡、不充分、不全面的低水平不断向平衡、充分、全面的高水平转变。④

在此背景下，乡村振兴战略正是对于湖南脱贫攻坚成果进行有效巩固的一个重大战略，⑤ 就必然要根据全面推进乡村振兴的战略任务，确立湖南乡村振兴工作的全方位规划，将脱贫攻坚过程中所形成的实践经验、政策体系和机构设置等转化为促进湖南农业农村现代化的现实支撑。在工作定位上，由注重单一经济增长指标转变为注重多元综合发展指标，从重视单纯的绝对贫困人口数量减少转向提升整个乡村的综合竞争力，由主要以

---

① 张兰太、汪苏：《以土地权利开放撬动经济转型和城乡关系变革——访中国人民大学经济学院刘守英教授》，《中国改革》2018年第2期。
② 《这五年，湖南民生答卷温暖厚重》，《湖南日报》2023年1月13日，第4版。
③ 张琦：《稳步推进脱贫攻坚与乡村振兴有效衔接》，《人民论坛》2019年第S1期。
④ 陈文胜：《论中国乡村变迁》，社会科学文献出版社，2021，第60页。
⑤ 左停：《脱贫攻坚与乡村振兴有效衔接的现实难题与应对策略》，《贵州社会科学》2020年第1期。

农业产出为主导的发展任务转变为以乡村产业振兴为核心，迈向农业强、农村美、农民富的战略愿景。

脱贫攻坚阶段形成的各项政策、资金投入、项目建设等，就必然要根据乡村振兴的全局性战略任务进行全面优化调整，形成新的政策导向。由之前重视投资扶贫、基础设施建设等物质帮扶，转变为强调顶层设计与长远规划相结合，注重乡村治理体系、科技支撑系统和人才培养机制的全面升级。在保证贫困群众稳定脱贫的基础上，进一步通过政策引导和资金支持，推动农业向现代化、集约化的方向发展，同时激发农村社会资本的积极性，加快提升农村公共服务与基础设施建设水平。[1] 通过对财政投资方式的转变，构建起扶持农业和农村发展的长效机制，以此引导资源向乡村振兴的核心领域集中。

因此，脱贫攻坚政策的转型不可避免地需要对工作任务进行系统性重构与战略性重设，建立一个长效稳定的机制来巩固提升脱贫攻坚的成果，推进湖南乡村全面振兴，这无疑是有效衔接的长远挑战。

四　从阶段性战略目标转向长期性战略愿景的挑战

脱贫攻坚作为阶段性战略目标，湖南在 2020 年已全面完成，是推进全面现代化的关键步骤。随着这一阶段性任务的结束，面临的新挑战，就是如何将脱贫攻坚的成果稳固并延续至乡村振兴的长期性进程中。从政策目标来看，脱贫攻坚的主要任务是帮助部分人能吃饱肚子，2020 年后乡村振兴的主要任务是让整体农村居民过好日子。[2] 根本性的转变在于任务时限的重新设定，即从阶段性战略目标的实现转向长期性愿景的战略推进，是包括经济、社会、文化和治理体系、生态文明在内的全面振兴[3]。

在转型路径的选择上，亟须将获得性助力转化为内生性发展动能，确保由外部推动过渡到内部自主发展，实现从应急性政策取向转为长期性政

---

①　涂圣伟：《脱贫攻坚与乡村振兴有机衔接：目标导向、重点领域与关键举措》，《中国农村经济》2020 年第 8 期。

②　张亚玲、李雪蕾、郭忠兴：《统筹推进后扶贫时代脱贫攻坚与乡村振兴的有机衔接——"脱贫攻坚与乡村振兴"学术研讨会综述》，《南京农业大学学报》（社会科学版）2019 年第 6 期。

③　魏后凯：《如何走好新时代乡村振兴之路》，《人民论坛·学术前沿》2018 年第 3 期。

策设计,① 从被动式的政府扶持转为主动自愿式的自发运动。② 其中,脱贫攻坚的政策支持短期内难以完全退出,必须在短期到中期内逐步完成政策切换与功能升级,确保不留下政策真空或出现政策滞后。

一方面,借助市场的力量提升脱贫攻坚时期依赖行政推动和重点帮扶的模式,引导企业、社会资本参与到乡村振兴中来。这一转变不仅是政策上的调整,更体现了一种理念上的更新。另一方面,实现乡村振兴的战略目标,需借鉴国际视野与地方经验,应对日益增长的内外部挑战,构建一个系统化、广覆盖、长效的政策体系,不断促进农业全面升级、农村全面进步、农民全面发展。

在目标设定上,面对与国家"共同富裕"愿景相一致的乡村全面振兴目标,不仅要聚焦实现较短时间内的经济增长,更重要的是实现乡村全面振兴的长远规划:"到2020年,乡村振兴取得重要进展,制度框架和政策体系基本形成;到2035年,乡村振兴取得决定性进展,农业农村现代化基本实现;到2050年,乡村全面振兴,农业强、农村美、农民富全面实现"。③ 围绕农业强、农村美、农民富三重目标,要不断优化农业结构、提升农村建设质量和农民福利水平,不断提高乡村现代化水平和农民生活品质,从而加快农业农村现代化进程。④

具体到政策制度的设计上,需细化乡村振兴的政策内容,从农业现代化、农村环境整治、农民收入保障等多个角度出发,整合脱贫攻坚阶段的成果和乡村振兴阶段的要求。同时,推进传统的渔农林业等产业与现代技术融合,打造特色产业链,提升作为农业大省的湖南农产品附加值和竞争力。在此基础上,构建覆盖全省的农村公共服务体系,推行农村基础教育、医疗、文化等方面的公共服务均等化,并确保这些服务的质量与城市持平。

因此,根据到2050年乡村全面振兴的长远规划,如何按照短期目标、

---

① 郭晓鸣、廖海亚:《建立脱贫攻坚与乡村振兴的衔接机制》,《经济日报》2020年6月5日。

② 张琦:《稳步推进脱贫攻坚与乡村振兴有效衔接》,《人民论坛》2019年第S1期。

③ 《中共中央　国务院关于实施乡村振兴战略的意见》,《人民日报》2018年2月5日。

④ 秦国文:《促进脱贫攻坚和乡村振兴有机衔接》,《新湘评论》2020年第13期。

中期目标、长期目标的时间节点,加快完成从应急性政策取向向长期性政策设计的重大转变,推进脱贫攻坚与乡村振兴的有效衔接,① 这是一个巨大的挑战。

五 从特惠性政策支持转向普惠性制度保障的挑战

在湖南脱贫攻坚期间,特惠政策扮演了至关重要的角色,主要针对贫困户和贫困地区,通过中央财政转移支付、财税优惠及贴息贷款等直接投资和资源支持,为贫困地区的农村基础设施与基本公共服务、基本社会保障提供了有力的资金保障,为贫困地区的发展注入了强有力的动力。而调研发现,湖南不少非贫困地区乡村也突出存在基础设施、就医、就学、养老、饮水等薄弱环节,是全面建成小康社会进程中尚未完成的硬任务。② 其中最突出的是贫困村与非贫困村之间、贫困户与非贫困户之间形成的"悬崖效应",导致"公平性"问题十分明显。③

随着乡村振兴战略的深入实施,人们对美好生活的需要推动对乡村发展的要求日益提高,农民对乡村发展的期待日益强烈。④ 从推动因素维度,公共财政对农村投入从脱贫攻坚特惠性转向乡村振兴常规性、普惠性,既是非贫困地区广大农民群众的期待,也是补上全面现代化短板的必然要求。在这一过程中,政策从单一的救济式扶贫,转向更注重可持续发展能力的培养,推动着"精准式"济困帮扶与"普惠式"共享发展有机结合,⑤ 体现政策从满足个别特定群体需求扩展到满足整个乡村社会需求。

这要求充分吸纳脱贫攻坚阶段的经验,准确把握乡村振兴的核心要素与长远目标。在此基础上,针对不同发展水平、不同类型的地区、村庄,通过制定具有针对性、综合性和预见性的梯次推进政策体系,形成巩固拓

---

① 郭晓鸣、廖海亚:《建立脱贫攻坚与乡村振兴的衔接机制》,《经济日报》2020年6月5日。
② 陈文胜:《补齐"三农"短板决胜全面小康》,《新湘评论》2020年第6期。
③ 宋洪远:《建立长效机制,做好脱贫攻坚与乡村振兴有机衔接》,《21世纪经济报道》2019年第10期。
④ 蒋永穆:《实施乡村振兴战略须关注的三个重点》,《四川日报》2018年5月16日。
⑤ 郭晓鸣、廖海亚:《建立脱贫攻坚与乡村振兴的衔接机制》,《经济日报》2020年6月5日。

展脱贫攻坚成果和乡村振兴战略相互支撑、相互配合、有机衔接的良性互动格局，① 确保既能够弥补脱贫攻坚的不足，又能够发挥全面推进乡村振兴的战略优势。

因此，如何处理好特惠与普惠的关系，无疑又是一个巨大挑战。在现实中，特殊性与整体性的矛盾，可能使乡村发展面临局部的合作困境；特惠性与普惠性的矛盾，或将导致政策实施存在一定的路径依赖；福利性与效率性的矛盾，易于引发某些脱贫地区的"福利依赖"。② 这就必须力求避免脱贫攻坚政策带来的悬崖效应等负外部性问题，确保政策的持续性和稳定性。将已证明有效的脱贫攻坚政策积极定型，并纳入乡村振兴长效机制建设，同时对现行政策体系进行修正和完善，确保其符合乡村振兴的长期发展目标。

在普惠政策体系设计中，政策支持应涵盖全方位社会保障体系，为可能出现的返贫等现象提供必要的安全网，既包括对脱贫户的监测和帮扶，也要兼顾新出现的经济薄弱群体，通过动态监测机制及时发现和解决问题。在具体操作层面，不仅要满足脱贫地区的可持续发展实际需要，也要为预防和解决因发展不平衡导致的相对贫困问题提供制度保障。③

其中，全面优化脱贫攻坚政策中对基础设施、教育、医疗等领域的投入，确保这些投资的连续性和有效性，是避免"政策悬崖"并实现政策平稳过渡的关键一环。而建立健全对低保、五保和残疾人等社会保障对象的政策保障机制，是实现社会公平和全员共享发展成果的重要前提。

因此，进入全面推进乡村振兴阶段，如何将政策支持从点对点的特惠性转变为面对面的普惠性，以实现湖南区域发展的均衡性和可持续性，是必须有效应对的一大挑战。

---

① 张琦：《稳步推进脱贫攻坚与乡村振兴有效衔接》，《人民论坛》2019 年第 S1 期。

② 郭晓鸣、高杰：《脱贫攻坚与乡村振兴政策实施如何有效衔接》，《光明日报》2019 年 9 月 16 日第 16 版。

③ 涂圣伟：《脱贫攻坚与乡村振兴有机衔接：目标导向、重点领域与关键举措》，《中国农村经济》2020 年第 8 期。

第三节 脱贫攻坚与乡村振兴有效衔接的现实着力点

虽然湖南省在巩固拓展脱贫攻坚成果同乡村振兴有效衔接方面取得了显著成效，但仍然存在政策目标难以聚焦、工作任务区域目标不平衡、治理体系转换难、贫困地区脱贫前后经济发展政策不平衡、社会政策的实施中难以兼顾不同群体的诉求与需求等现实难题，[①] 要在深刻理解和把握衔接内涵的基础上，实现二者在重点目标、体制机制、政策措施、成效认定等多方面、全方位的有机衔接。[②]

一 注重规划与政策目标的协同性

从发展实际维度看，农业仍然是"四化"同步发展的短板，农村仍然是全面建成小康社会的短板，城乡工农发展差距仍然是亟待破解的问题。[③] 只有保障政策的连续性与适应性，将国家支持和个体能力建设相结合，形成有效的工作机制和激励体系，实现从顶层设计到具体措施的无缝衔接，才能确保乡村振兴规划的实施能够取得实际成效，确保农业农村现代化的顺利推进。

全面梳理现有乡村发展规划。全面识别脱贫攻坚阶段所取得的成果，并将其与乡村振兴战略相对接，确保成果能被更好地维系和发展。全面梳理目前政策的内容和乡村振兴的各项规划，确保资源配置既符合现行政策导向，又满足乡村振兴的长远需求。将脱贫攻坚成效转化为乡村振兴的具体路径，细化到每个村庄、每个片区，形成覆盖省、市、县、乡、村五级的规划体系。如在山林绿化等生态规划中，应通过明确具体的生态补偿机制和实施标准，将生态保护与农民收益相结合，既保障生态环境良好，也提高农民的经济收入，实现乡村振兴中生态与经济双赢。

---

① 左停、原贺贺、李世雄：《巩固拓展脱贫攻坚成果同乡村振兴有效衔接的政策维度与框架》，《贵州社会科学》2021 年第 10 期。

② 汪三贵、冯紫曦：《脱贫攻坚与乡村振兴有机衔接：逻辑关系、内涵与重点内容》，《南京农业大学学报》（社会科学版）2019 年第 5 期。

③ 蒋永穆：《实施乡村振兴战略须关注的三个重点》，《四川日报》2018 年 5 月 16 日。

接续推进脱贫攻坚中有效的政策。对于脱贫地区的支持政策，保持政策相对稳定和投入的力度不减，避免因政策取消或政策变化而消解脱贫成果。实行动态调整，确保这些地区仍能持续获得必要的政策支持与资源配置。对没有劳动能力的特殊脱贫人口要强化社会保障兜底，实现应保尽保。在"两不愁三保障"的基础之上，进一步贯彻落实低保、医保政策，包括临时救助的综合性保障政策。同时，跟进实施教育、住房、基本医疗、饮水安全等政策。

加强对规划实施的战略引领。在规划实施阶段，紧密结合农业农村现代化的战略目标，形成包含农业增效、农民增收、农村美化在内的综合发展策略。通过高效农业技术推广，建立现代农业生产体系，打造特色产业基地，推动农产品向高品质、高附加值方向发展。积极探索乡村旅游、绿色食品等新型业态，增加农民的多元化收入渠道，实现农民收入持续稳定增长，以有效预防返贫风险。

有效衔接两大战略规划。基于地形地貌、气候条件、人口分布、文化传统以及经济发展具有巨大区域差异性的省情，推进巩固拓展脱贫攻坚成果与乡村振兴有效衔接的发展规划，必须注重因地制宜的梯次推进。非贫困地区可以探索做好治理相对贫困的工作重点、政策设计和主要目标同乡村振兴进行有效衔接。原来是深度贫困地区的，在确定巩固拓展脱贫攻坚成果与乡村振兴有效衔接发展规划过程中，应该更加聚焦巩固拓展脱贫攻坚成果，同时，积极探索乡村振兴示范，用乡村振兴示范带动整个区域从巩固脱贫成果向乡村振兴转型。

二　突出产业发展的增强就业导向

无论是脱贫攻坚还是乡村振兴，都要依靠发展产业来促进农民就业与增收。因此，有效衔接必须以市场需求和质量要求为引领，准确把握市场需求的变化规律和品种、质量要求，把制度变革、结构优化和要素升级作为乡村产业发展的内生动力，推进农业供给与市场需求进行有效对接。

发展特色产业是主攻方向。以安化黑茶产业为例，通过一系列政策引导和资金支持，建立起从种植、加工到销售一体化的产业链条。在此基础上，通过对低收入人群的吸纳，实现对农民劳动力的就近转移，不仅有助于稳定就业，也推动了产业链的纵深发展。① 因此，要加快优化脱贫地区的产业发展布局，突出把适合地域资源条件、具有市场前景的特色产业发展作为着力点，与原来的产业扶贫项目接续推进。在资金、用地、税收等方面给予政策支持，推动脱贫地区的农业企业与农户深度合作，建立可持续发展的利益联结机制。加大对脱贫地区所选择各类嵌入型产业的后续支持力度，推进新兴产业培育与关联延伸，提升全产业链价值，促进脱贫产业顺利转型。加大对龙头企业、农民专业合作社、家庭农场、种养大户等主体培育的支持力度，加大对仓储物流、电商等乡村生产生活性服务设施和乡村公共平台建设的财政投入，着力脱贫地区经营主体的职业技能提升，提升脱贫地区经营主体的运营能力和带动能力。

创新利益联结机制是根本要求。鼓励和引导农业龙头企业、农民合作社等主体，通过合同种植、订单农业、股份合作等多种形式，与农民构建利益联结的长效机制，确保脱贫户能够持续稳定地从产业发展中受益。按照让脱贫人口付出劳动、创造价值、分享利润的要求，把脱贫人口劳动就业嵌入农村一二三产业融合全产业链，将家庭经济融入全价值链，使脱贫人口收入体现在全利益链。将困难家庭劳动力安排到产业组织和产业链中，带动低收入劳动力积极参与融合发展，实现稳定增收。地方政府在支农资金分配、涉农企业扶持等方面，向有利于低收入劳动力高质量就业和分享增值收益的市场主体倾斜，确保低收入劳动力能稳定就业和更好分享产业链增值的收益。

技能培训与就业服务是基础工程。突出提升乡村人力资源价值，通过教育培训、职业技能提升、创业支持等方式，让农民成为促进乡村振兴的主体和受益者。一方面，通过技能培训和教育投资提高就业的适配性。加大对农业技术、产品加工、市场营销等相关培训的投入，通过制订培训计划，不断提高职业技能和生产效率。结合本地劳动力结构和产业需求，进行精准的人才培养，进一步促进劳动力的质量提升，并为产业转型升级提供人才支撑。

---

① 张润泽、胡交斌：《脱贫攻坚同乡村振兴有效衔接的现实问题与逻辑进路》，《甘肃社会科学》2021年第6期。

另一方面，探索多元化就业服务体系建设。通过政府主导建立网络化、多元化的就业服务平台，提供职业介绍、就业指导、创业辅导等一站式服务。搭建企业与就业之间的沟通桥梁，及时传递市场信息，降低就业匹配的时间成本和信息不对称问题。构建多层次、宽领域的就业服务网络，为产业发展提供充足的人力资源保障，与产业兴旺形成良性循环。

三　推进帮扶与示范带动相结合

乡村振兴战略的实施，一方面需要充分地发挥政府在资源整合、政策引导和服务保障方面的作用；另一方面，要鼓励和引导社会各界参与，采取有效的帮扶措施与示范引导相结合的方式，加快农业农村现代化步伐。在政策推行过程中，要特别重视对已脱贫农户的跟进帮扶和扶贫政策的持续性。在此基础上，培育一批示范镇、示范村，通过模式创新，发挥示范带头作用，进而带动周边乡村同步推进。

帮扶政策聚焦关键领域。乡村发展的帮扶政策应聚焦于农业产业化、农村基础设施建设，以及乡村人居环境改善等关键领域。对农业产业链进行深入分析，找准乡村产业短板，注重发展具有地方特色的优质高效农产品，引导和支持脱贫农户加入合作社或家庭农场等新型农业经营主体。通过对接市场需求，提升农产品的市场竞争力和附加值，确保脱贫群众能够稳定并持续增加收入。优化乡村基础设施，改善电网、交通、供水等公共服务设施，提高农村综合承载能力，为产业发展提供有力支撑。

建立自下而上的示范创建机制。乡村振兴的示范创建，必须着眼于发挥对推进乡村振兴的引导作用，全方位调动基层组织和农民参与的积极性，以激活乡村的内生动力。因此，要改变脱贫攻坚决战中自上而下那种政府包办包揽的推动模式，建立自下而上的申报与激励机制，先申报创建，再根据创建标准与工作进展进行相应的支持。其中要特别注重农民的参与度，把申报时农民的参与率、考核评估时农民的满意度作为重要的评价指标。在示范镇、示范村等导向性强的帮扶措施上，可采取由政府牵头、行业龙头企业或农村合作经济组织实施的模式。结合乡村实际，打造一批特色鲜明、成效显著的示范项目。通过产业带动、文化传承、生态建设、组织引领和保障改善等措施，实现资源优化配置，形成可复制、可推广的乡村振兴路径。

着力点亮改革试点的"示范灯塔"。紧扣乡村振兴战略的核心目标和任务，深化农村重点领域和关键环节改革试点，激发乡村发展资源要素活力，推动城乡要素平等交换、双向流动，促进农业转移人口市民化，为巩固拓展脱贫攻坚成果提供要素支撑。注重培育乡村发展的内生动力和社会参与的积极性，实现帮扶措施的精准性和示范项目的广泛影响力。通过持续的政策引导和有效的市场激励，让农村经济实现自我增长、自我循环、自我提升，最终实现社会经济全面进步、农民生活持续改善的目标。

四　发挥政府投入对市场投入的引领作用

脱贫攻坚过程中政府投入了大量人力、物力，这样大规模的政府投入在乡村振兴过程中难以为继。纵览农村改革四十多年的历程，有两条最为关键的经验，就是赋权和市场化，推进乡村振兴就应进一步赋权，进一步推进市场化，使之成为乡村振兴的突破口与动力源。[①] 需要政府以财政资金支持和政策激励作为起点，引导社会资本积极参与乡村振兴，实现政府投入与市场投入的有机结合，不仅有助于资金源头活水的注入，更是激发乡村发展内生动力的关键所在。

发挥政策引导资金的杠杆作用。通过设立乡村发展基金，利用财政资金撬动私人和企业资本等社会资本投入，形成政府引导、社会参与的投资格局，提高乡村振兴政策的资源配置效率。将市场运作的灵活性与政府规划的前瞻性融合，探索公私合营、股权合作等多种合作模式，扩大乡村发展资金来源，形成一系列符合市场规律且能够反映政府意图的投融资体系。在资本投入策略上，注重于投资回报与社会效益的双重评价机制，确保资金的使用效率和投入产出的合理性。

明确市场投入乡村振兴的重点领域。在政策层面，明确把农业科技创新、乡村基础设施建设与环境治理、特色产业发展等作为市场投入的重点领域，以财政资金为引导，采用政府购买服务、股权投资、贷款贴息等多

---

① 张云华：《农业农村改革 40 年主要经验及其对乡村振兴的启示》，《改革》2018 年第 12 期。

种方式，激励社会力量投向乡村振兴。以公私合作（PPP）模式为代表，创新乡村资本运作的路径，进一步激发私人资本对乡村产业的积极性。为保证投资效果，制定风险分摊和收益分享机制，平衡政府与市场在资源配置中的利益关系。

增加乡村产业贷款的可获得性。为实现可持续投入，推动金融创新，推动农业保险、农村合作金融等金融产品和服务的发展，发挥其在风险管理和资本保障上的重要作用，以增加乡村产业贷款的可获得性。特别是要推出无抵押、无担保的"富民贷"等小额信贷产品，降低农户和农业企业的融资成本，提高乡村特色产业特别是小型家庭农场和初创企业的资金获取能力。

建立政策激励与效益评估机制。实施产业奖励机制与税收优惠政策，以调动民间投资的积极性，促进农产品加工业、生态旅游业等新兴产业的快速发展，不仅可以为乡村振兴带来新的增长点，还可以帮助解决就业问题，加快乡村经济的多元化进程。在确保政策效果方面，通过定期的效益评估和结果反馈机制，确保政府投资的精准性和市场投资的积极性，并不断优化乡村振兴策略，推进政府与市场在乡村振兴投入中的良性互动。

五　通过责任考核建立有效约束机制

责任与考核机制的设计，须致力于确保政策的有效执行与长效运行，强化政策执行的严格性，并结合激励机制充分提升政策的执行力。在巩固拓展脱贫攻坚成果与乡村振兴的有效衔接过程中，应推行单位责任和个人责任制，确立明确的工作指标和责任人，使政策执行有人把关、有人负责。实施明确具体的责任追究机制，涵盖从项目规划、资金使用到成效评估的全链条监督，确保每一项政策落到实处并发挥应有作用。

制定本土化乡村振兴指标体系。包括经济增长率、农民人均收入、环境质量等多个维度，每项指标均配备量化标准和评价周期。在衔接巩固拓展脱贫攻坚成果和乡村振兴的具体实践中，通过构建透明的财务管理和评价体系，对每笔资金的流向、使用效益进行追踪核查，保障资金使用的精准性和有效性。建立科学的考核评价模型，如结合层级分析法和数据包络分析法，对乡村振兴的各项工程进行综合效益评价，为政策调优提供依据。

建立精准管理和有效约束机制。为避免形式主义的考核，应用信息化手段，如乡村振兴监管云平台，集成大数据分析和人工智能算法，对乡村振兴的进展实时监测、动态分析，从而实现精准干预和管理。引入第三方评估机构进行独立考核，增强考核的客观性和权威性，通过第三方的专业视角促进政策的深化与创新。将考核结果与干部任用、资金分配等相挂钩，构建问题导向明确的激励机制与约束机制。

推行差异化的考核标准和奖惩机制。在保障责任与考核相结合的具体措施设计上，坚持从实际出发，考虑到区域间的经济社会差异，根据不同发展水平和不同发展类型建立分类考核机制，以顺应区域发展实际、激发内生动力，增进政策的相关性和实效性，避免出现"一刀切"。通过这种方式，综合运用制度设计与技术手段，借助量化标准和智能系统，细化指标体系，将责任与考核紧密结合，建立起责任明晰、奖罚分明的执行体系，为推动乡村振兴战略深入实施奠定坚实基础。

第六章　全域乡村振兴示范建设的长沙案例

长沙作为湖南省省会，是长江中游城市群的中心城市和"一带一路"的重要节点城市，是全国重要的粮食生产基地。党的十九大报告提出全面推进乡村振兴以来，长沙市以推动高质量发展为主题，把实施乡村振兴战略作为"三农"工作的总抓手，以农业农村优先发展总方针，锚定现代农业领航区、生态宜居典范区、城乡融合样板区、共同富裕先行区的示范目标，按照产业兴旺、生态宜居、乡风文明、治理有效、生活富裕总要求，举全市之力建设乡村振兴示范市，推动乡村振兴走在全国前列。

第一节　以高质量发展为主题建设乡村振兴示范市

长沙市按照乡村振兴实现"农业强、农村美、农民富"的根本要求，以推动高质量发展为主题，举全市之力建设乡村振兴示范市，大力发展现代都市农业、建设美丽宜居乡村、促进农民共同富裕，加快形成农业高质高效、乡村宜居宜业、农民富裕富足的新图景，带来乡村蝶变，呈现乡村新风，为乡村全面振兴奠定坚实基础。

一　以多元赋能为突破口打造都市农业领航区

通过多元赋能，长沙市持续推进高标准农田建设、稳步提升粮食生产能力，跨界配置农业与现代产业要素，培育乡村休闲旅游等新产业新业态，促进农村一二三产业融合发展。"十三五"期间，长沙农产品加工业产值突破 2700 亿元，农产品网络零售额超过 50 亿元；上市农业企业达到

6家，居中部首位。① 2021年上半年，长沙农村居民人均可支配收入达18160元，同比增长13.8%，② 正向2025年建成现代农业领航区目标全力奋进。

（一）通过发挥地域优势、建设特色品牌赋能

农产品品牌化、乡村产业特色化是未来农业发展的必然要求。长沙市始终重视品牌强农战略，突出长沙地域特质，通过实施农业品牌建设行动，着力打造区域公用品牌，不断推进农产品由数量增长向质量提升转变。

1. 现代农业"一县一特"品牌效应明显增强

2018年启动了农业品牌建设五年行动计划，每年统筹安排5000万元农业品牌建设奖励资金，用于扶持以绿色生态为导向的农业品牌建设，构建培育、管理、保护体系，③ 2020年新增"三品一标"99个，④ 浏阳油茶、望城荷花虾、长沙绿茶、宁乡花猪等区域公用品牌影响不断扩大。望城区27个品牌获得绿色认证，东城生态辣椒、靖港西兰花等蔬菜品牌崭露头角；浏阳市金霞油茶、好韵味油茶合作社等企业联合建设油茶科研所、油茶企业培训基地，深挖生产工艺、研发个性品种，浏阳油茶产品获"湘赣红"区域公用品牌授权；望城荷花虾2020年养殖面积发展至10万余亩，年产量14000吨，年产值达42000万元。⑤

"长沙绿茶"获评国家农产品地理标志产品，茶产业挺进全国十强。尚木兰亭新型茶饮店以"长沙绿茶"为原点，研发"时尚饮、文创茶、定制礼"三大明星产品，店铺已有十多家，为"长沙绿茶"品牌推广探索了新模式。⑥ "湘丰"茶业集团自主研发的生产线，每天生产上万公斤

① 长沙市农业农村局、长沙市乡村振兴局：《全市农业农村工作情况汇报》，打印稿。

② 王茜、刘帅、朱玉红：《当好"领头雁"建设"示范市"——长沙奏响湖南乡村振兴的最强音》，《湖南日报》2021年9月24日，第6版。

③ 朱敏、唐朝昭、钱娟、颜开云、聂映荣：《砥砺前行振兴乡村 决胜全面建成小康社会》，《长沙晚报》2017年10月21日。

④ 胡忠雄：《2020年政府工作报告》，长沙市人民政府门户网站，2020年1月13日，http://www.changsha.gov.cn/szf/zfgzbg/202002/t20200224_6620102.html。

⑤ 李璐、李晓玲：《品牌升级 优化布局：望城农业"鲜"下手为强》，搜狐网，2020年10月2日，https://www.sohu.com/a/422263009_100180399。

⑥ 朱敏、唐朝昭、钱娟、颜开云、聂映荣：《砥砺前行振兴乡村 决胜全面建成小康社会》，《长沙晚报》2017年10月21日。

茶叶，拥有核心技术发明专利 18 项、省级科技成果 2 项，年接待游客 30 万人次以上，2020 年产值 7 亿余元。①

2. 以全产业链建设推动形成国字号农产品区域公用品牌

大力支持宁乡市以宁乡花猪为主导产业，成功创建国家现代农业产业园，全力培育"宁乡花猪"品牌，先后获评湖南省十大农业区域公用品牌、中国百强农产品区域公用品牌、长沙市十大农业品牌，"宁乡花猪"从濒临灭绝发展到了产业产值突破 35 亿元、品牌价值增长到 2019 年的 19.02 亿元。② 宁乡强化花猪全产业链开发，产业链条日趋完善。全市共有宁乡花猪从业企业 250 余家，③ 覆盖保种、养殖、屠宰、加工、销售、农旅等全产业链，产值超过 30 亿元。④ 包括预制菜、香肠、腊肉、肉酱、肉包、水饺等在内，宁乡国家现代农业产业园的花猪产品年产能超过 1 万吨，直接提供就业机会 2.6 万个，带动就业 8.3 万人。⑤ 全市存国家级保种场 1 个，一级扩繁场 4 个，形成较为完善的一心、一区、一场、一站、一库"五个一"的保种体系。

全市存栏宁乡花猪种母猪超过 2 万多头、在配种公猪 700 多头。⑥ 农户以养殖加盟、委托代养等多种形式与流沙河牧业、楚沩香农业等龙头企业合作，形成"公司+农户"利益联结机制，直接带动花猪养殖农户 572 户，辐射带动花猪养殖农户 4800 余户，带动农民每年增收 4.8 万元。宁乡国家现代农业产业园实施资产入股分红和财政资金入股分红，盘活闲置民房、学校、废弃矿区，聘请农民管理房屋，实现在家就业；将财政资金作为股权资金，入股以村集体为主成立的合作社，年底按 20%归村集体所有、80%通过合作社分给农户的比例和方式参与企业分红。

① 宁霞、周游、李松：《稻禾为笔 实干答题》，长沙市农业农村局门户网站，2021 年 9 月 27 日，http://nyw.changsha.gov.cn/xxgk/xxgkml/gzdt/qxdt/202109/t20210927_10230937.html。

② 欧阳军、曾祥兴、曹颖、贺兴龙：《湖南宁乡打造花猪百亿产业》，《中国食品报》2020 年 12 月 10 日。

③ 杨娟：《宁乡花猪迎来"花样年华"》，《农民日报》2021 年 2 月 6 日。

④ 胡忠雄：《2020 年政府工作报告》，长沙市人民政府门户网站，2020 年 1 月 13 日，http://www.changsha.gov.cn/szf/zfgzbg/202002/t20200224_6620102.html。

⑤ 柏润、铭泽：《"花猪"名片耀九州》，《湖南日报》2020 年 3 月 10 日。

⑥ 今日宁乡：《市领导调研宁乡花猪种业创新工作》，宁乡市政府门户网站，2021 年 8 月 12 日，http://www.nxcity.gov.cn/zw229/nxyw436/202108/t20210812_10119483.html。

截至 2020 年，宁乡国家现代农业产业园累计为农户分红 783.96 万元，为村集体创收 195.99 万元；带动就业 8 万人，新增就业岗位 10000多个。同时，深入发掘宁乡花猪深厚的特色文化，采取主题农庄和绿色生态融合发展模式，打造湘都花猪跳水、花猪特色小镇、宁乡花猪文化创意园等项目，年接待乡村休闲、农耕文化、研学旅行等游客 200 多万人次。宁乡花猪产业的蓬勃发展吸引了世界 500 强企业正大集团投资 13.5 亿元全面开发宁乡花猪一二三产业。①

（二）通过龙头企业引领加快产业集聚赋能

长沙市充分发挥龙头企业带动作用，围绕产业链不断吸引和汇聚相关企业，形成了以产业集聚增强产业竞争力，促进产业振兴，从而引领乡村振兴的良好态势。2020 年，长沙市新型农业经营主体达 2.8 万家，国家级农业龙头企业增至 10 家，农产品加工业总销售收入突破 2500 亿元。长沙县、浏阳市、宁乡市分别处于全国县域经济百强县第 4、第 10 和第18 位。②

1. 创新"国有平台+龙头企业+基地（农户）"的模式

宁乡市采取"国有平台+龙头企业+基地（农户）"的模式，与正大集团合作建设 100 万头生猪产业链。③ 望城区乔口镇引进龙头企业文和友公司，高标准建设荷花虾产业链核心示范园、小龙虾研究院、高科技育苗和"暂养"基地。长沙县积极支持湘丰集团、金井茶厂、金湘园、溪清农业、鸿大茶叶等公司加大投资，推进茶叶园区和厂房提质建设，提升茶叶加工水平。长沙县还吸引城市资本下乡与村集体资产资源合作投资，采取资本下乡共建模式共同建设、共同开发浔龙河生态小镇。长沙县安沙天健农机"服务大包干模式"被《人民日报》作典型报道。

2. 探索"龙头企业+合作社+家庭农场+农户"模式

长沙县依托国家级现代农业示范区平台优势，以"率先打造'三个

① 欧阳军、曾祥兴、曹颖、贺兴龙：《湖南宁乡打造花猪百亿产业》，《中国食品报》2020年 12 月 10 日。
② 唐朝昭：《2019 奋进长沙交出闪亮答卷》，《长沙晚报》2020 年 1 月 7 日。
③ 朱敏、唐朝昭、钱娟、颜开云、聂映荣：《砥砺前行振兴乡村 决胜全面建成小康社会》，《长沙晚报》2017 年 10 月 21 日。

高地'"为抓手,聚焦种子和耕地,探索"龙头企业+合作社+家庭农场+农户"模式,加快推进农业产业现代步伐。长沙县路口镇的隆平稻作公园是长沙"创新引领、开放崛起"高质量发展重要支撑的"两山四谷"中种业硅谷户外展示基地之一。园区依托"企业引领+科研院所+村集体+农户"(1+3)发展模式,以科技创新为引领,深入促进农业机械化,已有湖南农业大学、国家杂交水稻研究中心等16家农业科研院所、隆平高科、华智生物等90家种业企业进驻,拥有1300个自主知识产权的品种、高标准农田1022亩。经过多年发展,隆平稻作公园作为集会展、科普研学、特色民宿、文化体验于一体的具有国际视野、国际品牌的大型公益平台和田园综合体,正逐渐成长为湖南突破农业"芯片""卡脖子"难题的前沿阵地。①

长沙县春华镇致力于培育种业特色产业,聚力产业发展,种业主导优势凸显。截至2020年底,高标准制种和实验基地面积达3500亩,种子生产能力达400吨,全产业链综合年产值达9.51亿元。全镇现有从事种业为主的品种选育、生产、推广和销售的企业十多家,湘研种业、宇田农业、九龙蔬菜、袁氏种业等龙头企业争相落户,国家杂交水稻综合试验基地、国际稻都现代农业产业园等名片享誉全国。

其中,湖南湘研种业有限公司是专业从事以辣椒为主的蔬菜新品种选育、生产的全国科技型龙头企业,已累计开发辣椒、茄子、甜糯玉米等新品种200多个,杂交辣椒种子全国市场占有率达10%、湖南省市场占有率高达30%。杂交水稻种子育繁推一体化的农业高科技企业袁氏种业合作客户已遍及全球23个国家,在海外审定杂交水稻品种21个,得到印尼、巴基斯坦、越南等国农业部门的高度认可。其拥有3个"第一":杂交水稻种子业务覆盖范围与海外审定杂交水稻品种数量全国第一;杂交水稻种子出口量湖南第一。

至2020年底,春华全镇高标准制种和实验基地面积达3500亩,种子生产能力达400吨,全产业链综合产值达9.51亿元。如今,希望种业、

---

① 宁霞、周游、李松:《稻禾为笔 实干答题》,长沙市农业农村局门户网站,2021年9月27日,http://nyw.changsha.gov.cn/xxgk/xxgkml/gzdt/qxdt/202109/t20210927_10230937.html。

优至种业、北大荒种业等全国知名种子企业已入驻基地，年种子吞吐量约50万吨。为提升粮食生产产业化效能，春华镇通过创新引入隆平好粮运营模式，结合实际情况制定个性化种植服务模式——"隆平好粮五好服务模式"（选好种、种好田、收好粮、卖好粮、分好利）。该模式致力于打造从水稻种子到品质原粮销售的产前、产中、产后全产业链一体化协同，为农户种植增产增收、降低成本，为用粮企业、消费者提供高品质粮食，全力助推春华万亩粮食生产基地的产业化升级。①

（三）通过设施农业发展推动现代要素赋能

长沙市积极运用现代科学技术手段，稳定增加粮食产量，不断提升绿色品质。如长沙县春华镇加快实施"区块链+智慧村庄"和智慧农业场景打造项目，着力树立典型样板，引导更多农业企业朝着智慧农业的方向发展；长沙县果园镇新明村长沙有机谷成立"智慧农业示范园区"，打造了有机农业生产基地，先后引进湖南粮食集团高档有机稻种植核心基地、新明百欧欢有机文创园等项目；望城区高塘岭街道的广源种植专业合作社试水"智慧农场"，初步实现水稻耕种管收生产全过程的无人化操作，其中包括智慧农机建设、高标准农田建设、智能灌溉体系建设、天空地一体化精准农情遥感监测系统等四大块。2020年长沙完成粮食播种476万亩，同比增加5.4%；实现粮食产量215万吨，同比增长3.9%。其中新建高标准农田20.9万亩，而农业机械化率则达到82%。②

以望城区为例，坚持科技赋能现代农业，设施农业亮点纷呈，其特色现代农业发展呈现良好态势，获评国家现代农业综合改革试验区。2020年，设施蔬菜示范园开始运营，万亩蔬菜基地提质建设全面完成，千亩高标准设施蔬菜示范园投产达效，引进了西藏绿之源、金畴农业等5家蔬菜龙头企业，种植了绿色、无农药的光明叶类菜，打造了湘赢辣椒、云游茶叶、靖港西兰花、绿地西红柿等优质农产品品牌，携手"辣椒院士"邹

---

① 宁霞、王斌、刘鑫宇：《赏春华秋色 看乡村振兴——长沙县春华镇以省级种业小镇建设为依托，在创新实干中树乡村振兴标杆》，湖南日报·新湖南客户端，2021年9月23日，https://m-xhncloud.voc.com.cn/portal/news/show? id=2615721。

② 颜开云、颜家文、张禹、朱华：《唱响"协奏曲"逐梦"强富美"》，《长沙晚报》2020年12月1日。

学校、"茶业院士"刘仲华、"鱼类院士"刘少军发展现代化高精尖农业。[①]

望城区成功申报中央数字渔业试点县项目，获批省现代农业特色产业集聚区。[②] 设施蔬菜示范园通过空气能控温系统、移动喷灌系统、轨道采摘系统、自动播种机等为作物提供标准化的光、温、水、气、肥，大幅度降低农业生产对于自然环境的依赖。设施蔬菜示范园还应用无土栽培和荷兰式吊挂栽培技术，打破了地域和空间的限制，采用水肥一体精准化灌溉技术和有机营养肥料，达到了作物优质高产高效、营养健康同步和用地养地统一的目的。设施蔬菜示范园有亩产万斤的辣椒、单株结果实上万颗的番茄树，还示范带动了 500 亩羊肚菌、鸡枞菌等短平快种植产业项目的发展。[③]

望城区设施蔬菜示范园带动周边发展 17 个连片设施蔬菜基地，约 2400 平方米的设施蔬菜生产车间实现精确施肥、精确控温、精确配比营养成分的工厂化管理。一季度，全市蔬菜总产量达 108.3 万吨，同比增长 4.1%。[④] 除此之外，望城还打造了全国首个全程无人操作的机械化双季稻无人农场示范园。

（四）通过土地流转创新实现适度规模赋能

长沙市各地充分尊重基层和群众的首创精神，不断深化农村改革，大力推进土地合作经营。如宁乡市大成桥镇鹊山村创造了土地合作创新农业生产组织机制的"鹊山模式"；望城区茶亭镇以"带地入建"创新城乡融合发展机制，辐射推广承包地经营权流转收益与宅基地使用权互换，让宅基地资源实现跨村配置，"静慎家园"农民集中居住成功入选"湖南基层改革探索 100 例"；[⑤] 长沙县开慧镇开慧村 2013 年成立了土地合作社，推

① 靖港镇人民政府：《望城区靖港镇乡村治理工作情况》，打印稿。
② 李艺婷：《湖南望城：现代农业助力乡村振兴》，新浪财经网，2021 年 3 月 20 日，http：//finance. sina. com. cn/jjxw/2021-03-20/doc-ikkntiam5780746. shtml。
③ 李艺婷：《湖南望城：现代农业助力乡村振兴》，新浪财经网，2021 年 3 月 20 日，http：//finance. sina. com. cn/jjxw/2021-03-20/doc-ikkntiam5780746. shtml。
④ 钱娟、刘帅：《接"二"连"三"富农家 一季度长沙乡村振兴实现精彩开局》，人民网，2021 年 5 月 11 日，http：//hn. people. com. cn/n2/2021/0511/c356884-34719679. html。
⑤ 中共长沙市望城区茶亭镇委员会、望城区茶亭镇人民政府：《2021 年茶亭镇乡村振兴示范镇创建工作情况汇报》，打印稿。

进田、土、山整体流转给合作社进行开发经营，探索出新型集体经济发展的"开慧模式"。①

浏阳以"建设权证"创新集体土地流转，在不减少耕地面积的情况下，有效激活农村"沉睡"土地。通过土地流转创新，不仅积累了丰富的农村土地流转经验，而且实现了土地流转地生金，大力促进了长沙村集体经济发展兴旺，2020年底全市年集体经济收入超过20万元的村占比达90%，2021年第一季度全市村级集体经济收入达3.28亿元，同比增长22%。②

其中，宁乡市鹊山村通过土地"三权分置"改革，撬动社会资本投入8000万元，村级集体经济由2014年负债213万元转为2020年创收102万元，村民人均纯收入由2014年的2万元提高到2020年的3.2万元。③2016年，该村土地合作经营鹊山模式入选全国十大改革案例，鹊山村2019年获评全国乡村振兴示范村，2020年获评全国文明村。宁乡市已在全市278个村推广"鹊山模式"，2021年实现"一村一社"全覆盖。鹊山村声名鹊起的首要秘诀在于精准把握土地改革这把钥匙。

其主要经验在于以下几个方面。

立足群众确立土地改革创新框架。村委先后召开900多场村民会议，征求群众意见，最终确立农村土地所有权、承包权、经营权"三权"分置的创新框架。据统计，全村实有农户1237户，参与流转1226户；实有耕地4205亩，参与流转4168亩。土地统一流转集体后，鹊山村聘请专家统一规划，按50~100亩划分连片区块，采取公开竞价的方式，分别每亩以两个价格档位，承包给新型职业农民，或专业合作社、农业企业和生产大户。④

---

① 丁伟、涂生辉、王震、刘梦秋：《从土地流转经营模式 看新型经营主体培育着力点》，2019年5月20日，http://journal.crnews.net/ncjygl/2019n/d5q/xxnyjyzt/117892_20190520025343.html。

② 长沙市农业农村局、乡村振兴局：《2021年全市农业农村工作情况汇报》，打印稿。

③ 王茜、刘帅、朱玉红：《当好"领头雁"建设"示范市"——长沙奏响湖南乡村振兴的最强音》，《湖南日报》2021年9月24日，第6版。

④ 张拥军、尹建军、李贞胜：《湖南"鹊山模式"培育乡村振兴"领头雁"》，搜狐网，2021年8月25日，https://www.sohu.com/a/485538847_120007037。

成立新型农业生产经营主体。该村以支部党员为主体，以村集体经济合作组织为载体成立农业产业发展公司，建立"党支部+土地合作社+新兴职业农民+社会化服务体系"的新型农业生产经营体系。2021 年，全村共有农业企业、专业合作社、农场、养殖业、生产大户等各类新型经营主体共计 33 个，租赁土地 3221 亩，占流转土地的 77%。

提供农业生产社会化服务。提升农民科学种田能力，打造新型职业农民队伍，已分批次培养 132 名新型职业农民，租种土地占比 60%。由 54 位村民成立 4 家专业合作社，合作组建现代农业服务中心，建立农业机械、农资、技术技能、烘干加工等"四大服务体系"，构建起支撑新型农业全产业链发展的现代化综合服务体系。

促进三产融合发展。以村党组织为主导，该村成功注册"鹊山"商标，鹊山水稻、鹊山稻虾、鹊山水果、鹊山蔬菜等系列农产品品牌陆续推出，实现产业集中连片发展。"贪吃侠"作为国家综合性改革试点试验项目，实现集产养殖与休闲农业于一体，带动土地经营 2500 余亩、农家乐 4 家，530 多名当地富余劳动力实现了家门口就业增收。[①]

（五）通过农旅融合催生新业态赋能

长沙市积极打造乡村旅游产业集聚区和精品旅游路线，以农旅融合的新方式带动村集体增收、村民致富。如望城区乔口镇按照"生态+农业+旅游"发展模式，主打"赏荷花、呷龙虾、住民宿、当创客、解乡愁"特色乡村旅游路线，用荷花衬托民宿，以乡土风情完美诠释了乔口的"荷塘月色"，形成了特色种养"乔口模式"。如梅田湖村抓住研学旅行热潮，在全市创新采用"公司+村级+农户"的运营模式，整合松山屋场农田 500 多亩，将村民的闲置房统一标准改造成接待用房，51 户村民以房屋入股的形式成立梅田湖研学旅行基地，形成了资源开发"梅田湖模式"。[②]

长沙县浔龙河村，形成以"教育产业为核心、生态产业为基础、文

---

① 张拥军、尹建军、李贞胜：《湖南"鹊山模式"培育乡村振兴"领头雁"》，搜狐网，2021 年 8 月 25 日，https://www.sohu.com/a/485538847_120007037。

② 周红珍：《浏阳古港镇梅田湖村：着眼"一屋场一特色"集体经济发"新枝"》，《浏阳日报》2020 年 8 月 17 日，https://www.icswb.com/h/104195/20200817/671984.html。

化产业为灵魂、康养产业为配套、旅游产业为抓手"的多产业协同发展格局，探索出了"美丽乡村+生态社区+特色产业"的生态艺术"浔龙河模式"。长沙现有国家星级农庄40家，其中五星级农庄24家；省级星级农庄150家，其中五星级农庄56家，数量在省会城市中名列前茅。2020年，长沙拥有各类休闲农业经营主体1570家，年接待游客达3622万人次。① 2021年第一季度全市新增4个省级休闲农业集聚发展示范村、6个省级休闲农业示范农庄，1570家休闲农庄实现营业收入21.8亿元。②

其中，长沙县锡福村在实践中探索出以民宿经济带动乡村旅游、以乡村旅游推动新农村建设的"631慧润模式"，并先后获得"中国乡村旅游创客示范基地""全国休闲农业与乡村旅游示范点""2019中国旅游产业影响力年度双创企业"等荣誉。③ 慧润民宿2020年接待游客10万人次，④逐步实现了以民宿产业为重心，带动一二三产业融合发展的产业格局，从而促进了当地产业经济的升级。

慧润模式的主要创新点在于以下几个方面。

收益分配公平，实现三方共赢。慧润公司探索建立了"农户+企业+村委会"新型合作关系，优先保障村集体与农户的利益分享，旅游民宿经营收益按照"631"的比例进行分成，即农户60%、企业30%、村集体10%。越来越多的村集体、农民投身民宿产业，变身发展乡村旅游的合伙人，实现了企业、村集体和村民三方共赢。

变民居为民宿，变村庄为景区。慧润公司通过与村委会、农户合作，将农村闲置房屋改造成民宿，以"民宿+"思路对荒山、荒坡和水塘进行项目和景点打造，形成户外拓展、垂钓、高端餐饮等一批配套旅游项目，打造了以"民宿+露营基地"为主题的板仓国际露营基地、以"民宿+田

---

① 《长沙第二季度休闲农业营收同比增长约10%》，长沙市人民政府门户网站，2020年8月15日，http://www.changsha.gov.cn/szf/ywdt/zwdt/202008/t20200815_8841334.html。

② 钱娟、刘帅：《接"二"连"三"富农家 一季度长沙乡村振兴实现精彩开局》，人民网，2021年5月11日，http://hn.people.com.cn/n2/2021/0511/c356884-34719679.html。

③ 周度：《湖南"慧润模式"开创了乡村振兴新道路——关于湖南慧润民宿"631"发展模式的调查与思考》，2020年6月28日，http://www.rmlt.com.cn/2020/0628/584966.shtml。

④ 《长沙县2021年实施乡村振兴战略情况汇报》，打印稿。

园养生"为主题的锡福乡村民宿基地、以"民宿+产业基地"为主题的湘丰度假帐篷酒店等项目。

壮大集体经济,农民就近致富。长沙县民宿产业空间布局呈现两核多点格局,除开慧镇和高桥镇 2 个民宿集聚区外,路口镇、福临镇、黄兴镇、安沙镇、果园镇、青山铺镇、金井镇、北山镇均有分布。① 截至 2021 年 7 月,长沙县民宿已接待游客 15 万人次,销售收入 3890 万元,集体增收 87 万元,农户产品收入 1560 万元,直接从业人数 163 人,间接从业人数 583 人。②

品牌网络营销,科技促进融合。企业与村集体、村民合作,成立农业专业合作社,坚持以高于市场 10% 的价格,对农民的农副产品进行集中采购,并通过精品包装和产品附加值的提升,创立了"板仓人家"农产品自有品牌。同时,积极拓展互联网电商模式,设计开发了拥有自主知识产权的"慧享游"互联网平台,通过"互联网+民宿+农产品"的共享方式,将民宿及其经营农户和农产品的信息逐一在线上平台展示和营销。③ 截至 2020 年 4 月底,平台累计上线各类民宿及客房 500 多间,上线产品 2581 款,上线长沙县乡镇 13 个,对接服务村集体 65 个、农业企业 48 家,2019 年平台销售及数字化服务产值 1100 多万元。④

调研还发现,望城区携手网红餐饮品牌文和友,打造千亩小龙虾示范养殖基地,每年仅土地溢价一项,就带动村集体增收 20 万元。截至 2021 年 7 月,望城共有荷花虾养殖经营主体 256 个,养殖基地规模达 8.3 万亩,一二三产业综合产值近 10 亿元。⑤ 2019~2020 年,望城统筹市、区

① 周虔:《湖南"慧润模式"开创了乡村振兴新道路——关于湖南慧润民宿"631"发展模式的调查与思考》,2020 年 6 月 28 日,http://www.rmlt.com.cn/2020/0628/584966.shtml。

② 周游、宁霞、任凭:《乡村美起来 农民富起来——长沙县打造乡村振兴标杆区,让农村有景可看、农民有活可干、农业有钱可赚》,《长沙晚报》2021 年 7 月 16 日,第 5 版。

③ 周云武、李治:《蓦然回首,办法都在屋门口——长沙县借全域旅游之势发力乡村振兴》,《湖南日报》2018 年 7 月 10 日。

④ 周虔:《湖南"慧润模式"开创了乡村振兴新道路——关于湖南慧润民宿"631"发展模式的调查与思考》,人民论坛网,2020 年 6 月 28 日,http://www.rmlt.com.cn/2020/0628/584966.shtml。

⑤ 王茜、刘帅、朱玉红:《当好"领头雁"建设"示范市"——长沙奏响湖南乡村振兴的最强音》,《湖南日报》2021 年 9 月 24 日,第 6 版。

两级产业发展专项资金 1 亿元，积极搭建以荷花虾为核心的淡水虾全产业链产学研合作平台，着力打造集荷花虾选育繁育、生态种养、加工出口、冷链物流、电子商务、休闲旅游、节会文化于一体的产业化格局。一条集产、销、加、研、学、游于一体、年总产值达 2.69 亿元的荷花虾全产业链正在加速成型。①

（六）通过产供销"三位一体"优化农业服务体系赋能

长沙市加快农村传统商贸数字化、连锁化转型升级，实现线上线下融合发展；将交易、物流、技术、金融等电子商务服务融入农业生产，实现"以销定产""产地直供"，打造适应本地消费需求的现代流通服务体系，让更多农民从中受益。2021 年 1～3 月，全市居民人均可支配收入达到 15146 元，同比增长 11.1%。其中，城镇居民人均可支配收入 17383 元，增长 10.4%；农村居民人均可支配收入 9641 元，增长 14.1%，农村居民人均可支配收入增速快于城镇居民。②

宁乡市老粮仓镇的"粮仓在线"模式，是以"粮仓党建、粮仓产业、粮仓在线、粮仓文化"为主要建设内容，着力构建资源利用型、股份合作型、产业孵化型村级集体经济发展平台——宁乡市老粮仓镇新型村级集体经济发展中心，并以此为核心持续推动全镇新型村级集体经济发展壮大的一条特色道路、一种发展模式。"粮仓在线"的实质，是以新型村级集体经济为主要成分的镇级混合所有制经济发展模式。

该模式依托长沙粮仓在线农业发展有限公司，实现村（社区）、镇商会、运营商三方股份制合作，打造集脱贫攻坚、土地合作经营、农业综合开发、特色美食体验、线上线下展销于一体的全方位、多功能、宽领域的新型村级集体经济发展平台。平台不论盈亏，先行保障村级集体获得固定分红，其后再根据全镇 10 个村（社区）80%、商会 12%、运营商 8% 的占股比例进行分红。③ 依托"粮仓在线"，不断做大做强"一村一品"特色农业产业新格局，创响了一批"乡字号"特色产品。

---

① 谢璐、袁旺：《乔口打造"荷花虾"全产业链》，《湖南日报》2020 年 6 月 15 日。
② 钱娟、刘帅：《接"二"连"三"富农家　一季度长沙乡村振兴实现精彩开局》，人民网，2021 年 5 月 11 日。
③ 李曼斯、王玲、张馨艺：《"粮仓在线"聚合新能量》，《湖南日报》2020 年 8 月 8 日。

如长田村发展宁乡花猪养殖业、金洪村培植老品种生态大米、双藕村建成种类丰富的水果基地、星石村培育优质红薯制粉、望江村壮大水产养殖、江华培育优质茶油、毛公桥增养野生蜂蜜等等。① 形成从"田间地头"到"市场餐桌"再到"百姓生活"的全产业链模式。充分利用老粮仓"章子客"全国7000余家门店的销售优势，打通市场销售终端，不断拓展乡村产业发展空间。② 积极推广"公司+合作社+基地+农户"发展方式，同时与美团外卖、深圳跨境电子商务协会、中电工业互联网有限公司等电商平台达成合作，致力于打通"产加销服"全产业链。

自2020年8月运营以来，"粮仓在线"售出各类农产品600余万元，总营业额1000多万元。2020年全镇10个村（社区）均实现村级集体经济收入20万元以上，其中上半年10个村（社区）均实现村级集体经济收入12万元。该项目受到长沙市委改革办重点推荐，成功入选省改革候选案例。③

二 以美丽屋场建设为抓手打造生态宜居典范区

长沙市围绕践行"绿水青山就是金山银山"的生态理念，以美丽屋场建设为主抓手，不断拓展美丽乡村的内涵和外延，助推全域美丽乡村建设。通过集中资源、集成政策、集聚要素，农村人居环境持续改善，全市涌现出一批生态美、环境优的示范屋场，农民的幸福指数在家门口"升级"，实现了乡村振兴示范市建设的良好开局。

（一）共商共建，实现乡村建设为农民而建、让市民共享

"村民不等不靠，美丽屋场自己造。"长沙市始终坚持村民主体，注重发挥村民主人翁作用，坚持美丽宜居村庄创建"大家事、大家议、大家建、大家管"，自发筹资筹劳、献策献力，有效激发广大群众参与建设管理的主动性、积极性和创造性，探索群众共建、共管、共享的长效机

① 黄熊飞：《宁乡市老粮仓镇：打造乡村振兴示范片 展现"粮仓在线"新作为》，《中国食品》2021年8月15日。
② 李曼斯、王玲、张馨艺：《宁乡市老粮仓镇在实践中探索村级集体经济发展新模式》，华声新闻网，2020年8月8日，https://hunan.voc.com.cn/article/202008/202008080829227164.html。
③ 黄熊飞：《宁乡市老粮仓镇：打造乡村振兴示范片 展现"粮仓在线"新作为》，《中国食品》2021年8月15日。

制，把美丽宜居村庄建成群众满意的民心工程，真正实现乡村建设为农民而建、让市民共享。据初步摸底，长沙市美丽宜居村庄建设共计筹资约4.5亿元、投工投劳约40万人次；全市累计发放宣传资料20余万份，组织干部走村入户宣传约5万人次，召开村民议事会、屋场理事会等3000多场次。①

调研发现，望城区积极推行共商共建，举行"屋场夜话""屋场会"1000余场，凝聚了美丽宜居村庄创建的广泛共识。全区160个美丽宜居村庄累计筹资筹劳筹料折合人民币超过8000万元，其中村民个人捐款最高达10万元，实现"用自己的钱建自己的家园"，有效防止村级负债②。如白箬铺镇开展"美丽庭院""美丽菜园""最美带头人""最美女主人""最美青少年"等评选活动，营造"村村动员、户户参与、人人出力"的工作氛围，共发动党员、群众义务投工近万个，自愿拆除围墙2000余米、主动捐赠农房2400余平方米、捐地70余亩，筹得现金600余万元，筹资筹劳、捐地捐物折合金额约1480余万元。③ 茶亭镇九峰山村动员村民群众积极参与美丽宜居村庄建设，筹资20余万元，无偿提供水塘、水田设施用地120余亩，群众投工投劳300余个。④ 丁字湾街道兴城社区党总支联合中共湾田商贸物流园委员会举行"企地共建 项目认领"捐赠活动，为茶园子美丽宜居村庄建设筹得款项及材料共计75余万元。⑤

屋场建设需要足够资金投入，浏阳市枨冲镇才常屋场周边50多户群众自发成立屋场建设委员会，带领全体村民开展屋场自建，每户捐赠屋场建设资金2000元以上。⑥ 永安镇芦塘村则采取乡贤带头、村民主体的办法，政府不大包大揽，以村民筹资为主，合作社和企业捐资、上级补助为辅，乡贤捐资兜底，整合各类资金，解决资金来源问题。2013年以来，

---

① 市农业农村局、市乡村振兴局：《全市美丽宜居村庄建设工作情况汇报》，打印稿。
② 长沙市望城区人民政府：《推进"五为协同"实现"五大转变"打造美丽宜居村庄建设样板》，打印稿。
③ 《白箬铺镇：坚持"三主"发挥"三力"实施"四共"实现村庄变景区》，打印稿。
④ 中共长沙市委实施乡村振兴战略工作领导小组办公室：《长沙市建设乡村振兴示范市工作简报（望城区专刊）》，2021年第3期。
⑤ 中共长沙市望城区委、长沙市望城区人民政府：《精致建设 精细管理 全域推进农村人居环境"美丽升级"》，打印稿。
⑥ 市农业农村局、市乡村振兴局：《全市美丽宜居村庄建设工作情况汇报》，打印稿。

湾里屋场组织了 3 期大型建设筹资，进行村级道路提质改造等，共筹集资金约 500 万元。①

充分发挥乡贤影响力，一户一户上门宣传发动，呼吁号召共同建设美丽屋场，调动村民建设家园的积极性。村民们纷纷响应，主动让出自留地、公用地拓宽村道，无偿贡献自家苗木花草扮靓屋场。如湾里屋场多次进行村道提质改造，都是在乡贤、能人自发组织下进行的，逐渐形成了按照"就亲、就近、就熟"原则，以村民为主体，自发组织附近农户对自身周边进行建设的风尚，为屋场打上一块块"小补丁"。湾里屋场一口古井在通自来水后年久失修、杂草丛生，影响周边村民的生活环境，附近 4 户家庭便主动筹资进行了修缮，将其打造成为凤凰古井。

在自主建设过程中，邀请当地"土师傅"参与村庄设计，由本村工匠参与建设，最大限度地节约建设成本，实现"用最少的钱建最美的家园"，有效防止铺张浪费。如望城区靖港镇在美丽宜居村庄建设过程中充分调动党员、骨干和群众的积极性，切实解决好了美丽宜居村庄"谁来建"的问题。积极组织屋场会议听取群众关于筹资筹劳、风格样式、基础建设等建议，凝聚集体智慧。聘请"土工匠"参与村庄规划设计和建设，既让水、电、路等配套设施在农村迅速落地，以便捷舒适生活"留住人"，又充分依托田野、塘坝、茂林等原始风貌，以质朴美丽乡村"留住魂"。

同时开展"少打麻将多养花""蔬菜 guo 好吃"（guo，这么）等活动，让各类群体找到建设家乡的切入点和兴奋点，将枯燥说教变成有趣评比，让冷眼旁观变成主动参与。② 乌山街道团山湖村更是把发挥群众主体作用放在首要地位，引导农民唱主角，召开"我为村庄建设献一策"党员大会和屋场会，达成了建设无围墙、无围栏村庄的共识，青壮年自发参与花坛、绿化、护坡建设，共捐工 1100 余个，妇女们主动泡茶、煮凉茶

---

① 《永安镇芦塘村以"四来五自"激发内生动力打造乡村振兴"永安样板"》，打印稿。
② 中共长沙市委实施乡村振兴战略工作领导小组办公室：《长沙市建设乡村振兴示范市工作简报（望城区专刊）》，2021 年第 3 期。

送到施工现场。①

（二）就地取材，实现因地制宜，让乡村各美其美

"美丽乡村"不能千村一面。按照"一镇一特、一村一景"的思路，长沙市充分利用每个乡村独特的自然环境和地域特点，发挥"就地取材"优势，突出因地制宜，不搞大拆大建，将保持原有村居风貌和引入现代元素结合起来，打造出一批望得见山、看得见水、记得住乡愁的美丽宜居村庄，让乡村各美其美、美美与共。

1. 推行自主设计

各个乡镇因地制宜，根据自己的文化、风景、地理优势打造风格迥异的美丽乡村。浏阳市永安镇芦塘村湾里屋场 129 户，近一半从事建筑行业，因此在屋场建设过程中，充分发挥村民自身特长，不外聘设计公司，不强求统一，不挖山、不填水、不砍树，尽量保持屋场的"原汁原味"，如独具特色的"老屋"风情庭院、藤蔓满墙庭院等，遵照自身房屋实际和个人风格进行设计。②

长沙县黄兴会展经济区石弓湾社区就地取材，用竹龄 3~5 年或以上的老楠竹，编制竹篱笆、竹栅栏，打造生态菜园、路边道等区域，既经济耐用又环保美观；并根据实际建设需要，将楠竹经过氮化处理、防虫处理、防腐处理等程序后，制作出了用于生态菜园围栏、道路边栅栏、花坛修边栏、瓜果爬藤架等不同用途的竹制品，坚持原生态原则，顺势而建，彰显村庄特色。

2. 挖掘地域特色

在保护好村落周边的山、水、田、林、园、塘等自然资源基础上，合力铺排建设项目，通过废弃砖瓦铺成道路，沿着自然湾落修筑休闲循环道路，将参天大树修饰成景观节点、废弃老屋改建成家风家训展览馆等，实现屋场建设布局合理、设施规范、风貌协调，推动生产、生活、生态和谐发展。如望城区乔口、白箬铺、桥驿、乌山等街镇统一聘请专业设计团队，科学把握全镇美丽宜居村庄创建的整体风格，充分挖掘本地特色，因

---

① 中共长沙市委实施乡村振兴战略工作领导小组办公室：《长沙市建设乡村振兴示范市工作简报（望城区专刊）》，2021 年第 3 期。

② 《永安镇芦塘村以"四来五自"激发内生动力打造乡村振兴"永安样板"》，打印稿。

地制宜策划好建设项目，确保整体建设风格与自然文化相融合。①

白箬铺镇黄泥铺村在美丽屋场建设期间，没有栽种名贵的苗木，没有购买高档的建材，而是就地利用乡村原本生长的竹子等茂密绿植、老瓦罐等老物件把村庄装扮得别具风情，让乡村更像乡村，突出乡村不同于城市的"泥巴味"和自然美。

浏阳市官渡镇竹联村利用村民的旧房子打造垃圾分类资源回收站、农耕文化展览馆、孔石泉将军生平事迹陈列馆②。铜官在美丽宜居村庄建设中注重挖掘铜官陶瓷特色，将陶瓷元素和色调有机融入太丰垸美丽宜居村庄集群景观节点中，彰显出浓浓的本土韵味。③

3. 注重精致精美

充分尊重乡村建设规律，坚持高品质打造精美村庄，不修建大公园、不建大广场，不新建高围墙、实心围墙，积极开展拆墙透绿、拆违建绿，建设既实用又美观的屋场景观，提升美丽乡村形象。特别是望城区制定了《长沙市望城区美丽宜居村庄"十不十要"建设要点》，确保美丽宜居村庄建设不折腾不走样。如乌山街道团山湖村新田美丽宜居村庄全面普及"三池一地"农户生活污水处理模式，农户高围墙、乱搭棚房基本拆除，全力打造无围墙、无围栏、无违章建筑的"三无"美丽宜居村庄④，尊重农民生产生活方式，保留屋前有菜蔬、屋后有畜禽的空间格局，不使用与农村风貌不符的建筑材质，不新增大规格树木和不易养护的花草，保留乡愁乡味，真正留住原汁原味的乡风乡貌。

浏阳市蕉溪镇也量体裁衣，对屋场现有的山、水、房屋、菜地等进行整理与升级。如早田村金山屋场根据独特的地理风貌，聘请专业设计和施工队伍，充分利用黄泥江的河道资源和良好的生态环境，以沿河两岸为特

---

① 中共长沙市望城区委、长沙市望城区人民政府：《精致建设 精细管理 全域推进农村人居环境"美丽升级"》，打印稿。

② 《强化生态环境保护 助力乡村生态振兴——浏阳市官渡镇竹联村生态环保助推乡村振兴的生动实践》，打印稿。

③ 中共长沙市望城区委、长沙市望城区人民政府：《精致建设 精细管理 全域推进农村人居环境"美丽升级"》，打印稿。

④ 中共长沙市望城区委、长沙市望城区人民政府：《精致建设 精细管理 全域推进农村人居环境"美丽升级"》，打印稿。

色，将村道两侧农田集中整合，融入农业观光旅游、休闲度假、美食养生产业，打造极具乡土风情的沿河风光带。

宁乡市回龙铺镇丰收湾的当地村民在民间艺人的指点下，将收割后的秸秆，制作成动物、武将、桌椅、寿星、卡通人物等形象，点石成金、变废为宝，用"稻草人"玩出艺术与时尚。制作精美、惟妙惟肖的稻草艺术品是这里的主要"特色"，这里被打造成集休闲、游乐于一体的亲子度假场地，完善的配套设施和依山傍水的地理优势，吸引了大量游客。

（三）协调互融，实现生态宜居、可持续发展

许多地方的美丽乡村建设，都特别喜欢贴草皮、栽灌木，一味模仿大城市的绿化，但由于长效管护机制不到位，只有第一年最好看，随着时间的推移，效果大打折扣。农村不同于城市，如果绿化不跟生产结合，后期维护成本就很高。长沙望城区提供的经验是，路边、屋边不栽名贵苗木，不栽大型行道树，不大面积贴草皮，不做过度硬化，倡导种植果木、茶叶、草籽等当地植物，使用砖、石、瓦、竹、木等乡土材料，打造具有乡村特色的美丽宜居村庄。

如白箬铺镇黄泥铺村通过栽果苗和茶树对村庄进行绿化建设，每家农户认领一段道路，产权还是属于村里，但道路两旁果树或茶树的管护与养护归农户负责，相应的水果或茶叶的收获也都归该农户。这样可以最大限度地调动起农户参与生态建设的积极性，从而实现生态宜居可持续发展。茶亭镇则依托专业指导，每家每户根据庭院实际情况，在房前屋后空地种植经济实用果树，在废弃生产工具中栽花造景，准确配置乔灌花果，使庭院内外协调一致、相得益彰，真正实现"推门见绿""开窗见景"，① 大大提升了村民的生活品质。

在保护村庄原有自然景观资源的基础上，不使用城市景观建设的模式，合理布置景观节点，乡村植物景观配置方式尽可能地避免城市中绿篱、模纹、修剪整形等人工味道较强的植物应用形式，避免规则式的配置

---

① 《茶亭镇惜字塔美丽宜居村庄集群：坚持"党建引领，五五建管"实现"绿在庭院美在乡村"》，打印稿。

方式，尽量达到后期植物景观低维护或不维护的目标。① 如望城区静慎村，全村道路两旁合理绿化，搭配适宜，实现四季有景、处处有景，沿途来往车辆不会觉得单调，高大的香樟搭配矮灌木，视野开阔，部分路段的绿化种植不限于观赏植物，还种植了有经济价值的果木，如李树、柚子树、樱桃树、桃树等，凸显乡村特色。

具体植物种类的选择遵循"具有经济价值同时兼顾景观效果"的原则，形成经济型风景林配置方式。农田种植顺应自然规律，适地选择能优化耕种环境的农作物。村舍庭院内的植物配置在"一家一景"的特色基础上，遵循乡村传统配置模式，栽植柑橘树、李树、枣树、柿树等果树。路网的植物配置中路缘选用能体现自然野趣的菊科、藜科和蓼科等植物，充分体现乡村植物特色。②

长沙县春华镇春华山村用绿色产业扮靓乡村，引进春红花卉等生态产业，每家每户庭前小院都种满花卉，菜地整齐划一。村民以资金入股的方式，成立了农民合作公司，把全组的山、塘、田以及房前屋后的闲置地块集中流转，由公司统一运营，打造成农耕体验区、蔬菜种植区、小水果采摘区、游乐休闲区，举办春华春色文化旅游节等活动，用最原生态的农耕文化吸引人，让"绿色"真正变为"财富"，实现生态与生产互促互融。

浏阳市沙市镇东门村整村推进休闲农业和乡村旅游，分三期先后启动了月亮湖、湖心亭、休闲广场、蒿山生态休闲农庄等项目建设，引进皇菊、栀子花、玫瑰等经济作物。③ 截至 2021 年 7 月，全村土地流转面积4937 亩，其中耕地 2316 亩、林地 2621 亩，占全村耕地、林地总面积的94.3%，发展了烤烟种植、栀子花、花卉苗木、美国红叶紫薇等一系列特色观光旅游产业基地。东门村集体固定资产达 4158.78 万元，成为远近闻

① 李宽宇、赵乙颖、陈月华：《长沙市望城区茶亭镇望群村美丽乡村建设浅析》，《现代园艺》2018 年第 6 期。

② 李宽宇、赵乙颖、陈月华：《长沙市望城区茶亭镇望群村美丽乡村建设浅析》，《现代园艺》2018 年第 6 期。

③ 贺亚玲：《从"负翁"到"富翁"浏阳沙市镇东门村聚力农旅融合打赢翻身仗》，星辰在线，2020 年 12 月 6 日，http://news.changsha.cn/xctt/html/110187/20201206/96568.html。

名的富裕村，① 荣获"中国美丽休闲乡村"、国家森林乡村"湖南省休闲乡村示范点""湖南省美丽乡村示范村""湖南省集体经济强村""湖南省精品乡村示范村"等称号②。

（四）"三色"融合，实现绿水青山变金山银山

长沙市的美丽宜居村庄创建，不仅重塑形，更注重铸魂，因地制宜全面挖掘"红色、绿色、古色"文化，厚植社会主义核心价值观，涵养文明乡风，全面提升乡村的"面子"和"里子"，为屋场建设注入灵魂。

1. 传承革命红色

长沙充分挖掘利用红色文化"富矿"，深度挖掘本地红色文化资源，尊重历史原真，留住美丽乡愁，优先推动红色乡村振兴，开发多条红色旅游精品路线，打造传承红色基因的乡村振兴新样板。如长沙县开慧镇开慧村依托丰厚的红色禀赋，大力发展红色旅游产业，积极组织举办各类"红色"主题活动。如春季采风、红色半程马拉松、美食厨艺大赛、民俗文化节等，以红色旅游带动当地的产业经济发展。

浏阳文家市镇凭借"秋收起义"会师地这一红色资源，打造集红色研学、红色旅游和红色文创于一体的特色文旅小镇，以红色文旅带动乡村振兴。宁乡花明楼镇依托刘少奇故里景区深厚的红色资源，培育和发展了中小酒店42家，农家乐、民宿85家，休闲餐饮业成为带动当地发展的富民产业。望城区深入开展红色资源普查、调研，确定12处红色旧址，围绕旧址保护和精神传承建设美丽宜居村庄。如乌山街道团山湖村大力弘扬新时代雷锋精神，回顾雷锋同志在团山湖的工作和成长经历，将雷锋元素全面融入村庄建设，获评"全国学雷锋教育基地"。③

桥驿镇推进"中共湖南省委旧址""湖南和平解放秘密电台旧址""周以栗烈士故居""周炳文烈士故居""周之翰烈士故居"等红色资源点保护和传承，围绕红色阵地，相继完善红色遗址修缮布展和周边配套公

---

① 浏阳市沙市镇东门村：《建设特色东门 实现乡村振兴》，打印稿。
② 童妙：《湖南浏阳："破落户"到"明星村"东门村变形记》，腾讯网，2021年3月25日，https://xw.qq.com/cmsid/20210325A0ACPD00。
③ 长沙市望城区人民政府：《推进"五为协同"实现"五大转变"打造美丽宜居村庄建设样板》，打印稿。

共基础设施，打造红色美丽宜居村庄集群，同时开发 3 条红色美丽宜居村庄旅游研学路线。桥驿红色美丽宜居村庄现已成为驻长单位主题党日、工会、老干、学生红色教育等活动的首选之地，共吸引了 1500 余批 5 万余人次开展红色研学活动。①

2. 保护绿色生态

绿色原本就是乡村的天然底色，长沙近年来突出绿色发展，围绕香山国家森林公园、大围山、九峰山、黑麋峰、乌山和"一江七河两湖库"等自然生态资源，布局建设美丽宜居村庄，推动绿水青山变金山银山。如望城区巩固提升国家生态文明建设示范区创建成果，乌山街道团山湖村借助"团山湖农场"名义，打出绿色农耕文化品牌。茶亭镇利用独有的山水资源禀赋，打造线状花路、点状花景、彩色山体的"四季花海、五彩茶亭"，茶亭花海成为远近闻名的地标。长沙县春华镇龙王庙村依托万亩粮食生产基地，按照月色荷塘蛙声里、五谷丰登丰收里、灯火万家幸福里、春华锦绣希望里、禾锄晚归稻田里的主题开展规划设计，实现特色产业、宜居生活、美丽乡愁的有机融合。②

位于连云山下的浏阳古港镇梅田湖村森林覆盖率高达 85%，近年来，梅田湖村充分整合村域内的绿色生态资源优势，大溪河和中坪河穿行于群山之间，形成了皇龙峡峡谷景观和 1220 亩的自然湖——梅田湖，村域内形成了"白鹭水中飞，鱼儿碧波游"的丘陵湖泊自然景观，被授予"全国生态文化村"称号。③

3. 守护历史古色

充分挖掘历史文化资源，重点做好民俗风情、名人文化、家风家训等乡村非物质文化遗产的保护传承。如浏阳小河乡依托千年罗汉松这一地标名片，全力打造罗汉松古树公园，同时将"绿色"与"古色"相融，在公园里建设木活字印刷非遗馆，把小河乡已传承六代的"益兴堂"木活字印刷术带至此，原汁原味地呈现"雕刻字模、拣字、排版、印刷"等

---

① 中共长沙市委实施乡村振兴战略工作领导小组办公室：《长沙市建设乡村振兴示范市工作简报（望城区专刊）》，2021 年第 3 期。
② 市农业农村局、市乡村振兴局：《全市美丽宜居村庄建设工作情况汇报》，打印稿。
③ 许雅兰：《梅田湖村获评全国生态文化村》，《浏阳日报》2017 年 11 月 21 日。

全套木活字印刷技艺。

望城茶亭镇静慎村在村庄建设中注重文化浸润，打造集宗祠文化、雷锋讲堂、乡贤讲堂、乡村图书馆等于一体的群众文化活动中心，形成以"守望"为主题的乡村特色文化。乌山街道团山湖村依托千年呆山寺，探索开发古色文化。白箬铺镇黄泥铺村以红砖文化为主线，因地制宜、提炼片区亮点，深入挖掘文化内核，对各类传统工艺进行挖掘传承，建设具有本土特色的工匠文化馆，传承发扬精益求精的匠人精神。小冲子美丽宜居村庄以红砖文化为基础，以农耕文化为主题，教育人们有所敬畏、懂感恩，传承农耕文明与人文理念。[①]

宁乡夏铎铺镇天马新村地处香山国家森林公园中心区域，具有独特的田园风光和特色生态景观，随着村内的粮食博物馆和许家老屋两处景点正式建成并向外开放，这两处乡愁浓郁的农耕文化景观开始以其朴实的魅力赢得关注。石仑关尚义堂景点采取四合院结构，旁衬绿荫浅画，相伴清池芭蕉。古围墙、老土庙、木歇亭相聚为友，不仅有支部党员活动室，还有农家书屋和道德讲堂，按照茶馆样式建设的活动室，每到周六周日就有对子花鼓、皮影戏等民俗文化的表演。

（五）回应期盼，实现基础设施"系统配套"

长沙市始终聚焦村民关心关切的热点、难点问题，以美丽宜居村庄创建撬动乡村建设行动，全面提升农村基础设施和公共服务配套水平，让农村成为安居乐业的美好家园。

1. 推动农村基础设施换挡升级

统筹路、水、电、气、讯、广电、物流"七张网"建设，加快城乡基础设施互联互通、提标提档，有力促进了城市资本向农村聚集、城市公共服务向农村覆盖、城市基础设施向农村延伸、城市现代文明向农村辐射。全市新改建农村公路600公里，实现建制村和重点自然村通沥青路比例达50%以上，新增自来水入户8万人，基本实现农村4G网络全覆盖。[②]

望城区村村通柏油路，路网密度是全省平均水平的2倍。2021年5

---

① 中共长沙市委实施乡村振兴战略工作领导小组办公室：《长沙市建设乡村振兴示范市工作简报（望城区专刊）》，2021年第3期。

② 长沙市农业农村局、长沙市乡村振兴局：《全市农业农村工作情况汇报》，打印稿。

月率先全省实现村村通公交，形成了直达中心城区的"20分钟交通圈"。农村自来水普及率达到98%，户均用电容量提升到3.8千瓦。力争年内全面实现村村通电商、自来水，户户通硬化路，集镇生活污水集中处理设施全覆盖。①

长沙县实施供水、供气、污水处理、数字电视、公共交通"五网下乡"工程，县乡道路硬化率100%，村道硬化率95%；县内四纵三横均按远期规划铺设了农村供水大口径骨干管网，实现规划城区外95%的村覆盖、80%的组覆盖，集镇和人口聚居点全部实现通自来水。②

浏阳市沙市镇东门村近几年先后投入3000余万元进行道路硬化、提质改造20余公里，实现了户户通水泥路，组组通油砂路。安装太阳能路灯750盏，实现了组组通路灯，已全面覆盖到每组每户。硬化水渠1万余米，清淤2万余米，修缮山塘55口，修建提灌站5座。投资400余万元建设绍溪美丽屋场；全村实现网络、通信全覆盖。③ 建设儿童之家、黄土岭长者之家、初心广场、江口片爱心活动中心、森林足球场、健身步道等，为全村的村民提供休闲娱乐场所，使村民的幸福感、安全感、获得感不断提升。官渡镇竹联村村域16.5公里主干道全部硬化，完成13公里道路白改黑，组级道路硬化率达100%，在村主干道路边安装太阳能节能路灯380盏，④ 村庄路口设有醒目村名标识标牌，为村民生活提供便利。

2. 促进农村公共服务提质增效

全市建立15个市级名师农村工作站，交互式多媒体教室覆盖率达80%；提质改造乡镇卫生院5家、村卫生室20所；完成20家乡镇敬老院转型升级，新建村级居家养老服务站50家，提质改造村级儿童之家35个，打造50个村级综合便民服务中心。⑤

望城区全面实现居民基本医疗、养老保险、社会救助、社会福利城乡同等待遇，所有村部建成标准化、规范化的党群服务中心。建成标准化村

① 长沙市望城区人民政府：《推进"五为协同"实现"五大转变"打造美丽宜居村庄建设样板》，打印稿。
② 《长沙县实施乡村振兴战略情况汇报》，打印稿。
③ 浏阳市沙市镇东门村：《建设特色东门，实现乡村振兴》，打印稿。
④ 浏阳市官渡镇竹联村：《强化生态环境保护 助力乡村生态振兴》，打印稿。
⑤ 长沙市农业农村局、长沙市乡村振兴局：《全市农业农村工作情况汇报》，打印稿。

卫生室 135 个、农村居家养老服务中心 22 个，村级儿童之家实现全覆盖，中小学校全部达到省合格学校标准。建成村（社区）综合文化服务中心 127 个、村级农民体育健身工程 304 个，"每日有书、每周有戏、每月有约、四季欢歌"群众文化活动开展得有声有色。① 未来三年内各村将实现村"十有"（有公交客运班线、有"四好农村路"、有自来水、有 5G 网络、有卫生室、有公共厕所、有垃圾分拣中心、有电商服务站、有综合文体中心、有养老服务场所）。②

长沙县在充分尊重乡村的历史格局和文化肌理的前提下，共计投入 5.5 亿元构建了纵横全县、覆盖城乡的十分钟文化圈，确保城乡居民"读有书屋，唱有设备，演有场地，跳有广场，办有经费"。县财政每年安排 1300 万元专项资金保障文化阵地的运行管理，乡镇综合文化站均达到国家一级站的标准，福临文化站获评全国优秀文化站；着力打造"悦星沙"文化品牌和农村节会活动，每年举办文化活动 240 余场次，送戏下乡 100 多台，送电影 3200 余场，受益人群达数十万人。③

宁乡市大力实施全域洁净、秩序整治、设施夯实、乡风文明等四大行动，已成功创建国家、省、长沙市卫生乡镇 18 家，省、长沙市卫生村（社区）143 个，省、长沙市美丽乡村示范村 29 个；"新风庭院"评选工作经验获得中宣部肯定与推介，已建成村（社区）综合文化服务中心 68 个，村民茶余饭后有去处，健康娱乐有乐趣，休闲交流有平台，宁乡获评省现代公共文化服务体系创建示范区。④

三　以特色小镇为依托打造富裕富足先行区

特色小镇，作为现代经济发展的新型产业布局形态，在推进城乡融合发展、推动农村经济社会转型、促进新型城镇化建设等方面的作用显著，是在新的历史时期推动构建区域协调发展新机制的创新探索。长沙市坚持

---

① 长沙市望城区人民政府：《推进"五为协同"实现"五大转变"打造美丽宜居村庄建设样板》，打印稿。
② 中共长沙市委实施乡村振兴战略工作领导小组办公室：《长沙市建设乡村振兴示范市工作简报（望城区专刊）》，2021 年第 3 期。
③ 《长沙县实施乡村振兴战略情况汇报》，打印稿。
④ 张禹：《宁乡这项工作获国务院点名表扬！》，《长沙晚报》2020 年 5 月 10 日。

把特色小镇建设作为经济高质量发展的新平台、新型城镇化建设的新空间、城乡融合发展的新支点、传统文化传承保护的新载体①，依据各地资源禀赋、区位条件、产业优势，引导同类型企业、资金、人才等要素向特色小镇集聚，分类打造产业强、环境美、配套优的富裕富足先行区。

（一）多方位谋划布局，优化城乡融合发展区域规划

习近平总书记指出："要建设彰显优势、协调联动的城乡区域发展体系，实现区域良性互动、城乡融合发展。"② 这既是对区域协调发展的具体要求，也是对城乡融合发展方向的进一步明确。构建城乡融合发展新格局，促进城乡区域协调发展，离不开规划科学、开放协调的城乡布局结构，离不开对城乡发展空间规划的精准统筹。长沙市在实践探索中，坚持城乡协同、区域联动、生态优先，注重区域之间、城乡之间、产业之间的协调发展，统筹推进城乡规划一体化。

1. 统筹城乡国土空间规划

按照《长沙市乡村振兴战略规划（2018-2022年）》的部署，结合"一体两翼"（即长沙主城区、浏阳城区、宁乡城区）、"一轴两带"（即东西向"长沙—浏阳—宁乡"的城镇发展轴，东西向形成湘江综合服务带、长株潭经济带）、"多个乡镇发展片区群"（即依托交通廊道小城镇带，形成多个乡镇发展片群）的空间总规定位，长沙市落实主体功能区战略，统筹利用生产空间，合理布局生活空间，严格保护生态空间，一体化同步推进镇村规划编制，高水平推进核心镇、中心镇、一般镇规划修编工作，将市政公用设施、教育医疗设施、文体科技设施、商贸综合设施规划融入城乡国土空间规划之中，不断提高小城镇基础设施综合承载能力和辐射带动能力，因地制宜、分类推进"多规合一"实用性村庄规划编制。

宁乡市在打造"菁华铺镇—煤炭坝镇—回龙铺镇—夏铎铺镇—金洲镇—双江口镇"环城区乡村振兴示范带时，就以重点突破带动整体推进，将"示范带"的规划与镇域国土空间规划、基本农田保护以及交通、水

---

① 中共湖南省委、湖南省人民政府：《关于全面推进乡村振兴 加快农业农村现代化的实施意见》，《湖南日报》2021年3月29日。
② 习近平：《深刻认识建设现代化经济体系重要性推动我国经济发展焕发新活力迈上新台阶》，《人民日报》2018年2月1日。

利等规划相衔接，"多规合一"编制五年总体规划、村（社区）长远详规和美丽宜居村庄精细规划。据调研，2021 年，长沙市基本完成县级国土空间规划编制，完成 200 个"多规合一"村庄规划项目编制。①

2. 统筹城乡产业发展规划

产业兴旺是乡村振兴的基础和关键。城乡融合发展要求城市与乡村一体化联动，把城市和乡村、工业和农业有机联系起来，推动产业之间、产城之间、城乡之间全面深度融合发展。

坚持以规划引领城乡发展，立足经济社会发展规律，把城乡产业发展水平的差异作为科学制定城乡产业规划体系的首要考虑因素，合理确定以工业功能区、农业园区、特色小镇等为重点的城乡产业发展空间格局。长沙县以深入长沙腹地的区位优势和深耕工业领域的产业优势，形成"南工北农"的产业布局。

立足特色资源优势、环境承载能力、集聚人口和经济条件等，实施"一县一特""一乡一品"农业特色产业发展规划，打造龙头农业特色产业，培育高品质农业特色产品。加强农产品加工业、食品工业与农业生产的规划对接，推进农产品加工向产地下沉，向优势区域、专业园区、产业强镇聚集。如长沙绿茶、宁乡花猪、浏阳油茶、望城蔬菜、小龙虾和花卉苗木等六大"一县一特"产业链持续壮大。

积极探索产业区域互通、跨区跨界的产业融合发展机制。推进长株潭一体化，深化与株洲市、湘潭市在现代农业发展、城乡融合发展等方面的合作，推进湘赣边区域合作示范区建设三年行动计划等。

3. 统筹城乡规划落地落实

按照"资源管理一本账、空间规划一张图、协调治理一盘棋、规划监管一张网"的工作机制，推动形成谋划、决策、执行、监管的完整闭环和回路。

严格落实区县（市）、乡镇党委、政府推进乡村规划编制与实施的主体责任。如浏阳市白箬铺镇坚持镇党委主导、班子成员联村跟进、因村施

---

① 中共长沙市委、长沙市人民政府：《关于建设乡村振兴示范市加快农业农村现代化的实施意见》，打印稿。

策、分类指导，建立村委—村组—村民三级联动网络以及村庄建设理事会等，统筹规划村庄布局。①

加强乡村规划师队伍建设，通过政府购买服务等方式，引进专业技术人员为乡镇、村庄规划建设提供业务指导和技术支持。全面开展农村住房安全隐患排查整治，提升农村住房的设计和建设水平，引导农民选用各级农房设计推荐图集。2021 年，长沙市在 20 个乡镇启动乡村规划师试点工作。

加强建制村规划执行监督员队伍建设，加大对违法违规建设行为的查处力度。严格落实《长沙市农村村民住宅建设管理条例》的相关要求，坚决禁止乱占耕地建房、未批先建、批少建多、建新不拆旧等违法违规现象。②

（二）多模式实践探索，推进特色小镇差异化发展

既非行政建制镇也非传统产业园区的特色小镇，扮演着既与城市相接，也与乡村相连的城乡接合部的角色，具有精准细分的鲜明产业特色、产城人文融合的多元功能特征、集约高效的空间利用特点，是现代经济发展到一定阶段出现的新型发展空间。在城乡一体化背景下，它成为重塑城乡关系、促进城乡融合发展的重要突破口，成为培育乡村振兴内在动力的重要创新源。近年来，长沙市紧紧围绕产业是特色小镇建设的根基这一关键，立足生态禀赋、聚焦产业优势、挖掘人文底蕴，根植特色，因产制宜，把特色小镇的特色体现在产业之上，差异化打造宜工则工、宜农则农、宜旅则旅的特色小镇。

1. 立足生态禀赋，分类打造农业特色小镇

依据各地自然环境、比较优势，结合绿色生态、美丽宜居、民俗文化等特点，长沙市把现代农业产业理念运用到以农业特色产业为依托的特色小镇建设之中，探索打造具有明确特色农业产业定位、农业文化内涵、农业旅游功能的大农业产业形态。

---

① 中共长沙市委农村工作领导小组办公室：《全市美丽宜居村庄建设现场观摩推进会交流材料》，打印稿。
② 中共长沙市委、长沙市人民政府：《关于建设乡村振兴示范市 加快农业农村现代化的实施意见》，打印稿。

如浏阳市柏加镇依托显著的地理优势、良好的产业基础，推进"苗木向花木、种植向园艺、绿色向彩色、品种向品牌、卖树向卖景"转型，建设"产业链条化、旅游全域化、体验多样化、受众全龄化、游赏全季化"的"产业+文化+旅游"多产业融合发展的"花木小镇"。全镇90%以上的土地种植花卉苗木，99%以上的农民从事花木业，95%以上的经济总量来自花木产业。据调研，2020年，全镇花木销售收入近30亿元，接待旅游人数超过30万人，农民人均可支配收入超5万元。①

长沙县金井镇紧紧围绕茶产业与全域旅游产业发展，立足产业布局特点与发展规模，结合既有资源分布特点，着眼于镇域产业整体、均衡发展，突出特色，打造品牌，持续发力美学经济，聚力"一茶一花一民宿"产业，建设多主体参与、多业态打造、多要素集聚、多利益联结的"绿茶小镇"。② 2020年，长沙县茶园面积达10万亩以上，综合产值41.6亿元。③

2. 聚焦产业优势，分类打造工业特色小镇

特色小镇建设，产业为"根"，特色为"魂"。特色小镇之特，首先在于产业之特。长沙市立足高质量发展，紧扣供给侧结构性改革，准确把脉全市各地产业状况，聚焦细分市场需求，着眼"错位竞争、差异发展"，加快产业转型升级，并在原有经典产业的基础上发展新业态，形成以工业生产和经典品牌为主导的产业精华区域。

如宁乡市煤炭坝"门业小镇"，因煤而得名，素有"湘中煤都""百年煤城"之称。2014年，煤炭坝镇开启了从地下工业"挖煤"向地面工业"造门"的产业转型。2020年，煤炭坝镇落户门业及配套企业达102家，全镇特色产业总产值突破98亿元，煤炭坝镇跻身湖南门业集中区和最大的门业生产基地行列，实现"湘中煤都"向"湘中门都"的华丽嬗变。④

---

① 浏阳市农业农村局：《浏阳市柏加镇花木小镇建设情况汇报》，打印稿。

② 《长沙县金井镇获评省级特色农业小镇》，长沙市农业农村局官网，http://nyw. changsha. gov. cn/xxgk/xxgkml/gzdt/qxdt/202011/t20201120_9591581. html。

③ 长沙县农业农村局：《长沙实施乡村振兴战略情况汇报》，打印稿。

④ 《长沙重点培育的一批特色小镇精彩蝶变，实现生产生活生态相融、宜居宜业宜游》，长沙市农业农村局官网，2021年5月6日，http://nyw. changsha. gov. cn/nync/mlnc/202105/t20210506_9927034. html。

浏阳市大瑶"花炮小镇",在开拓中创新传统产业,在发展中传承花炮文化。通过实施集约化、机械化、专业化、信息化和安全型、环保型的"四化两型"战略,持续推动传统花炮产业转型升级,形成一条以烟花爆竹生产经营、原辅材料、包装印刷、商贸运输等为核心的完整花炮产业链。建成李畋庙、李畋广场、花炮文化街、花炮博物馆等核心景点,将花炮元素融入城市景观、建筑外墙、城市雕塑等,展现花炮古城底蕴和特色文化。到2021年,大瑶镇有花炮生产厂家58家,花炮相关企业413家,产品远销100多个国家和地区。①

3. 挖掘人文底蕴,分类打造文旅特色小镇

文旅小镇,文化是内核,旅游是载体,文旅产业深度融合发展是支撑,文化特色越突出、地域风情越浓郁,旅游吸引力和辐射带动效应就会越强。长沙市因地制宜挖掘特色资源,结合实际大胆创新,打造"特色(产业)聚集—人流聚集—消费聚集—产业升级—特色创新—再聚集"的螺旋式上升发展结构,推动文化、旅游等多产业、多行业、多要素融合发展。

如长沙县果园镇"田汉艺术小镇",以田汉故居为核心,建成了田汉文化园,推出党史学习教育、国歌研学等文旅产品。长沙县开慧镇"板仓小镇",围绕传统爱国教育、精品水果采摘、慧润民宿体验等特色龙头,串起"红色文化""绿色旅游""蓝色航空""橙色教育"的四色,文化和旅游产业发展迅速。望城区铜官窑古镇,以唐代铜官窑陶瓷文化为核心、传统建筑文化为载体,打造集观赏、研学、体验于一身的现代古窑文旅小镇。

(三)多元化加大投入,构建利益共享多方共赢机制

实施乡村振兴战略,必须解决好"钱从哪里来"的问题。无论是促进农业高质量发展,还是建设美丽宜居的乡村,提高农民生活品质,都需要强有力的资金支持。长沙市把有效的多元投入机制、多元的融资平台、持续增长的资金规模作为乡村振兴的活水之源,以改革创新的发展思路,

---

① 刘宾:《浏阳大瑶:刹那烟花　绽放千年》,人民网,2021年4月16日,http://hn.people.com.cn/n2/2021/0415/c337651-34677684.html。

激活市场、激活要素、激活主体，探索建立"政府投入为主导、村级集体经济投入为主体、社会资本投入为主力"的"三驾马车"新机制，实现市场在资源配置中起决定性作用和更好发挥政府作用的有机结合，构建农民有收获、企业有回报、政府有期待、社会有发展的利益共享多方共赢局面。①

1. 围绕坚持农民主体地位，盘活乡村闲置资源

"坚持农民主体地位"不仅是乡村振兴的根本要求，也是乡村振兴一切工作的出发点和落脚点。但对如何发挥农民的主体作用，不少地方未能找到一个有效的方法或途径。长沙各地结合实际，大胆探索，把农民在乡村振兴中的主体作用真正融入改革创新之中、体现于具体实践之上。

如长沙县浔龙河村，通过推进土地确权颁证以明晰产权，使农民先成为土地的主人再成为平等的市场主体，原本固定的承包地、宅基地、集体建设用地也转换为农民的市场要素资本，从而使乡村资源资产化。农民不仅是居民也是创业者，不仅是资产的拥有者也是决策的参与者，在真正体现农民的主体地位的同时，实现农民的土地财产权益。

浏阳市沙龙村，通过土地整理、集中居住、建新拆旧、复垦复耕等方式整合资源，盘活闲置土地，以"企业+村委会+农户"模式发展村集体经济。通过招商引资，引进企业对村集体土地进行开发，村集体以土地入股，不参加企业生产、管理，村级给予企业政策优惠，待企业走向正轨后再进行利益分配。②

2. 突出政府投入主导作用，发挥财政杠杆效应

推动乡村振兴和农业农村现代化，政府财政资金大力支持是一大关键。长沙市把农业农村作为一般公共预算优先保障领域，在保持现有"三农"财政预算规模的基础上，逐年提高土地出让收入支持乡村振兴的比例，2021年土地出让收益计提用于农业农村的资金占比达到30%，且计提数不低于土地出让收入的4%，并提出到"十四五"期末分别达到

---

① 陈文胜：《浔龙河村乡村振兴的多元投入机制创新实践》，《中国乡村发现》2020年第1期。

② 浏阳市农业农村局：《乡村振兴的沙龙之路》，打印稿。

50%以上、不低于8%。①

　　长沙市在突出政府投入主导地位的同时，推动资源配置由市场机制不全与政府职能错位并存，向有效市场与有为政府协同联动转变。充分发挥财政资金的杠杆作用，着力解决政府投入与乡村产业发展脱节的问题。一方面，做到政府投入不越位，政府主要负责基础设施建设、基本公共服务及基本社会保障，为各类主体投入乡村振兴提供公共支撑。另一方面，做到产业服务不缺位，按照产业融合发展的规划，政府财政投入跟进与产业发展的进度配套，避免因政绩驱动而搞形象工程，从而导致低效与浪费的问题。

　　3. 畅通社会资本下乡渠道，建立多元融资平台

　　社会资本及其带动的现代资源要素进入乡村，是工业反哺农业、城市支持农村从而促进农业农村现代化的有效途径，也是城乡融合发展的必然要求。长沙市将乡村规划与区域城乡发展规划进行融合衔接，推进"多规合一"，让社会资本投入有预期。搭建产业服务平台，探索成立长沙市乡村基础设施建设投资公司和长沙市乡村文化旅游开发投资公司，让社会资本投入有依托。推动产业扶持与人才集聚，优化社会资本投资创业环境。

　　通过建立多元化、全覆盖的投融资平台，鼓励金融资本投入乡村振兴。建好用好长沙市农村综合金融服务平台，引导农业银行、农业发展银行等涉农金融机构加大乡村振兴信贷投入，鼓励金融机构开发专属金融产品支持新型农业经营主体和农村新产业新业态发展。支持发展农业保险，扩大粮油、畜禽政策性农业保险范围，鼓励开展农业天气指数保险、农业巨灾保险。②

　　4. 建立多元利益共享机制，创新乡村治理模式

　　资金投入多元化，必然要求实现利益分配的多元共享。长沙创新乡村治理模式，因地制宜探索出一条"村企良好互动、双方利益平衡"的融

---

①　《中共长沙市委　长沙市人民政府关于建设乡村振兴示范市加快农业农村现代化的实施意见》（长发〔2021〕1号）。

②　《中共长沙市委　长沙市人民政府关于建设乡村振兴示范市加快农业农村现代化的实施意见》（长发〔2021〕1号）。

合发展之路，把社会工商企业纳入乡村治理体系，使企业与乡村之间的关系由二元对立的主客体关系转变为一元共生的融合关系，村民和村集体、企业和企业员工成为乡村发展的利益共同体，形成政府、企业、村民"谁投资谁受益"的利益分配与共享机制，实现"农民受益、企业发展、政府满意"的多赢局面。

如长沙县浔龙河村，建立"村企共建"的党建共同体模式，即村企两者融合在一起，以各自的党组织为最高连接口，形成党组织层面的村企融合。通过"组织共建、党员共管、阵地共用、活动共抓、发展共促"的融合机制，实现以企业带动村集体经济发展，以村企共建实现互利共赢的长效机制。

（四）通过多举措进行改革，激活特色小镇发展内生动力

实施乡村振兴战略，要用好深化改革这个法宝，把农村改革各项任务落到实处。长沙市不断深化乡村改革，把特色小镇建设作为激发乡村振兴内生活力和内生动力的重要"切入点"和"发力点"，持续深化体制改革，不断提升发展质量，着力推动要素集聚，致力于建设产业特色鲜明、要素集聚、宜居宜业、富有活力的特色小镇，使特色小镇真正在乡村振兴中担责赋能。

1. 深化体制改革，激发建设活力

特色小镇与其所辖村庄无论是物理空间还是经济、社会、文化和生态空间都高度关联，两者的协同发展构成了城乡融合发展的基础。长沙各地聚焦村镇的协同发展，不断深化村镇体制改革，激发特色小镇建设活力。

推进土地制度改革。着力激活土地，落实农村土地承包关系长久不变政策，探索宅基地所有权、资格权、使用权分置有效实现形式，稳步推进集体经营性建设用地入市，加快城乡建设用地同权同价。如浏阳市"三块地"改革被列为全国试点。[①]

推进产权制度改革。长沙市全面完成农村集体产权制度改革，清理核实集体资产313.45亿元，确认集体经济组织成员433万人，对集体经济组织全部进行登记赋码，赋予其独立法人地位，推动集体经济迈入新的发

---

① 长沙市农业农村局：《全市农业农村工作情况汇报》（2021年6月23日），打印稿。

展阶段。

推进集体经济规范管理。全面实现村级"行政账""经济账"分设，加强集体经济收入使用管理。依法按要求落实村党组织书记兼任集体经济组织负责人。组织乡党委书记集中培训和集体经济组织负责人专项培训，实现镇、村主要负责人业务培训全覆盖，不断提升集体经济"带头人"的经营管理能力。

推进经营管理模式创新。探索形成特色养殖"双江口模式"、产业带动"乔口模式"、农旅结合"慧润模式"、资源开发"梅田湖模式"等一批可复制、可推广的成熟模式。①

2. 提高供给质量，盘活带动能力

高质量的服务供给能力，是特色小镇集聚发展能力的重要因素。② 长沙各地把特色小镇这一较小服务实体实现"大供给"能力作为特色小镇提升发展质量、盘活带动能力的关键路径进行了多方面的实践探索，统筹推进特色小镇和村庄供给服务衔接互补。

提高公共基础设施供给能力。按照规划同步、投入同量、建设同质、管护同标的要求，不断提升特色小镇和村庄的路、水、电、气、讯、广电、物流"七张网"建设标准。2021 年，新改建农村公路 600 公里，完善农村公路安防设施建设 600 公里，实现"村村通快递"；提质改造单村供水工程 20 个，新增自来水入户 8 万人；推进新一轮农村电网改造升级；推进燃气下乡；推进农村 5G 网络、移动物联网与城市同步规划建设。如浏阳文家市文旅小镇，制订智慧景区建设计划，在完善游客服务中心、停车场、旅游厕所等配套设施的同时，引进了"互联网+旅游"新技术，实现网上预约、二维码听讲解、全息投影等功能的投入使用，通过线上线下整合，提供导航、导购、导览、导游等全方位服务。③

提高公共服务供给能力。统筹公共服务资源在城乡间的均衡配置，建

---

① 长沙市农业农村局：《2020 年全市农村工作情况及 2021 年工作思路》（2021 年 4 月 28 日），打印稿。

② 邵泽义：《特色小镇建设中的"五小五大"》，《学习时报》2017 年 7 月 31 日。

③ 浏阳市人民政府：《文家市红色文旅小镇建设情况工作汇报》（2020 年 10 月 31 日），打印稿。

设全民覆盖、普惠共享、城乡一体、均等服务的基本公共服务体系。[1] 提升农村社区综合服务平台"一站式"服务水平，2021年，提质打造50个村级公共服务平台和多功能的综合性便民服务中心。

提高民生服务供给能力。不断提升农村教育、医疗、就业、养老等民生服务水平。2021年，新建15个市级名师农村工作站，建设智慧校园学校10所，实现交互式多媒体教室覆盖率达到80%；提质改造乡镇卫生院5家、村卫生室20所，打造基层医疗卫生15分钟服务圈；开展农村劳动力技能培训2万人次；完成20家乡镇敬老院转型升级，新建村级居家养老服务站（农村幸福院）50家；提质改造村级儿童之家35个。[2]

3. 推动要素集聚，培育整合能力

发展要素集聚是特色小镇生存和发展的关键所在。[3] 长沙各地通过搭建各类平台，通过平台的吸引和聚合效应，推动要素聚合，培育和整合特色小镇发展动力。

搭建政策平台。通过建立人才引进和使用制度，吸引领军人才集聚、兴业人才返乡、专业人才下乡，着力用好用足支持乡村人才振兴的政策措施，确保人才"引进来、用得好、留得住"。出台《长沙市乡村振兴产业人才队伍建设若干措施》，制定13个配套实施细则，建立完善的乡村人才认定、培养、管理、激励机制。2021年，长沙市认定新型职业农民1500名、乡村工匠1000名，培养定向师范生400名，派遣科技特派员300名。[4]

搭建保障平台。依托特色小镇创新创业成本低、进入门槛低、各项束缚少、生态环境好的优势，打造大众创业、万众创新的有效平台和载体。构建良好营商环境，完善调解、仲裁、诉讼等有机衔接、相互协调、高效便捷的多元化纠纷化解机制。

搭建创新平台。以知识产权为核心，强化对创新发展的支撑和保障，

---

① 韩俊：《破除城乡二元结构走城乡融合发展道路》，《光明日报》2018年11月16日。

② 中共长沙市委、长沙市人民政府：《关于建设乡村振兴示范市加快农业农村现代化的实施意见》，打印稿。

③ 邵泽义：《特色小镇建设中的"五小五大"》，《学习时报》2017年7月31日。

④ 长沙市农业农村局：《全市农业农村工作情况汇报》（2021年6月23日），打印稿。

加快形成大众创业、万众创新的生动局面。强化校企合作、产研融合、产教融合，推动产学研协调创新，推进岳麓山种业创新中心建设，通过建成一批国家级、省级种业科技创新平台，突破种源"卡脖子"技术，打造"种业硅谷"。①

（五）多层面强化党的领导，确保农民持续增收

习近平总书记强调："办好农村的事情，实现乡村振兴，关键在党。必须提高党把方向、谋大局、定政策、促改革的能力和定力，确保党始终总揽全局、协调各方，提高新时代党全面领导农村工作能力和水平。"②长沙市把握省会城市战略定位，把握长沙市情农情，把推动农业农村高质量发展、实现农民富裕富足美好生活作为一切工作的"出发点"和"落脚点"，多层面强化党的领导，充分发挥长沙以工补农、以城带乡的区位和资源优势，加快形成工农互促、城乡互补、融合发展、共同繁荣的新型工农城乡关系，保障农民持续增收、生活品质持续提高。

1. 强化五级书记抓乡村振兴的工作机制

2021 年中央一号文件指出，全面推进乡村振兴的深度、广度、难度不亚于脱贫攻坚，必须加强党对"三农"工作的全面领导，采取更有力的措施，汇聚更强大的力量。③长沙市深入贯彻《中国共产党农村工作条例》和《湖南省贯彻〈中国共产党农村工作条例〉实施办法》，建立一抓到底的乡村振兴工作体系，形成县（市区）委书记当好"一线总指挥"、乡镇党委书记作为乡村振兴的"主攻队长"这样一个一级抓一级、层层抓落实的领导机制，并全面建立从市到乡镇的三级党委和政府负责人联点示范的联系点制度，以点带面推进乡村振兴。

2. 健全乡村振兴考核评价机制

高质量的考核评价机制是激励党员干部担当作为的重要前提。长沙市为确保乡村振兴各方面工作有效开展，多方面探索高质量、高效能的考核

---

① 中共长沙市委、长沙市人民政府：《关于建设乡村振兴示范市加快农业农村现代化的实施意见》，打印稿。

② 《在中央农村工作会议上的讲话》（2017 年 12 月 28 日），载中共中央党史和文献研究院编《习近平关于"三农"工作论述摘编》，中央文献出版社，2019，第 190 页。

③ 《中共中央国务院关于全面推进乡村振兴加快农业农村现代化的意见》，《人民日报》2021 年 2 月 22 日。

评价机制。

建立报告制度，实行乡村振兴与基层党建一同述职，各级党委和政府每年向上级党委和政府报告乡村振兴战略实施情况。建立观摩制度，每年组织对各区县（市）、乡镇（街道）实施乡村振兴战略工作进行观摩讲评。

建立考核制度，将实施乡村振兴战略纳入全市各级党政领导班子绩效考核，由各级党委实施乡村振兴战略工作领导小组牵头组织，考核党政领导班子以及农村基层党组织书记开展乡村振兴实绩，将考核结果作为干部选拔任用、评先奖优、问责追责的重要依据。

建立约谈制度，对乡村振兴工作履职不力、考核排名靠后的，由上级党委、政府负责人约谈下级党委、政府主要负责人，本级党委、政府负责人约谈有关部门主要负责人。建立督办制度，对乡村振兴工作开展专项督查。做好乡村振兴工作经验的总结推介，讲好乡村振兴的长沙故事，在全市上下营造共同推进乡村振兴的浓厚氛围。

3. 保持农民持续增收良好态势

农民增收既是一场硬仗，也是一场持久战。为做好当前和今后一个时期的农民增收工作，长沙市不断加大改革力度，完善政策体系，挖掘增收潜力。从提升工资性收入层次、挖掘经营性收入潜力、释放财产性收入红利、强化转移性收入保障等方面着力探索，促进农民收入从快速增长转向快速且高质量增长，从"带增收"向兼顾利益联结"共增收"转变，从挖掘传统动能向同步培育增收新动能转变，全面建立农村低收入人口常态长效监测帮扶机制，实现巩固拓展脱贫攻坚成果同乡村振兴有效衔接。

据统计，2020 年度长沙全体居民人均可支配收入为 51477.60 元，同比增长 5.7%，扣除价格因素影响后，实际增长 3.8%。其中，城镇居民人均可支配收入为 57971.23 元，同比增长 5.0%，扣除价格因素影响后，实际增长 3.1%；农村居民人均可支配收入为 34754.34 元，同比增长 7.5%，扣除价格因素影响，实际增长 5.6%。[①] 农村居民收入增速快于城镇，城乡居民收入差距进一步缩小，共同富裕水平进一步提高。

---

① 长沙晚报掌上长沙：https：//baijiahao. baidu. com/s？ id ＝ 1691205191905496120&wfr ＝ spider&for＝pc。

第二节　全域推进乡村振兴的现实难题

长沙市作为全省唯一的全面乡村振兴全域示范市和乡村振兴高地，率先开展乡村振兴的多模式探索，全方位示范，取得了可喜成就，形成了有益的经验。但是，乡村振兴是一项长期而艰巨的战略，因而必须在逐渐解决问题中推进。调研发现，长沙市在全域乡村振兴示范市建设中，机遇与挑战并存。在未来的示范市建设中，特别要注意有效应对各种挑战。

一　乡村发展规划与经济社会发展趋势不同频

规划先行是乡村振兴的内在规律，也是中央全面推进乡村振兴的要求。调研发现，长沙市各地按照规划先行的要求，从市到村都制定了乡村振兴的规划，规划先行走在全省前面。但是，乡村发展规划与全市社会经济发展趋势不相适应的问题还存在。

乡村规划与长株潭一体化对接度不高。长沙市近期召开的第十四次党代会提出了"抬高坐标目标推进清廉建设，为全面建设以'三高四新'为引领的现代化新长沙提供坚强保障"的新目标，着力实现长株潭"一体化""高质量"发展。乡村和农业是长株潭"一体化"的基础保障和重要纽带，长沙市乡村振兴规划首先要做到长株潭一体化对接，形成三市农业产业差异化特色化发展格局。一些乡村发展规划呈现各自为政的局面，没有遵照上位规划的要求和指导，导致长株潭区域一体化发展规划与乡村发展规划落地形成两张皮，迫切需要进一步"抬高坐标目标"，主动对接株洲、湘潭乡村振兴的区域规划以适应"现代化新长沙"的要求，及时把第十四次党代会的新精神融入乡村振兴规划，使长沙市乡村振兴规划与长株潭一体化经济社会高质量发展有机对接。

村庄规划的生产、生活、生态空间结构不很协调。个别村庄美丽宜居建设还是边建边规划、边规划边改进的方式，没有根据区域生态、文化、产业等实际制定规划，造成村庄与周边村庄之间的对接不够紧密，有些甚至形成了村庄闭环，导致本来村庄间良性循环的生态空间被人为割裂，难以形成生产集聚化、生活便利化、生态宜居化的互联互通一体化乡村空间。

个别地方的官僚主义与形式主义影响规划落地。个别地方领导对乡村振兴规划重视不够，在规划制定中群众参与不足，在规划实施中存在官僚主义与形式主义的倾向，有的为了项目随意改变规划，有的每换一届领导就做一次规划，导致规划难以落地实施。

二　要素投入与农业农村优先发展要求不一致

农业农村优先发展的关键是要素投入要优先，要素优先投入的关键是人、地、钱的优先投入。调研发现：缺钱缺地缺人才的问题，在经济发达的长沙地区乡村同样存在，要素投入与农业农村优先发展不相适应的挑战也比较明显。

设施农业用地政策保障的难题未破。长沙市乡村振兴、产业兴旺的主体是都市型农业，重点是设施农业，设施农业需要较多的设施用地，尽管国家文件有保障设施农业用地的政策规定，但用地指标存在"重城轻乡""重工轻农"的现象，现有指标远远不能满足设施农业的需要。如长沙县根据"现代农业项目配套流转总面积3%的集体建设用地，总面积不超过100亩"政策要求，全县90个现代农庄需提供配套用地4800亩，而实际上只供应了390亩左右。因而，许多设施农业项目因为没有用地指标而落不了地。与此同时，土地要素短缺与闲置浪费并存。一方面，长沙市乡村振兴都市农业和多功能农业用地与工业化城镇化用地之间的矛盾比较突出，设施农业用地存量指标紧张由来已久，土地要素投入农业农村优先不足客观存在。另一方面，土地空间规划不科学和土地二次开发不足，造成了一些地方的土地资源闲置浪费，进一步加剧了土地资源的短缺。

人才优先参与乡村振兴的激励政策不足。全市为了乡村振兴出台了相应的人才激励政策，但是，这些人才激励政策措施主要是从待遇等方面来吸引人才，农业产业就业地点偏远、待遇不高、上升空间窄，人才服务乡村产业的激励保障机制不健全等种种原因，导致乡村人才政策的吸引力并不大，愿意去乡村创业干事的人才并不多，在乡村人才的户籍、住房、人事档案、职称评定、升迁考核等关键问题上政策创新不足，还没有很好地体现乡村优先。

优先乡村振兴的投入力度亟待加大。长沙市乡村振兴的投入相比全省其他市州，市本级和县市区的力度都是较大的，如《长沙市建设乡村振兴示范市规划纲要（2021—2025）》，到 2025 年预计投入乡村振兴资金不低于 1000 亿元。但是，相比本市城镇化和工业化的投入，优先投入的力度还有待加大。如湘江新区"十四五"发展规划，将实施重大项目 605 个、计划总投资 7469 亿元。与此同时，美丽宜居村庄建设要求各部门联动支持，需要统筹涉农资金、形成优先投入合力，但现有涉农部门的项目在实施地点、时间、操作程序等方面都有严格、具体的要求，在现有投入体制下还难以统筹涉农资金形成优先投入机制。因而，长沙市全域推进乡村振兴示范市建设在资金优先投入总量和优先投入机制上都面临挑战。

三　基础设施多龙治水与城乡一体化整体推进不匹配

长沙市乡村水、电、路、气、讯、广电、物流等基础设施建设越来越完善，但是，乡村基础设施的建设与管护却成为难题，原因主要是长期形成的"小决策"导致条块分割、政出多门，基础设施各部门之间各管一块造成"多龙治水"的局面，与城乡一体化整体推进不相适应。

水电路等基础设施建设各部门各自为政。调研发现，乡村基础设施建设涉及领域宽、部门多，缺乏统一的组织协调机构，部门之间联动协调效果差，"七张网"（水、电、路、气、讯、广电、物流）各自为政，规划不一、步调不一致，缺乏全局性、前瞻性、统筹协调的顶层设计，与美丽乡村建设要求难以适应，导致美丽乡村建设中新建项目如果要新增基础设施或改变现有基础设施布局，则要面临手续繁多的申请与长时间等待审批，有的甚至需要农民自己筹资。

负责乡村基础设施建设的县乡政府无权统一协调。县乡政府推进乡村振兴负有完善基础设施的责任，但由于基础设施部门"多龙治水"，各有各的上级部门，各有各的行业标准和规则，都是从省往下垂直管理，导致县乡政府无权统一协调，无法按照本区域乡村振兴的要求布局基础设施，影响了乡村振兴的县乡统筹推进。

系统配套难与统一管理维护难成为乡村基础设施建设瓶颈。基础设施"多龙治水"还导致具体乡村基础设施的系统配套难以统一，在美丽乡村建设中难以形成一个配套完整的基础设施系统。同时，基础设施的管理维护在各个部门，"多龙治水"导致管理维护之间的不协调，影响了基础设施整体功能的发挥。

四 现代都市文明不断推进面临如何留住乡愁的压力

随着城镇化工业化的快速推进，现代都市文明深深影响了长沙市周边乡村，在美丽乡村创建中，有的乡村对创建点的整体布局、设施规划、风貌协调、文化挖掘等把控不够，造成现代都市文明在乡村的过度嫁接，致使传统乡愁丢失。

乡风民俗在强势都市文明冲击下逐渐衰落。乡风民俗承载着乡村农耕文明的精神，也是乡愁的代表，但是当前人们对乡风民俗的认可不强，特别是大城市周边的农民把崇尚现代文明作为现代化的标准，在现代化变迁中日益丢弃了承载古老农耕文明的乡风民俗，导致郊区农村乡愁越来越淡化。

传统老屋与文化地标的保护机制缺失。传统老屋以及一些名胜古迹地标，在美丽乡村建设中缺乏科学的开发与保护机制，有的传统老屋翻新后传统文化损失殆尽，有的文化地标复古不伦不类，既缺乏科学的保护机制，也缺乏开发的专业人才。传统老屋与文化地标都是不可再生的珍贵传统文化资源，其价值是无法衡量的，亟须建立科学适用的保护与开发机制，否则，乡村会变得越来越没有传统文化灵魂，即使乡村现代化了也不能真正振兴起来。

乡风文明建设忽视久久为功导致短期行为盛行。乡风文明建设需要久久为功、内化于心才能持久文明，当前有些地方的乡风文明建设中喜欢破传统开新风，以"破旧"追求短期的政绩效应，人为地强制"破旧"既没有群众基础，也因为没有与地方的传统文化结合起来从而没有长久的生命力，很难可持续发展下去形成文明乡风。

五 合乡并村后治理与建设成本攀升形成乡村债务风险

合乡并村的主要目的是降低乡村治理成本，但调研发现，合乡并村的实际效果并非如此。

人口与地域双增的陌生人社会村级治理成本上升。长沙市合乡并村后，一般村人口在 3000 人以上，有的超过 10000 人，人口增多地域也随之扩大。合乡并村以前，村干部熟悉每个村民的家庭情况，村民有事时村干部不需要上门、只要打个电话就能解决；合乡并村后，村上人多起来了、地域也广起来了，村里很多新加入的陌生人，村干部也不熟悉自己的村民，无形中增加了村级治理的成本。

现代化的村级基础设施建设与管护费用剧增。合乡并村后，村级基础设施范围扩大，现代化推进中村级的基础设施建设与管护费用攀升，特别是美丽宜居村庄后期所需管护费用将不断增多，包括公共服务设施的电费、维护费，农村人居环境日常保洁、清运费，农村饮水、公共道路、亮化绿化日常管理维护费用，污水管网维护及日常管护费用等，都是后期管护的常态化开支，[①] 村级公共设施的管护费用因此急剧增加。

形象工程与责任不断下移引发乡村负债趋势日益显现。当前，县乡政府责任不断下移到村，村上承担着诸多的治理责任，各种统计报表、摸底填表、公益事业等任务下压到村，村级每年各种报表的打印宣传费用都要近 10 万元。同时，村级形象工程也在升级，有些村举债搞"一村一 X"的形象工程。此外，当前的美丽乡村建设中，政府只有奖补资金投入，村民筹资可能会不足，有的村也要举债才能建成美丽乡村。合乡并村后村庄治理成本和公共设施管护费用日益增加，日久将引发乡村振兴债务风险。

第三节　全域推进乡村振兴的主攻方向

经过全市上下的共同努力，长沙"三农"发展取得了重大历史性成就，站上了新的历史起点，长沙创建乡村振兴示范市，率先奏响了湖南乡村振兴的最强音。要发挥省会优势、强化省会担当、扎实推进乡村振兴示范建设，需要紧紧围绕"优先发展农业农村，全面推进乡村振兴"的总体要求，落实新发展理念，以实现农业高质高效、乡村宜居宜业、农民富

---

① 翟晓叶、程卿：《乡村振兴背景下美丽宜居村庄建设存在的问题及对策——以长沙市望城区为例》，《产业创新研究》2022 年第 7 期。

裕富足为目标，从成效中总结经验，从挑战中寻找突破，在实践中探索路径。

一 顺应长株潭一体化目标要求强化规划约束力

习近平总书记强调，实施乡村振兴战略要坚持规划先行、有序推进，做到注重质量、从容建设。浙江省从启动"千村示范、万村整治"工程到建设美丽乡村，基本经验是以科学规划为先导，一张蓝图绘到底，久久为功搞建设。长株潭区域一体化发展经历了几十年的有效探索，已成为湖南省现代化建设和全方位开放的战略支撑。中共湖南省委、湖南省人民政府印发的《长株潭区域一体化发展规划纲要》对推进长株潭区域一体化战略定位、发展目标、基本要求、具体举措等作出了战略安排。作为湖南发展的核心增长极，长沙推进乡村振兴示范市建设，不仅要强化长株潭区域发展一体化对乡村发展规划的引领作用，而且要维护乡村发展规划的严肃性，确保一张规划绘到底。

（一）基于区域发展定位推行规划目标引领

以区域发展定位为前提，是制定发展规划和实现优化空间布局、明确产业选择的基本要求。长株潭区域一体化的战略定位是：中部地区高品质核心增长极、全国城市群一体化发展示范区、全国生态文明建设先行区。推进乡村振兴示范建设，乡村发展规划需要明确上位规划对乡村的功能定位，以区域发展定位为依据，明确乡村发展规划目标，解决好"往哪里走"的问题。

明确各乡镇在长株潭一体化发展中的功能定位。根据长株潭城市群主体功能区划分，结合《长株潭区域一体化发展规划纲要》，以乡镇为单元，将长沙市乡村划分为城郊融合区、粮食生产功能区、重要农产品生产保护区、重点生态功能区，明确各乡镇在长株潭一体化中的功能定位。

根据功能定位制定规划目标。根据每个乡镇在长株潭一体化发展中的功能定位，确定差别化的乡村振兴工作目标、任务和实现途径，实施差别化、定向化扶持政策，通过政策激励，引导乡村差异化发展。

根据规划目标制定差异化发展路径。在产业发展上，做强自身优势特色，把长沙乡村产业与株洲、湘潭的产业融合起来，推动互补、竞合、共赢发展。进一步细化长沙市农业生产区域分工，优化农业生产力空间布局，以"一县一特、一特一片"生产格局作为公共财政支持区域农业生产的依据，提出每个县应该重点发展的农产品品种，提高农产品品质，打造有强大竞争力的品牌，上级财政支持资金重点向县域特色农业倾斜，将具有高品质与市场竞争力的区域品牌作为完善乡村产业发展规划战略的重点与政府资金项目落地的依据，以优化区域农产品品种结构为基础优化区域农业产业结构。在基础设施建设上，强调与株洲和湘潭交界地区乡镇和村级基础设施实现互联互通、共同管护。

（二）建立乡村规划约束的正负面清单

美丽宜居村庄建设不是把城市、城镇的模式照搬到乡村，而是立足于有村民、有村落、有田园的乡村肌理，形成有山水关系、乡村记忆的"乡村美"。但随着乡村振兴的推进，村庄建设出现了不少典型问题，需要建立乡村规划约束的正负面清单。

制定出台乡村振兴规划建设正面清单及负面清单。由长沙市自然资源与规划局组织本地专业人士编制《长沙市乡村振兴规划建设正面清单及负面清单》，以图文并茂的方式为乡村规划建设提供指引，直观明了地向农民、乡村建设规划和施工单位、乡村建设管理者展示乡村建设的适宜风貌和禁忌样式，梳理整合出乡村振兴规划建设"正面清单"（推荐的规划设计及实施建设方式）和"负面清单"（不提倡的规划设计及实施建设方式），进一步提升乡村规划设计及实施水平，引导乡村在建设中注重延续原有村镇格局和肌理，保留延续地域特色，塑造"望得见山、看得见水、记得住乡愁"的高品质农村人居环境。

强化乡村规划建设许可。对未依法取得乡村建设规划许可证或未按照乡村建设规划许可证的规定进行建设的，由乡、镇人民政府责令停止建设、限期改正。逾期不改正的，可以拆除。不符合城乡规划要求、未依法取得许可证的，不得办理不动产产权证。

强化乡村规划建设监管。完善以县（市区）、乡镇、村（社区）为重点的基层土地执法监管体系，组织人员定期对所辖地域进行全面巡查，对土地违法行为及时发现、及时制止、及时处置。依靠农村基层组织和广大群众，选聘农村土地执法监督员，充分发挥村级协管员的监管作用，发现违法占地建房的，迅速向自然资源部门报告；自然资源、纪检监察、公安、检察、法院等部门，按照各自职能承担土地监管、执法的职责，形成地方政府主导监管、土地管理部门专门监管、相关部门协同监管、乡镇政府属地监管、村（居）委会直接把关和负责的土地执法体系。

（三）定期对乡村发展规划进行评估

定期全面评估乡村发展规划实施情况，客观评价规划实施取得的进展成效，总结提炼推进规划实施的经验做法，深入剖析实施中出现的问题及原因，结合国内外发展环境变化，提出改进规划实施的对策建议，健全规划的绩效问责机制，进一步强化乡村发展规划的导向作用。

明确乡村发展规划实施评估重点。立足农业农村现代化新要求，从农业高质高效、乡村宜居宜业、农民富裕富足等三个层面，对乡村发展规划实施情况进行评估，归纳总结经验、查找短板、分析原因、提出对策，及时发现新问题新风险，明确规划实施后期的重点任务和要求。具体而言，重点评估包括农业供给侧结构性改革进展、农村人居环境整治、农村基础设施和公共服务设施、农民增收、农村重大工程项目建设、农村重大改革等六个方面。

创新评估方式方法。为全面掌握乡村发展规划实施进展情况，深入了解规划实施的成效和问题，客观反映社会各界对规划实施的意见建议，需要多主体、多维度开展评估，在评估主体、评估形式、评估流程、评估标准等方面加大创新力度。具体来说，可以采取自评估和第三方评估相结合，综合评估和专题评估相结合，目标导向和问题导向相结合，过程评估和效果评估相结合，标准化与个性化相结合，客观评价和主观感受相结合的方式。

二　发挥区位优势激活乡村产业要素动能

长沙作为湖南省省会，是长江中游城市群的中心城市和"一带一路"的重要节点城市。近年来，长沙市新型城镇化已经进入快速发展与质量提升的新阶段，城乡一体化趋势持续增强，城市辐射带动农村、城乡融合发展开启新的篇章。推进乡村振兴示范建设，正确精准定位长沙独特的区位优势，发挥区位优势要素作用，整合发展资源，充分释放"钱地人"三要素活力，促进区位优势转化为经济优势，加快城乡一体化建设与融合发展。

（一）加大乡村振兴用地保障力度

土地是乡村发展的命脉，是乡村振兴最关键的要素。坚持农业农村优先发展，就要求在推进乡村振兴中，改变长期以来建设用地供应"重城轻乡""重工轻农"的做法，要优先满足农业农村建设用地的需求，在政策上加大优先保障的力度。受耕地红线约束，长沙市乡村振兴的新增建设用地指标越来越少，而乡村因结构与布局不合理导致土地闲置资源普遍存在，如何优化乡村空间布局以盘活闲置土地，实现乡村土地资源优化配置，是一个现实而重要的问题，更是破解长沙乡村建设用地瓶颈的关键所在。

因地制宜调整村庄建设用地布局。在符合国土空间总体规划、不占用永久基本农田、不突破建设用地规模前提下，允许县级政府可通过优化村庄规划，调整优化村庄建设用地区位布局，有效利用农村零星分散的存量建设用地。

建立规范统一的农村产权交易市场。积极引导闲置农村集体经营性建设用地、闲置农村宅基地及农房、闲置集体公益性建设用地及房产、荒山荒坡等其他闲置集体资产进入县级农村产权交易市场，通过依法流转使得这些闲置资源能得到合理利用。

建立健全城乡建设用地增减和增存挂钩机制。一方面，建立乡村建设用地增存挂钩机制。把乡村批而未供和闲置集体经营性建设用地数量作为重要测算指标，逐年减少批而未供、闲置集体经营性建设用地多和处置不力乡镇的新增建设用地计划安排。以土地利用效率来制定乡村发展指标，改变地方对乡村发展主要依靠土地扩张的路径依赖，转向以集约、高效利用土地的内部挖潜为主，解决乡村发展的土地存量和增量的关系问题。另一方面，建立城乡经营性建设用地增减挂钩机制。针对长沙市中心城区用地结构不合理的现状，探索建立城乡经营性建设用地增减挂钩机制，在城乡经营性建设用地总量平衡的基础上，优化城乡经营性建设用地空间布局。

加大设施农用地供给力度。设施农业是都市农业的重要组成，发展设施农业离不开用地保障。加强设施农用地规划保障。在国土空间规划中根据农业生产功能需要，在望城区、长沙县北部乡镇、浏阳金阳新城等科学合理确定设施农用地选址，供给符合要求的设施农用地，满足规模化粮食生产配套设施需求。加强设施农用地政策法规宣传和批后监管。坚持农地农用的原则，对于符合政策规定的用地，主动服务，不断提高用地保障水平。

探索制定面向乡村振兴的点状供地政策。按照集约和富民原则，探索制定面向乡村振兴的点状供地政策，每年安排一定比例的土地利用计划指标，专项用于农村新产业新业态及乡村旅游设施等项目建设。

（二）强化农业科技创新支撑作用

把农业科技创新摆到农业农村发展的核心位置，进一步完善政策举措，加大支持力度，加快提升农业科技进步和创新水平，为长沙市创建乡村振兴示范市提供坚实科技支撑。

推动农业科技优势赋能都市农业发展。充分发挥长沙市集聚了湖南省农科院、湖南农业大学、中科院亚热带农业所等农业科研院所的区位优势，打造都市农业特色产业科技示范基地，从长沙市范围内的高校、科研院所等单位采取多元化方式引进更多的农业科技专家到农业企业和农村开展科技服务和产学研合作，进一步强化科技对都市农业的支撑作用，推动农村一、二、三产业深度融合，着力打造都市农业产业集群和优势农产品品牌，加快构建具有长沙特色的现代都市农业格局。

推进业态融合，促进互联网、物联网、区块链、人工智能、5G、生物技术等新一代信息技术与农业融合，发展数字农业、智慧农业、信任农业、认养农业、可视农业等业态。[1] 对新一代信息技术与农业融合取得显著进展的农业企业在产业引导资金分配、税收减免和土地出让等方面给予支持。

推动农业科研成果就地转化。依托中国（长沙）科技成果转化交易会，实现农业企业与科研专家深度对接，促进农业科研成果就地转化。对

---

[1] 农业农村部发展规划司：《2020年乡村产业工作要点》，《农业工程技术》2020年第6期。

科交会上签约的项目进行跟踪服务，在长沙市科技计划项目立项过程中予以支持。与长沙市范围内的高校和科研院所定期开展农业科技成果与技术需求的对接工作，及时将科研院所最新成果实现就地转化。

（三）政策和待遇优先向乡村优秀人才倾斜

乡村振兴离不开人才这把"金钥匙"，需要把推动乡村人才振兴作为最重要的内容，切实做到政策和待遇向乡村人才倾斜，不仅要确保人才引得进留得住，还要引进更多懂农业、懂技术、懂市场的专业人才，来支持乡村建设和农业发展。

加强乡村人才培养。以高素质农民、家庭农场经营者、农民合作社带头人为重点，加快培养农业生产经营人才。以农村创业创新带头人、农村电商人才、乡村工匠为重点，加快培养农村二、三产业发展人才。以乡村教师、乡村卫生健康人才、乡村文化旅游体育人才、乡村规划建设人才为重点，加快培养乡村公共服务人才。以乡镇党政人才、村党组织带头人、农村社会工作人才、农村经营管理人才、农村法律人才为重点，加快培养乡村治理人才。以农业农村科技领军人才、农业农村科技创新人才、农业农村科技推广人才为重点，加快培养农业农村科技人才。[①]

制定吸引能人回村的政策。出台多重支持政策，吸引从家乡走出去的优秀务工经商人员、技能人才、机关企事业单位退休干部、退役军人、大学生等人员，鼓励他们回村任职、发展特色种养、创办企业、兴办实事。在经济上，建议能人回村担任主职干部的，基本报酬比照乡镇副科级干部待遇落实，表现优秀、符合条件的，择优录（聘）用为乡镇公务员、事业编制人员；符合换届政策的，可选拔进入乡镇领导班子。在政治待遇和人文关怀上，表现优秀、符合条件的能人，可发展为中共党员，并优先推荐为各级"两代表一委员"、优秀共产党员、劳动模范、拔尖人才、农村实用人才等。

加大对优秀乡镇和村干部的支持力度。落实完善工资待遇倾斜政策，逐步提高乡镇工作补贴标准。加大从优秀村党组织书记中招录（聘）乡

---

① 王冬平：《基于乡村振兴的基层单位人力资源管理现状与提升路径》，《甘肃农业》2022年第 10 期。

镇公务员和事业编制人员力度。对优秀村党组织书记探索比照当地乡镇机关干部发放报酬。

优化乡村振兴人才评价政策。进一步完善鼓励优秀人才向乡村基层一线流动的激励政策，深化乡村专业技术人才评聘政策改革，探索将"定向评价、定向使用"的基层高级专业技术职称制度覆盖到基层所有职称系列。引导家庭农场经营者、农民合作社带头人、新型职业农民积极参与职业技能鉴定、职业技能等级认定、职业技能竞赛、职称评审等，对获得相应资格证书的家庭农场经营者、农民合作社带头人、新型职业农民给予相应的奖励或补贴。完善乡村人才技能评定制度，探索实施"以赛代评""以项目代评"机制，对符合条件者可直接认定相应技能等级。探索实施农技推广服务特聘计划，对乡村发展急需紧缺优秀人才，可设置特设岗位，不受常设岗位总量、职称最高等级和结构比例限制。

（四）不断完善乡村多元投入与共同富裕实现机制

实施乡村振兴战略，需要以改革创新的思路激活各要素活力，实现"党的引领力、政府的推动力、市场的原动力、农民的创造力、社会的协同力"相融合，建立"政府主导、农民主体、社会主力"的投入新机制。[①]

创新公共财政投入机制。推进全市农口部门涉农资金跨部门整合，把各类涉农资金尽可能打捆使用，形成合力。通过担保、贴息、以奖代补等方式，发挥财政资金的杠杆作用，促进金融和社会资本更多地投向乡村振兴。创新财政支农机制，建立农业信贷担保体系，放大财政支农政策效应，提高财政支农资金使用效益。[②] 通过发行一般债券的公益性项目，以及试点发行项目融资与收益自平衡的专项债券，拓宽政府性资金筹集渠道。进一步提高土地出让收入对农业农村的投入比例，改变土地增值收益长期"取之于农，用之于城"的局面。

畅通工商资本下乡渠道，建立多元投入的融资平台。清除阻碍要素下乡的各种障碍，建立县乡村各级合作平台和融资平台，引导社会资本发展

---

① 陈文胜：《构建农业农村现代化新格局》，《新湘评论》2021年第5期。
② 叶兴庆：《努力让乡村跟上国家现代化步伐》，《中国经济时报》2018年12月18日。

现代种养业、农业服务业、农产品加工业以及休闲农业和乡村旅游，推动乡村产业转型升级。凡是法律没有明文禁止的领域，工商资本都可以进入乡村发展。[①]

建立多元利益共享机制。资金投入多元化，必然要求实现利益分配的多元共享。推进资源变资产、资金变股金、农民变股东改革，通过产业链的合理分工建立契约型、股权型利益联结机制，带动农民发展现代产业，走"公司+农户""公司+家庭农场"的道路。

探索建设湖南省共同富裕示范区。以帮扶欠发达乡镇和村庄加快发展为着力点，充分发挥各地区比较优势，宜山则山、宜水则水，宜农则农、宜粮则粮，宜工则工、宜商则商，积极探索富有地域特色的高质量发展新路子。完善城乡间先富帮后富的帮扶新机制。大力推进产业合作、消费帮扶和劳务协作，探索共建园区、飞地经济等利益共享模式。

三　以城带乡探索城乡融合发展中部地区范例

推进乡村振兴示范建设，必须按照党的十九大报告的要求，建立健全城乡融合发展的体制机制和政策体系，加快促进城乡社会资源和生产要素的自由流动、优化配置，相互协作、优势互补，从而实现以城带乡、以乡促城的全面现代化进程，为中部地区的城乡融合发展探索经验。因此，通过区域统筹规划，优化长沙基础设施布局与配置，达到基础设施资源的城乡共享，构建完善的、现代化的往村覆盖、往户延伸的乡村公共基础设施是必然要求。

（一）建立各级城乡基础设施一体化统筹推进的协调机构

按照"城乡共建、城乡联网、城乡共享"的原则，在市、县、乡三级成立城乡基础设施一体化统筹推进领导小组，成员单位包括住建、交通、水利、电力、燃气、通信、环保等，由综合部门派出一名领导干部作为城乡基础设施一体化统筹推进领导小组办公室主任，形成联系紧密、沟通高效、协同有力的合作机制，按照规划同步、投入同量、建设同质、管护同标的要求，统筹推进城市的道路、供水、污水管网、垃圾处理、电

---

① 叶兴庆：《创新乡村振兴多元投入机制》，《农民日报》2018 年 10 月 19 日。

力、电信、环保、信息化等基础设施向农村延伸覆盖，实现城乡基础设施统一规划、统一建设、统一管护的同步发展,[1] 做到"无缝对接"互联互通。

（二）构建基础设施城乡一体化的管理和维护机制

根据乡村分散的特点，合理确定城乡基础设施统一管护运行模式，健全有利于基础设施长期发挥效益的体制机制。建立政府主导、多方参与、市场运作的城乡基础设施一体化规划、建设、管护体制机制。

分类推进城乡基础设施管护。对城乡道路等公益性基础设施，将其管护和运行投入纳入政府一般公共财政预算。对自来水、电力等有收益的基础设施，根据收益具体的情况，通过政府购买服务等方式引入社会化服务，不断提高基础设施管理和维护的市场化程度。探索将基础设施项目整体打包，实行城乡一体化管护。[2]

推进城乡基础设施产权确权，落实权属人管护责任。明晰基础设施管护主体和责任主体，健全基础设施管护标准和规范，制定完善鼓励社会资本和专业化企业有序参与城乡公共基础设施管护一体化的政策措施。[3]

四　建设具有乡土风情魅力的都市乡村

乡村振兴，既要"塑形"把"美"建好，也要"铸魂"把"根"留住。推进乡村振兴示范市建设，建设美丽宜居乡村，需要立足都市优势，保护和传承乡土文化，突出"乡"和"土"的韵味，提升长沙的乡村风情魅力，建设具有"乡土气息、田园风光、都市特色、长沙品牌"的乡村，成为全省乃至全国"富春山居图"都市乡村样板。

（一）把乡风文明建设作为乡村振兴的长期战略任务

乡风文明蕴含着丰富的文化内涵，从根本上解决农民群众的思想问题，是乡村振兴战略中最基本、最深沉、最持久的力量，是乡村振兴的

---

[1] 颜开云、罗杰科:《开局之年抓好十大重点，实干创造未来——〈政府工作报告〉解读 2023 年工作重点篇》,《长沙晚报》2022 年 12 月 29 日，第 4 版。

[2] 《中共中央　国务院关于建立健全城乡融合发展体制机制和政策体系的意见》,《人民日报》2019 年 5 月 6 日。

[3] 《中共中央办公厅、国务院办公厅印发〈乡村建设行动实施方案〉》,《中华人民共和国国务院公报》2022 年第 16 号。

"灵魂",是全面推进乡村振兴的一项长期战略任务。

开展乡风文明评选活动。组织开展"青年劳动模范""和谐家庭""书香家庭""仁孝家庭""最美婆婆""最美媳妇""最美少年"等评选活动,深入推进乡风、民风、家风文明建设。

以多种形式引导村民移风易俗、崇德向善。以微喇叭、微课堂、微网格、微服务、微创新"五微"为载体,引导村民移风易俗、崇德向善。依靠群众制定和完善村规民约,推动农村社会风气的根本好转。

强化农民德治和法治教育。发挥好社会主义核心价值观的引领作用。用农民群众乐于接受的形式和通俗易懂的语言,引导农民群众增强对核心价值观的认同,在乡村形成知荣辱、讲正气、促和谐的好风尚。[①] 对农民进行普法教育,增强农民和基层干部的民主法治意识,努力在农村形成遵纪守法光荣、违规违纪当罚的知法与执法的良好环境。

(二) 以敬畏之心提升和传承乡土文化

乡土文化不仅属于当代,更属于子孙后代,要高度警惕把传统风俗习惯简单地视为陈规陋习或是封建迷信,不分青红皂白地移风易俗。[②] 习近平总书记就强调,"优秀传统文化是一个国家、一个民族传承和发展的根本,如果丢掉了,就隔断了精神命脉"。[③] 对农民那些世世代代传承的民俗习惯,应遵循"和而不同"的价值规范,以尊重传统文化为前提,以最起码的敬畏之心对待,把"历史+人文"作为长沙乡村振兴的灵魂和支撑,让乡土文化与现代文明交相辉映。

突出提升和传承乡土文化的农民主体地位。提升和传承乡土文化必须坚持农民的主体地位,给农民以充分的话语权、自主权,实现乡土文化是由农民所创造又为农民所需要,让农民群众真正成为乡村文化振兴的创造者、参与者、受益者,激发积淀深厚的乡村文化的活力,真正留住一方乡愁,形成乡村文化振兴的源头活水。在提升和传承乡土文化中,基层政府主要是提供指导性意见,关键是突出农民的主体地位,让农民唱主角,全方位鼓励农民大胆实践创造,增强农民的文化主体意识,发挥农民的主观

---

① 张华伟:《乡风文明:乡村振兴之"魂"》,《学习时报》2018 年 9 月 14 日。
② 陈文胜、李珺:《论新时代乡村文化兴盛之路》,《江淮论坛》2021 年第 4 期。
③ 《习近平谈治国理政》(第二卷),外文出版社,2017,第 313 页。

能动性，让农民真正自信起来。①

以敬畏之心对待乡村"非遗"的传承者。重点做好民俗风情、名人文化、家风家训等乡村非物质文化遗产的保护传承，避免对非遗项目进行急功近利、掠夺式开发。充分尊重非遗的传承者的所思、所想、所爱，让他们自己在时代的变迁中与时俱进又合乎规律地创新发展。

（三）加强乡村老屋与文化地标的保护利用

乡村老屋与文化地标作为历史与地域文化的完美标本，保留了一代代人的乡愁和记忆。保护老屋和文化地标的"形"，实则是传承传统文化的"神"，保留传统村落的"魂"。

摸清乡村老屋与文化地标家底。吸收专业人员（比如相关专业的大学生志愿者）从基层做起，各村先摸清自己的家底，然后再到乡镇，深入乡村进行全面认真排查，做好归纳梳理、登记造册、建立台账等工作，从而真正做到掌握乡村老屋与文化地标的家底。

增加乡村老屋与文化地标保护的经费投入。加大对湘江古镇群、望城铜官窑等独特地域文化资源保护的经费投入。设立乡村文化建设专项经费，用来修缮保护乡村的文化地标。建立村民、企业等多元资金投入机制，拓宽资金筹措渠道，提高乡村文化地标保护的资金基数。

在遵循保护为先的同时，适当对一些文化地标进行利用。将传统的旧祠堂、旧戏台，经过翻修改造成农村文化礼堂，可以用于举办文娱、宣讲、礼仪、议事、美德评比等活动，形成当地新的文化地标和村民的精神家园。

（四）营建具有长沙都市特色的"富春山居图"乡村

百里不同风，十里不同俗。地域特色，文化差异，多样为美。乡村振兴要多听农民呼声，多从农民角度思考，要因地制宜、精准施策，切忌"一个标准、一个样式、一个模子套下来"，避免搞大拆大建，导致乡村景观城市化、西洋化。习近平总书记强调："要突出村庄的生态涵养功能，保护好林草、溪流、山丘等生态细胞，打造各具特色的现代版'富

---

① 陈文胜、李珺：《论新时代乡村文化兴盛之路》，《江淮论坛》2021年第4期。

春山居图'。"① 应立足长沙乡土特色，结合都市风情，营建具有长沙都市特色的"富春山居图"乡村。

在美丽宜居村庄建设中保持长沙特色。充分发挥村民自身特长，不外聘设计公司，不搞大拆大建，因地制宜，不强求统一，不挖山、不填水、不砍树，尽量保持屋场的"原汁原味"，遵照自身房屋实际和个人风格进行设计，如独具特色的"老屋"风情庭院、藤蔓满墙庭院等等。

创新农村生活污水治理。采用以纯生态方式治理污水和有机垃圾的专利技术，将黑水、灰水、雨水分开收集，将黑水通过微生物处理转化为有机液态肥及生物天然气等可利用资源，将灰水通过微生物处理后浇灌绿植，将雨水通过集中收集流向池塘，让池塘的水也活起来，颠覆传统的三格化粪池、一体化处理设备达标排放的模式。

五 构建"一核多元"的高效能治理高地

随着乡村振兴战略实施，乡村群众的需求日趋多元化，各种矛盾凸显，乡村治理面临"基层组织活力彰显难、群众主体作用发挥难、社会组织协同参与难"等诸多问题，推进乡村振兴示范建设，探索建立以基层党组织为核心、多元主体为依托，多元互动、多主体参与、共建共享的"一核多元"新型乡村治理模式已迫在眉睫。

（一）明确乡村两级的权力清单和责任清单

推行权力清单和责任清单制度，把乡村两级的权力和责任以清单的形式明确并公之于众，是推进乡村深化改革的重大举措，也是加快乡村两级职能转变、推进乡村治理体系现代化的有效手段。一是编制"边界清单"，明晰"部门间"交叉职责；二是推进"属地管理"，明晰"乡村间"责任主次；三是梳理"小微权力"，明晰"村组间"职责归属。

（二）健全和创新党建引领的村民自治机制

村民自治是国家治理体系与乡村治理的组成部分，是从我国农村社会的泥土中生长出来的民主制度，在体现村民意志、保障村民权益、激发农

---

① 中共中央党史和文献研究院编《习近平关于"三农"工作论述摘编》，中央文献出版社，2019，第114~115页。

村活力等方面发挥着重要作用。探索党建引领下的村民自治机制，要在"引"上下功夫、夯实党建基础，在"制"上做文章、完善自治保障，在"治"上着力、强化自治效果。

加强农村群众性自治组织建设。在不改变村现行行政体制的前提下，按照"因地制宜、有利发展、群众自愿、便于组织、规模适度"的原则，搭建"村委会—村民理事会—村民"三级民主管理和监督平台。建立党领导下的村民会议、村民代表会议、村民议事会、村民理事会、村民监事会，同时，充分发挥老年协会、乡贤理事会、红白理事会等乡村社会组织的积极作用，引导其参与到乡村治理中来，提高村民自治的自我管理、自我教育、自我提高的水平。

创新基层自治形式和内容。健全"两会三公开一报告"制度，即村民理事会商议、村民（代表）会决议，决议结果、实施方案、办理结果向群众公开，重大事项向"两委"报告，确保制度完善。探索建立村组发展基金，支持运用"一事一议"机制开展微治理、微建设和微服务。全面推广"屋场夜话"、道德积分制、组级治理等乡村治理创新模式。

（三）探索以村民小组的熟人社会为治理单元的新模式

乡土中国是一个熟人社会，其社会内核始终是一个以血缘或亲缘关系为纽带的"面对面的社群"或"圈子社会"。因此，构建现代乡村社会共同体需要建立在乡村熟人社会的基础之上。[①]

下放权力，落实自治下沉。制定《长沙市村民自治工作指引》，规定村民小组具有制定本组经济发展规划、制定村规民约等规章制度的权力，将属于行政村一级的部分管理权力直接下放到村组一级。在赋权于小组的同时，明确村与组之间的自治权限与两级关系。行政村负责整个行政村范围内公共事务，协调各村组之间的关系，协助上级政府开展工作；村组自治则以村组为权力范围，承担村组内公共事业及公益事业的管理，协调本村组村民之间的利益关系。

成立组织，搭建自治载体。设立村民小组议事会。在现有村民小组会议的基础上设立村民小组议事会，并赋予小组议事会决策权、监督权和议

---

① 陈文胜：《合乡并村改革切忌大跃进》，《光明日报》2015 年 12 月 27 日。

事权。引导村组建立乡贤慈善会和家乡建设委员会，进一步丰富村民参与村组治理的平台。

创新机制，保障自治运行。创新自治运行机制。探索从提议、审查、执行到监督的政策运转体系。首先由村民小组议事会成员提出议题，村党组织召开联席会议进行审查，再由村民小组长负责组织实施通过的决定，最后村民小组议事会负责监督决策的实施。

（四）引导乡贤和社会组织参与乡村治理

在乡村社会，正是乡贤及社会组织在乡村治理中发挥着多元协同的作用，在一定程度上缓解了国家治理能力的局限问题，对于推进乡村治理现代化和探索中国特色的现代乡村治理模式具有重要的理论和现实意义。

引导党员和群众自发成立村级志愿者组织。引导党员、群众自发成立党员先锋岗、义务巡防队、义务清扫队等志愿者组织，自愿参与到乡村发展的方方面面。为社会力量参与乡村治理提供平台和渠道，以激发乡村社会的内生力量，从而使村民获得多样化的社会志愿服务和公共服务。

引导乡贤多方面参与乡村治理。成立县、乡、村三级乡村振兴促进会等社会组织，支持乡贤积极参与乡村公共建设和公益事业。邀请乡贤参加乡村社会的公共决策会议，对涉及村庄发展的重要决策发挥出谋划策的参谋作用，对村两委的工作发挥有效监督与评判作用。邀请乡贤主持道德讲堂，使民俗民风淳朴。因地制宜设立乡贤工作室，让它参与村级"四议两公开"工作全过程。

（五）构建公共产品差异化的村民民主决策机制

农民既是农村公共产品的接受者，又是农村公共产品质量的衡量者。一方面，既要增强群众获得感、尽力而为，满足农民群众最关心最直接最现实的需求；另一方面，又要适应发展阶段、量力而行，不能超越发展阶段搞脱离实际的形象工程。而中国幅员辽阔，不同的地方必然存在资源禀赋、区域位置、治理水平等的不同，随着中国社会的快速转型，政府单一的治理手段难以应对多元的乡村社会需求。因此，为了避免出现农民没能获得最需要的公共产品，可获得的公共产品却非农民最需要的，以致农村公共产品有的供大于求而有的供不应求这样一个供给侧结构性矛盾，就要确保公共产品满足农民最迫切的需要、公共决策满足农民最广泛的参与需求、公共权力满足农民最根本的尊重需求。

建立并完善农村公共服务自上而下和自下而上相结合的决策机制。每个村庄由于区位条件、经济基础和公共服务水平不同，村民所关注的公共产品领域也有所不同，不同村庄应当根据村民的需求决定公共产品的重点供给领域。因此，必须充分尊重不同村庄农民的不同意愿，考虑并满足不同村庄农民的不同需求，从最迫切的需求入手，建立农村公共产品服务自上而下和自下而上相结合的决策机制。

建立有效的村民参与机制。民主决策表面上效率很低，但有公认的程序正义就保障了决策结果的公信力，使执行的效率大幅度提高。[1] 尽管在城镇化背景下的人口快速流动给民主决策、民主管理、民主监督带来了不利影响，但在信息化时代，在以村民小组为单位开会征求农民意见的同时，还可以通过微信、短信以及互联网线上会议平台全方位征求、收集农民的意愿，进行公开透明的决策。如果通知开会却不参加会议就是弃权，参加了会议就是行使了自己的民主权利。因为通知开会有短信记录、微信记录，有了这些保障，程序正义就能够让村民认同，村民就难有太大的意见。

---

[1]　奉清清：《全面推进乡村振兴的底线、主线与重点任务——访湖南师范大学中国乡村振兴研究院院长、省委农村工作领导小组三农工作专家组组长陈文胜》，《湖南日报》2022年2月24日，第6版。

第七章　脱贫攻坚与乡村振兴有效衔接的政策方案

　　脱贫攻坚与乡村振兴的内在联系表现在目标相连、接续推进，前者是后者的先决条件，后者是巩固前者的力量保障，二者在体制机制方面具有共同性，在政策体系方面具有互融性①。巩固拓展脱贫攻坚成果与乡村振兴有效衔接，必须按照中国特色社会主义乡村振兴道路的制度框架和价值目标要求，建立以实现城乡融合发展为基本要求的基础性制度体系。同时，要根据不同地域、不同特质村庄、不同发展水平人口的具体情况，建立充分发挥不同区域和不同人群能动性的多元化、差异化政策体系，形成战略目标一致性与实现路径多元性相结合、国家整体制度安排与因地制宜地方探索相结合、基础性制度体系与差异性政策体系相融合的承接性政策方案。

第一节　构建有效衔接的基础性制度体系

　　实现脱贫攻坚与乡村振兴有效衔接，根本取向就是要破解城乡发展不平衡、乡村发展不充分的问题。这就需要在共同富裕目标的指引下，从宏观层面、中观层面和微观层面三个维度，完善优化面向脆弱和低收入群体的特惠性兜底性保护政策、面向社会大众普惠性的基本公共服务政策、以

---

① 汪三贵、冯紫曦：《脱贫攻坚与乡村振兴有效衔接的逻辑关系》，《贵州社会科学》2020年第 1 期。

效率为导向兼顾公平的市场化政策这三个梯度政策体系。[①] 既要发挥机制与政策的效应，又要激发产业发展升级的内生动力。[②]

一　构建城乡融合发展的市场主导制度体系

习近平总书记明确提出，建立健全城乡融合发展体制机制和政策体系，加快推进农业农村现代化。[③] 构建城乡融合发展的市场主导制度体系，首要任务是明确城市与乡村在农业农村现代化进程中的关系定位，优化产业结构，引导劳动力、资本、土地等要素在城乡之间高效配置，全面推进乡村振兴。为此，要改变脱贫攻坚时期政府主导资源配置的帮扶体制，建立以市场为主导、以效率为导向的资源配置与发展体系，形成突出效率、勤劳致富的市场主导发展制度体系，让各种市场要素充分发挥效益，夯实脱贫攻坚与乡村振兴有效衔接的经济基础。

（一）构建城乡要素交换权益保护体系

构建城乡要素交换权益保护体系，不仅关乎土地、资本和技术等要素的合理配置，更涉及脱贫攻坚与乡村振兴有效衔接的政策制度的完善和市场机制的运作。需综合考虑不同要素的特殊性和交易市场的复杂性，利用法律法规确立城乡要素交换的契约基础，整合与优化政策工具，如统筹城乡规划、土地政策、财税政策、金融政策等。明确交换程序和标准，构建起有机衔接、相互支持的综合政策体系，促进资源要素在城乡和地区之间公平流动和优化配置，最终达到推进城乡融合发展、实现乡村振兴的战略目标。

必须确保土地权益转让公正、透明，设立多级监管框架。由市、县级政府配合进行实时监管与审计，提高违规成本，以保护农民土地权益。增加用地指标和额度的可操作性，确保各类用地合理交换，同时引入第三方评估机构对涉及交换的土地和资产进行客观评估，保证交换公正和市场

①　左停、原贺贺、李世雄：《巩固拓展脱贫攻坚成果同乡村振兴有效衔接的政策维度与框架》，《贵州社会科学》2021 年第 10 期。

②　尹成杰：《巩固拓展脱贫攻坚成果同乡村振兴有效衔接的长效机制与政策研究》，《华中师范大学学报》（人文社会科学版）2022 年第 1 期。

③　习近平：《把乡村振兴战略作为新时代"三农"工作总抓手》，《求是》2019 年第 11 期。

化。制定差别化的土地出让金标准和土地使用权转让税收优惠政策，既考虑到农民的土地权益，又不影响土地市场公平交易。

技术与人才流动方面，应构建城乡技术转移和人才流动机制。设立城乡人才互联网平台，发布技术需求与供给信息，鼓励城市专业技术人员定期下乡传授技术，为乡村提供技术咨询和培训服务。采用公私合营的方式引导企业和研究机构等技术提供主体与乡村对接，促进先进适用技术的推广应用。在教育资源配置上，通过制定相应政策，提供优质的城市教育资源支持乡镇学校，减少城乡教育差距，以教育促进人才公平流动。

针对资本要素的流动阻碍，应优化金融服务体系。提供差异化信贷政策和财税激励，如农户小额信贷贴息、税收减免等，以激发城乡经济活力。同时，推动乡村集体企业改革，增强集体经济的股份合作意识，提高农民对资本收益的参与度与控制力。在财税政策方面，加大对城乡整合区的投资税收优惠力度，吸引更多的投资向乡村流动。

（二）完善城乡要素市场交易体系

阻碍城乡要素流动的体制机制与政策障碍依旧存在，大多数脱贫地区更多地依靠行政配置资源"输血"，市场配置资源"造血"功能不足，是有效衔接面临的现实难题，[①] 城乡要素市场化交易是激发乡村发展内生动力的关键。要根据要素市场交易的需要，拓展城乡要素市场的通道，完善相应的交易程序和法律法规体系，确保建立城乡统一的要素交换市场，充分保护要素的市场平等交易和要素所有人权益，鼓励各类要素平等进入要素市场流通，让个人和社会的资金资源便捷进入城乡市场进行有效交易。

建立明确的操作规则、公正的交易机制以及高效的监管体制，确保各类生产要素在城乡间自由流动的同时遵循市场规律。交易平台是促进要素市场发展的关键，必须提供全面透明的交易信息，如资源配置、资金流向、市场需求等，以降低交易成本、增加交易的频次与规模。其中，数字化交易平台能够最大化地提高交易效率，通过数据分析技术实现要素供需匹配的精准对接，同时应确保交易过程中信息的安全与隐私保护。

---

① 陈文胜：《脱贫攻坚与乡村振兴有效衔接的实现途径》，《贵州社会科学》2020 年第 1 期。

　　强化政府的市场监管职能，确保市场交易的公平性和公正性。依法制定相应的市场监管规章制度，加大对市场违规行为的处罚力度。通过不断的制度创新，应对市场变化，引导土地、金融、科技等要素合理流入乡村市场为乡村振兴服务。根据实际情况调整交易规则，清理阻碍要素城乡流动的各种制度和政策，形成促进城乡要素自由流动、平等交换的整体制度安排。通过这些措施，更好地促进城乡要素市场交易体系的完善，实现资源的有效配置和城乡经济的一体化发展。

（三）优化要素市场公平交易环境

　　在市场经济条件下，城乡要素的有效配置是实现高质量发展的重要保障。要素市场的精细化管理和监督，能够促进城乡资源的合理流动和配置，从而提高整个经济体的运行效率。然而，受城乡二元分割的困扰，形成从乡村向城市的生产要素单向配置，导致了乡村的衰败。[①] 需要从法律法规、信息透明度、区域协调、交易规范化等多个层面入手，以促进资源的城乡自由流动和有效配置，进而推动脱贫攻坚向乡村振兴顺利转型。

　　加大对要素市场的监管力度，完善相关法律法规以规范市场主体行为。对于资本市场而言，应重点打击操纵市场等非法行为，保护投资者合法权益。对劳动力市场来说，应加大对劳动法律的宣传与实施力度，优化劳动合同、工资支付等相关管理措施，以确保农民权益不受侵害。在知识产权保护方面，要建立健全的知识产权保护制度，及时查处盗用、侵权等非法事件，鼓励技术创新和转让。

　　通过实施数字乡村战略，构建高效的信息发布和共享平台，减少信息不对称现象，提升城乡市场透明度。推行统一的信息发布系统，对各类要素市场的供需信息、交易价格、交易规则等进行整合和标准化发布。通过共享平台，不仅可以帮助较小型或新进入市场的主体迅速掌握市场动态，还能促进要素资源的合理流动，并消除因信息壁垒带来的城乡市场分割。

　　对于市场城乡二元分割和区域分割问题，通过建立城乡区域协同发展机制，加强协调合作，形成统一开放的市场环境，允许各类要素在更大范

---

① 刘守英、熊雪锋：《我国乡村振兴战略的实施与制度供给》，《政治经济学评论》2018 年第 4 期。

围内流动，推动全国统一大市场的形成。通过财政转移支付、税收优惠、特定区域发展规划等手段，打破城乡二元和区域分割的市场壁垒，激励各地区政府推动要素市场的整合与优化。

强化城乡要素市场交易的标准化、规范化。要素市场的交易过程中，要明确各种要素的度量标准、质量要求和交易规则，确保城乡市场交易的公正和合理。通过实行严格的市场准入制度、标准化交易合同、统一的交易流程，使市场主体在交易过程中有更清晰的预期，降低交易成本和交易风险，提高城乡市场交易效率，以加快城乡要素流动。

二　构建城乡公共资源均衡配置的普惠性公共服务体系

脱贫攻坚与乡村振兴有效衔接，不仅要形成城乡市场化发展的竞争性发展局面，更要消弭城乡发展的不平衡性，实现公共资源的均衡分配。构建城乡公共资源均衡配置的普惠性公共服务体系，可以通过为大众提供公平共享的基础性公共产品，为脱贫地区提供扶持保护，构建起对低收入群体的安全保障网，并稳固脱贫地区的发展基础，从而为有效衔接提供基础支撑。

（一）构建城乡公共服务普惠共享的公众参与表达机制

在公共服务的普惠共享方面，农民参与表达机制的构建对于缩小城乡发展差距、推进乡村振兴发挥着至关重要的作用。在制度层面，应重视覆盖面和公平性的问题，确保所有农村居民特别是留守老人、妇女和儿童等弱势群体能够享受到公共服务的福利。构建这一机制需要加强公共服务的共享和普惠供给制度改革，建立农民公共服务的需求反馈机制，完善农民公共服务分配的参与表达机制，推进公共服务的供给与农民需求有机对接。

其中最为关键的是，基于自下而上、村民自治、农民参与的基本要求，让农民充分自主决定公共事务、充分参与乡村治理，在乡村治理中充分发挥农民的主动性和积极性，形成农民需求的充分表达机制和有效社会参与机制，全面完善让农民当家作主的政策体系。只有让农民了解到自己的声音能够真正影响到未来的政策制定与服务改善，才能激发农民的参与热情，推进公众参与表达机制的真正建立，从而在根本上优化乡村治理结构和城乡治理结构。

在实践中，基于人口大流动的城镇化背景，需要通过多元化的平台和渠道，为农民提供充分表达自身需求的空间，及参与到公共服务决策过程中的可能性。依托现代通信技术，建立起一个覆盖面广而又便捷高效的信息反馈系统是首要步骤，地方政府通过实时收集和处理农民反映的不同需求与问题，及时调整相关政策方向与服务供给结构。这样不仅可提高农民参与的积极性，也可为决策者提供基于乡村实际需求的决策参考。

针对乡村地理的复杂多样，还应充分考虑区域差异性。如乡村网络覆盖与资讯获取能力相对较低的问题，地方政府应组织流动服务团队，进行定期访问和需求调研，确保这部分人的声音同样能够被尊重和回应。这样不仅可以使乡村公共服务的改善更具针对性和有效性，而且有助于提升政府在农民群众中的认同感和信任度。

（二）构建公共产品供给的法律保障与监督机制

在脱贫攻坚中，强而有力的政策确保了解决绝对贫困的阶段性决战成功；相对于推进乡村振兴、解决相对贫困的长期性而言，法律体系的完善是促进城乡公共产品供给公平性、效率性的重要保障。特别是针对中国农村基层治理体系所特有的行政导向，需要明确乡、村与各级政府职责边界，借助完善的法律体系和严格的监督机制，来防止上级政府向乡、村基层转移乡村公共产品供给责任，确保满足日益增长的农村民生需求。

自上而下的法律体系建设，需与支撑乡村公共产品有效服务供给相关的规章制度同步推进，确立地方各级政府在乡村公共产品供给中的法律地位与职能责任。制定严谨的法规标准，授权乡镇政府依法调配资源、具体实施公共产品供给。针对政府在技术密集型农村公共产品供给中的责任，应制定相应的技术规范与服务标准，确保供给质量和供给效率。

强化财政转移支付机制相关的法律规定，通过法律手段提高中央财政对乡镇政府的转移支付额度和效率。这些转移支付不仅要满足乡镇政府基本运转的需要，还要确保对农村公共产品供给重点领域的支持，比如教育、医疗、基础设施建设等。通过设立专项资金等措施，对农村基础设施项目给予优先考虑，并提供定向支持。同时通过法律手段，对出现的供给不足、结构失衡、效率低下等具体问题，及时进行问责与整改，确保政府行为的透明化和责任化。

利用信息技术手段，建设网络化、数字化的监管平台，优化法律监督模式，使法律监督不再受地域和行政级别的限制，实现对农村公共产品供给全过程的实时监控与管理。对于地方政府可能出现的责任错位、职能缺位和越位行为实行动态监管，并采取针对性的制度设计来预防和纠正其中的问题。既要强化对地方政府责任的法律约束，更要保障农民在公共产品供给中的合法权益，实现农村公共产品供给的法律保障与公共利益的最大化。

（三）构建农民持续增收、共享发展红利的政策体系

构建农民持续增收、共享发展红利的政策体系，涉及农民财产权益保护、新型农业经营体系的完善，以及农村人力资源优化配置。需要全面提速农村改革步伐，突破深层次体制机制障碍，更大限度地转换发展动能和释放改革红利,[1] 才能确保农民特别是脱贫人口的综合收入水平与现代化发展同步增长，才能实现真正意义上的城乡共同繁荣。关键在于通过制度建设和政策引导，推进"精准"帮扶与"普惠"发展相结合，实现农民收入不断增长。

作为政策体系的核心，把农民增收作为评价巩固拓展脱贫攻坚成果与接续推进乡村振兴的核心指标，把增加农民土地利益和财产权益作为重要方向，确立农民财产性收入渠道，并将土地红利更加合理地返还给土地所有者，这是农民持续增收的基础保障。同时，完善农业风险分摊机制，提升政府对农民应对自然灾害、市场风险的补偿和建立保险体系，以减轻农民因不可抗因素遭受的损失。

针对农业经营性收入，推进乡村优质产业培育与产业优化升级有序衔接，促进一、二、三产业融合发展，加快全产业链、全价值链建设,[2] 为农民共享收益拓展渠道。针对非农产业收入，政府应制定多元化的扶持政策，激励农民发展合作社、家庭农场、农业龙头企业等新型农业经营体

---

[1]　郭晓鸣、廖海亚：《建立脱贫攻坚与乡村振兴的衔接机制》，《经济日报》2020 年 6 月 5 日。

[2]　左停、原贺贺、李世雄：《巩固拓展脱贫攻坚成果同乡村振兴有效衔接的政策维度与框架》，《贵州社会科学》2021 年第 10 期。

系。通过提供启动资金、税收减免、技术指导等综合性支持，鼓励农民投身于农产品深加工、休闲农业和乡村旅游等领域。政策还应侧重于推进信息技术向农村渗透，以"互联网+"为基础构建农产品线上市场，拓宽产品销售渠道，提高农民的市场议价能力和产业收益率。

在劳动力资源配置方面，完善职业技能培训，加速农村劳动力向城市转移，提高农民工的就业竞争力。在政策设计上，不断减轻农民工的社会保障负担，为其子女提供与城市同等的教育和卫生资源，保障农业转移人口在城市的融入和发展。提升农村教育、医疗水平，为留守老人和儿童提供更全面的公共服务，确保农村人口的全面发展和生活质量。

农业政策体系的再造，不应仅关注短期收益，还应立足长远，构建生态可持续的农业生产体系。推广节水灌溉、绿色防控等可持续发展理念，并通过政策扶持农民参与生态环境保护，优化绿色生产模式。既要保证长期农业生产的安全，也要为农民源源不断地提供生态补偿收入，使绿水青山真正成为农民的金山银山。

三　构建城乡融合发展的共同富裕制度体系

脱贫攻坚与乡村振兴衔接的最终目标是实现农业农村现代化，推进共同富裕不断取得实质性进展。而制度供给滞后成为最大制约，因为"三农"问题的存在本身就是城乡关系扭曲的结果，从而建立和强化了一整套城乡二元的歧视性制度框架，形成从乡村向城市的生产要素单向配置，导致了乡村的衰败。[①] 为实现城乡居民共享现代化成果，当务之急就是要通过城乡融合发展的制度设计，构建既符合国情又符合发展阶段的共同富裕制度体系。

（一）构建以工补农、以城带乡的新型城镇化发展体系

在脱贫攻坚与乡村振兴有效衔接中，需要以新型城镇化的高质量发展来反哺农业农村现代化，以及以城市的集聚优势引领乡村振兴。从制约因素维度看，城乡发展不平衡、乡村发展不充分是亟待破解的最为突出的问

---

① 刘守英、熊雪锋：《我国乡村振兴战略的实施与制度供给》，《政治经济学评论》2018 年第 4 期。

题。① 因此，进一步创新国家城乡制度安排，要始终坚持农业农村优先发展的原则，基于以工补农、以城带乡的新型城镇化，建立相应的城乡融合发展推进机制，推进劳动力、资本、产业的城乡互补和联动，形成相互支持、相互带动的良性发展循环，不断完善新型城镇化和工业化带动与支持乡村振兴的制度体系。

深化工业与农业的互动协同，通过制定农业农村优先发展的政策和财政支持措施，引导工业产值增加部分向农业转移。建立工农产品交换机制，不仅仅是物质层面上的农副产品与工业制品的直接交换，更重要的是通过带动农业技术进步，促进农产品深度加工以及提升农业综合竞争力。在此过程中，劳动力、资本等资源的流动性需要得到保障，确保乡村可以吸引并留住人才和资金，逐步实现城乡劳动力和资本市场的有效对接。

发挥新型城镇化对乡村的辐射带动作用，形成城乡融合发展的区域网络。这要求城市在产业布局、基础设施建设、公共服务等方面具有更强的辐射能力，通过完善区域交通网络和信息网络，强化城乡物流和信息流的互联互通。发展都市农业、观光农业等新型业态，通过多种经营模式增加农民收入，并丰富城市居民的生活体验。

（二）构建产业城乡融合、带动乡村发展体制机制

推进脱贫攻坚与乡村振兴有效衔接，需要高度重视乡村产业发展特别是脱贫地区产业发展的脆弱性。这不仅涉及经济层面的城乡产业协同与乡村产业升级，还涉及社会层面的城乡服务共享与乡村治理创新。因此，以城镇产业为依托，推动乡村产业与城市产业的双向延伸与集聚融合，建立城乡产业融合发展的体制机制，就显得尤为重要。

基于产业链的全面升级和优化，需要创新支持乡村经济与城市市场对接的产业政策，通过打破城乡二元结构，重构城乡产业分工体系和交易机制，引导资本、技术等要素向乡村流动，激发乡村振兴的内生动力，从而促进城乡资源有效流动和均衡布局，逐渐缩小城乡差距，促进社会公平正义，使共同富裕不断获得新进展。

这就要充分发挥信息网络技术的作用，推广农业智能化和精准化管

---

① 蒋永穆：《实施乡村振兴战略须关注的三个重点》，《四川日报》2018 年 5 月 17 日。

理，利用大数据、云计算、物联网等技术手段，在提高农业生产效率和产品质量的同时，推动农业产业化及农村现代物流体系建设，实现城乡产业一体化。

充分发挥各地自然资源和文化优势，发展地理标志产品和乡村旅游等产业，延伸农产品价值链长度，不断顺应城市消费结构的变迁。鼓励城市优质企业和人才下乡，引入现代企业制度和经营理念，通过合作共建、共享服务平台等形式，加强城市与乡村的产业链深度融合。

（三）　在推进乡村振兴进程中建立解决相对贫困体制机制

在推进全面现代化的进程中，解决相对贫困、推动共同富裕是实施乡村振兴战略的长期性工程。相对贫困不仅指收入水平的不足，还包括教育、医疗、社会参与等多个维度的不均衡。在实现农村贫困人口全部脱贫之后，政策焦点和机制建设应及时转向解决相对贫困问题，建立乡村振兴背景下面向相对贫困、特惠与普惠相结合的体制机制，着力推进乡村共同富裕的进程。

强化对乡村相对贫困人口的扶持，巩固提升脱贫地区特色产业，优化联农带农机制，提高脱贫人口家庭经营性收入，促进脱贫人口持续增收。压实脱贫人口就业帮扶责任，确保脱贫劳动力就业规模稳定，并加大对乡村振兴重点帮扶县和易地搬迁集中安置区的支持力度。[①] 完善监测网络，加强对有返贫致贫风险人口的精准监测。完善特惠性兜底保障政策，不断提升农村最低生活保障水平，确保农村所有弱势群体得到有效的兜底保障，所有特殊困难群体得到有效的帮扶，坚决守住不出现规模性返贫的底线。

制定解决相对贫困的收入分配政策，按照"提低、扩中、调高"的原则，深化收入分配制度改革，不断缩小城乡、区域、行业收入分配差距。完善再分配调节机制，更好地发挥税收、社会保障和转移支付等调节手段的作用，缩小收入分配差距。[②] 探索解决相对贫困的公共服务政策，推进城乡和区域义务教育、就业服务、社会保障和基本医疗卫生等基本公共服务均等化。

---

① 《中共中央国务院关于做好二〇二二年全面推进乡村振兴重点工作的意见》，《人民日报》2022 年 2 月 23 日，第 1 版。
② 顾世春：《建立解决相对贫困的长效机制》，《光明日报》2020 年 11 月 15 日。

第二节　构建有效衔接的差异性政策体系

中国幅员辽阔，不仅地区间由于地理位置、资源禀赋、历史基础、政策取向等多方面原因，经济社会发展不平衡，不同区域推进脱贫攻坚与乡村振兴有效衔接的重点和任务有差异，其政策着力点有差异，即使在同一个区域，不同类型村庄和不同脱贫人口的生计来源和发展条件也有所差异。这就要求根据不同区域、不同发展水平的村庄和不同脱贫状况人群的现实特征，制定推进脱贫攻坚与乡村振兴有效衔接的差异性政策体系。

一　建立有效衔接的差异性区域政策

按照脱贫前的贫困程度，有效衔接的区域可以分为深度贫困地区、一般贫困地区和非贫困地区。尽管都脱贫摘帽了，但经济发展水平、公共财政收入、发展机遇等有明显差异，因此，巩固脱贫攻坚与乡村振兴有效衔接需要实施差异性区域政策。

（一）脱贫前即深度贫困地区的有效衔接政策

脱贫前即深度贫困地区是脱贫攻坚与乡村振兴有效衔接的主战场。尽管已经全面消除了绝对贫困，发展条件明显改善，但因为贫困历史悠久，民族、宗教等文化因素影响复杂，攻坚难度巨大，对标其他地区，其发展质量、发展条件和发展基础都还存在一定程度的差距，巩固拓展脱贫攻坚成果，仍然是重中之重、难中之难。[①]

在制定脱贫前即深度贫困地区的衔接政策时，需考虑到这些地区面临的特殊困难，如自然条件恶劣、基础设施落后、经济发展滞后、产业结构单一等问题，制定具有可操作性的多维度衔接政策。

在推进产业发展方面，应优先发展适合当地自然条件和资源禀赋的特色产业，如大力发展以地方特色农产品为基础的深加工产业，以此促进农业产值的提升。通过巩固和扩大扶贫产业链，使其形成推动当地稳定脱贫

---

① 汪三贵、冯紫曦：《脱贫攻坚与乡村振兴有效衔接的逻辑关系》，《贵州社会科学》2020年第 1 期。

的长效机制。鼓励地方政府和企业利用互联网等现代信息技术，拓展销售市场，提升品牌的知名度和影响力，增强产品的市场竞争力。

改善基础设施是促进脱贫前即深度贫困地区持续发展的重要前提。政府应增加公共投资，加大跨区域基础设施建设支持力度，以加速要素流动、助推特色产业发展。谋划建设一批高速公路、客货共线铁路、水利、电力、机场、通信网络等区域性和跨区域重大基础设施工程，[①] 提高脱贫前即深度贫困地区的可进入性，为其经济社会发展提供坚实的基础支撑。

通过完善社会保障体系，设立风险防范基金，开展多层次的保险服务，为脱贫群体提供强有力的安全网。对于农业农村农民而言，一个完善的社会保障体系是减少返贫风险、巩固脱贫成果的关键。必须维护乡村居民的社会保障权益，创新适应农村特点的社会保险、社会救助等保障模式，实施更具目标性和有效性的政策措施。[②] 并建立脱贫成效评估和动态监测机制，定期发布脱贫攻坚成效报告，确保政策的透明性和连续性。通过这些举措，巩固拓展脱贫攻坚成果，推进乡村振兴战略的全面实施，实现区域经济社会的可持续发展。

（二）脱贫前为一般贫困地区者的有效衔接政策

对于脱贫前为一般贫困地区者，实现全面建成小康社会后，巩固拓展脱贫攻坚成果与乡村振兴有效衔接的关键是激发这类地区发展的内生动力，由过去的行政输血转变为增强自身造血功能，以及引导脱贫人口在这个过程中分享改革发展的成果，实现由摆脱贫困走向共同富裕。

对于这些地区的产业发展，必须围绕破解农业供给侧结构性矛盾，突破传统农业生产中仅关注产量和效率的模式，更加注重质量、可持续性以及资源利用效率的提升。政策应当鼓励创新驱动和科技支撑，推进农业结构调整和产业升级，强化特色优势，形成可持续发展的区域产业体系。基于这些地区的资源禀赋和经济基础，推进农产品加工及深度开发，培育一批地方特色企业，通过品牌建设和市场拓展，实现产品价值链提升，并借

---

① 《中共中央　国务院关于实现巩固拓展脱贫攻坚成果同乡村振兴有效衔接的意见》，《人民日报》2021 年 3 月 23 日。

② 张俊鹏：《实现脱贫攻坚同乡村振兴有效衔接的对策》，《农村经济与科技》2021 年第 5 期。

助电商、合作社等模式，拓宽销售渠道，提高农产品的市场竞争力。

加强基础设施建设和公共服务水平的提升也是核心内容。在脱贫前为一般贫困地区的，完善交通、水利、电力等基础设施是促进区域联动发展的先决条件。尽管绝大多数地方的基础设施建设和基本公共服务已经解决了"硬件"的问题，但需要解决"软件"升级的提质增效问题，以打通乡村基础设施和基本公共服务供给的"最后一公里"，激活城乡和区域要素流动的活力。

在人才培养和教育资源方面，需要强化职业教育与技术培训，引导农村劳动力转移就业，提升其收入水平。建立健全农民工返乡创业支持机制，设立创业孵化基地，提供政策引导和资金支持，激励更多的农村青年投身于乡村振兴事业。通过这些举措，促进农村劳动力结构优化，提升农村居民的整体素质和自我发展能力。

（三）脱贫前为非贫困地区者的有效衔接政策

脱贫前为非贫困地区的，工业化和城镇化已经有了一定基础，区域内的贫困人口也相对较少，随着绝对贫困的彻底消除，逐渐由解决绝对贫困问题向解决相对贫困问题转型，率先推进共同富裕。

因地制宜制定相对贫困人口的精准帮扶标准。非贫困地区相对贫困客观存在，由于中国各地发展水平不一致，确定哪些人还需要帮扶后，关于如何帮扶他们，必须按照本区域的统一标准实行精准帮扶。要因时因地开展生活水平调查，根据区域经济发展水平，因地制宜地确定标准，并适时进行动态调整。

针对相对贫困人口制定精准扶持政策。解决相对贫困人口的致富问题，政策发力点应该集中在如何提高收入水平上，深化收入分配制度改革，提高低收入者收入。同时，政策发力点还在降低公共服务成本上，重点降低相对贫困人口就医就学、社会保障、用水用能等方面的成本。

在乡村振兴中实现相对贫困人口的富裕富足。脱贫攻坚与乡村振兴有效衔接，最终是要推动乡村振兴、加快高质量发展。一方面，要特别关注相对贫困人口的生计和发展问题，全面提供对个人发展的帮扶，使其共享乡村振兴的成果；另一方面，要通过实施乡村振兴战略推进乡村的全面发展，优化乡村发展的环境，实现相对贫困人口与村庄全体成员共同富裕。

二　建立有效衔接的村庄差异性政策

根据资源禀赋、区位条件、发展基础等方面存在的差异性，可以将村庄基本分为集聚提升类村庄、城郊融合类村庄、特色保护类村庄、搬迁撤并类村庄等不同类型。[①] 巩固拓展脱贫攻坚成果与乡村振兴有效衔接，实施的政策体系必须满足不同类型村庄的特定需求，推动制度创新与政策升级，为建立乡村全面振兴的长效机制提供支撑。

（一）以脱贫人口增收为主的集聚提升类村庄的有效衔接政策

集聚提升类村庄是指具有较大规模或能长期存续发展的一般村庄，是乡村类型的大多数，具有较大的提升价值，是实现农业农村现代化的重点突破区。对于这一类村庄，其巩固拓展脱贫攻坚成果与乡村振兴有效衔接的关键是调整农业结构、推进农业产业化经营，以及处理好农业与生态之间的关系。

明确脱贫人口的产业归属。通过技术指导与培育市场导向的合作社来保障增收通道畅通无阻。政策需要支持传统农业向现代农业转型，引入智能化农业设施，通过提升生产效率来实现增产。加强对农产品加工业的支持，延长产业链，提高附加值，促进就业，以此作为增收的有效途径。在资金投入方面，建立村民自愿参与、风险共担的投融资平台，配以政府引导基金，引进社会资本，形成产业升级的合力。

建立脱贫人口参与乡村产业的融合发展机制。按照让脱贫人口付出劳动、创造价值、分享利润的要求，把劳动就业嵌入全产业链，将家庭经济融入价值链，使脱贫人口收入体现在全利益链。通过就业带动、保底分红、股份合作等多种形式，健全利益联结机制，推动脱贫人口融入产业链条。地方政府优先支持农业合作社等与脱贫人口具有密切联系的经营组织，带动脱贫人口参与到产业组织和产业链中，确保脱贫人口能够分享到产业链增值的收益。

发展脱贫人口就业多元化支持体系。就业是最大的民生，是财富之

[①] 中共中央、国务院：《乡村振兴战略规划（2018—2022 年）》，《中华人民共和国国务院公报》2018 年第 29 号。

源。帮助脱贫户实现就业是巩固拓展脱贫攻坚成果、防止返贫的有效措施。一方面，多渠道为脱贫人口创造村内就业机会。根据乡村保洁、护林等工作的实际，将村镇内护林员、保洁员、水利员等岗位优先安排给具有劳动能力的脱贫人口。同时，发挥集聚提升类村庄人口相对集中的优势，探索发展各类脱贫人口的就业帮扶车间，让脱贫人口在家门口务工。另一方面，多渠道为脱贫人口外出务工创造机会。积极与务工需求大的地区人社部门建立劳动力供需对接机制，通过举办网络招聘、现场专场招聘、发送招聘信息等方式，帮助脱贫人口多渠道获取务工信息。

（二）以城乡融合发展为导向的城郊融合类村庄的有效衔接政策

城郊融合类村庄是指位于城市郊区或县城所在地乡镇的村庄，在未来的发展过程中，这类村庄既有可能成为城镇居民节假日休闲娱乐的后花园，也有可能城镇化为城市或小城镇。这一类村庄，是连接城市与乡村的纽带，巩固拓展脱贫攻坚成果与乡村振兴有效衔接的关键是以城乡融合发展为导向，致力于制定合理的土地利用、产业协同、生态保护与社会服务等方面的衔接政策，推动产城融合，实现区域一体化发展。

在土地利用方面，国土空间规划应将城郊乡村作为重点，优化土地空间布局，鼓励农村土地集约、高效利用。土地政策应与城市发展规划有机衔接，通过推进"多规合一"来实现土地资源的优化配置。在产业协同方面，强化城乡产业链互动，推动一二三产业深度融合。支持城郊村庄发展特色种植、旅游及休闲农业等产业，引导脱贫人口参与服务城市消费，不断完善产业链条，打造农产品加工、物流配送等产业集群，实现乡村产业多元化发展。

充分利用城市辐射效应，提高基础设施建设水平。因地制宜推动城镇供水供气供热管网向城郊融合类村庄延伸，推动城郊融合类村庄道路与城市实现互联互通，在城郊融合类村庄开通公共交通。在城郊融合类村庄建设联结城乡的物流基础设施和农产品批发市场。对标城镇教育、医疗、文化和体育等公共服务设施标准，建设城郊融合类村庄公共服务设施。建设城乡学校共同体、医疗共同体、文化共同体等公共服务共同体，实现城郊融合类村庄公共服务"软件"与城镇共享，推进城郊融合类村庄公共服务与城镇实现均等化。

（三）"保护+发展"相融合的特色保护类村庄的有效衔接政策

特色保护类村庄是指具有特色自然和人文资源的村庄，主要包括历史文化名村、传统村落、少数民族特色村寨、特色景观旅游名村等自然历史文化特色资源丰富的村庄，是彰显和传承中华优秀传统文化的重要载体。对于这一类村庄，其巩固拓展脱贫攻坚成果与乡村振兴有效衔接的关键是强调"保护+发展"的理念，坚持以村落原生态的生物多样性、传统建筑风格、村规民约和地方性习俗等非物质文化遗产为重点，保护村落的历史印记与风貌特色，确保文化与自然遗产的有效传承。

保护和传承地域特色文化是特色保护类村庄乡村振兴的重要内容。对于古树名木、历史古迹等自然与文化资源进行编录和电子化管理，划定保护区域并制定严格的监督机制，通过赋权村民参与监督，从而形成可持续的保护机制。综合利用多方资金渠道，如政府专项补贴、乡村振兴贷款、社会捐赠等，建立绿色小微金融机制，支持小规模家庭农场、农村合作社和其他形式的集体经济组织，实现乡村经济和文化的双向发展。

引入专业团队进行保护性开发，利用现代化信息化手段传播乡村故事，提升文化内涵价值。开展以传统村落为中心的乡村旅游，挖掘并传承传统手工艺，如陶瓷、刺绣、编织等，形成具有地方特色的文化产品，延续和传播村落文化，并带动农民就业和增加农民收入渠道。[①] 特别是要在保护和传承中实现脱贫人口增收致富，地方政府可以设立特色保护类村庄传统文化保护和传承专项资金，采取政府购买服务的方式，引导脱贫人口参与特色保护类村庄传统文化保护和传承。

在教育和传承方面，设立传统文化教育基地和非物质文化遗产工作坊，吸引年轻一代参与乡村文化的学习和创造，防止技艺流失，并激发其对乡村生活的兴趣与认同感。不断创新政府与民间组织的合作模式，通过文化节庆活动、民间艺术表演和手工艺集市等方式，丰富文化生活，吸引年轻人返乡创新创业，从而缓解城市化进程中的人口老龄化问题。

---

① 黄祖辉、钱泽森：《做好巩固拓展脱贫攻坚成果同乡村振兴有效衔接》，《南京农业大学学报》（社会科学版）2021 年第 6 期。

（四）"搬得出、稳得住"的搬迁撤并类村庄的有效衔接政策

搬迁撤并类村庄主要包括三种类型：居住在深山、荒漠化、地方病多发等生存环境差的村庄，不具备基本发展条件的村庄，以及生态环境脆弱、限制或禁止开发地区的村庄。对于这一类村庄，巩固拓展脱贫攻坚成果与乡村振兴有效衔接的关键是如何搞好后续扶持，保障搬迁群众的长期稳定就业和生活质量的同步提升。具体而言，就是改善基础设施与公共服务，并为脱贫人口创造就业和创业的机会，推动搬迁户的稳定就业和社会融入。

识别搬迁群众在就业上的短板是前提。这就需要识别搬迁群众在就业能力、生活习惯、社会网络等方面存在的短板，通过个性化的职业培训和技能提升计划，帮助他们适应新环境、寻找或创造合适的工作机会。制定差别化的职业培训课程，针对不同年龄、性别、教育背景的搬迁人口提供相应的技能培训，包括农业现代化技能、小型企业管理技能、电子商务操作技能等，以提升他们的就业竞争力。

发展与搬迁区位相配套的产业是重点。需要相关政策扶持搬迁群众创办微型企业或加入本地工业园、现代服务业等产业链，形成稳定的就业吸纳效应。通过政府的政策引导和财政支持，促进扶助车间、电子商务服务站等就业平台的建设与完善，为搬迁群众提供就近工作机会。鼓励企业采取灵活的就业模式，如远程办公、弹性工时等，以适应搬迁人群的生活节奏和家庭需要。

加强基础设施建设是保障搬迁群众生活质量的基础。注重完善教育、卫生、文化等公共服务设施，以及水电通信等生活必需设施。确保搬迁户有足够的安全感和归属感，通过建设社区中心、老年活动室、儿童游乐区等社区公共空间，提升社区凝聚力，促进社区文化建设与和谐氛围的营造。① 因此，财政政策的支持不可或缺，要通过针对性的财政补贴和税收优惠政策，降低搬迁群众的经济压力，推动其融入新的社会环境。同时，建立搬迁群众与地方政府、企业、社会组织等的多方合作机制，形成合力。

---

① 李志明：《实现巩固拓展脱贫攻坚成果同乡村振兴有效衔接》，《人民论坛·学术前沿》2021 年第 Z1 期。

三　建立不同脱贫人口有效衔接的差异性政策

梳理贫困的原因，不同人群致贫的原因是有差异的，在推进巩固拓展脱贫攻坚成果与乡村振兴有效衔接过程中，也需要因人施策，确立不同人群的差异化衔接政策。

（一）健全残疾脱贫人口兜底增收机制

残疾人在脱贫攻坚后，面临着生活质量提升与收入来源稳定性的双重挑战。需要通过健全残疾脱贫人口兜底增收机制，实现收入稳定和生活质量的提升，为其带来可持续发展的可能性。关键在于精准识别不同区域、不同残疾类型的残疾人的具体需求，分类施策以达到最佳扶持效果。

着力健全残疾脱贫人口民生兜底保障制度。适时提高残疾人"两项补贴"标准，将脱贫人口中的重度残疾人纳入低保范围，将一户多残、无人照顾的残疾人纳入特困人员救助供养范围，保障残疾脱贫人口的基本生活。完善残疾脱贫人口临时救助制度，确保遭遇突发公共事件的困难残疾脱贫人口应救尽救，避免其基本生活陷入困境。强化残疾脱贫人口医疗救助和医疗保险、大病医保的互补衔接，减轻残疾脱贫人口的医疗费用负担。对于重度残疾人群体，建立长效的社会保障体系，提供日常生活帮助与生产生活辅助设备，降低其家庭经济负担，保障其基本生活需求。

构建残疾脱贫人口持续增收机制。加强对有劳动能力的残疾人的职业技能培训，提供适宜的职业岗位，是促进其收入稳定的关键因素。对残疾脱贫人口的创业项目给予税收减免和创业指导，增强其自我发展能力。以政府为主导，联合社会组织、企业等多方资源，建立立体化的残疾人增收平台。为具备条件的残疾人参与电子商务、远程办公等新型就业模式提供必要的技术支持和营销培训。这不仅包括传统的教育和培训，更融合了互联网技术及市场导向的就业服务。在具体实施中，将残疾人置于适宜的工作环境中，并根据工作绩效给予合理薪酬，确保其获得感和自尊心被有效提升。

在政策制定与实施过程中，需考虑区域发展水平和社会资源分布的异质性。通过区域差异化分析，精确制定个性化增收计划，将政策实施的有效性最大化。

（二）健全因学致贫脱贫人口就学帮扶机制

教育不仅涉及知识和技能的传授，更关系到贫困代际传递的阻断。充足且有效的教育资源能够为脱贫地区的儿童提供更多的发展机会，加快知识更新和技术传承，为脱贫持久效应提供保障。在应对因学致贫问题，以教育为抓手，通过脱贫人口的教育支持政策逐步完善精准就学帮扶机制，实现经济援助与教育资源合理分配，增强脱贫人口的自身能力，以教育作为根本手段来预防和减少贫困的再生产。

延长劳动力受教育年限以降低贫困发生率。政策需瞄准改善家庭经济状况，以激发家庭和学生的教育意愿。通过提高教育程度，特别是在义务教育阶段确保不辍学，有效预防贫困代际传递。对脱贫人口提供额外的教育支援，如发放资助金以解决入学路费等问题。政策在设计上，需避免"一刀切"式的教育援助政策，应根据不同地区、不同家庭的具体情况制定差别化、精准化的教育扶持政策。

加大中央财政投入力度，持续实施国家特岗教师计划，为乡村持续输送优质教师，提高乡村教师队伍整体素质。加大乡村学校多媒体网络系统建设投入力度，实现乡村学校教室互联网接入率达 100%。推进城乡师生同上"一堂课"，通过互联网让乡村脱贫人口共享城市名师名课，让脱贫人口在本地也能享受到城市优质的教育资源。继续实施重点高校面向农村特别是脱贫地区定向招生计划，让更多的脱贫人口能够接受优质的高等教育。

根本目标就是夯实脱贫地区的教育基础，减少因文化知识缺失而引发的贫困现象。只有把教育支持政策与脱贫人口的需要密切结合，才能真正实现巩固拓展脱贫攻坚成果的目标，稳步实施乡村振兴战略。政策设计应更加注重对脱贫人口中学生的就学帮扶，保障其接受教育的基本权利，同时结合现代职业教育提升其社会适应性，为脱贫人口提供更多的发展机会。

（三）健全因病致贫脱贫人口健康帮扶机制

针对此类人群的特殊需求，需要建立起一体化的健康援助体系，加强医疗资源在脱贫地区的合理分配，以保障其基本医疗需要，确保医疗安全，从而提升其整体获得感和生活幸福指数，这是巩固拓展脱贫攻成果的关键。拥有健康的身体才能积极投身于经济社会发展，实现从量变到质变的转型。

实施因病致贫脱贫人口健康精准帮扶政策。对于各类因病致贫的脱贫人口的情况，根据疾病种类、治疗难度以及患者家庭经济状况，制定个性化的支援方案，实施分类救治。对于有慢性病和重性精神病的贫困患者，实施"一人一档一方案"管理，依托电子健康档案构建的大数据医疗平台，实现对疾病进展的实时监控和预警，确保患者能够得到及时有效的治疗，减少病情反复导致的经济负担。

探索建立长效的健康救助机制。健全"四免五减半"的健康救助政策，即对因病致贫脱贫人口免收普通门诊挂号费、注射手续费等，减半收取部分检查费用，有效减轻因病致贫人群的医疗负担。对因病致贫脱贫人口，动态监测和评估健康救助效果，及时调整和完善救助策略。对于病症复杂和承担高额医疗费用的特殊贫困患者，实施个案管理与跟进服务，通过政府和社会资助等多种形式，给予更为精准的医疗救助。

强化跨领域的协同合作。鼓励医疗、教育、社会服务等领域的专业机构与政府部门进行协同，共建共享资源平台，从而提高因病致贫人口的整体服务效率和满意度。通过优化服务流程，如实施远程医疗咨询、居家随访等措施，将健康帮扶延伸至社区和家庭，实现对患者全周期的健康管理。

建立健全后续支持保障体系。针对因病致贫后可能发生的返贫情况，制定风险预警机制。对高发病风险和重大疾病进行科学防控，及早介入，阻断因病返贫的循环链条。通过定期评估患者的健康状况和生活情况，连续提供个性化的健康干预和社会支持服务。

（四）健全具备劳动能力脱贫人口技能培训机制

关于具备劳动意愿和劳动能力的脱贫人口要彻底摆脱贫困走向富裕，关键是要适应市场需求变化，构建一个与就业市场紧密对接的多层次、全方位的培训系统，提高其职业技能和就业能力，促进其自我发展和收入增加。这不仅关乎个人收入水平的提高，也是促进区域经济发展的重要驱动力。

建立目标导向的培训课程体系。全面把握脱贫人口的职业倾向和地区产业结构，依据区域发展重点，设立相应的职业技能培训项目，如现代农业技术、乡村旅游服务、绿色建筑施工以及小型企业创业管理等。优化培训教材内容与质量，确保培训内容的实用性，为脱贫劳动力提供与其工作岗位紧密对接的实践技能，增强劳动力的市场竞争力。

探索多方协同的提升工程。发挥政府、企业和社会组织三方面的合力，共同支撑技能提升工程。政府部门需要出台相关政策，为职业技能培训提供资金支持和政策优惠，降低培训机构的运营成本，降低脱贫人口参与培训的经济门槛。企业可通过企校合作，并与职业教育机构携手，为劳动者提供实地操作与实习机会，构建理论与实践相结合的复合型培训模式。社会组织则在动员社会资源、提供培训资讯咨询、推行后续就业服务上发挥作用。

提供个性化的培训计划。要针对不同劳动者特点，进行个性化的培训设计。考虑到部分脱贫人口可能因日常生活事务无法长时间参与培训，可通过灵活的培训课程和时间设置，提供短期集中培训、周末培训及晚间培训等多样化选择。通过在线和线下结合的方式，使技能培训更贴合劳动者的实际需求，提高培训的可参与度和有效性。

推进就业服务与技能培训结合。通过建立劳动市场信息反馈系统，跟踪培训效果，实时调整培训计划。建立完善的学员跟踪服务机制，定期了解学员的就业情况，根据市场变化及时对培训内容进行迭代更新。在技能培训与就业对接上，积极发展公共就业服务平台，为培训学员提供岗位推荐、职业规划以及创业指导服务，有效降低求职成本，提升就业成功率。

第三节　健全有效衔接的多维度保障体系

推进脱贫攻坚与乡村振兴有效衔接，既是两大战略的衔接，也是工作体系的衔接。需要做好政策接续，织密社会保障"安全网"，兜住脱贫攻坚"硬骨头"，[①] 建立强有力的多维度保障体系。从实践来看，推进有效衔接必须强化顶层设计，优化投入保障，着力法治保障和责任考核保障，

① 张云华、伍振军、周群力、殷浩栋：《统筹衔接脱贫攻坚与乡村振兴的调查与启示》，《开放导报》2019 年第 4 期。

实现主体、资源和制度有效协同，推进农业强、农村美、农民富的战略目标实现。

一　健全有效衔接的顶层设计

制度创新不是简单的制度转换，而是充分反映对历史路径的尊重和对现实需求的回应。在城乡二元结构仍然比较明显的背景下，资源要素由农村向城市的单向流动仍具有巨大的惯性。[①] 要实现巩固拓展脱贫攻坚成果同乡村振兴有效衔接，就必须始终坚持农业农村优先发展与城乡融合发展这两大原则，以"人、地、钱"为三个关键，建立促进各类资金向农业农村持续流动的体制机制。[②] 不仅需聚焦于衔接阶段巩固拓展脱贫攻坚成果与乡村振兴的实际需求，更要在战略层面规划好长期目标。核心是以人的全面发展为核心，构建逐步推进共同富裕的乡村振兴全景图，确保有序实现衔接。

（一）完善城乡一体发展的规划体系

在脱贫攻坚中，经济扶贫起到了重要作用，但对于乡村振兴而言，单一的经济投入并不能解决根本问题。一些地区虽然实现了短期内的经济增收，但由于缺乏后续产业支持和持续发展能力，极易出现返贫现象。同时，由于城乡教育和卫生资源配置不均，乡村尤其是脱贫地区往往无法培养出适应现代社会发展的人才，人才外流严重，难以形成自我良性发展的局面。

必须重塑城乡关系，把乡村与城市放在同等的位置，以农业农村优先发展为原则制定区域城乡一体化发展规划，强化"钱、地、人"等要素的供给，推动城乡要素自由流动、平等交换。[③] 进而以新型城镇化和工业化带动农业农村现代化，推进城乡融合和产城融合，形成城乡一体发展的战略规划体系。以此推进巩固拓展脱贫攻坚成果与乡村振兴有效衔接的系列政策落地落实，构建城市带动乡村、富裕地区带动相对贫困地区和相对

---

① 张占斌、黄锟：《积极推动引导资源要素向农村流动》，《经济日报》2018 年 4 月 3 日。
② 叶兴庆：《新时代中国乡村振兴战略论纲》，《改革》2018 年第 1 期。
③ 韩俊：《关于实施乡村振兴战略的八个关键性问题》，《中国党政干部论坛》2018 年第 4 期。

贫困人口共同富裕的发展机制。

规划体系的构建应综合考量地理、环境、经济、社会、文化等多方面因素，重点解决城乡发展中的空间布局、产业对接、资源配置等核心问题，顺应区域发展整体战略。关键要落实到县域经济发展与土地利用的终端，优化城乡产业结构，制定具体的城乡产业发展规划及土地利用规划，保障脱贫攻坚与乡村振兴的有效衔接，同时推动工业、服务业等非农产业在乡村的合理布局。

构建环境友好型的城乡一体化规划体系，是实现巩固拓展脱贫攻坚成果与乡村振兴有效衔接的关键一步。开展城乡规划时，要充分考虑生态保护与资源节约的原则，处理好产业振兴与生态环保之间的平衡关系。鼓励绿色建筑与可持续技术的应用，注重城乡间生态系统的平衡与修复。通过科学的环境评估和严格的生态保护措施，加强对城乡建设活动中的环境影响监管，有效防止城镇化进程中的环境恶化与生态退化现象。通过因地制宜探索发展路径，对城乡区域内的土地利用率进行合理测算，确保用地规划的准确性与合理性，避免资源浪费与生态破坏，将绿水青山变为金山银山。[①]

将公共服务设施规划作为巩固拓展脱贫攻坚成果与乡村振兴有效衔接的重要组成部分。这不仅包括交通、通信和能源等硬件设施，还包括教育、卫生等公共服务设施。在保证城市公共服务设施完备的同时，加大对乡村基础设施建设的投入力度，有效缩小城乡在教育、医疗、文化等公共服务领域的差距。推进城乡交通网络的互联互通，规划高效率的城乡交通路线，满足居民日益增长的出行需求。通过政府主导下的市场运作，引进社会资本参与农村公共服务设施建设，形成多元投入机制，共同推动农村基础设施现代化与功能完善。

在具体规划中，设计出具有普遍适用性的人才培养与引进模式，以及在不破坏乡村原有文脉的基础上实现文化振兴。通过产业政策引导，激发乡村创新动力和潜在发展活力，提升整体区域竞争力与生态文明构建水

---

① 郭晓鸣、廖海亚：《建立脱贫攻坚与乡村振兴的衔接机制》，《经济日报》2020年6月5日。

平，实现巩固拓展脱贫攻坚成果与乡村振兴有效衔接的内在动力与外延扩张的统一。

（二）构建相对贫困评价指标体系

建立相对贫困评价指标体系是实施乡村振兴战略、巩固拓展脱贫攻坚成果的基础工程，核心是要实现从治理绝对贫困向治理相对贫困转型。根据城乡、区域和人群特征差异，从收入状况、生活水平、就业状况、教育、健康和社会保障等方面，因地制宜地细化相对贫困评价指标权重，以便于制定更加有针对性的相对贫困治理政策。

对相对贫困的概念进行清晰界定。相对贫困不仅指收入水平低，更是多维贫困因素的集合。不仅应从收入水平上界定相对贫困线，还应从教育资源、医疗卫生条件、住房安全等多个维度，构建包含宏观和微观指标的立体评估体系。对具体家庭多维贫困指数的确定，通过维度加权求和的方法，对农村居民生活质量进行多维度测量，以评价每一维度的相对贫困程度以及整体相对贫困状况，建立完善的相对贫困监测体系和动态调整机制。结合这些多维指标，准确把握相对贫困群体的生活质量，以便进行动态监测和预警。

将收入相对贫困线与多维贫困的识别标准相结合。主要是以探究低收入与生活质量不佳的并发现象为目的，对于相对贫困线的设定，则基于人均 GDP 增长率因素调整相对贫困线，以反映经济增长对相对贫困标准的影响。同时，识别机制紧密结合当地实际情况与资源分布，做到精准识别与分类施策。在这一过程中，对脱贫人口以及其他边缘群体等具体数据和特征，如家庭成员的健康状况、教育水平、住房情况等，必须精确采集与分析。[①]

指标体系构建立足于区域差异性。考虑到中国巨大的地域差异，构建评价指标体系时，需充分考虑区域间的差异性。如西部山区、藏区等地相对贫困程度与产生原因，可能与东部沿海地区有较大不同。实地调研及数据搜集工作对研究相对贫困现象至关重要，这要求采用区域特异性策略，

---

① 周晶晶：《乡村振兴战略背景下建立巩固拓展脱贫成果长效机制研究》，《农业经济》2022 年第 8 期。

实现指标体系的本土化调整。①

总之，构建的相对贫困评价指标体系可以全面反映居民的经济状况、教育机会、健康状态与社会参与，以及对基础设施的依赖程度，针对性地抓住相对贫困的核心要素。这不仅有利于更好地评估和监测相对贫困状况，更将促进政策的精准制定与实施，推动相对贫困治理在实际操作中的有效落地。

（三）把解决相对贫困问题纳入乡村振兴战略

把解决相对贫困问题纳入实施乡村振兴战略的总体规划，对脱贫区域规划中尚未完成的基础设施建设、土地开发利用等情况，做好衔接工作，将其过渡并统一纳入乡村振兴规划中，实现两大战略愿景、方向与目标、任务的连续性和阶段性衔接。在体制机制上，按照农业农村优先发展的要求完善城乡融合发展体制机制，着力促进城乡发展平衡，提高乡村发展水平。在政策体系上，推动阶段性、特惠性的脱贫攻坚政策与长期性、普惠性的乡村振兴政策相衔接。②

解决相对贫困问题是乡村振兴战略中的一项核心任务，必须从根源上解决农民的收入问题，实现农民收入持续稳定增长。这不仅涉及农业生产的现代化，更关乎农村公共服务、基础设施建设等多方面的协同推进。这就需要以促进就业为核心，结合乡村资源禀赋和区域发展差异，以提升农业生产效率为基础，推进乡村产业振兴。特别是要推动农村劳动力向高附加值的产业转移，增加农民收入来源，减少生产和生活成本。并通过推进乡村人才振兴，提升农民的整体素质与市场竞争力，确保脱贫成效的长期稳固。③

实施差异化的地方政策，加强对特定地区的精准帮扶，尤其是脱贫前的深度贫困地区。需要充分考虑区域特色与差异化需求，突出政策措施的实效性，因地制宜地制定行动方案，这既是对脱贫攻坚经验的继承，也是

---

① 王怡、郭萌：《脱贫攻坚与乡村振兴的衔接考量——基于14个"连片特困地区"的效益测评与对策建议》，《山西农业大学学报》（社会科学版）2022年第3期。
② 陈文胜：《牢牢把接续推进脱贫攻坚到乡村振兴的关键与核心》，《湖南日报》2020年9月24日，第4版。
③ 高帆：《加快推进脱贫攻坚与乡村振兴战略有效衔接》，《国家治理》2020年第28期。

为乡村振兴提供有力支撑。如对于资源丰富的地区，可以通过激励政策促进资源开发与转化；而对于人力资源优势明显的区域，则可以通过教育培训提升劳动力质量和技能，增强其自我发展能力。

确保乡村振兴政策与农民实际需求的高度匹配。建立健全农民参与乡村振兴决策的机制，倾听农民声音，了解他们的真实需求和难点。支持和鼓励农民通过合作社、家庭农场等新型经营模式参与到乡村振兴中，以此实现农民共同参与、共享振兴成果的目标。因而，乡村振兴战略将更有目的性、针对性和持续性，真正成为巩固拓展脱贫攻坚成果、推动共同富裕的有力支撑。

二 健全强有力的组织保障体制

农村基层组织强不强，直接关系到巩固拓展脱贫攻坚成果与乡村振兴有效衔接的效果好不好。习近平总书记强调，"要推动乡村组织振兴，打造千千万万个坚强的农村基层党组织，培养千千万万名优秀的农村基层党组织书记，深化村民自治实践，发展农民合作经济组织，建立健全党委领导、政府负责、社会协同、公众参与、法治保障的现代乡村社会治理体制，确保乡村社会充满活力、安定有序"。[①] 这是对乡村振兴提供组织保障的现实需要，也是推进乡村振兴的根本要求。

（一）完善五级书记抓乡村振兴机制

习近平总书记在 2017 年中央农村工作会议上指出：要实行中央统筹、省负总责、市县抓落实的工作机制。党委和政府一把手是第一责任人，五级书记抓乡村振兴。[②] 从而形成省、市、县、乡、村五级书记上下贯通、一抓到底的战斗阵型。首要的是确立党组织在乡村振兴战略中的核心领导作用。这要求从中央到地方，党委书记必须切实负起总责，层层落实乡村振兴的战略部署和工作责任。在此框架下，各级党委书记应针对所在区域的实际情况，制订具有可操作性的振兴计划，并通过多元化考核机制，形成横向到边、纵向到底的工作网络，确保达成由上至下的政策共识和执行

---

① 习近平：《论"三农"工作》，中央文献出版社，2022，第 269 页。
② 习近平：《论"三农"工作》，中央文献出版社，2022，第 262 页。

力度。

构建全面振兴的推进机制。地方各级党组织需深入分析乡村振兴的复杂性和多维度需求，构建涵盖经济、社会、文化、生态等方面的全面振兴框架，进而形成有针对性的工作指导方针。县委书记当好"一线总指挥"，明确县委书记主体责任。将乡村振兴目标细化至乡镇、村庄，确保政策导向和资源配置得到有效整合与应用。通过确定清晰的责任分工，建强基层组织、选好乡村"领头雁"、用好"优进劣退"机制来加强基层组织建设。对具体的振兴项目实行书记责任制，推进点面结合、精细化管理。

建立综合性政策执行平台。针对中央与地方推进乡村振兴职能不明确的问题，建立统一的政策执行平台，提高各级政府部门之间的协调能力，消除政策执行过程中的多头管理现象。在这一平台上，通过设立专项小组或机构，统筹两大战略的衔接工作，确保中央政策的有效传递和地方实施的有序进行。在这个过程中，重点关注那些涉及农户直接利益的政策如农村土地制度和农产品市场化等关键环节，让政策更具有针对性和实际效应。

创新上下联动、部门协同工作机制。乡村振兴作为"三农"工作的总抓手，迫切需要建立一套有序推进的工作机制。要明确各级党委、政府以及职能部门的乡村振兴职能清单和责任清单，发挥省、市、县、乡、村五级书记的各自优势，强化这些关键角色的政治引领作用，形成联动机制。加强上下联动、部门协同，通过信息共享、资源整合等方式，优化服务与支持环境，提升工作效能。开展定期和不定期的振兴进度检查与督导，确保策略执行的精准性和问题的及时发现与解决，并相应建立与乡村振兴战略相匹配的优秀领导干部评价体系。

（二）延续并完善驻村工作机制

在接续推进乡村振兴中，继续选派驻村第一书记。把脱贫攻坚期间选派驻村第一书记和工作队的好经验、好做法延续下去，健全常态化驻村工作机制，根据村庄实际情况选派专家、能手，因地制宜地开展乡村振兴帮扶工作，积极探索具有工作能力和工作意愿的退休公职人员返乡担任乡村振兴工作队员，为乡村振兴提供强大助力。

在推进驻村工作机制的延续与完善方面，核心工作聚焦于强化政策的落地执行力和增进村民的自治能力。通过精细化管理，提升政策的精准性，对各类乡村振兴政策进行梳理、细化、分类，确立不同村庄的帮扶重点。根据村庄特色和发展需求，制定个性化实施方案。基于资源禀赋、基础设施、教育水平等因素差异，对每个村庄的扶持力度和内容进行合理调整，实现帮扶措施的个性化与精准施策。

关注村民参与感的提升，鼓励村民积极参与村务管理，通过定期组织村民大会、建立村民自治组织等形式，充分调动村民的主动性和积极性。引导村民自我管理、自我服务、自我监督，形成自上而下与自下而上双向互动的乡村振兴帮扶工作新模式。

完善驻村干部与村民之间的沟通对接机制。优化信息流通渠道，对接村内外资源，提供必要的技术指导和资金支持。建立驻村干部与村民之间的定期沟通机制，适时收集村民的意见与建议，及时反馈工作进展和效果，实现信息透明化、过程可视化，增进村民对驻村工作的信任与满意度。

在监督管理机制方面，强化驻村干部的考核与监督，确保驻村工作的正常运行和成效。制定详细的考核指标和标准，结合村民评议结果，对驻村干部进行绩效考核。设立监督电话和意见箱等，便于村民对驻村工作提出监督和意见，确保乡村振兴措施和资源的公开公正运用。

（三）延续全民动员和全民参与机制

习近平总书记明确提出，让乡村振兴成为全党全社会的共同行动[①]。这就需要借鉴脱贫攻坚过程中全面动员和全民参与机制，动员全社会参与到乡村振兴中来，发挥集中力量办大事的显著优势。因为它不仅深植于社会主义核心价值观的土壤中，更是推动乡村全面振兴的动力源泉。

细化全民参与机制的操作层级。地方政府应结合实际，针对不同乡村特点进行分类指导，确保各层级能够有序参与到乡村振兴的具体实践中。加强信息化建设，利用大数据、云计算等现代信息技术提升决策的精准度

---

① 中共中央党史和文献研究院编《习近平关于"三农"工作论述摘编》，中央文献出版社，2019，第19页。

与效率。借助新媒体平台广泛传播乡村振兴的政策理念和成效，激发公民的积极性，促使全民成为乡村振兴的知情者、参与者和推动者。

拓宽全民参与的途径与形式。鼓励企业、学校、社区、志愿者及其他社会力量积极参与到乡村振兴中，形成政府引导、多元主体共治的参与格局。推动社会资本参与农业产业化经营、农村公共设施建设、乡村文化活动等方面的项目，既提升乡村经济发展质量，又丰富全民参与的内涵。

构建全民参与的长效机制。围绕产业发展、社区治理、生态建设、文化传承等关键领域，构建开放、共享、共治、共赢的全民参与新模式。针对个人和家庭参与制定激励机制，如税收优惠、社会荣誉、政策支持等，大力培养和吸引社会各界人才投身于乡村振兴中。创设平台和渠道，让广大群众能够进行意见反馈并提出建议，确保乡村振兴政策的透明度和公众的知情权，增强政策的实效性，真正使乡村振兴成为全党全社会的共同行动。

（四）强化乡村振兴工作队伍

在乡村振兴工作队伍上，要适应新形势新要求，加强乡村振兴干部队伍建设，加大乡村振兴系统干部培训力度。引导乡村振兴系统干部队伍转变思维，从过去脱贫攻坚过程中的固有思维中解脱出来，从标准化、模式化的脱贫攻坚思维中走出来，积极探索不同类型村庄实施乡村振兴战略的具体思路和举措。

提升农村基层党组织领导力。通过完善村干部选拔机制，选拔政治素质高、群众基础好的党员担任村干部，发挥其在乡村建设中的表率作用。在选拔村干部的过程中，要突出实际经验与能力，将那些在外务工或创业有成的人员纳入考虑范围，使其将市场意识、创新思维带回乡村。基于乡村振兴工作的特殊性，可引入更多的返乡创业人员和专业技术人才。通过制定相应的激励政策，鼓励他们以创新的思路参与到乡村振兴中，为工作队伍注入新的活力。

优化人才结构，确保农业劳动力的组织化和层次化。开展系统的劳动技能培训，引导农民群体不仅从事传统的体力劳动，而且发展成为具备一定知识背景和经营技能的新型劳动者。通过这一转变，促进农民的个人成长，提升整个产业链的价值，并进一步推动乡村经济发展和社会进步。

建立以结果为导向的考评制度。为了确保乡村振兴工作的深入开展、强化队伍建设，同样需要通过严格的政绩考评制度对干部的工作业绩进行客观评定。采用以结果为导向、以贡献为核心的考核机制，激励干部积极创新、奋发有为，高标准推动各项工作的实施，形成一支政治强、业务精、作风硬、创新能力强的乡村振兴工作队伍。

三　健全多元投入的协同机制

脱贫攻坚过程中政府投入了大量人力、物力，这样大规模的政府投入在乡村振兴过程中难以为继。必须从根本上遏制短期化倾向，构建可持续发展长效机制，[①] 激活乡村振兴的内生动力。有学者就认为，如果片面强调农村的强富美，将大量资源投入不可持久的项目点上，就会浪费国家的支农资源，影响农村作为中国现代化的压舱石和稳定器的功能。[②] 因此，要优化资源配置，优先保障重点领域如基础设施建设、新增产值产业和生态环境保护的资金投入。

（一）激发市场主体活力

培育有效衔接的新动能，归根结底靠市场主体，调动各类市场主体为乡村发展服务。特别是在政府、市场力量之外，还应重视社会力量，给予社会更大的发展空间，进而激发社会的活力。[③] 通过发挥市场机制在资源配置中的决定性作用，辅以政府的政策扶持和投入，构建政府和市场相互促进、相得益彰的良好发展格局，为脱贫攻坚成果转化为乡村振兴的动能提供坚实保障。

吸引市民下乡。引导有一定经济实力、向往田园生活的城市居民下乡创业创新，发展特色产业、休闲农业、创意产业，加强对市民下乡创业创新的鼓励，支持农村集体经济组织集中利用空闲农房、闲置资产，通过租

---

① 郭晓鸣、廖海亚：《建立脱贫攻坚与乡村振兴的衔接机制》，《经济日报》2020 年 6 月 5 日。

② 贺雪峰：《城乡关系视野下的乡村振兴》，《中南民族大学学报》（人文社会科学版）2020 年第 2 期。

③ 张亚玲、李雪蕾、郭忠兴：《统筹推进后扶贫时代脱贫攻坚与乡村振兴的有机衔接——"脱贫攻坚与乡村振兴"学术研讨会综述》，《南京农业大学学报》（社会科学版）2019 年第 6 期。

赁、投资合作等方式，吸引市民下乡创业创新。

引导乡贤回乡。通过对乡村振兴过程中涉及各参与主体的研究发现，农民个体、村干部和乡贤等在乡村振兴中发挥着重要且多样化的作用，各利益主体的协同合作将有利于乡村振兴的顺利推进。[①] 鼓励地方政府推动实施新乡贤回乡工程，建设乡贤资源库，充分运用网络平台，借助各类联络媒介，加强与乡贤之间的沟通联系，支持乡贤通过与农民合作共建自住房，回乡居住、养老，鼓励各地因地制宜制定乡贤回乡创业的激励政策、服务措施，激发乡贤回乡为家乡发展奉献智慧和力量的积极性。

促进企业入乡。企业是乡村产业发展和乡村建设的重要主体，是助力巩固攻坚成果与乡村振兴有效衔接的重要力量。制定完善乡村产业投资与乡村建设投资的正面清单与负面清单，鼓励引导企业到乡村投资兴业，鼓励农村集体经济组织探索与企业合作的模式，引导企业投资发展农产品加工、农业专业化社会服务、高效种养业，延伸农业产业链，促进一二三产业融合发展。

（二）创新政府财政投入机制

尽管解决钱从哪里来的问题是实施乡村振兴战略的首要任务，但也必须有针对性地解决资源配置效率低下、资金使用效益不明显等问题，确保各级财政资金直达一线，提高资金使用透明度和监管效果。这就必须坚持农业农村优先发展的原则，加强对乡村振兴财政投入的优先保障，创新财政的优先投入机制，保障乡村振兴目标任务的落实落地。

整合优化各类涉农资金。针对多级政府涉农资金分别设立、分而治之、信息不对称的弊病，整合中央与地方的财政资源，创建跨区域、跨部门的扶持资金联动机制。[②] 坚持不规划不投入的原则，推动各类涉农资金的打捆使用，提高使用效能。加强省级层面涉农资金的清理与整合，探索设立乡村振兴重大专项，除关系全局的重点项目外，均切块下达由县级政府统筹安排。借助现代信息技术，实现预算制定、资金调配和效果评估的

---

① 刘合光等：《激活参与主体积极性，大力实施乡村振兴战略》，《农业经济问题》2018 年第 1 期。

② 姜正君：《脱贫攻坚与乡村振兴的衔接贯通：逻辑、难题与路径》，《西南民族大学学报》（人文社会科学版）2020 年第 12 期。

全过程电子化、透明化管理。

创新财政投入方式。建立基于收益分享和风险共担的财政扶持机制，通过担保、贴息、以奖代补等方式，引入社会资本和支农创投，撬动和促进金融和社会资本投向乡村振兴。加强农业信贷担保体系建设，引导省级农业信贷担保机构加大投入力度，拓展担保范围，完善服务机制，提高贷款效率。支持以政府投入为引导，以金融资本、社会力量为主体，通过市场化方式设立乡村振兴基金，在政策上给予税收减免、利率补贴等激励措施，[1] 支持乡村重点产业与建设项目。

拓宽政府乡村振兴筹资渠道。统筹安排地方政府一般债券发行计划，加大对乡村振兴纯公益性项目的支持。支持地方政府发行项目融资和收益自平衡的专项债券，拓展乡村项目建设资金来源，支持农业农村有一定收益的公益性基础设施、重点产业项目平台建设。推动中央有关调整完善土地出让收入使用范围的规定落地，增加农业农村投入，省级政府统筹一定比例的土地出让收入在所辖各地区之间进行调剂，加大对粮食生产大县和财政弱县的支持力度。

（三）探索完善区域协作对口帮扶机制

深入总结脱贫攻坚期间区域协作对口帮扶过程中形成的经验和做法，从有效衔接的工作实际出发，探索完善区域协作促进乡村振兴的对口帮扶机制。基于区域优势互补与资源共享，推进人才、技术、资金、组织等全方位的区域内外力量协同，实现资源的优化配置和地区经济的平衡发展，为脱贫地区巩固脱贫成果向乡村振兴有效转型提供强有力的外部支撑。

以区域经济协作平台为依托，整合跨行政区划的信息资源，建立起高效的信息通道和协同机制。针对不同区域的资源禀赋及发展水平，设计协调机制和监管方法，促进资源在宏观区域间的合理流动和均衡配置。应用大数据、云计算等现代信息技术，加强行业趋势分析和市场需求预测，为乡村振兴的方向性决策提供科学依据。

（四）构建政府和市场分工协同的良性互动机制

在推进乡村振兴的过程中，正确处理政府和市场的关系，是确保资源

---

① 贾晋、尹业兴：《脱贫攻坚与乡村振兴有效衔接：内在逻辑、实践路径和机制构建》，《云南民族大学学报》（哲学社会科学版）2020年第3期。

配置最优化、推动有效市场形成的基本前提。最为关键的，就是找准有为政府与有效市场的黄金结合点，优化制度供给、政策供给、服务供给，有效发挥市场需求的导向作用和政府政策、制度供给的推动作用，推动资源优化配置，以破解资源要素错配与市场扭曲问题，推动高质量发展。[①]

明确政府职能与市场界限，避免政策干预过度扭曲市场机制。政府担任着制度构建者和公共服务提供者的角色，而市场则依靠自己的调节机制确定资源的价格和分配方式，双方共同维持乡村振兴的动力与效率。政府必须把经营行为和生产行为"放"给市场，减少产业选择的直接介入，而主要在引导与激活要素上着力，优化制度供给、政策供给、服务供给，推动有效市场的形成与完善，为乡村撬动和引进外部资源提供支撑。[②] 如改善水利、交通、网络通信等基础设施建设，为市场主体提供均等化的发展条件。通过法律法规建设和监管体系完善，为市场主体提供一个公平竞争的法治环境，确保市场在配置资源中的决定性作用得到充分体现。

针对不同产业不同区域的发展现状，制定差异化的扶持政策和激励机制。以乡村产业发展为例，政府应通过税收优惠、财政补贴、信贷支持等方式，激发市场主体的积极性，促进特色农产品、旅游业等乡村振兴的主导产业和特色产业发展。在具体操作上，采用多元化金融服务模式，如农村小额信贷、农业保险引导资金等，减轻市场主体的负担，提高其对市场风险的抵御能力。

推进行政资源与市场资源有效衔接，建立政府引导下的市场主导机制。通过农业农村优先发展的投入政策，引导财政资金、信贷资金等向乡村振兴倾斜，尤其是推进公共资源向落后地区和薄弱环节倾斜，形成政策集聚的效果，以促进市场主体对这些领域的投入，与当地资源和产业相结合，共同推动乡村振兴的进程。同时，政府以市场需求为产业导向，协调各类资源向有市场前景的产业集聚，从而实现行政推动与市场驱动的良性循环。

① 陈文胜：《中国农业何以强》，中国农业出版社，2023，第 39 页。
② 陈文胜：《脱贫攻坚与乡村振兴有效衔接的实现途径》，《贵州社会科学》2020 年第 1 期。

四　健全以法治为引领的治理体系

党的十九大报告在乡村振兴战略中提出"健全自治、法治、德治相结合的乡村治理体系"。[①] 作为国家最基本的治理单元，乡村治理体系和治理能力能否现代化，决定着国家治理体系和治理能力能否全面现代化。习近平总书记对此强调，"法治是乡村治理的前提和保障"。[②] 法治体现着国家的意志，也只有通过法治才能从根本上引领和保障德治和自治的实现。

（一）将政府涉农各项工作纳入法治化轨道

在推进巩固拓展脱贫攻坚成果与乡村振兴有效衔接中，面临的首要制度障碍是法规不健全，表现为现行法律法规对于双方衔接的具体操作缺乏明确规定。脱贫攻坚的政策往往更关注短期内的贫困问题解决，而乡村振兴则着眼于长远的农村发展和社会进步，这种时序上的差异使得法律法规难以在战略实施和执行层面提供连贯的支持。

需要从农业产业的实际需要出发，立足法治思维，采取符合中国乡村特色的立法措施，统筹考虑发展目标与保障底线的双重要求，将法律规范的建设与乡村振兴战略紧密结合，为农业现代化和乡村全面振兴提供强有力的法治支撑。以风险防控为导向，建立健全农业保险法律制度，确保农业生产中的各类风险得到有效管控和补偿，以减轻自然灾害和市场波动对农户的影响。推出高效率的补贴政策，确保小规模农户通过财政补贴有机会得到农业保险产品，从而形成政府、保险机构和农户多方互利的合作模式。

针对稻谷、玉米等主要粮食作物，设立针对性立法条款，设定最低收购价格和市场干预机制，以法律手段保障粮食安全底线与农民利益，有效地防止市场恶性竞争对农户造成损害。对于特色农产品和农耕文化，地方立法的制定应充分考虑地理标志和原产地保护，通过立法加强农产品的品

---

① 习近平：《决胜全面建成小康社会　夺取新时代中国特色社会主义伟大胜利——在中国共产党第十九次全国代表大会上的报告》，《人民日报》2017 年 10 月 28 日，第 1 版。

② 中共中央党史和文献研究院编《十九大以来重要文献选编（上）》，中央文献出版社，2019，第 153 页。

牌建设和知识产权保护，以此提升农产品的市场竞争力、扩大农民的增收空间。通过立法确立农村集体产权制度改革的法律框架，将土地经营权、宅基地使用权等关键权益明确法律属性和保护措施，有效预防和化解农民利益冲突。[①] 将农村改革试点的成果纳入法治轨道，明确各种土地制度改革的法律依据和规范，为农村土地制度改革提供法治支持。

（二）建立健全乡村法治架构与法治体系

对乡村规章制度进行科学立法、合理解释与严格执法，以法律作为规制和引导乡村治理的基本准则，确保法律在农村生态保护、土地使用、劳动权益保障等多个方面发挥基础性作用，为乡村提供长期稳定的发展框架。提升乡村治理主体的法治意识，主动融入法治国家框架之中，明确界定各自权利与责任，以及乡村自我发展的边界条件，为乡村振兴提供法治支撑。

突出自治的基础性地位，强化村民自治机构的权力和职能，将自治转化为清晰的法治架构与操作规程，确保各项治理操作的合法性、规范性与透明性。同时借助德治重建乡村道德规范，实现由内而外的自我调节和自我管理，构建立体化的乡村治理模式。建立治理主体外部监督体系，将社会各界、媒体舆论以及民众反馈整合为监控机制的重要方面。

针对乡村社会矛盾多发现状，推动法律服务和司法力量下沉。引入人工智能、大数据分析等信息化技术，在乡村纠纷特点与解决需求的基础上，设计出涵盖矛盾预防、调解直通、案件反馈等多个环节的智慧司法服务平台，为农民提供高效、便捷的法律服务和纠纷解决途径。借助信息技术手段，建立开放源代码平台，促进数据共享、提升透明度，让广大村民能够直观地了解政策执行过程和结果，从而促进政府部门的行为更加规范、决策过程更加公开，提升乡村治理的社会认可度。

（三）对农民的法定权利始终保持敬畏之心

制度变迁并非自发形成，而是社会参与者在约束下对利益追求的合理

---

① 王习明、彭鹏：《乡村振兴与农村土地制度改革》，《福建农林大学学报》（哲学社会科学版）2018 年第 5 期。

选择结果。党中央、国务院明确提出：落实乡村振兴为农民而兴、乡村建设为农民而建的要求，坚持自下而上、村民自治、农民参与。① 这就要把握好"是否符合农民意愿，是否有着坚实的民意基础，是否维护了农民利益"等原则问题。

习近平总书记强调要"坚持农民主体地位"，充分尊重农民意愿，切实发挥农民在乡村振兴中的主体作用，调动亿万农民的积极性、主动性、创造性，把维护农民群众根本利益、促进农民共同富裕作为出发点和落脚点。② 那么，坚持农民的主体地位，保证和支持广大农民群众在乡村政治和社会生活中依法进行自我教育和自我管理，就是乡村治理的本质和核心，是乡村治理的出发点和落脚点。

按照党中央提出"建设法治乡村"的目标，强化法律维护农民权益的权威地位。③ 有尊严的农民才会真正自信起来，成为乡村振兴的积极参与者，从而有希望建立一个幸福与富强的乡村。一方面，从尊重农民的意愿出发，以农民群众答应不答应、高兴不高兴、满意不满意作为衡量乡村治理成效的根本尺度，破除一切束缚农民手脚的不合理限制和歧视，④ 赋予农民更加充分的话语权和自主权，不断提高农民的经济利益和社会地位。

另一方面，对农民法定的政治权利、法定的经济权利、法定的社会权利始终保持敬畏之心，维护好农民群众的合法权益。⑤ 同时，加强乡村治理法治教育，提高农村对法律知识的普及率和农民法治意识，确保农民在日常生产生活中能够依法维护自身权益和农村社会稳定。

---

① 《中共中央国务院关于做好二〇二二年全面推进乡村振兴重点工作的意见》，《人民日报》2022 年 2 月 23 日第 1 版。
② 中共中央党史和文献研究院编《十九大以来重要文献选编（上）》，中央文献出版社，2019，第 160~161 页。
③ 《中共中央　国务院关于实施乡村振兴战略的意见》，《人民日报》2018 年 2 月 5 日。
④ 朱启臻：《当前乡村振兴的障碍因素及对策分析》，《人民论坛·学术前沿》2018 年第 3 期。
⑤ 奉清清：《全面推进乡村振兴的底线、主线与重点任务——访湖南师范大学中国乡村振兴研究院院长、省委农村工作领导小组三农工作专家组组长陈文胜》，《湖南日报》2022 年 2 月 24 日，第 6 版。

五 健全强化责任考核的工作机制

巩固拓展脱贫攻坚成果同乡村振兴有效衔接离不开党委、政府和行业管理部门的大力支持，必须压实各级党委、政府和部门责任，完善考核机制，确保巩固拓展脱贫攻坚成果同乡村振兴有效衔接不断取得新成效。

（一）构建责任清晰的领导体制

必须明确各级政府、部门以及相关单位在乡村振兴中的具体职责，通过实施党委统一领导下的五级书记抓乡村振兴责任制，建立中央到地方级级贯通、层层落实责任的工作格局，构建各负其责、执行有力的领导体制。地方政府在具体实施中，要压实市县两级党委、政府主体责任和行业部门主管责任，细化任务并分解到镇、村两级组织，每一级都要有明确指标和责任人。

要优化决策流程，构建快速响应机制，实现政策制定的高效性与适应性。加强对乡村振兴政策执行的动态监测，及时调整不适应或不契合的政策措施。地方政府要配备专业技术人员，根据农业农村发展的实际需求，对政策实施进行科学评估和精准指导。每项政策的实施都需形成闭环管理，确保政策执行的质量和效率。

强化监督问责制度，在领导体制建设中运用党内监督和民主监督的手段，设立任务执行监测与评估机构，对乡村振兴中的责任执行情况进行监督检查。凡是在乡村振兴中失职渎职、政令不畅、工作不实的情况，严肃追究相关人员的责任。通过设置这一系列制度安排，构建出责任清晰、执行有力、监督有效的领导体制，形成推进乡村振兴的责任体系。

（二）改变自上而下政府包办包揽的推动模式

习近平总书记明确要求，"推动乡村治理重心下移，尽可能把资源、服务、管理下放到基层"。① 这就要求改变在脱贫攻坚中那种自上而下的政府包办包揽推动模式，推进乡村振兴的工作重心下移，转向社会参与、底层驱动的发展模式。因为自上而下的推动模式往往受制于条条框框，缺

---

① 中共中央党史和文献研究院编《十九大以来重要文献选编（上）》，中央文献出版社，2019，第 167~168 页。

乏足够的灵活性，导致一些地方的官僚主义形式主义蔓延，农民最需要的没去干，干了不少农民不需要的。

明确政府与社会在乡村振兴中的角色和职责。以相关政策引导，建立健全激励与约束并重的乡村振兴责任体系。这要求政府着眼于策略制定与宏观指导，减少对具体执行工作的直接干预，为社会力量提供更多空间和可能性。政府应加强对民间组织和企业参与乡村振兴工作的扶持和监管，形成良性循环的推动机制。

推进乡村振兴的工作重心下移，就需要每个参与单位制定详细的工作计划，并设定可量化、可追踪的目标和指标。政府部门除了提供政策和资金支持外，还应充当监督者的角色，构建科学、合理的评估体系，对各项工作进行量化评价。通过对影响力、覆盖广度、创新性、持续效果等多维度指标的综合评估，确保每项措施都能实现预期效果。在此过程中，推动信息化建设是关键环节，应采取现代信息技术手段，建立全面的乡村振兴工作数据库，实时更新工作推进状况和项目进展。

在乡村振兴的具体工作上，要鼓励采取差异化、个性化的工作方式。比如对存在返贫风险的脱贫人口，提供定制化的就业指导和生产技术培训，对于生病困难群体则延伸医疗保险及救助机制等。每一项工作计划都要根据不同群体的特点和需要，设计出合理可行、经济有效的方案，并由第三方机构进行评估与反馈，以确保工作措施的实际效果与目标相符。

（三）建立上下联动的职能与责任清单

需要明确将各级政府、企业机构、社会组织的角色和责任界定在一个统一的框架之内，将职责清单覆盖乡村振兴的全过程，包括资金投入、项目实施与后期维护等方面，确保乡村振兴各项工作有序推进，实现农业强、农村美、农民富的最终目标。

在制订责任清单时，采取分阶段、分类别的形式，每个阶段具体包括政府政策制定与执行、社会参与与资源整合、市场导向与经营机制等多个方面的任务。在政治领导方面，分级设置指导组织，从中央到地方都应确定对应的责任清单，而且要明确各级领导的具体责任，确保各个级别协同配合，并有效监督执行。

基于对乡村振兴战略的目标要求，职能清单的每项职能都必须明确关联具体责任人，以及预定的完成时限和效果评估标准。如在资金管理方面，设立专项基金，并由专人负责审核、分配与监督使用效果，同时对乡村振兴项目实施中可能出现的风险进行评估，并设计应对措施。

为了提高工作效率和政策实效，建立基于大数据和信息化手段的监管机制，通过数据采集与分析，实现动态监控和实时反馈，确保各现行政策和未来规划在乡村振兴中的有机衔接和统一执行。

（四）健全党组织领导下的考核与评估机制

考核与评估机制是确保党组织领导作用得以有效发挥的重要手段，需要对标对表中央巩固脱贫成果后评估要求，坚持问题导向，通过建立包括经济、社会、文化、环境等多维度指标的评估体系，对实施成效进行科学评估，确保各项政策措施得到有效执行，并及时调整和优化相关政策，以提升乡村持续发展的内生动力。

把巩固拓展脱贫攻坚成果纳入脱贫地区市县党政领导班子和领导干部推进乡村振兴战略实绩考核范围，考核内容应包括基础设施建设情况、产业发展水平、村民收入增长情况、生态环境改善等方面，以及政策覆盖面、满意度调查等，反映政策实施的全面性及实效性。特别是在推进数字乡村战略中，新技术应用、信息化进展、网络安全保障等新领域也应成为考核的重点。

在具体实施过程中，必须区别于传统的年度考核模式。应根据任务完成的阶段性、滚动性特点，设立阶段性考核指标，并将考核结果及时反馈给相关负责人和组织，推进问题整改和政策调整优化。应直接将考核结果与领导干部的晋升和奖惩关联，从而确立鲜明的绩效导向，坚决确保守住不发生规模性返贫的底线。

考核工作要兼顾差异化与个性化策略，根据区域实际发展差异，合理设置差异化的考核指标体系。在此基础上，设计激励机制，鼓励各级党组织和干部创新乡村振兴模式，探索多元化的乡村发展之路，逐步实现从单一的 GDP 增长导向向综合性指标体系转变。

（五）建立规定性项目与自选项目相结合的考核办法

在推进乡村振兴的进程中，建立既具规范性又富有个性化特点的考核办法是有效执行策略的关键环节。规定性项目是针对国家战略必须完成的基础性任务，确保全国乡村振兴战略目标的基本实现。自选项目则是根据自身特色和需求，确定一定比例的发展项目，基于地理位置、资源优势、文化遗产等多元化的区域特征，进行创新性的战略规划。这样的考核办法既可确保国家战略推进，又能激发农村基层探索和农民首创精神，创新适合本地实际的发展路径。

在具体实施上，考核体系需要细化到各级各领域，并设置相应的量化标准与质量门槛，例如规定性项目中农村基础设施建设必须达到基线条件，包括村道硬化率、饮水安全率和网络覆盖率等，并根据国家标准，评估生活用水水质是否达到饮用水卫生标准，以及农村互联网接入速率是否满足最低使用需求。

而自选项目的考核则更注重项目效果和创新价值，如地方政府提出的特色文化旅游项目，考核内容可能包括游客数量、旅游收入、满意度调查等指标。通过这些指标评价在经济发展、社会影响力及可持续性三方面的综合效益。

为确保考核的透明度与公正性，应以通报的形式公示考核结果，接受社会公众与媒体的监督，确保考核结果能正确传达至每一个村庄和农民群众。只有通过一系列科学合理、公正透明的考核办法，才能有效调动广大基层干部和农民的积极性，从而推动乡村振兴战略的有效实施。

主要中外参考文献

（一）中文文献

1. 著作

［1］《马克思恩格斯选集》（第1~4卷），人民出版社，1995。

［2］《马克思恩格斯文集》（1~10卷），人民出版社，2009。

［3］《马克思恩格斯全集》（第十八卷），人民出版社，1964。

［4］《马克思恩格斯全集》（第20~21卷），人民出版社，1971。

［5］《马克思恩格斯全集》（第42卷），人民出版社，1979。

［6］《马克思恩格斯全集》（第46卷），人民出版社，1979。

［7］《列宁全集》（第26卷），人民出版社，1988。

［8］《列宁全集》（第42卷），人民出版社，1987。

［9］《列宁选集》（第4卷），人民出版社，1995。

［10］《列宁选集》（第11卷），人民出版社，1959。

［11］《列宁选集》（第40卷），人民出版社，1986。

［12］《列宁选集》（第41卷），人民出版社，1986。

［13］《列宁选集》（第42卷），人民出版社，1987。

［14］《斯大林全集》（第6~12卷），人民出版社，1955。

［15］《斯大林全集》（第13卷），人民出版社，1956。

［16］《斯大林全集》（第43卷），人民出版社，1987。

［17］中共中央文献研究室编《毛泽东选集》（第1~5卷），人民出版社，1991。

［18］中共中央文献研究室编《毛泽东文集》（第1~8卷），人民出版社，1999。

[19] 中共中央文献研究室编《毛泽东年谱》，中央文献出版社，2002。

[20] 邓小平：《邓小平文选》（第1~2卷），人民出版社，1993。

[21] 邓小平：《邓小平文选》（第三卷），人民出版社，1993。

[22] 中共中央文献研究室编《邓小平思想年谱（1975—1997）》，中央文献出版社，1998。

[23] 中共中央文献研究室编《江泽民论有中国特色社会主义（专题摘编）》，中央文献出版社，2002。

[24] 《江泽民选集》（第1~3卷），人民出版社，2006。

[25] 胡锦涛：《胡锦涛文选》（第1~3卷），人民出版社，2016。

[26] 《十八大报告辅导读本》，人民出版社，2012。

[27] 习近平：《论"三农"工作》，中央文献出版社，2022。

[28] 习近平：《之江新语》，浙江人民出版社，2007。

[29] 习近平：《摆脱贫困》，福建人民出版社，1992。

[30] 中共中央文献研究室编《习近平关于全面深化改革论述摘编》，中央文献出版社，2014。

[31] 习近平：《习近平谈治国理政》（第一卷），外文出版社，2018。

[32] 习近平：《习近平谈治国理政》（第二卷），外文出版社，2017。

[33] 习近平：《习近平谈治国理政》（第三卷），外文出版社，2020。

[34] 习近平：《习近平谈治国理政》（第四卷），外文出版社，2022。

[35] 中共中央党史和文献研究院编《习近平扶贫论述摘编》，中央文献出版社，2018。

[36] 中共中央党史和文献研究院编《习近平关于"三农"工作论述摘编》，中央文献出版社，2019。

[37] 中共中央党史和文献研究院编《习近平总书记重要讲话文章选编》，中央文献出版社、党建读物出版社，2016。

[38] 中共中央文献研究室编《习近平关于全面建成小康社会论述摘编》，中央文献出版社，2016。

[39] 中共中央党史和文献研究院编《习近平扶贫论述摘编》，中央文献出版社，2018。

[40] 习近平：《决胜全面建成小康社会 夺取新时代中国特色社会主义伟

大胜利——在中国共产党第十九次全国代表大会上的报告》，人民出版社，2017。

[41] 习近平：《高举中国特色社会主义伟大旗帜 为全面建设社会主义现代化国家而团结奋斗——在中国共产党第二十次全国代表大会上的报告》，人民出版社，2022。

[42] 中共中央宣传部编《习近平总书记系列重要讲话读本》，学习出版社、人民出版社，2014。

[43] 中共中央宣传部编《习近平总书记系列重要讲话读本（2016年版）》，学习出版社、人民出版社，2016。

[44] 《〈中共中央关于制定国民经济和社会发展第十四个五年规划和二〇三五年远景目标的建议〉辅导读本》，人民出版社，2020。

[45] 《党的十九届五中全会〈建议〉学习辅导百问》，党建读物出版社、学习出版社，2020。

[46] 《党的十九大报告辅导读本》，人民出版社，2017。

[47] 中共中央文献研究室编《十二大以来重要文献选编（上）》，人民出版社，1986。

[48] 中共中央文献研究室编《十二大以来重要文献选编（中）》，人民出版社，1986。

[49] 中共中央文献研究室编《十二大以来重要文献选编（下）》，人民出版社，1988。

[50] 中共中央文献研究室编《十三大以来重要文献选编（上）》，人民出版社，1991。

[51] 中共中央文献研究室编《十六大以来重要文献选编（上）》中央文献出版社，2005。

[52] 中共中央文献研究室编《十六大以来重要文献选编（中）》，中央文献出版社，2006。

[53] 中共中央党史和文献研究院编《十八大以来重要文献选编（上）》，中央文献出版社，2014。

[54] 中共中央党史和文献研究院编《十八大以来重要文献选编（中）》，中央文献出版社，2016。

［55］中共中央党史和文献研究院编《十八大以来重要文献选编（下）》，中央文献出版社，2018。

［56］中共中央党史和文献研究院编《十九大以来重要文献选编（上）》，中央文献出版社，2019。

［57］中共中央党史和文献研究院编《十九大以来重要文献选编（中）》，中央文献出版社，2021。

［58］中共中央党史和文献研究院编《十九大以来重要文献选编（下）》，中央文献出版社，2023。

［59］《中共中央　国务院关于"三农"工作的一号文件汇编（1982—2014）》，人民出版社，2014。

［60］《周恩来选集》（下卷），人民出版社，1984。

［61］陈云：《陈云文选》（第三卷），人民出版社，1995。

［62］薄一波：《若干重大决策与事件的回顾》（上卷），中共中央党校出版社，1991。

［63］梁漱溟：《乡村建设理论》，上海人民出版社，2016。

［64］〔美〕杜赞奇：《文化、权力与国家》，王福明译，江苏人民出版社，2004。

［65］费孝通：《乡土重建》，岳麓书社，2012。

［66］费孝通：《江村经济——中国农民的生活》，商务印书馆，2001。

［67］费孝通：《乡土中国 生育制度》，北京大学出版社，1998。

［68］陈锡文、韩俊主编《经济新常态下破解"三农"难题新思路》，清华大学出版社，2016。

［69］陈锡文主编《走中国特色社会主义乡村振兴道路》，中国社会科学出版社，2018。

［70］陈锡文、韩俊主编《乡村振兴制度性供给研究》，中国发展出版社，2020。

［71］陈锡文、韩俊主编《农业转型发展与乡村振兴研究》，清华大学出版社，2018。

［72］陈锡文、韩长赋、胡晓义等：《农村社会保障制度》，中国劳动社会保障出版社，2011。

[73] 郭玮:《夯实农业农村发展基础推进农业现代化》,中国言实出版社,2014。

[74] 蔡昉主编《中国人口流动方式与途径(1990～1999年)》,社会科学文献出版社,2001。

[75] 李培林:《村落的终结:羊城村的故事》,商务印书馆,2004。

[76] 张晓山:《乡村振兴战略:城乡融合发展中的乡村振兴》,广东经济出版社,2020。

[77] 张培刚:《农业与工业化》,中国人民大学出版社,2014。

[78] 郑杭生主编《当代中国农村社会转型的实证研究》,中国人民大学出版社,1996。

[79] 陆学艺主编《当代中国社会阶层研究报告》,社会科学文献出版社,2002。

[80] 陆学艺:《当代中国农村与当代中国农民》,知识出版社,1991。

[81] 陆学艺主编《内发的村庄》,社会科学文献出版社,2001。

[82] 曹锦清:《黄河边的中国》,上海文艺出版社,2003。

[83] 曹锦清、张乐天、陈中亚:《当代浙北乡村的社会文化变迁》,上海远东出版社,2001。

[84] 仇保兴:《城镇化与城乡统筹发展》,中国城市出版社,2012。

[85] 何秀荣主编《中国农村政策要览》,高等教育出版社,2010。

[86]〔美〕黄宗智:《华北的小农经济与社会变迁》,中华书局,2004。

[87]〔美〕黄宗智:《长江三角洲小农家庭与乡村发展》,中华书局,1992。

[88] 徐勇:《农民理性的扩张:"中国奇迹"的创造主体分析》,《中国社会科学》2010年第1期。

[89] 徐勇:《中国农村村民自治》,华中师范大学出版社,1997。

[90] 徐勇:《乡村治理与中国政治》,中国社会科学出版社,2003。

[91] 黄季焜等:《中国的农地制度、农地流转和农地投资》,格致出版社,2012。

[92] 黄祖辉主编《中国三农问题解析 理论述评与研究展望》,浙江大学出版社,2012。

[93] 张静：《基层政权：乡村制度诸问题》，浙江人民出版社，2000。

[94] 温铁军：《"三农"问题与世纪反思》，生活·读书·新知三联书店，2005。

[95] 黄承伟：《一诺千金——新时代中国脱贫攻坚的理论思考》，广西人民出版社，2019。

[96] 张磊主编《中国扶贫开发政策演变（1949～2005 年）》，中国财政经济出版社，2007。

[97] 汪三贵等：《扶贫开发与区域发展——我国特困地区的贫困与扶贫策略研究》，经济科学出版社，2017。

[98] 周晓虹：《传统与变迁：江浙农民的社会心理及其近代以来的嬗变》，生活·读书·新知三联书店，1998。

[99] 党国英等：《城乡一体化发展要义》，浙江大学出版社，2016。

[100] 贺雪峰：《新乡土中国转型期乡村社会调查笔记》，广西师范大学出版社，2003。

[101] 贺雪峰：《组织起来——取消农业税后农村基层组织建设研究》，山东人民出版社，2012。

[102] 贺雪峰：《乡村治理与农业发展》，华中科技大学出版社，2017。

[103] 贺雪峰：《大国之基：中国乡村振兴诸问题》，东方出版社，2019。

[104] 孔祥智等：《乡村振兴的九个维度》，广东人民出版社，2018。

[105] 姜长云等：《乡村振兴战略：理论、政策和规划研究》，中国财政经济出版社，2018

[106] 蓝宇蕴：《都市里的村庄：一个"新村社共同体"的实地研究》，生活·读书·新知三联书店，2005。

[107] 李强主编《中国社会变迁30年（1978～2008）》，社会科学文献出版社，2008。

[108] 吴毅：《村治变迁中的权威与秩序：20 世纪川东双村的表达》，中国社会科学出版社，2002。

[109] 左停等：《社会保障与减贫发展》，湖南人民出版社，2018。

[110] 张琦、黄承伟：《完善扶贫脱贫机制研究》，经济科学出版社，2015。

[111] 向德平、黄承伟主编《减贫与发展》，社会科学文献出版社，2016。

[112] 程联涛:《我国农村扶贫开发制度创新研究》,贵州人民出版社,2017。

[113] 刘奇:《乡村振兴,三农走进新时代》,中国发展出版社,2019。

[114] 方向新:《农村变迁论——当代中国农村变革与发展研究》,湖南人民出版社,1998。

[115] 冯仕政:《再分配体制的再生——杰村的制度变迁》,国家行政学院出版社,2002。

[116] 陈文胜:《论大国农业转型:"两型社会"建设中转变农业发展方式研究》,社会科学文献出版社,2014。

[117] 陈文胜:《论中国乡村变迁》,社会科学文献出版社,2021。

[118] 陈文胜:《大国村庄的进路》,湖南师大出版社,2020。

[119] 陈文胜:《中国乡村何以兴》,中国农业出版社,2023。

[120] 陈文胜:《中国农业何以强》,中国农业出版社,2023。

[121] 陈文胜等:《大国小村:十八洞的社会学考察》,湖南人民出版社,2021。

[122] 陈文胜编著《论道大国"三农":对话前沿问题》,中国农业出版社,2021。

2. 论文

[1] 国务院扶贫办综合司:《人类历史上最波澜壮阔的减贫篇章——新中国成立70年来扶贫成就与经验》,《光明日报》2019年9月18日。

[2] 陈锡文:《准确把握社会主义新农村建设》,《山西农经》2006年第3期。

[3] 陈锡文:《从农村改革40年看乡村振兴战略的提出》,《中国党政干部论坛》2018年第4期。

[4] 陈锡文:《坚决打赢脱贫攻坚战如期实现全面小康目标》,《劳动经济研究》2015年第6期。

[5] 陈锡文:《以新型城镇化与新农村建设双轮推进城乡一体化》,《求索》2017年第11期。

[6] 韩俊:《关于实施乡村振兴战略的八个关键性问题》,《学习时报》2018年4月26日。

［7］韩俊：《推进新农村建设的政策走向》，《税务研究》2007 年第 8 期。

［8］韩俊：《关于打赢脱贫攻坚战的若干问题的分析思考》，《行政管理改革》2016 年第 8 期。

［9］郑新立：《借鉴韩国"新村运动"经验 加快我国新农村建设》，《小城镇建设》2005 年第 11 期。

［10］陈晓华、张小林：《国外乡村社区变迁研究概述》，《皖西学院学报》2007 年第 5 期。

［11］仇保兴：《避免四种误区——做到五个先行——建立五种机制 村庄整治是新农村建设长期的任务》，《城乡建设》2005 年第 12 期。

［12］林毅夫：《新农村运动与启动内需》，《小城镇建设》2005 年第 8 期。

［13］辜胜阻等：《推进"十三五"脱贫攻坚的对策思考》，《财政研究》2016 年第 2 期。

［14］柯炳生：《对新农村建设的若干思考与认识》，《山东农业大学学报》（社会科学版）2005 年 4 期。

［15］陆学艺：《当前农村形势和社会主义新农村建设》，《江西社会科学》2006 年第 4 期。

［16］张晓山：《新农村建设中的几个理论与实践问题》，《中国社会科学院院报》2006 年 4 月 11 日。

［17］张晓山：《实施乡村振兴战略的几个抓手》，《人民论坛》2017 年第 33 期。

［18］魏后凯：《如何实现全面脱贫与乡村振兴的"有效衔接"》，《光明日报》2020 年 4 月 3 日。

［19］魏后凯：《"十四五"时期中国农村发展若干重大问题》，《中国农村经济》2020 年第 1 期。

［20］魏后凯：《新型城镇化与新农村建设需统筹推进》，《新西部》2017 年第 8 期。

［21］张红宇、赵革：《新农村建设要充分释放农业的多重功能》，《农村经济》2006 年第 5 期。

［22］李周：《乡村振兴战略的主要含义、实施策略和预期变化》，《求

索》2018 年第 2 期。

[23] 李周：《中国新农村建设实践研究》，《东岳论丛》2013 年第 8 期。

[24] 杜志雄：《家庭农场是乡村振兴战略中的重要生产经营主体》，《农村工作通讯》2018 年第 4 期。

[25] 周其仁：《土地收益分配与权利的制度安排》，《经济观察报》2013 年 10 月 28 日。

[26] 程同顺：《西方国家农民利益集团的功能与作用对我国新农村建设的启示》，《教学与研究》2006 年第 9 期。

[27] 张占斌、黄锟：《积极推动引导资源要素向农村流动》，《经济日报》2018 年 4 月 3 日。

[28] 徐勇：《国家整合与社会主义新农村建设》，《社会主义研究》2006 年第 1 期。

[29] 徐勇：《在社会主义新农村建设中推进农村社区建设》，《江汉论坛》2007 年第 4 期。

[30] 姚洋：《新农村建设与农村发展观的转变》，《学习与探索》2007 年第 2 期。

[31] 李小云：《我国农村扶贫战略实施的治理问题》，《贵州社会科学》2013 年第 7 期。

[32] 陆益龙：《构建精准、综合与可持续的农村扶贫新战略》，《行政管理改革》2016 年第 2 期。

[33] 黄祖辉：《论城市化与新农村建设的关系》，《农村经济》2011 年第 6 期。

[34] 黄承伟：《中国扶贫理论研究论纲》，《华中农业大学学报》（社会科学版）2020 年第 2 期。

[35] 黄承伟、覃志敏：《我国农村贫困治理体系演进与精准扶贫》，《开发研究》2015 年第 2 期。

[36] 刘奇：《当脱贫攻坚遇到乡村振兴》，《中国发展观察》2019 年第 1 期。

[37] 刘奇：《掀起中国乡村建设的第三次浪潮》，《中国农村经济》2005 年第 11 期。

[38] 郭晓鸣、高杰：《脱贫攻坚与乡村振兴政策实施如何有效衔接》，《光明日报》2019 年 9 月 16 日。

[39] 郭晓鸣、廖海亚：《建立脱贫攻坚与乡村振兴的衔接机制》，《经济日报》2020 年 6 月 5 日。

[40] 党国英：《贫困类型与减贫战略选择》，《改革》2016 年第 8 期。

[41] 郭熙保：《论贫困概念的内涵》，《山东社会科学》2005 年第 12 期。

[42] 贺雪峰：《中国农村反贫困战略中的扶贫政策与社会保障政策》，《武汉大学学报》（哲学社会科学版）2018 年第 3 期。

[43] 贺雪峰：《立足增加农民福利的新农村建设》，《学习与实践》2006 年第 2 期。

[44] 许汉泽、李小云：《"精准扶贫"的地方实践困境及乡土逻辑——以云南玉村实地调查为讨论中心》，《河北学刊期》2016 年第 6 期。

[45] 温铁军、董筱丹：《村社理性：破解"三农"与"三治"困境的一个新视角》，《中共中央党校学报》2010 年第 4 期。

[46] 朱启臻、刘璐、韩芳：《社会主义新农村建设的动力分析——论农村土地产权制度变革》，《中国农业大学学报》（社会科学版）2006 年第 1 期。

[47] 朱启臻：《乡村振兴背景下的乡村产业——产业兴旺的一种社会学解释》，《中国农业大学学报》（社会科学版）2018 年第 3 期。

[48] 汪三贵、冯紫曦：《脱贫攻坚与乡村振兴有效衔接的逻辑关系》，《贵州社会科学》2020 年第 1 期。

[49] 汪三贵、郭子豪：《论中国的精准扶贫》，《贵州社会科学》2015 年第 5 期。

[50] 汪三贵：《在发展中战胜贫困——对中国 30 年大规模减贫经验的总结与评价》，《管理世界》2008 年第 11 期。

[51] 王晓毅：《2020 精准扶贫的三大任务与三个转变》，《人民论坛》2020 年第 2 期。

[52] 张琦：《稳步推进脱贫攻坚与乡村振兴有效衔接》，《人民论坛》2019 年第 S1 期。

[53] 张涛、张琦：《新中国 70 年易地扶贫搬迁的就业减贫历程回顾及展

望》,《农村经济》2020 年第 1 期。

[54] 左停、苏青松:《农村组织创新:脱贫攻坚的经验与对乡村振兴的启示》,《求索》2020 年第 4 期。

[55] 左停:《脱贫攻坚与乡村振兴有效衔接的现实难题与应对策略》,《贵州社会科学》2020 年第 1 期。

[56] 左停、刘文婧、李博:《梯度推进与优化升级:脱贫攻坚与乡村振兴有效衔接研究》,《华中农业大学学报》(社会科学版)2019 年第 5 期。

[57] 高帆:《加快推进脱贫攻坚与乡村振兴战略有效衔接》,《国家治理》2020 年第 28 期。

[58] 吴重庆:《从熟人社会到"无主体熟人社会"》,《读书》2011 年第 1 期。

[59] 吴理财、吴孔凡:《美丽乡村建设四种模式及比较——基于安吉、永嘉、高淳、江宁四地的调查》,《华中农业大学学报》(社会科学版)2014 年第 1 期。

[60] 高强:《脱贫攻坚与乡村振兴有机衔接的逻辑关系及政策安排》,《南京农业大学学报》(社会科学版)2019 年第 5 期。

[61] 高强:《脱贫攻坚与乡村振兴有效衔接的再探讨——基于政策转移接续的视角》,《南京农业大学学报》(社会科学版)2020 年第 4 期。

[62] 何慧丽:《从建设性后现代的视角来看中国三农问题的出路》,《江苏社会科学》2014 年第 6 期。

[63] 陈明星:《脱贫攻坚与乡村振兴有效衔接的基本逻辑与实现路径》,《贵州社会科学》2020 年第 5 期。

[64] 程承坪、邹迪:《新中国 70 年扶贫历程、特色、意义与挑战》,《当代经济管理》2019 年第 9 期。

[65] 邓维杰:《精准扶贫的难点、对策与路径选择》,《农村经济》2014 年第 6 期。

[66] 豆书龙、叶敬忠:《乡村振兴与脱贫攻坚的有机衔接及其机制构建》,《改革》2019 年第 1 期。

[67] 葛志军、邢成举:《精准扶贫:内涵、实践困境及其原因阐释——

基于宁夏银川两个村庄的调查》，《贵州社会科学》2015 年第 5 期。

[68] 贺东航、牛宗岭：《精准扶贫成效的区域比较研究》，《中共福建省委党校学报》2015 年第 11 期。

[69] 韩喜平、张梦菲：《新中国救济式扶贫的经验及展望》，《党政研究》2020 年第 3 期。

[70] 黄发红：《中国减贫为世界树立典范——国际社会积极评价中国脱贫攻坚成就》，《人民日报》2018 年 3 月 12 日。

[71] 黄发红等：《"中国减贫经验为发展中国家提供有益借鉴"——国际人士积极评价中国脱贫攻坚和持续改善民生》，《人民日报》2019 年 3 月 10 日。

[72] 贾晋、尹业兴：《脱贫攻坚与乡村振兴有效衔接：内在逻辑、实践路径和机制构建》，《云南民族大学学报》（哲学社会科学版）2020 年第 3 期。

[73] 吕方：《脱贫攻坚与乡村振兴衔接：知识逻辑与现实路径》，《南京农业大学学报》（社会科学版）2020 年第 4 期。

[74] 凌文豪、刘欣：《中国特色扶贫开发的理念、实践及其世界意义》，《社会主义研究》2016 年第 4 期。

[75] 雷明等：《小康路上一个也不能少：新中国扶贫七十年史纲（1949-2019）》，《西北师大学报》（社会科学版）2020 年第 1 期。

[76] 莫光辉：《精准扶贫：中国扶贫开发模式的内生变革与治理突破》，《中国特色社会主义研究》2016 年第 2 期。

[77] 檀学文：《完善现行精准扶贫体制机制研究》，《中国农业大学学报》（社会科学版）2017 年第 5 期。

[78] 唐丽霞、罗江月、李小云：《精准扶贫机制实施的政策和实践困境》，《贵州社会科学》2015 年第 5 期。

[79] 吴雄周、丁建军：《精准扶贫：单维瞄准向多维瞄准的嬗变——兼析湘西州十八洞村扶贫调查》，《湖南社会科学》2015 年第 6 期。

[80] 王介勇等：《我国精准扶贫政策及其创新路径研究》，《中国科学院院刊》2016 年第 3 期。

[81] 王昉、徐永辰：《从共同富裕到精准扶贫——新中国反贫困思想的

历史考察》，《宁夏社会科学》2020 年第 1 期。

[82] 王瑞芳：《告别贫困：新中国成立以来的扶贫工作》，《党的文献》 2009 年第 5 期。

[83] 薛卉：《海外学者视域下的中国扶贫》，《理论建设》2020 年第 4 期。

[84] 杨朝中：《构建精准扶贫体制机制》，《政策》2014 年第 5 期。

[85] 叶初升、邹欣：《扶贫瞄准的绩效评估与机制设计》，《华中农业大 学学报》（社会科学版）2012 年第 1 期。

[86] 虞崇胜等：《能力、权利、制度：精准脱贫战略的三维实现机制》， 《理论探讨》2016 年第 2 期。

[87] 林忠伟：《精准扶贫体制机制创新研究》，《经济与社会发展》2016 年第 1 期。

[88] 张翼：《当前中国精准扶贫工作存在的主要问题及改进措施》，《国 际经济评论》2016 年第 6 期。

[89] 张梦旭：《中国减贫之路"优质高效"——国际人士积极评价中国 脱贫攻坚成就》，《人民日报》2018 年 2 月 1 日。

[90] 张宪文：《论 20 世纪中国的社会转型》，《史学月刊》2003 年第 11 期。

[91] 张红霞、方冠群、张学东：《城镇化背景下农村个体化趋势及社会 治理转型》，《理论导刊》2016 年第 3 期。

[92] 赵旭东、朱天谱：《反思发展主义：基于中国城乡结构转型的分 析》，《北方民族大学学报》（哲学社会科学版）2015 年第 1 期。

[93] 陈文胜：《脱贫攻坚与乡村振兴有效衔接的实现途径》，《贵州社会 科学》2020 年第 1 期。

[94] 陈文胜：《农业供给侧结构性改革：中国农业发展的战略转型》， 《求是》2017 年第 3 期。

[95] 陈文胜：《实施乡村振兴战略走城乡融合发展之路》，《求是》2018 年第 6 期。

[96] 陈文胜：《论城镇化进程中的村庄发展》，《中国农村观察》2014 年 第 3 期。

［97］陈文胜：《以"三治"完善乡村治理》，《人民日报》2018 年 3 月 2 日。

［98］陈文胜：《推动乡村产业振兴》，《人民日报》2018 年 3 月 12 日。

［99］陈文胜：《农业供给侧结构性改革一个重要的突破口 推进农产品区域品牌建设》，《人民日报》2017 年 6 月 12 日。

［100］陈文胜：《为乡村振兴提供内在动力》，《人民日报》2019 年 5 月 13 日。

［101］陈文胜：《补齐农村人居环境短板》，《人民日报》2019 年 9 月 10 日。

［102］陈文胜：《实施乡村振兴战略要防范七个误区》，《经济日报》2018 年 6 月 21 日。

［103］陈文胜：《推进三大变革实现乡村振兴》，《经济日报》2018 年 6 月 14 日。

［104］陈文胜：《乡村振兴的资本、土地与制度逻辑》，《华中师范大学学报》（哲学社会科学版）2019 年第 1 期。

［105］陈文胜：《论乡村振兴与产业扶贫》，《农村经济》2019 年第 9 期。

［106］陈文胜、李珊珊：《论新发展阶段全面推进乡村振兴》，《贵州社会科学》2022 年第 1 期。

［107］陈文胜：《乡村振兴战略目标下农业供给侧结构性改革研究》，《江西社会科学》2019 年第 12 期。

［108］陈文胜：《中国迎来了城乡融合发展的新时代》，《红旗文稿》2018 年第 8 期。

［109］陈文胜：《脱贫攻坚的战略机遇与长效机制》，《求索》2017 年第 6 期。

［110］陈文胜：《论中国农业供给侧结构性改革的着力点——以区域地标品牌为战略调整农业结构》，《农村经济》2016 年第 11 期。

（二）国外文献

［1］Oscar Lewis. Five Families: Mexican Case Studies in the Culture of Poverty. New York: Basic Books, 1966.

［2］A. Sen, Development as Freedom, Knopf, 1999.

[3] Ajakaiye, D. O. and V. A. Adeyeye, 2002. Concepts, Measurement and Causes of Poverty, CBN Economic & Financial review, VOL. 39. No. 4.

[4] Kaufmann, Daniel, Aart Kraay and Pablo Zoido-Lobaton. 1999. Governance Matters, The World Bank, Washington DC.

[5] Morris, David Morris, Measuring the Condition of the World's Poor: the Physical Quality of Life Index (London: Cass, 1979).

[6] Fisher, 1984, The Urban Experience, New York: Harcourt Brace Jovanovich.

[7] Park, et al., 1925, The City: suggestion for investigation of human behavior in the urban environment, University of Chicago Press.

[8]〔法〕H. 孟德拉斯:《农民的终结》,李培林译,社会科学文献出版社,2004。

[9]〔德〕斐迪南·滕尼斯:《共同体与社会:纯粹社会学的基本概念》,林荣远译,北京大学出版社,2010。

[10]〔美〕讷克斯:《不发达国家的资本形成问题》,谨斋译,商务印书馆,1966。

[11]〔瑞典〕冈纳·缪尔达尔、〔美〕塞恩·金:《亚洲的戏剧:南亚国家贫困问题研究》,方福强译,商务印书馆,2015。

[12]〔印〕阿比吉特·班纳吉、〔法〕埃斯特·迪弗洛:《贫穷的本质》,景芳译,中信出版社,2013。

[13]〔印〕阿马蒂亚·森:《以自由看待发展》,任赜、于真译,中国人民大学出版社,2012。

[14]〔美〕亨利·乔治:《进步与贫困》,吴良健、王翼龙译,商务印书馆,2010。

[15] 奥斯卡·刘易斯:《五个家庭:墨西哥贫穷文化案例研究》,丘延亮译,北京巨流图书公司,2004。

后　记

　　本书是我2022年立项的国家社科基金后期资助项目的成果，而研究的发端源于申报2020年度国家社会科学基金重大项目，项目虽未申报成功，但相关成果为本书奠定了坚实的基础，衷心感谢课题组成员农业农村部农村经济体制与经营管理司原司长张红宇先生、四川省社会科学院郭晓鸣研究员、湖南师范大学中国乡村振兴研究院陆福兴教授、湖南省社会科学院何绍辉研究员的合作与支持！

　　本书的案例研究主要在湖南进行，因为湖南地处内陆，集民族地区、革命老区、曾经的集中连片特困地区于一体，贫困面较广、贫困程度深，曾经是全国脱贫攻坚任务最重的省份之一，更是"精准扶贫"重要论述首倡之地。因此，推动巩固拓展脱贫攻坚成果与乡村振兴有效衔接，作为湖南推进农业农村现代化的重点、难点所在，在全国具有典型的代表性，在某种意义上，研究湖南就是研究中国。在此，要感谢湖南的省直各级职能部门、各市州党委政府，以及各县市区等基层党委政府对本研究的支持，使本研究得以顺利推进。

　　要特别表明的是，本书的主题是具有时代性的宏大主题，需要具备多方面的知识储备。受限于本人的知识结构，本书更多的是定性研究，定量分析是本书的短板。要衷心感谢立项评审专家和结项评审专家，不仅包容了研究的不足，更是分别提出了诸多宝贵意见，使本研究得以不断完善和提升。

　　在本书的起草和修改、定稿的过程中，得到了湖南省社会科学院蒋俊毅副研究员和彭秋归博士，以及我的团队成员湖南师范大学中国乡村振兴研究院陆福兴教授、胡扬名教授、瞿理铜副教授、谢宗藩博士的帮助和支持，得到了我的博士后游斌，及博士研究生李珺、王文强、汪义力、李珊珊的帮助和支持，在此致谢！

　　基于脱贫攻坚与乡村振兴有效衔接的时效性，本书匆匆推出，期待各位专家批评指正。